史上最強 図解
よくわかる
消防法

一級建築士
大脇賢次 [著]

はじめに

　本書は、消防法の入門書として執筆されたもので、初めて消防法を学ぶ人にも容易にその内容がわかるように書かれています。

　なるべく平易な文章とし、イラストや表をできるだけ多く掲載することでヴィジュアルでわかりやすいものにしました。内容に関しても、初心者が理解しなければならない基本的な項目はすべて解説していますので、本書を読むことにより消防法の体系的な理解が得られるようになっています。

　本書の対象者は、消防法や消防設備を初めて学ぶ人、建築の実務者で消防法の体系的な理解が不十分な人、防災・消防用設備などの設計、施行、管理にたずさわる人、消防設備士試験などの消防関係資格の受験生などです。また防災に興味のある人にも広く読んでいただけたらと望みます。

　本書には、各ページの下に用語やミニ知識を掲載しています。これらは、原則として、そのページに書かれている用語の定義や文章の内容について解説してあります。また、本文には「ここがPoint」が挿入されていますが、これはその項目において、重要となる内容や注意しなければならない内容についての説明です。これらを有効に活用していただきたいと望みます。

　消防法は、防火安全対策上重要な法律であり、社会的な背景や時代の要請を反映したものです。そのことをふまえつつ、著者も、消防法の内容および消防法と社会的な背景や時代の要請との関係について、さらに理解を深めていくつもりです。

　最後に、本書の執筆に当たりナツメ出版企画株式会社の伊藤雄三さん、パケットの長谷川裕さんと安在太郎さんに、並々ならぬご協力とご援助をいただきましたことを心より感謝申し上げます。

大脇賢次

●CONTENTS

第1章 用語の定義

❶消防法の用語の定義 ……………………………………………………… 10
　1防火対象物　**2**特定防火対象物　**3**複合用途防火対象物　**4**無窓階
　5消防用設備など　**6**令8区画　**7**地下街と準地下街　**8**危険物　**9**防炎規制
　10防火管理者　**11**消防設備士

❷消防法にかかわる建築基準法の用語の定義 ………………………… 18
　1主要構造部　**2**延焼のおそれのある部分　**3**特殊建築物　**4**耐火構造、耐火建築物
　5準耐火構造、準耐火建築物　**6**防火設備、特定防火設備
　7不燃材料、準不燃材料、難燃材料　**8**内装制限　**9**防火区画　**10**地階

第2章 消防法の基礎知識

❶燃焼と消火の基礎知識 ………………………………………………… 34
　1燃焼の4要素　**2**火災の種類　**3**4種類の消火方法　**4**水による消火
❷フラッシュオーバー …………………………………………………… 38
　1フラッシュオーバー（FO）　**2**室内における火災の進行　**3**初期消火
❸煙と有毒ガス …………………………………………………………… 41
　1火災時の煙の流れ　**2**防火対象物の排煙対策
❹防火対象物の用途分類 ………………………………………………… 43
　1（1）項の防火対象物（劇場・集会所グループ）
　2（2）項の防火対象物（キャバレー・遊技場グループ）
　3（3）項の防火対象物（料理店・飲食店グループ）
　4（4）項の防火対象物（百貨店グループ）
　5（5）項の防火対象物（旅館・共同住宅グループ）
　6（6）項の防火対象物（病院・福祉施設・特殊学校グループ）
　7（7）項の防火対象物（学校グループ）　**8**（8）項の防火対象物（図書館グループ）
　9（9）項の防火対象物（公衆浴場グループ）
　10（10）項の防火対象物（車両停車場グループ）
　11（11）項の防火対象物（神社グループ）
　12（12）項の防火対象物（工場・スタジオグループ）
　13（13）項の防火対象物（車庫・特殊格納庫グループ）
　14（14）項の防火対象物（倉庫）　**15**（15）項の防火対象物（事務所グループ）
　16（16）項の防火対象物（複合用途防火対象物）
　17（16の2）項の防火対象物（地下街）　**18**（16の3）項の防火対象物（準地下街）
　19（17）項の防火対象物（文化財）　**20**（18）項の防火対象物（アーケード）
　21（19）項の防火対象物（山林）　**22**（20）項の防火対象物（舟車）

❺ 防火対象物の収容人員 ……………………………………………… 56
　❶ 消防法における収容人員の意味　❷ 防火対象物の収容人員の算定方法
　❸ 複合用途防火対象物と地下街の収容人員の算定方法
❻ 消防用設備などの設置義務と技術基準など ………………… 60
　❶ 防火対象物の指定　❷ 消防用設備などの設置義務と技術基準
❼ 消防用設備などの性能規定化 …………………………………… 62
　❶ 仕様規定と性能規定　❷ 防火安全性能
　❸ 必要とされる防火安全性能をもつ消防用設備など
　❹ 性能規定化に係る消防用設備などの設置・維持の技術基準
　❺ 特殊消防用設備などの認定
❽ 消防用設備などの設置単位 ……………………………………… 65
　❶ 消防用設備などの設置単位の原則
　❷ 消防用設備などの設置単位の原則によらない場合
❾ 消防用設備などの届出、検査、定期点検など ……………… 68
　❶ 消防用設備などの届出、検査、定期点検　❷ 検定制度

第3章 消火設備

❶ 消火設備の種類 …………………………………………………… 72
　❶ 消火設備の種類　❷ 特殊な消火設備
❷ 消火器・簡易消火用具 …………………………………………… 74
　❶ 消火器具　❷ 消火器　❸ 簡易消火用具　❹ 消火器の種類　❺ 消火器の設置基準
　❻ 消火器の設置免除
❸ 消火器の設置と設置本数 ………………………………………… 79
　❶ 消火器の設置と維持の方法　❷ 消火器の設置本数の求め方　❸ 消火器の消火能力
❹ 屋内消火栓設備の構成と設置基準 ……………………………… 82
　❶ 屋内消火栓設備の構成　❷ 屋内消火栓設備の設置基準　❸ 屋内消火栓設備の設置免除
❺ 屋内消火栓の設置方法と1号消火栓・2号消火栓 …………… 85
　❶ 屋内消火栓の設置方法　❷ 1号消火栓　❸ 2号消火栓
　❹ 1号消火栓と2号消火栓の設置と技術基準　❺ 屋内消火栓の操作方法
❻ スプリンクラー設備の構成と設置基準 ………………………… 90
　❶ スプリンクラー設備　❷ スプリンクラー設備の構成　❸ スプリンクラー設備の設置基準
❼ スプリンクラー設備の緩和規定 ………………………………… 94
　❶ 「スプリンクラー設備の免除される部分」と「スプリンクラーヘッドの設置を必要としない部分」の違い　❷ スプリンクラー設備の免除される部分
　❸ スプリンクラーヘッドの設置を必要としない部分
❽ スプリンクラー代替区画 ………………………………………… 96
　❶ スプリンクラー代替区画の考え方　❷ スプリンクラー代替区画の区画対象や区画条件
　❸ スプリンクラー代替区画の規定が適用されない防火対象物など
❾ スプリンクラー設備の種類 ……………………………………… 100
　❶ 閉鎖型スプリンクラー設備　❷ 開放型スプリンクラー設備

⑩ スプリンクラーヘッドの種類と構造など ･････････････････････････ 103
1 スプリンクラーヘッドの種類　2 スプリンクラーヘッドの特徴と設置対象場所
3 スプリンクラーヘッドの構造

⑪ スプリンクラーヘッドの標示温度と配置方法など ･･････････････････ 106
1 標示温度　2 スプリンクラーヘッドの半径、間隔など
3 スプリンクラーヘッドの配置方法

⑫ 特殊な消火設備の消火の原理と適応火災 ･････････････････････････ 111
1 特殊な消火設備の種類と適応性
2 特殊な消火設備の設置が義務付けられる防火対象物
3 いろいろな防火対象物に適応する特殊な消火設備
4 特殊な消火設備に使われる用語

⑬ 水噴霧消火設備の構成と設置基準 ･･･････････････････････････････ 114
1 水噴霧消火設備の消火効果　2 霧状の水は消火効果が高い理由
3 水噴霧消火設備の構成　4 水噴霧消火設備の設置基準
5 水噴霧消火設備の設置免除

⑭ 水噴霧ヘッドと水噴霧消火設備の排水設備など ････････････････････ 118
1 水噴霧ヘッドの特徴と構造　2 水噴霧ヘッドの配置
3 水噴霧ヘッドの放射水量、放射圧力　4 水噴霧ヘッドの水源水量の算定方法
5 水噴霧消火設備の起動方法　6 排水設備

⑮ 泡消火設備の構成と設置基準 ･･･････････････････････････････････ 122
1 泡消火設備の特徴　2 泡消火設備の構成　3 泡消火設備の設置基準
4 泡消火設備の設置免除

⑯ 泡消火剤の種類と泡ヘッドなど ･････････････････････････････････ 125
1 泡消火設備の種類　2 泡消火剤の機能と種類　3 膨張比（発泡倍率）
4 泡ヘッド、泡放出口の構造　5 泡ヘッドの配置　6 起動方式

⑰ 不活性ガス消火設備の構成と設置基準 ･･････････････････････････ 130
1 不活性ガスの特徴と窒息消火　2 不活性ガス消火設備の消火効果の特徴
3 不活性ガス消火設備の注意点　4 不活性ガス消火設備の構成
5 不活性ガス消火設備の設置基準　6 不活性ガス消火設備の設置免除

⑱ 不活性ガス消火設備の種類と起動方法など ･･･････････････････････ 134
1 不活性ガス消火設備の種類　2 不活性ガス消火設備の消火剤　3 起動方式

⑲ ハロゲン化物消火設備の構成と設置基準 ････････････････････････ 137
1 ハロゲン化物の特徴　2 ハロゲン化物消火設備の構成
3 ハロゲン化物消火設備の設置基準　4 ハロゲン化物消火設備の設置免除
5 ハロゲン化物消火剤と代替ハロン消火剤の種類

⑳ ハロゲン化物消火設備の種類と起動方式 ････････････････････････ 141
1 ハロゲン化物消火設備の種類　2 起動方式

㉑ 粉末消火設備の構成と設置基準 ･････････････････････････････････ 143
1 粉末消火設備の特徴　2 粉末消火設備の構成　3 粉末消火設備の設置基準
4 粉末消火設備の設置免除　5 粉末消火剤の種類

㉒ 粉末消火設備の種類と起動方式 ･････････････････････････････････ 148
1 粉末消火設備の種類　2 起動方式

㉓屋外消火栓設備‥‥‥‥‥‥‥‥‥‥‥‥‥‥‥‥‥‥‥‥‥‥‥‥‥‥‥‥‥‥150
　①屋外消火栓設備の特徴　②屋外消火栓設備の構成　③屋外消火栓設備の設置基準
　④屋外消火栓設備の設置免除　⑤屋外消火栓設備の有効範囲
　⑥屋外消火栓設備の技術基準
㉔動力消防ポンプ設備‥‥‥‥‥‥‥‥‥‥‥‥‥‥‥‥‥‥‥‥‥‥‥‥‥‥155
　①動力消防ポンプ設備の種類　②動力消防ポンプ設備の設置基準
　③動力消防ポンプ設備の設置免除　④動力消防ポンプ設備の技術基準
　⑤屋内消火栓設備、屋外消火栓設備、動力消防ポンプ設備の代替関係
㉕パッケージ型消火設備‥‥‥‥‥‥‥‥‥‥‥‥‥‥‥‥‥‥‥‥‥‥‥‥160
　①パッケージ型消火設備の特徴　②パッケージ型消火設備の区分
　③パッケージ型消火設備の設置基準　④パッケージ型消火設備の設置免除
㉖パッケージ型自動消火設備‥‥‥‥‥‥‥‥‥‥‥‥‥‥‥‥‥‥‥‥‥‥162
　①パッケージ型自動消火設備の構成　②パッケージ型自動消火設備の種類
　③パッケージ型自動消火設備の設置基準
　④パッケージ型自動消火設備の設置に関する基準

第4章 警報設備

❶自動火災報知設備の構成と設置基準‥‥‥‥‥‥‥‥‥‥‥‥‥‥‥‥‥‥166
　①自動火災報知設備の機能　②自動火災報知設備の構成
　③自動火災報知設備に使われる用語　④自動火災報知設備の設置基準
　⑤自動火災報知設備の設置免除
❷自動火災報知設備の受信機‥‥‥‥‥‥‥‥‥‥‥‥‥‥‥‥‥‥‥‥‥‥171
　①受信機の機能　②受信機が受信する信号　③受信機の設置方法　④受信機の種類
　⑤P型受信機、GP型受信機の区分　⑥火災表示をする早さによる受信機の種類
❸自動火災報知設備の発信機‥‥‥‥‥‥‥‥‥‥‥‥‥‥‥‥‥‥‥‥‥‥176
　①発信機の種類　②発信機の設置方法
❹自動火災報知設備の地区音響装置、警戒区域、感知区域‥‥‥‥‥‥‥‥‥178
　①音響装置　②地区音響装置の設置方法と鳴動方式　③警戒区域　④感知区域
❺感知器の種類‥‥‥‥‥‥‥‥‥‥‥‥‥‥‥‥‥‥‥‥‥‥‥‥‥‥‥‥182
　①感知器の種類　②感知器のいろいろな区分　③各種の感知器
❻各種の感知器の作動する原理‥‥‥‥‥‥‥‥‥‥‥‥‥‥‥‥‥‥‥‥‥185
　①定温式スポット型感知器　②定温式感知線型感知器　③差動式スポット型感知器
　④補償式スポット型感知器　⑤差動式分布型感知器　⑥イオン化式スポット型感知器
　⑦光電式スポット型感知器　⑧光電式分離型感知器
　⑨複合式スポット型感知器と多信号感知器
❼感知器の設置場所‥‥‥‥‥‥‥‥‥‥‥‥‥‥‥‥‥‥‥‥‥‥‥‥‥‥193
　①感知器の設置場所　②各種の感知器の設置場所に対する選択基準
　③各種の感知器の設置に適さない場所
　④煙感知器などを設置しなければならない場所（熱煙複合式スポット型感知器、炎感知器を含む）　⑤各種の感知器の取付面の高さ

❽感知器の設置方法 ･･ 198
　❶熱感知器（定温式スポット型・差動式スポット型・補償式スポット型・熱複合式スポット型感知器）の感知面積と設置方法　❷差動式分布型感知器の設置方法
　❸煙感知器（光電式分離型感知器を除く）の設置方法　❹炎感知器の設置方法
❾自動火災報知設備の失報と非火災報 ･･･ 205
　❶失報　❷非火災報　❸非火災報対策
❿ガス漏れ火災警報設備の構成と設置基準 ･･････････････････････････････････････ 207
　❶ガス漏れ火災警報設備の構成　❷都市ガスとプロパンガス
　❸ガス漏れ火災警報設備の設置基準　❹ガス漏れ火災警報設備の設置免除
⓫ガス漏れ火災警報設備のガス漏れ検知器、受信機、警報装置 ････････････････ 211
　❶ガス漏れ検知器の種類　❷ガス漏れ検知器の設置場所
　❸ガス漏れ検知器の設置方法　❹ガス漏れ検知器を設置してはならない場所
　❺受信機　❻受信機の設置　❼警報装置　❽警戒区域
⓬漏電火災警報器 ･･･ 217
　❶ラスモルタル塗りの木造外壁の漏電　❷漏電火災警報器の構成
　❸漏電火災警報器の設置基準　❹漏電火災警報器の級別　❺変流器
　❻受信機と音響装置
⓭消防機関へ通報する火災報知設備 ･･･ 222
　❶消防機関へ通報する火災報知設備　❷火災通報装置
　❸消防機関へ通報する火災報知設備の構成　❹火災通報装置の構成
　❺消防機関へ通報する火災報知設備の設置基準
　❻消防機関へ通報する火災報知設備の設置免除
⓮非常警報器具と非常警報設備の設置基準 ･････････････････････････････････････ 226
　❶非常警報器具と非常警報設備　❷非常警報器具と非常警報設備の設置基準
　❸非常警報器具と非常警報設備の設置免除、緩和
⓯非常ベルと自動式サイレン ･･･ 229
　❶非常ベルと自動式サイレン　❷非常ベルと自動式サイレンの音響装置の性能と設置方法
　❸非常ベルと自動式サイレンの起動装置の設置方法
⓰放送設備 ･･･ 233
　❶放送設備の機能　❷放送設備の起動フロー
　❸地下街などに設置する放送設備の起動装置　❹非常放送の内容
　❺放送設備の構成　❻スピーカー　❼操作部と遠隔操作器

第5章 避難設備

❶避難器具の種類と設置基準 ･･･ 238
　❶避難器具の機能　❷避難器具の種類　❸避難器具の設置基準
　❹避難器具の設置が不要な階
❷避難器具の個数減と設置方法 ･･･ 243
　❶避難器具の個数減　❷避難器具の設置方法
❸滑り棒 ･･･ 245

1 滑り棒　2 滑り棒の設置方法
❹避難ロープ ·· 246
　　　1 避難ロープ　2 避難ロープの性能
❺避難はしご ·· 247
　　　1 避難はしご　2 避難はしごの種類　3 避難はしごの降下空間
❻避難用タラップ ·· 251
　　　1 避難用タラップ　2 避難用タラップの設置方法など
❼滑り台 ·· 253
　　　1 滑り台　2 滑り台の設置方法など
❽緩降機 ·· 255
　　　1 緩降機　2 緩降機の設置方法など
❾避難橋 ·· 257
　　　1 避難橋　2 避難橋の設置方法など
❿救助袋 ·· 259
　　　1 救助袋　2 救助袋の設置方法など
⓫誘導灯・誘導標識の設置基準 ·· 263
　　　1 誘導灯と誘導標識　2 誘導灯と誘導標識の設置基準
　　　3 誘導灯と誘導標識の設置免除・緩和　4 誘導灯と非常用の照明装置
⓬誘導灯の種類 ·· 269
　　　1 誘導灯の種類　2 避難口誘導灯　3 通路誘導灯　4 客席誘導灯
⓭誘導灯のシンボル、文字、色彩 ·· 271
　　　1 避難口誘導灯のシンボル、文字、色彩　2 通路誘導灯のシンボル、文字、色彩
⓮避難口誘導灯・通路誘導灯の性能と設置箇所など ······················· 272
　　　1 避難口誘導灯と通路誘導灯の性能　2 避難口誘導灯と通路誘導灯の設置箇所
⓯避難口誘導灯・通路誘導灯の点灯と消灯など ···························· 277
　　　1 避難口誘導灯・通路誘導灯の点灯と消灯　2 誘導灯の点滅機能と音声誘導機能
　　　3 誘導灯の非常電源
⓰誘導標識 ·· 279
　　　1 誘導標識の設置　2 避難口誘導標識　3 通路誘導標識

第6章 消防用水、消火活動上必要な施設など

❶消防用水 ·· 282
　　　1 消火用水の種類　2 消防用水の設置基準　3 消防用水の水量
　　　4 消防用水の設置位置など
❷消防排煙の基本的な考え方と排煙設備の設置基準など ·················· 288
　　　1 消防法における排煙設備と建築基準法における排煙設備
　　　2 消防排煙の基本的な考え方　3 排煙設備の設置基準　4 排煙設備の設置免除
❸排煙口・給気口の設置方法、排煙設備の性能など ······················· 292
　　　1 防煙区画　2 排煙口の設置方法　3 給気口の設置方法

❹消防法と建築基準法の排煙設備の技術基準の相違点　❺排煙設備の性能
❻起動装置　❼機械排煙設備のしくみ
❹**連結散水設備の構成と設置基準** ………………………………………… 296
❶連結散水設備の機能　❷連結散水設備の構成　❸連結散水設備の設置基準
❹連結散水設備の設置免除　❺連結散水設備の散水ヘッドの設置を要しない部分
❺**連結散水設備の散水ヘッドと送水口** …………………………………… 300
❶散水ヘッドの種類　❷散水ヘッドの規定　❸送水口
❻**連結送水管の構成と設置基準** …………………………………………… 302
❶連結送水管の構成　❷連結送水管の種類　❸連結送水管の設置基準
❼**連結送水管の放水口と送水口** …………………………………………… 307
❶放水口の設置条件など　❷送水口の設置条件など
❽**非常コンセント設備の構成と設置基準** ………………………………… 309
❶非常コンセント設備の機能　❷非常コンセント設備の構成
❸非常コンセント設備の設置基準
❾**無線通信補助設備** ………………………………………………………… 312
❶無線通信補助設備の機能　❷無線通信補助設備の構成
❸無線通信補助設備の設置基準
❿**総合操作盤** ………………………………………………………………… 315
❶総合操作盤の機能　❷総合操作盤の設置基準　❸総合操作盤に必要とされる機能
❹総合操作盤の設置が義務付けられる消防用設備など
❺総合操作盤の設置にかかわる用語の定義
⓫**非常電源** …………………………………………………………………… 318
❶非常電源（予備電源）の機能　❷非常電源の種類　❸非常電源の種類とその容量

本書内容は令和7年4月1日現在の法令にもとづいています。本書では、法令の名称を次のように略記することがあります。
【例】
●消防法　　　　　　　　　➡　法　　　　●消防法施行令　　　　　　➡　令
●消防法施行規則　　　　　➡　規則　　　●危険物の規則に関する政令　➡　危令
●危険物の規制に関する規則　➡　危規則　●消防庁告示　　　　　　　➡　消告示
●建築基準法　　　　　　　➡　建基法　　●建築基準法施行令　　　　➡　建基令
なお、通知については、次のように略記する場合があります。
●昭和50年4月15日消防安第41号　➡　S50.4.15消防安41
●平成6年2月15日消防予第35号　　➡　H6.2.15消防予35

第1章
用語の定義

❶消防法の用語の定義……………………………………… 10
❷消防法にかかわる建築基準法の用語の定義 ……………… 18

1 消防法の用語の定義

消防法の条文によく出てくる用語の定義を正確に理解する。

1 防火対象物（法2条）

① 防火対象物とは、山林、舟車、船きょやふ頭に繋留された船舶、建築物などの工作物またはこれらに属するものをいいます。

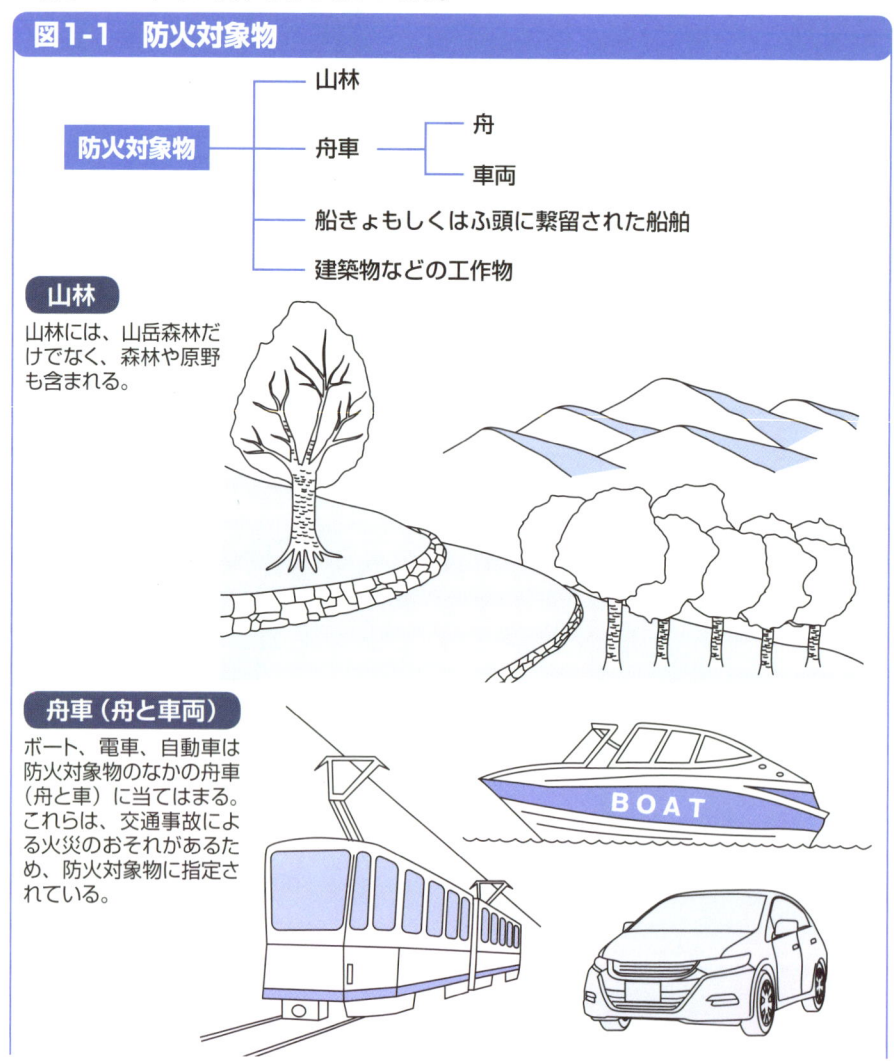

図1-1　防火対象物

- 防火対象物
  - 山林
  - 舟車
    - 舟
    - 車両
  - 船きょもしくはふ頭に繋留された船舶
  - 建築物などの工作物

山林
山林には、山岳森林だけでなく、森林や原野も含まれる。

舟車（舟と車両）
ボート、電車、自動車は防火対象物のなかの舟車（舟と車両）に当てはまる。これらは、交通事故による火災のおそれがあるため、防火対象物に指定されている。

ミニ知識　車両とは、車輪などを使って陸上を移動させることを目的として製作したものをいい、軌道の有無は問わない。具体的には、自動車、自転車、電車、汽車、荷車、モノレールカー、ケーブルカー、そりなどがある。

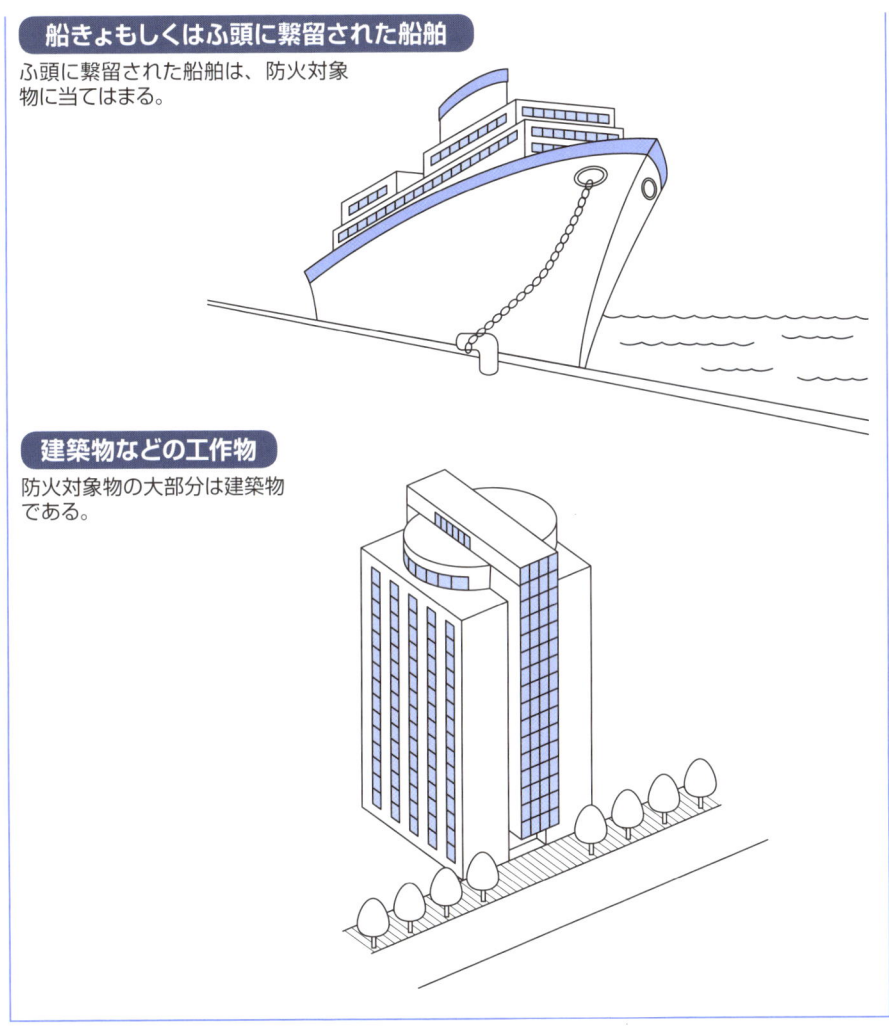

② 山林には、山岳森林だけでなく、森林や原野も含まれます。ただし、田畑や市街地の広場や空地は含まれません。
③ 舟車とは、船舶安全法2条1項の規定を適用しない船舶、端舟（ボートなど）、はしけ（本船と波止場との間を、貨物や旅客などを乗せて運ぶ小舟）、被曳舟（他の船舶に曳かれて人を運送する舟）などの舟と車両をいいます。
④ 防火対象物は消防の対象となるもので、法的には広範囲に及びますが、2章の「防火対象物の用途分類（P. 43〜55）」にあるように、ほとんどのものが建築物なので、実質的には建築物と考えて差しつかえありません。

ミニ知識 消防法による「建築物」とは、一般にいう建物のことであり、建築基準法で明確に定義される「建築物」よりも、広義に解釈されていることに留意しよう。

2 特定防火対象物(法17条の2の5、2項四号、令34条の4、2項、令別表1)

① 特定防火対象物とは、百貨店、旅館、病院、地下街、複合用途防火対象物その他不特定多数の者が出入りするものとして政令で定める劇場、映画館、演芸場、観覧場、公会堂、集会場、キャバレー、ナイトクラブ、遊技場、ダンスホール、風俗営業店、料理店、飲食店、ホテル、老人福祉施設、幼稚園、公衆浴場などをいいます。
② 特定防火対象物は、**消防用設備などの設置基準が厳しい**ほか、既存のものでも、消防用設備などの設置と維持に関する規定が遡って適用(**遡及適用**)され、つねに現行の規定に基づいて消防用設備などを設置、維持しなければなりません。
③ 遡及適用とは、一般に法令による規定の効力が施行日よりも後なのに対して、場合によっては、**施行日よりも遡って過去のものにも当てはめる**必要があることをいいます。
④ 防火対象物は、特定防火対象物と非特定防火対象物に大きく分けられます。

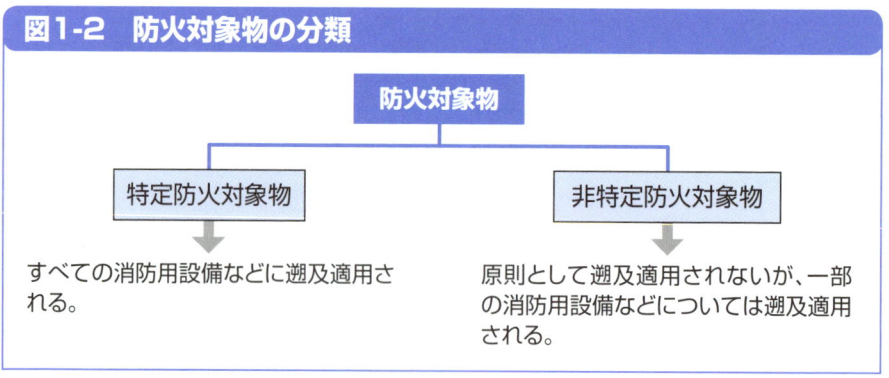

図1-2 防火対象物の分類

3 複合用途防火対象物

複合用途防火対象物とは、令別表1の(1)項の劇場・集会場グループから(15)項の事業所までの防火対象物の用途のいずれかのうち、異なる2つ以上の用途がある防火対象物をいいます。

4 無窓階(令10条1項五号)

① 無窓階とは、建築物の地上階のうち、総務省令で定める避難上または消火活動上有効な開口部をもたない階をいいます。
② 無窓階は、ある階の床面積に対する開口部の割合、位置、構造により決定します。

ミニ知識 11階以上の階と10階以下の階では、無窓階の算定方法が異なる。

5 消防用設備など（法17条〜法17条の4）

① 消防用設備などとは、火災を初期の段階で消火し、火災の発生を警報し、避難を開始し、消防活動に利便を提供することにより、火災の被害を軽減させるものをいいます。
② 消防用設備などの種類と役割を図1-3に示します。

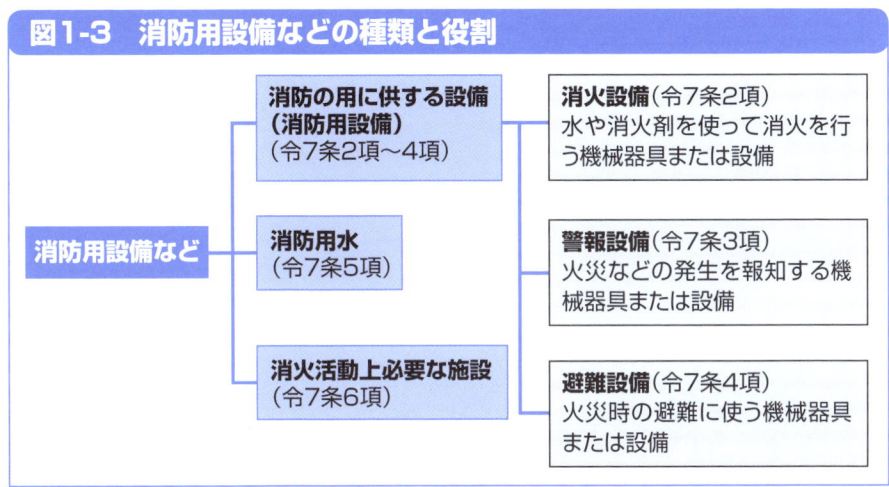

③ 消防用設備などの設置や維持は、防火対象物の用途、構造、規模、無窓階の有無、収容人員などにより義務付けられます。

6 令8区画（令8条）

防火対象物に消防用設備などを設置する場合には、原則として1棟の建築物を単位としています。しかし、**建築物が開口部のない耐火構造の床または壁で区画された場合は、区画された部分をそれぞれ別の防火対象物とみなして**、消防用設備などの設置や維持が義務付けられます。この規定は施行令8条に定められているため、令8区画といいます。

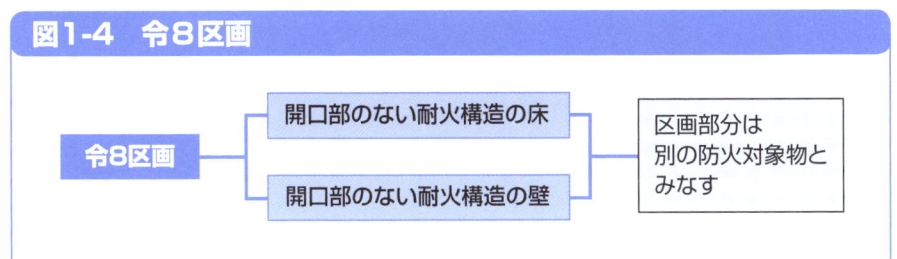

ミニ知識 消防用設備などは、一般に消防設備といわれる。

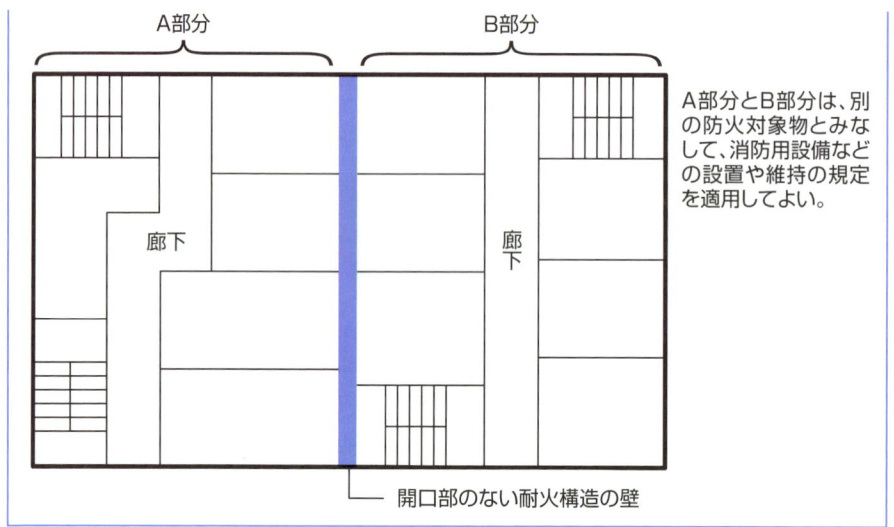

7 地下街と準地下街

① 地下街とは、地下の通路や広場などの公共の地下道と、それに面した店舗や事務所などを一括したものをいい、構成する用途は関係ありません。

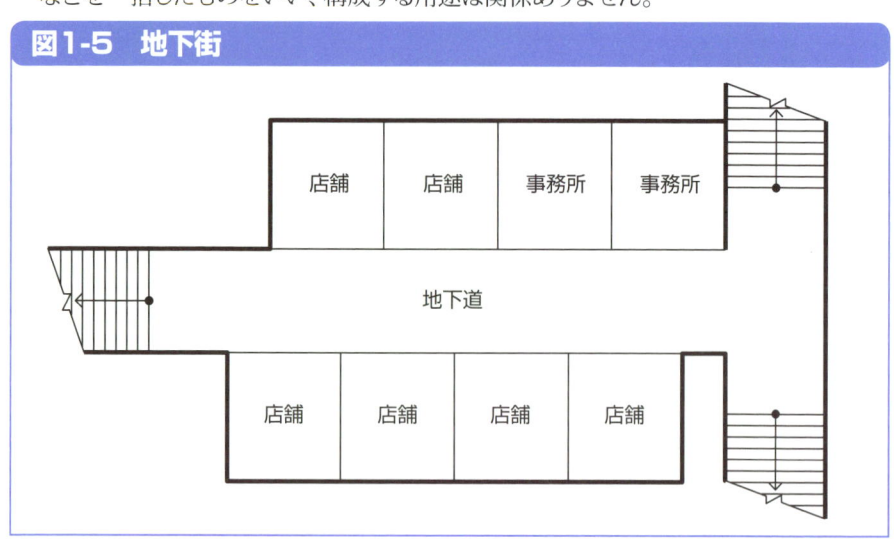

図1-5 地下街

② 準地下街とは、建築物の地階で連続して地下道に面して設けられたものと、その地下道を合わせたもので、建築物を構成する用途に**特定部分**があるものをいいます。
③ 特定部分とは、令別表1の（1）項の劇場・集会場グループ、（2）項のキャバレー・遊

ミニ知識 地下道と店舗、事務所などの各構（かま）えを含んだ全体が、地下街として規制される。

図1-6　準地下街

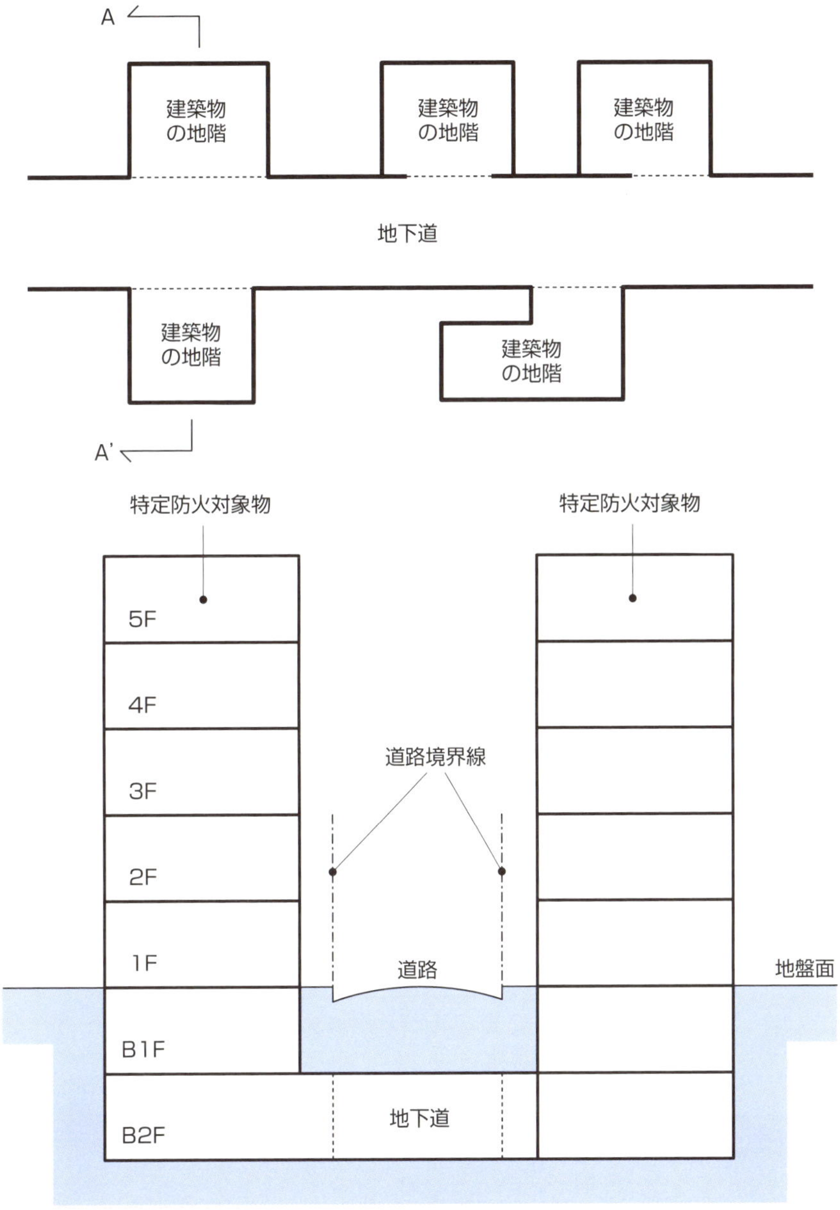

A―A'断面図

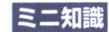

ミニ知識　準地下街は、地下街と同様の火災などに関する危険性があることから、地下街に準じた厳しい規制が定められている。

技場グループ、(3)項の料理店・飲食店グループ、(4)項の百貨店グループ、(5)項イの旅館グループ、(6)項の病院・福祉施設・特殊学校グループ、(9)項イの蒸気浴場グループに掲げる防火対象物です。

8 危険物（法9条の3、法10条、危令別表3）

① 危険物とは、危令別表3に定める発火性または引火性をもつ物品をいい、酸化性個体、可燃性個体、自然発火性物質、引火性液体、自己反応性物質、酸化性液体の6種類があります。
② 危険物の例としては、石油類、マグネシウム、塩素酸塩類、ナトリウム有機過酸化物などの物質があります。危険物のなかで最も多く取り扱われるものが、**第4類の引火性液体であるガソリン、灯油、軽油、重油などの石油類**です。

9 防炎規制

① 防炎規制とは、着火防止や延焼拡大防止を目的として、カーテン、どん帳、じゅうたんのように、本来は燃えやすい繊維製品などを、薬品処理などによって**防炎性能化**することにより燃えにくくすることをいいます。
② 防炎性能とは、火源が接しても容易に着火せず、また火源がなくなれば燃え広がらずに自然に鎮火してしまうような燃えにくさの性能をいいます。

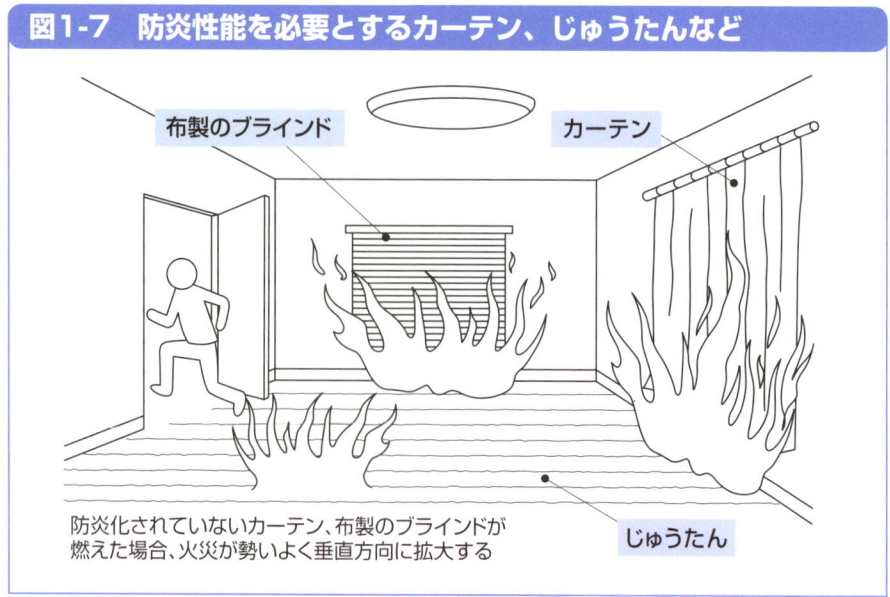

図1-7　防炎性能を必要とするカーテン、じゅうたんなど

ミニ知識　建築基準法にも危険物の定義があり、消防法の危険物の他に、高圧ガス、可燃ガス、火薬類なども含まれている。

10 防火管理者（法8条）、統括防火管理者（法8条の2）

① 防火管理者とは、防火管理講習を修了し、かつ所定の防火対象物について、**消防計画の作成**、消防用設備などの点検と整備、消防計画に基づく消火・通報・避難の訓練の実施などの防火管理上必要な業務を適切に遂行することができる管理的または監督的な地位にある者をいいます。
② 防火対象物で収容人員が所定の人数以上のものは、防火管理者を定めなければなりません。
③ 収容人員（令1条の2、3項）とは、防火対象物に出入りし、勤務し、居住する者の数をいいます。この収容人員の数に応じて、防火管理者や消防用設備などの設置などに関する規定が定められています。
④ 管理権原の分かれている複合用途防火対象物では、各事業所・テナントの管理権原者（事業所やテナントの代表者）は協議によって統括防火管理者を選任し、その者に建築物全体の防火管理業務を実施させるとともに、統括防火管理者の選任について管轄域の消防長または消防署長に届け出なければなりません。

図1-8 防火管理者

11 消防設備士

① 消防設備士は、都道府県知事の行う消防設備士試験に合格し、都道府県知事から消防設備士免状の交付を受けた者をいいます。
② 消防用設備などや危険物製造所などのうち、所定の設置工事や整備などを行う場合には、消防設備士の資格を必要とします。
③ 消防設備士の資格を必要とする工事などには、屋内消火栓設備、スプリンクラー設備、水噴霧消火設備、泡消火設備、不活性ガス消火設備、ハロゲン化物消火設備、粉末消火設備、屋外消火栓設備、自動火災報知設備、ガス漏れ火災警報設備、消防機関へ通報する火災報知設備、固定式金属製避難はしご、救助袋、緩降機の工事があります。

図1-9 消防設備士

防火管理者の主な業務のひとつに消防計画の作成があります。

ミニ知識 防火管理者は、企業内で管理的または監督的な地位にある者でなければ選任できない。

2 消防法にかかわる建築基準法の用語の定義

消防法の条文と深くかかわる建築基準法の用語の定義を正確に理解する。

1 主要構造部（建基法2条1項五号）

① 主要構造部とは、壁、柱、床、梁、屋根、階段の6種類の建築物の部分をいいます。ただし、構造上（構造耐力上の意味ではない）重要でない間仕切壁、間柱、付け柱、揚げ床、**最下階の床**、廻り舞台の床、小梁、ひさし、局部的な小階段、**屋外階段**、**基礎**などは、主要構造部ではありません。

② 主要構造部は、建築物の倒壊、延焼拡大の防止など主に**防火上から見て主要な建築物の部分**という意味で、建基令1条1項三号の**「構造耐力上主要な部分」**とは異なります。

● 表1-1 主要構造部とその除外部分

主要構造部	除外部分（構造上重要ではない部分）
壁	間仕切壁
柱	間柱、付け柱
床	揚げ床、最下階の床、廻り舞台の床
梁	小梁
屋根	ひさし
階段	局部的な小階段、屋外階段

2 延焼のおそれのある部分（建基法2条1項六号）

① 延焼のおそれのある部分とは、隣接する建築物や道路をはさんだ反対側の建築物からの火災が燃え移りやすい部分をいいます。

② 隣地境界線、道路中心線、同一敷地内の2以上の建築物相互の外壁間の中心線から、**1階部分では3m以内、2階以上では5m以内**の建築物の部分が、延焼のおそれのある部分になります。

③ ただし、同一敷地内に2以上の建築物があり、それらの延べ面積の合計が**500㎡以内**の場合は、ひとつの建築物とみなし、外壁相互間からの延焼のおそれはないものとします。また防火上有効な公園、広場、川、耐火構造の壁などに面する場合は、3mや5mの距離は考えなくてかまいません。

用語 **構造耐力上主要な部分（建基令1条1項三号）** 基礎、基礎ぐい、壁、柱、小屋組、土台、斜材（筋かい、方づえ、火打材など）、床板、屋根版、横架材（梁、けたなど）で、建築物の自重、積載荷重、積雪、風圧、土圧、水圧、地震などの振動や衝撃を支えるものをいう。

図1-10 延焼のおそれのある部分

延焼のおそれのある部分
1階：3m以内
2階以上：5m以内

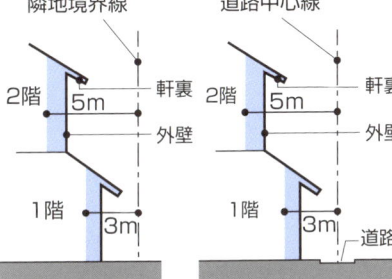

① 隣地境界線
② 道路中心線
③ 同一敷地内の2以上の建築物相互の外壁間の中心線

から

1階では3m以内、2階以上では5m以内の距離にある建築物の部分

ただし
① 同一敷地内に2以上の建築物があり、その床面積の合計が500㎡以内の場合は、ひとつの建築物とみなし、外壁相互間からの延焼のおそれはないものとする。
② 防火上有効な公園、広場、川、耐火構造の壁などに面する部分は除く。

3　特殊建築物（建基法2条1項二号、建基法27条、建基法別表1）

① 特殊建築物とは、学校（専修学校、各種学校を含む）、体育館、病院、劇場、観覧場、集会場、展示場、百貨店、市場、ダンスホール、遊技場、公衆浴場、旅館、共同住宅、寄宿舎、下宿、工場、倉庫、自動車車庫、危険物の貯蔵所、と畜場、火葬場、汚物処理場などの用途の建築物をいいます。この他に、建基法別表1と建基令115条の3の追加の用途も掲げられています。
② 特殊建築物は一般の建築物と比べると、不特定多数の人が使用する、火災が発生しやすい、火災荷重が大きい、周辺環境に与える影響が大きいなどの特殊性があり、一般の建築物より**防火、耐火に関して厳しい規制**となっています。
③ 建基法別表1（い）欄では、特殊建築物が（1）項〜（6）項の6種類に分類されています。

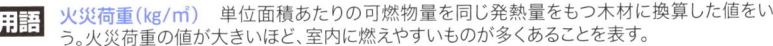

用語　火災荷重(kg/㎡)　単位面積あたりの可燃物量を同じ発熱量をもつ木材に換算した値をいう。火災荷重の値が大きいほど、室内に燃えやすいものが多くあることを表す。

● 表1-2　特殊建築物

特殊建築物の分類	建築物の用途
(1)不特定多数の人が集まる建築物	劇場、映画館、演芸場、観覧場、公会堂、集会場の6種類
(2)就寝、宿泊を伴う建築物	病院、診療所、ホテル、旅館、下宿、共同住宅、寄宿舎、児童福祉施設などの8種類。保育所は児童福祉施設に含まれる
(3)教育、文化、スポーツに関する建築物	学校、体育館、博物館、美術館、図書館、ボウリング場、スキー場、スケート場、水泳場、スポーツの練習場の10種類
(4)商業、サービスに関する建築物	百貨店、マーケット、展示場、キャバレー、カフェ、ナイトクラブ、バー、ダンスホール、遊技場、公衆浴場、待合、料理店、飲食店、物品販売業を営む店舗（床面積が10㎡以内のものを除く）の14種類
(5)大火となりやすい建築物	倉庫の1種類のみ
(6)出火の危険度が大きい建築物	自動車車庫、自動車修理工場、映画スタジオ、テレビスタジオの4種類
(7)その他の建築物（法2条1項二号）	工場、と畜場、火葬場、汚物処理場など

4　耐火構造、耐火建築物

①**耐火構造**（建基法2条1項七号、建基令107条）
　(a)耐火構造とは、壁、柱、床などの建築物の部分ごとに、**耐火性能**に関して政令で定める技術的基準に適合する鉄筋コンクリート造や鉄骨鉄筋コンクリート造などの構造で、国土交通大臣が定めた構造方法のもの、または国土交通大臣の認定を受けたものをいいます。
　(b)耐火性能とは、通常火災が終了するまでの間、建築物の**倒壊や延焼を防止**するために、建築物の部分に必要とされる性能をいいます。その技術的基準は建基令107条に定められ、建築物の階と部分により、**非損傷性、遮熱性、遮炎性に対しての耐火時間の基準**が定められています。

②**耐火建築物**（建基法2条1項九号の二、建基令108条の3）
　耐火建築物とは、主要構造部を耐火構造とした建築物または耐火性能基準に適合した建築物で、かつ延焼のおそれのある外壁の開口部に防火戸などの防火設備を設けたものをいいます。

> **用語**　**非損傷性**　通常の火災による加熱が一定時間加えられた場合に、主要構造部（壁、柱、床、梁、屋根、階段）が、構造耐力上支障のある変形、溶融、破壊などの損傷を生じない性能のことをいう。すなわち、火災による建築物の倒壊を防止する性能である。

● 表1-3　耐火構造の耐火時間　　　　　　　　　※表内の「——」は制限なし

建築物の部分			最上階から数えた階数	非損傷性(一号)	遮熱性(二号)	遮炎性(三号)
壁	間仕切壁	耐力壁	1〜4の階	1時間	1時間	——
			5〜14の階	2時間		
			15以上の階			
		非耐力壁	——	——		——
	外壁	耐力壁	1〜4の階	1時間		1時間
			5〜14の階	2時間		
			15以上の階			
		非耐力壁	延焼のおそれのある部分	——	30分	30分
			それ以外の部分			
柱			1〜4の階	1時間	——	——
			5〜14の階	2時間		
			15以上の階	3時間		
床			1〜4の階	1時間	1時間	——
			5〜14の階	2時間		
			15以上の階			
梁			1〜4の階	1時間	——	——
			5〜14の階	2時間		
			15以上の階	3時間		
屋根				30分	——	30分
階段				30分	——	——

図1-11　耐火建築物

※耐火建築物には2種類ある

耐火建築物
- 主要構造部が耐火構造である建築物 ＋ 外壁の開口部で延焼のおそれのある部分に防火設備を設けたもの
- 主要構造部が、火災が終了するまで耐える構造とした建築物（耐火性能検証法により確かめられた建築物） ＋ 外壁の開口部で延焼のおそれのある部分に防火設備を設けたもの

用語　遮熱性　壁と床に関して、加熱された面の反対側の面が一定以上の温度に上昇しない性能をいい、これにより建築物の延焼を防ぐ。
遮炎性　外壁と屋根に関して、屋内で発生する火災が屋外に火災を出す原因となる亀裂などを生じない性能をいい、これにより建築物の延焼を防ぐ。

5 準耐火構造、準耐火建築物

①**準耐火構造**（建基法2条1項七号の二、建基令107条の2）
　(a)準耐火構造とは、壁、柱、床などの建築物の部分ごとに、**準耐火性能**に関して政令で定める技術的基準に適合するもので、国土交通大臣が定めた構造方法のもの、または国土交通大臣の認定を受けたものをいいます。
　(b)準耐火性能とは、通常火災による**延焼を抑制**するために、建築物の部分に必要とされる性能をいい、その技術的基準は建基令107条の2に定められ、建築物の部分により、**通常火災による非損傷性・遮熱性と屋内の通常火災による遮炎性に対しての耐火時間の基準**が定められています。

●表1-4　準耐火構造の耐火時間　　　　　　　　　　　　※表内の「──」は制限なし

建築物の部分			45分準耐火			1時間準耐火		
			非損傷性	遮熱性	遮炎性	非損傷性	遮熱性	遮炎性
壁	間仕切壁	耐力壁	45分	45分		60分	60分	
		非耐力壁	──			──		
	外壁	耐力壁	45分		45分	60分		60分
		非耐力壁 延焼のおそれのある部分	──			──		
		非耐力壁 それ以外の部分	──	30分	30分	──	30分	30分
柱			45分	──	──	60分	──	──
床			45分	45分	──	60分	60分	──
梁			45分	──	──	60分	──	──
屋根	屋根		30分	──	30分	30分	──	30分
	軒裏	延焼のおそれのある部分	──	45分	──	──	60分	──
		それ以外の部分	──	30分	──	──	30分	──
階段			30分	──	──	30分	──	──

※1時間準耐火は、木造3階建て共同住宅などに適用されるもの。

②**準耐火建築物**（建基法2条1項九号の三、建基令109条の3）
　(a)準耐火建築物とは、耐火建築物以外の建築物で、主要構造部を準耐火構造とした

> **ミニ知識**　準耐火建築物は、耐火建築物のような優れた耐火時間をもつものではないが、火災が発生した場合、容易には倒壊や延焼をしない建築物である。

もの、あるいはそれと同等の準耐火性能をもつものとして、政令で定める技術的基準（建基令109条の3）に適合するもので、かつ延焼のおそれのある外壁の開口部に防火戸などの防火設備を設けたものをいいます。

(b)耐火構造が内部焼失や延焼の防止の他に、建築物の倒壊の防止が主な目的であるのに対して、準耐火構造は他の建築物への**延焼の抑制が主な目的**です。

③ 準耐火建築物は、大別すると２種類あります。ひとつは、主要構造部が準耐火構造であり、かつ外壁の開口部で延焼のおそれのある部分に防火設備を設けたもので**イ準耐**と略称されます。もうひとつは、イ準耐と同等の耐火性能をもつものとして、外壁が耐火構造のものや軸組が不燃材料（鉄骨造など）でできているものであり、かつ外壁の開口部で延焼のおそれのある部分に防火設備を設けたもので、**ロ準耐**と略称されます。

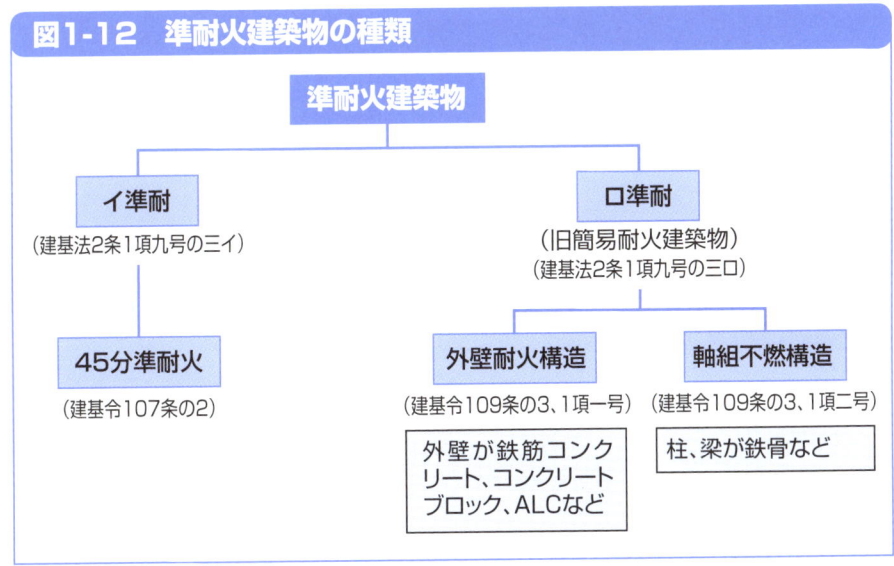

図1-12　準耐火建築物の種類

6 防火設備、特定防火設備
（建基法2条1項九号の二ロ、建基令109条、建基令109条の2）

①**防火設備**
(a)防火設備とは、**防火戸、ドレンチャー設備**などの火災を遮る設備をいい、**20分の遮炎性能**があります。
(b)防火設備は、耐火建築物や準耐火建築物の**延焼のおそれのある外壁の開口部**に**設置**します。

ミニ知識　木造3階建て共同住宅は、略して「木3共（もくさんきょう）」ともいう。

(c)ドレンチャー設備（建基令109条）とは、外部からの延焼による火災を防ぐために、窓の上部や軒下にドレンチャーヘッド（散水用ノズル）を取り付け、配管によって水源に連結し、必要に応じて水を噴出して水幕をつくる消防用の設備をいいます。

(d)ドレンチャー設備は、建築基準法に規定する防火戸の代わりに使う防火設備であり、消防法に規定する消火設備ではありません。

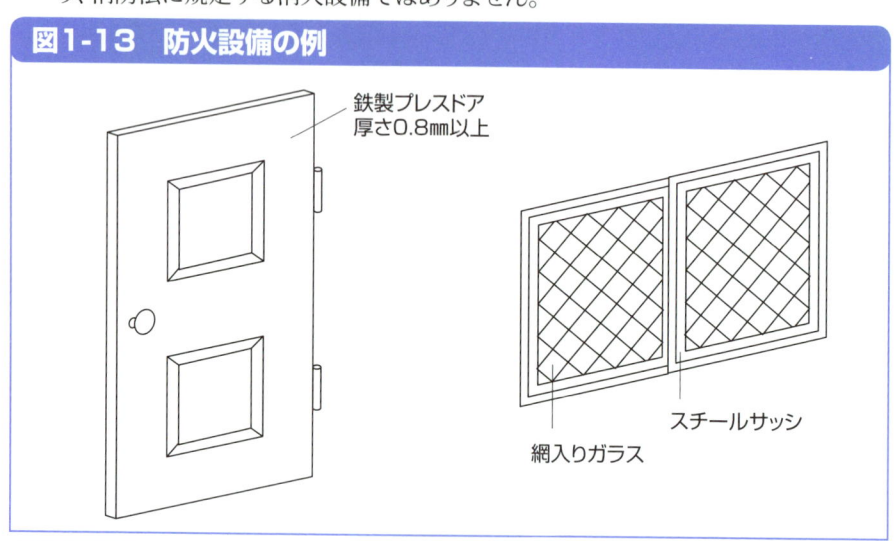

図1-13　防火設備の例

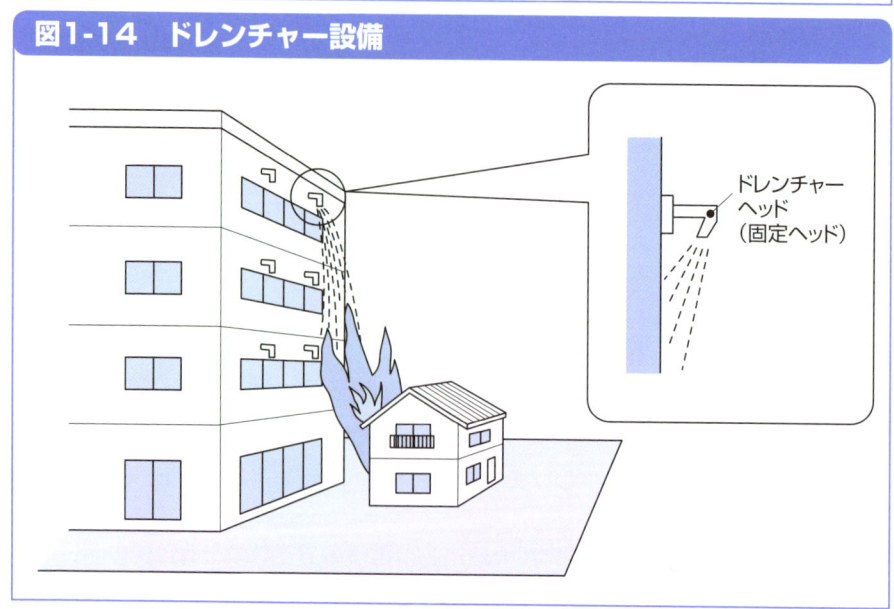

図1-14　ドレンチャー設備

用語　遮炎性能　通常火災を有効に遮るために防火設備に必要とされる性能をいう。

②特定防火設備
(a)特定防火設備とは、防火設備のうち**1時間の遮炎性能**があるものをいいます。
(b)特定防火設備は、建築物の**防火区画に設置**します。

図1-15　特定防火設備の例

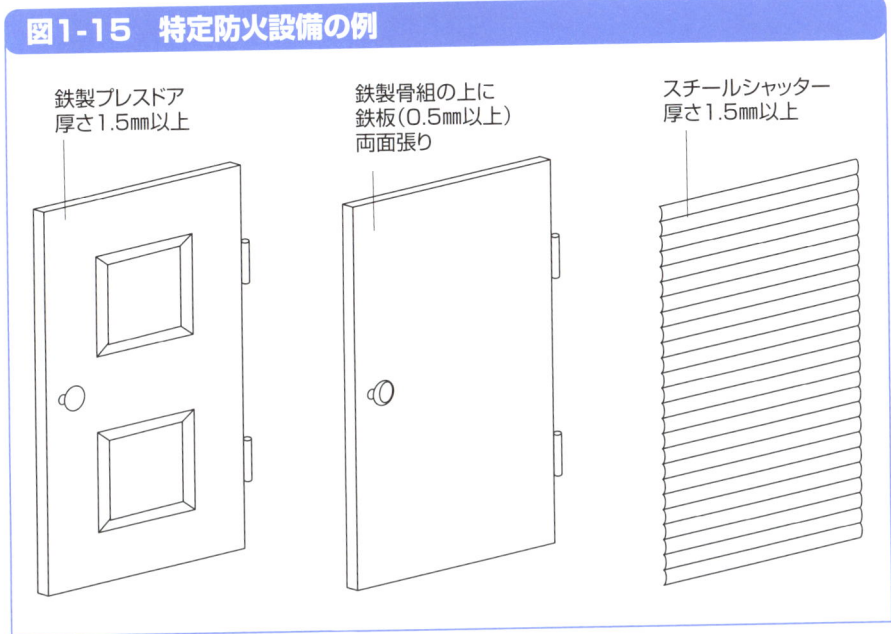

7　不燃材料、準不燃材料、難燃材料
（建基法2条1項九号、建基令108条の2、建基令1条1項五号、建基令1条1項六号）

① 不燃材料は、建築材料のうち、通常の火災による火熱で**加熱開始後20分間、燃焼しない、防火上有害な変形、溶融、き裂などの損傷を生じない、避難上有害な煙やガスを発生しない、という不燃性能に関する技術的基準**を満たしているものをいいます。

② 同様に、準不燃材料は**加熱開始後10分間**、難燃材料は**加熱開始後5分間**、不燃性能に関する技術的基準を満たしているものをいいます。

③ 不燃材料、準不燃材料、難燃材料の包含関係を図1-16に示します。この図1-16の包含関係からわかるように、例えば内装材料に難燃材料を使わなければならないと規定された場合、難燃材料の代わりに、より不燃性能のよい準不燃材料や不燃材料を使ってもかまいません。また準不燃材料を使わなければならないと規定された場合、準不燃材料の代わりに、より不燃性能のよい不燃材料を使ってもかまいません。

ミニ知識　防火区画については、1章P.29を参照すること。

図1-16　不燃材料、準不燃材料、難燃材料の包含関係

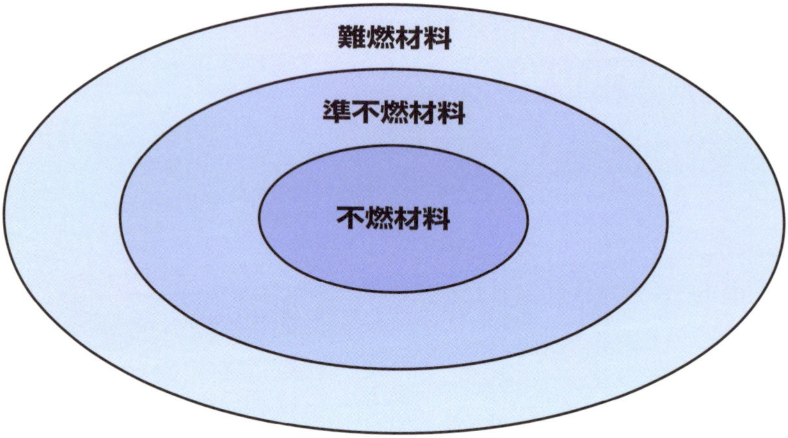

難燃材料 ⊃ 準不燃材料 ⊃ 不燃材料

④ 不燃材料、準不燃材料、難燃材料の例を図1-17に示します。

図1-17　不燃材料、準不燃材料、難燃材料の例

●不燃材料の例
（建基法2条1項九号、建基令108条の2、平12建告1400号）

① コンクリート（右図参照）
② れんが（右図参照）
③ 瓦
④ 陶磁器質タイル
⑤ 石綿スレート（右図参照）
⑥ 繊維強化セメント板
⑦ 厚さ3mm以上のガラス繊維混入セメント板
⑧ 厚さ5mm以上の繊維混入ケイ酸カルシウム板
⑨ 鉄鋼
⑩ アルミニウム
⑪ 金属板
⑫ ガラス
⑬ モルタル（右図参照）
⑭ しっくい
⑮ 石（右図参照）
⑯ 厚さ12mm以上の石膏ボード（右図参照）
⑰ ロックウール
⑱ グラスウール板

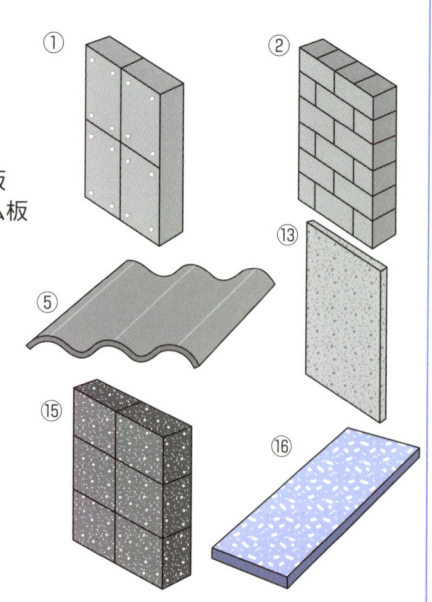

用語　難燃合板　合板に難燃処理を施したものをいう。

● 準不燃材料の例（建基令1条1項五号、平12建告1401号）

①不燃材料
②厚さ9mm以上の石膏ボード（右図参照）
③厚さ15mm以上の木毛セメント板（右図参照）
④厚さ9mm以上の硬質木片セメント板
⑤厚さ30mm以上の木片セメント板
⑥厚さ6mm以上のパルプセメント板

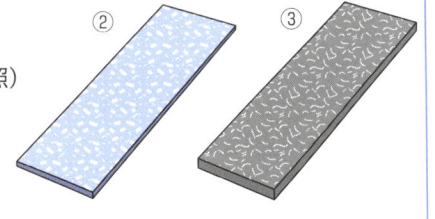

● 難燃材料の例（建基令1条1項六号、平12建告1402号）

①準不燃材料
②厚さ5.5mm以上の難燃合板（右図参照）
③厚さ7mm以上の石膏ボード（右図参照）

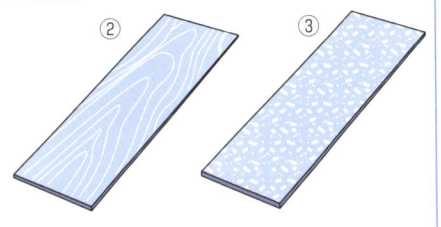

8 内装制限（建基法35条の2、建基令128条の3の2〜建基令128条の5）

① 内装制限とは、建築物の壁と天井の仕上げを不燃材料などの燃えにくい材料にする規定をいい、これにより火災時に**フラッシュオーバー**に至るまでの時間をできるだけ遅らせ、火災の拡大を防止し、避難と消火活動を円滑にさせることができます。

② 床は一般的に、部屋の火災の最終段階で燃えるため、内装制限の対象にはなりません。

③ 内装制限を受ける建築物と居室は、**特殊建築物**、**大規模建築物**、**火気使用室**、**無窓の居室**の4種類です。表1-5の注釈に示すように、特殊建築物は耐火建築物、準耐火建築物、その他の建築物（木造建築物など）により内装制限を受ける床面積が異なります。

④ スプリンクラー設備などの自動式消火設備を設け、かつ排煙設備を設けた部分には、内装制限が免除されます。

図1-18 内装制限の免除

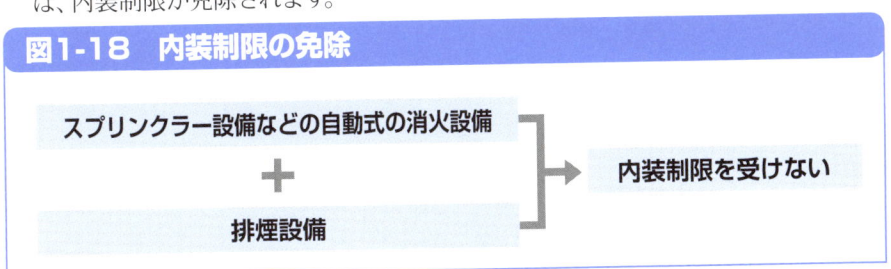

ミニ知識 フラッシュオーバーについては、2章P.38を参照すること。
スプリンクラー設備については3章P.90を、また排煙設備については6章P.288を参照すること。

●表1-5　内装制限を受ける建築物と居室

用途、規模		仕上げ材料		備考
		居室	廊下、階段、通路	
特殊建築物	① 一定規模以上の特殊建築物〔法別表1（い）欄（1）（2）（4）項のもの〕※	難燃材料（1.2m以下の腰壁部分を除く）	準不燃材料	3階以上の階に居室がある場合の居室の天井は、準不燃材料
	② 自動車車庫、自動車修理工場	準不燃材料		――――
	③ 地階または地下工作物内に設ける居室〔法別表1（い）欄（1）（2）（4）項のもの〕	準不燃材料		――――
大規模建築物	④ ●階数3以上で延べ面積500㎡を超える ●階数2で延べ面積1,000㎡を超える ●階数1で延べ面積3,000㎡を超える	難燃材料（1.2m以下の腰壁部分を除く）		
火気使用室	⑤ ●住宅（共同住宅、兼用住宅を含む）の台所、浴室など：最上階以外の階 ●住宅以外に設ける調理室、ボイラー室など：すべて	準不燃材料	――――	主要構造部が耐火構造のものは除く
無窓の居室	⑥ ●排煙上の無窓の居室：床面積50㎡を超えるもの ●採光上の無窓の居室	準不燃材料	準不燃材料	排煙上の無窓の居室については、天井高6mを超える居室は除く

※内装制限を受ける特殊建築物の規模（床面積）
●**法別表1（い）欄（1）項**
　耐火建築物：客席床面積400㎡以上
　準耐火建築物、その他：客席床面積100㎡以上
●**法別表1（い）欄（2）項**
　耐火建築物：3階以上の部分の床面積の合計300㎡以上［床面積100㎡（共同住宅の住戸は200㎡）以内ごとに準耐火構造の床、壁、特定防火設備で区画されている居室は対象外とする］
　準耐火建築物：2階部分の床面積の合計300㎡以上（病院、診療所は2階に病室がある場合に限る）
　その他：床面積の合計200㎡以上
●**法別表1（い）欄（4）項**
　耐火建築物：3階以上の部分の床面積の合計1000㎡以上
　準耐火建築物：2階部分の床面積の合計500㎡以上
　その他：床面積の合計200㎡以上

用語　**火気使用室**　調理室、浴室、乾燥室、ボイラー室、作業室などの室で、かまど、コンロ、ストーブ、炉、ボイラー、内燃機関など火を使用する設備や器具を設けたものをいう。（建基令128条の4、4項）

9 防火区画（建基令112条）

① 防火区画とは、耐火建築物や準耐火建築物に対して、建築物内部で発生した火災や煙が拡大するのを防ぐため、建築物内部を防火上有効な耐火構造や準耐火構造の床、壁、防火設備（防火戸）などで区画して、被害を局部的なものにとどめ、避難を円滑に行うことをいいます。

② 防火区画には、**面積区画**、**高層階区画**、**竪穴区画**、**異種用途区画**があります。

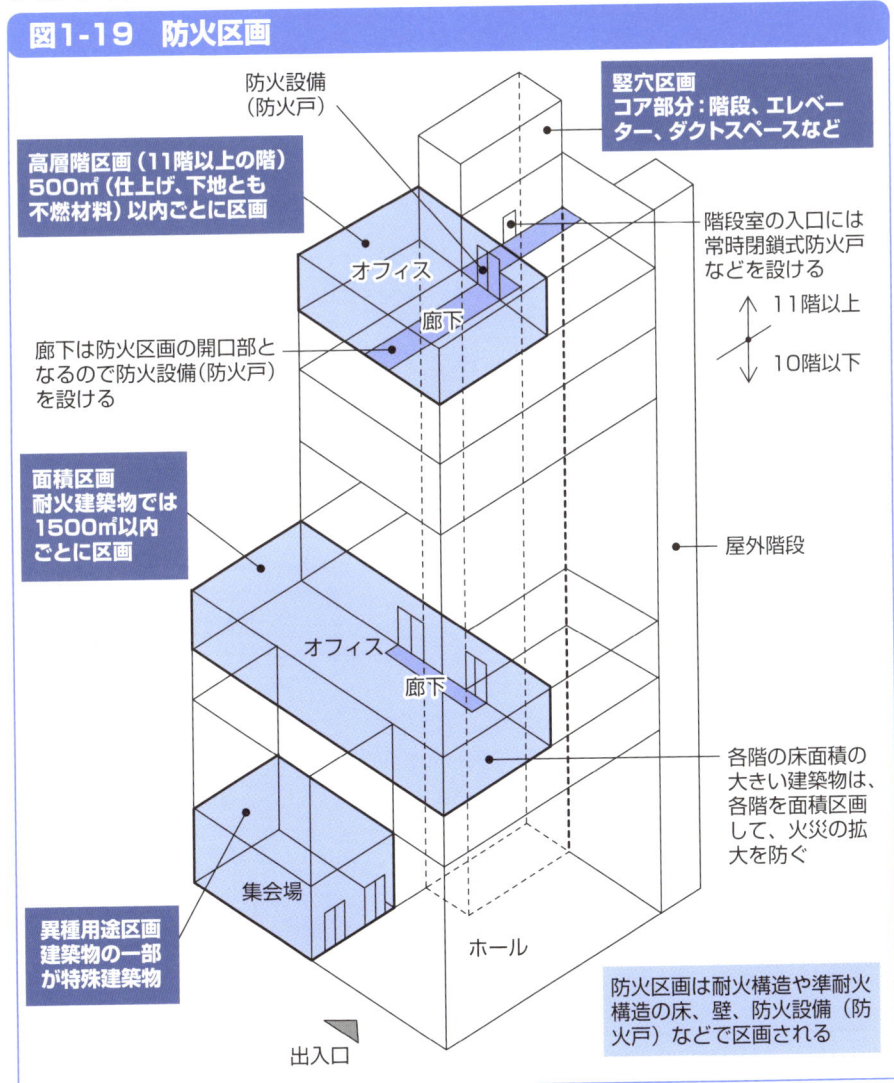

図1-19　防火区画

ミニ知識　高層階区画(11階以上の階)では、10階以下の階より区画面積が小さくなり、厳しく規定される。

● 表1-6　防火区画の種類

	防火区画の種類	内容
①	面積区画	一定の床面積以内ごとに区画
②	高層階区画	11階以上の部分を一定の床面積以内ごとに区画
③	竪穴区画	階段室、エレベーターシャフト、吹抜けを、他の部分と区画
④	異種用途区画	用途の異なる部分を区画

③ 防火区画の設置基準を表1-7に示します。

● 表1-7　防火区画の設置基準

	対象建築物			区画面積など
①面積区画	耐火建築物			1500㎡以内
	準耐火建築物	任意の準耐火建築物※（法令の規定によらずに任意に準耐火としたもの）		1500㎡以内
		義務の準耐火建築物※	1時間準耐火、不燃構造の準耐火	1000㎡以内
			45分準耐火、外壁耐火の準耐火	500㎡以内
②高層階区画（11階以上の階）	内装が下地とも不燃材料			500㎡以内
	内装が下地とも準不燃材料			200㎡以内
	その他			100㎡以内
③竪穴区画	主要構造部を準耐火構造（耐火構造を含む）とした建築物で、地階または3階以上の階に居室のあるもの※1			吹抜け、階段、昇降機の昇降路、ダクトスペース、メゾネットの住戸などの竪穴部分とその他の部分とを区画
④異種用途区画	建築物の一部に特殊建築物がある場合（建基法27条）			特殊用途部分とその他の部分とを区画

※1 法別表1（1）項から（4）項までに掲げる用途の特殊建築物で、階数が3で延べ面積が200㎡未満のものについては主要構造部に対する規制はない。

用語　**防火ダンパー**　火災時に、煙感知器や熱感知器と連動して、自動的に閉鎖するダンパーをいう。

※準耐火建築物は、任意の準耐火建築物（建築基準法の規定により義務付けられたものではなく、建築する者が自分の判断により任意に準耐火建築物としたもの）か、義務の準耐火建築物（建築基準法の規定により、準耐火建築物とするように義務付けられたもの）により、区画面積が異なる。

④**防火区画を貫通する配管や風道（ダクト）など**

(a)防火区画を貫通する配管は、**防火区画の両側1m以内の配管を不燃材料**でつくらなければなりません。（建基令112条20、21項）

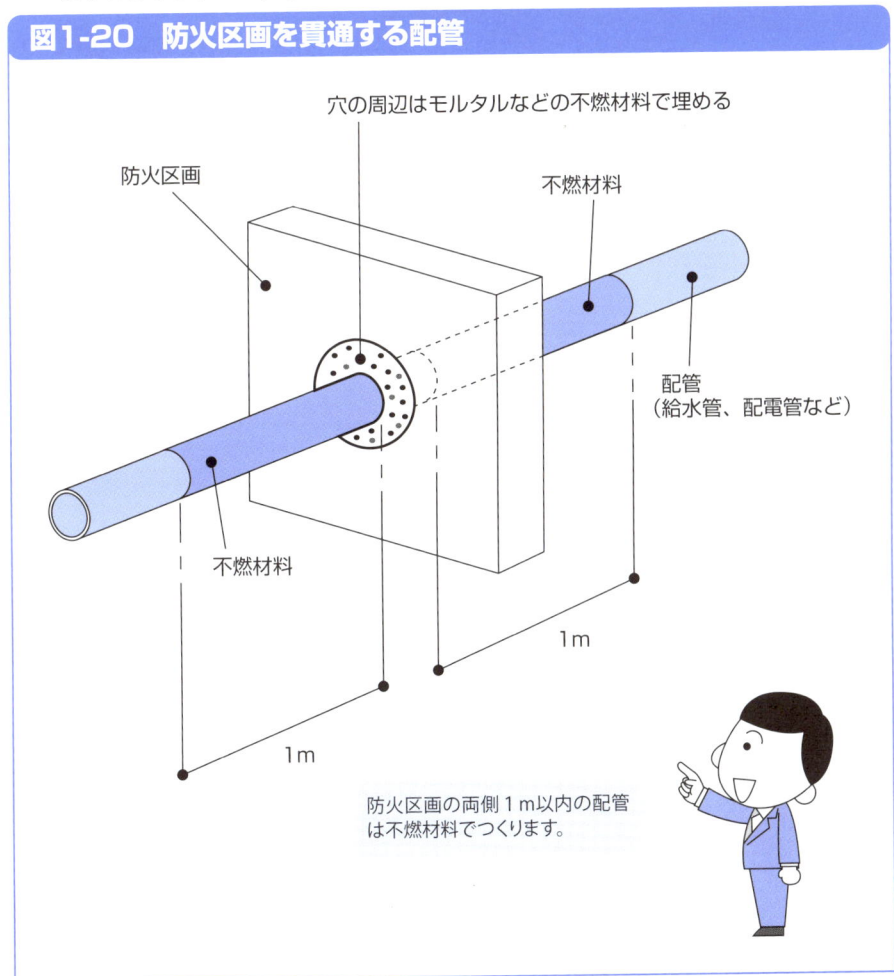

図1-20　防火区画を貫通する配管

(b)防火区画を貫通する暖房、冷房、換気の設備の風道は、防火区画の近くに**防火ダンパー**（特定防火設備や防火設備）を設けなければなりません。（建基令112条16項）

ミニ知識　排煙設備の風道については、防火ダンパーを設けると、それが日常排出する煙に反応して都合が悪いため、設けなくてよいことになっている。

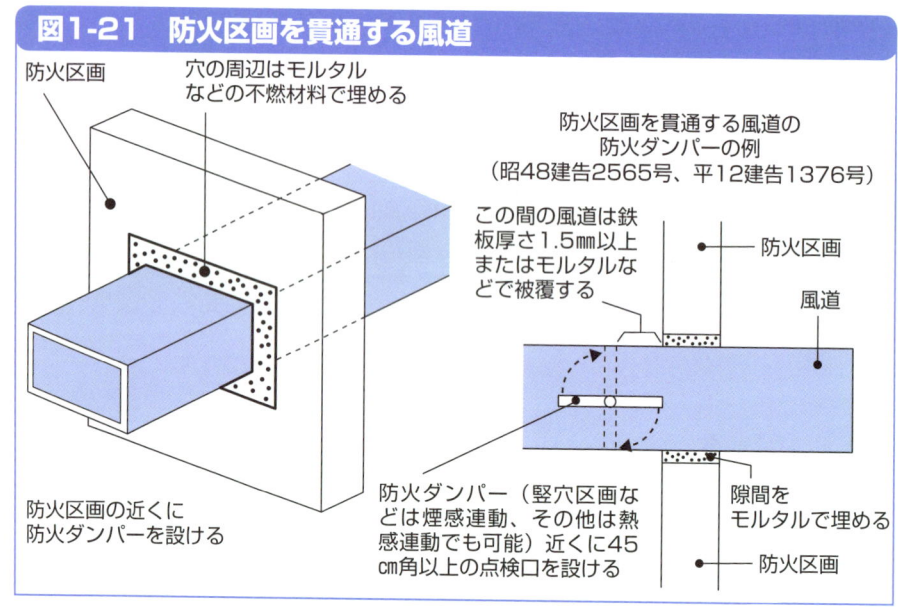

10 地階（建基令1条1項二号）

① 地階とは、床が地盤面下にある階で、床面から地盤面までの高さが、その階の天井の高さの**3分の1以上**のものをいいます。

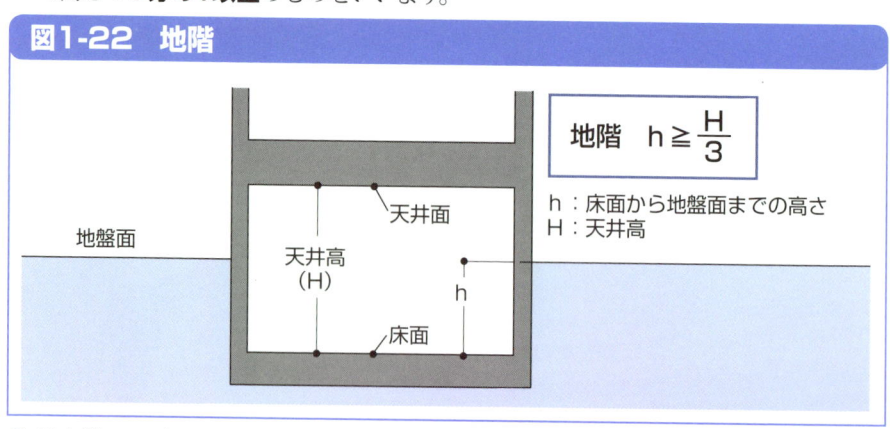

② 地上階では窓が設けられるのに対して、地階では窓が設けられず、火災時に煙を排出したり、避難救助をしたりすることが困難になるため、建築基準法において、地階では避難、内装制限など防災面での制限が厳しくなり、また**消防法においても、消防用設備などの設置基準が厳しくなっています。**

ミニ知識 防火区画を貫通する配管や風道などのまわりにごくわずかな隙間があると、火のまわりが起こるので、その隙間をモルタルなどの不燃材料で埋める必要がある。

第2章
消防法の基礎知識

❶燃焼と消火の基礎知識 ……………………………… 34
❷フラッシュオーバー ………………………………… 38
❸煙と有毒ガス ………………………………………… 41
❹防火対象物の用途分類 ……………………………… 43
❺防火対象物の収容人員 ……………………………… 56
❻消防用設備などの設置義務と技術基準など ……… 60
❼消防用設備などの性能規定化 ……………………… 62
❽消防用設備などの設置単位 ………………………… 65
❾消防用設備などの届出、検査、定期点検など …… 68

1 燃焼と消火の基礎知識

物質が燃焼するためには、燃料、酸素、熱、反応の継続の4つの要素が必要であり、消火についてはこの燃焼の4要素のうちのいずれかひとつを取り去ればよい。

1 燃焼の4要素

燃料、酸素、熱、反応の継続の4つの要素を**燃焼の4要素**といいます。

図2-1　燃焼の4要素

燃焼の4要素

- **燃料**
  燃えるべき物質（燃料）がなければ、燃焼は起きない。
- **酸素**
  燃焼は酸化反応であるため、燃料と酸素の両方がなければならない。
- **熱**
  燃料と酸素は、熱（ライターやマッチの火など）を与えられることにより、着火する。
- **燃焼反応の継続**
  通常は熱により燃料の表面から可燃性ガスが放出して、それに着火して燃焼が始まる。そして燃焼のときに発生する熱がまた燃料を加熱してガスを放出させる。燃焼はこのような化学反応を連鎖的に繰返すことによって進行する現象である。

2 火災の種類

火災は消火上、**普通火災（A火災）**、**油火災（B火災）**、**電気火災（C火災）**などに分類されます。

図2-2　火災の種類

火災の種類

- **A火災**
  木、紙、繊維などの一般可燃物による火災で、水などをかけて冷却し、着火温度以下にする冷却効果による消火が有効である。
- **B火災**
  石油、可燃性液体、油脂などの油類による火災で、空気中の酸素を遮断する窒息効果による消火が有効である。
- **C火災**
  電気施設などの感電のおそれのある火災で、窒息効果による消火が有効である。

ミニ知識　酸素（O_2）は大気中に21％程度あり、燃料の中にある炭素（C）と結合して二酸化炭素（CO_2）を排出する。なお、不完全燃焼の場合は、猛毒である一酸化炭素（CO）を放出する。

A火災（一般可燃物）

水などをかけて冷却し、着火温度以下にする冷却効果による消火が有効

B火災（油類）

空気中の酸素を遮断する窒息効果による消火が有効

C火災（電気）

空気中の酸素を遮断する窒息効果による消火が有効

第2章 消防法の基礎知識

ミニ知識 A、B、C火災という言葉は消火の用語としてよく使われ、例えば粉末消火器は、A、B、C火災のいずれにも適応できるので、ABC消火器ともいわれる。

3　4種類の消火方法

① 火災を消火するためには、燃焼の4要素のうちのいずれかひとつを取り去ればよいのですから、消火方法は図2-3に示す4種類あることになります。

図2-3　4種類の消火方法

4種類の消火方法

除去消火
酸化反応をしているところから燃料を除去したり、燃料の供給を遮断する方法である。つまり、燃えるべき物質がなくなれば火は消える。

窒息消火
酸素の供給を断てば、燃焼によって酸素は消費されて火は消える。大気中の酸素濃度の21%を16%以下にすれば、いわゆる酸欠空気となって火は消える。ただし、この状態は、人間も窒息死する危険性があり、注意が必要である。

冷却消火
燃えているものに水などをかけて、燃焼物から熱を奪い、着火温度以下に冷却することにより消火する方法である。冷却消火の消火剤としては、一般に水を使う。

負触媒消火
負触媒とは、その物質があることによって、逆に反応を停止させてしまう効果のある物質をいい、触媒と逆の作用をする。ハロゲン化物（塩素、フッ素などの化合物）はこの負触媒効果があり、消火に有効である。燃焼の4要素のひとつである燃焼反応の継続を不可能にして、消火する方法である。

(a) 除去消火の例としては、焚火で燃えている木材やその周囲にある木材を取り除いたり、ガスコンロのコックを閉めてガスの供給を止めるといった方法があります。

(b) 窒息消火の例としては、燃えているマッチにコップで蓋をしたり、二酸化炭素消火剤を室内に放出して、酸素の含有量を相対的に低下させて16%以下にしたりするといった方法です。

> **用語**　**触媒**　化学反応が起きている場所で、それ自身は化学反応を起こさずに、反応を促進する効果のある物質をいう。

② 燃焼の４要素と４種類の消火方法との関係を図2-4に示します。

図2-4　燃焼の４要素と４種類の消火方法との関係

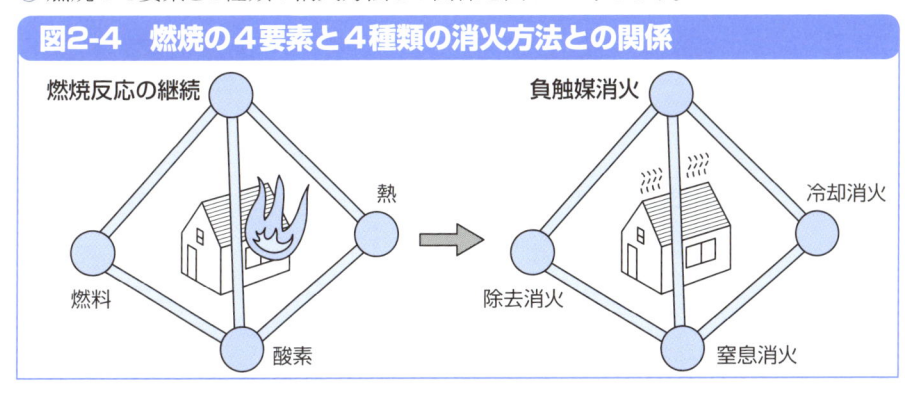

4　水による消火

① B火災やC火災に比べて発生件数がかなり多いA火災に最も効果的なのが、水による冷却消火です。水は優れた消火剤であり、大量に得ることができ、しかも安価です。
② 燃焼物に水をかけると、燃焼物を着火温度以下に冷却させるだけでなく、燃焼物から大量の熱を奪って蒸発（気化）します。さらに、蒸発して体積が非常に増加した水蒸気が、燃焼物への空気を遮断するといった窒息効果も生じるので、消火がさらに効果的になります。
③ **水はB火災にはまったく不適**で、油火災に水を注水すると、比重の軽い油が表面に流出して、火災をさらに拡大させる危険性があります。
④ **水はC火災にも不適**で、電気火災に注水すると感電する危険性があり、短絡や地絡の事故を起こすことがあります。

図2-5　水による消火

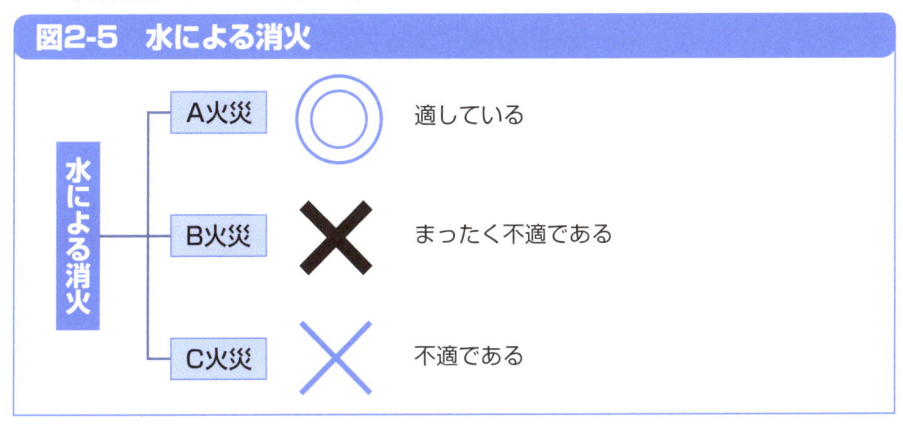

水による消火		
A火災	◎	適している
B火災	✕	まったく不適である
C火災	✕	不適である

用語　地絡　漏電などにより接地線などを経て電流が大地に流れることをいう。

2 フラッシュオーバー

フラッシュオーバーは、室内の火災において、急激な爆発的燃焼を起こし、室内全体が一瞬のうちに炎に包まれる現象である。

1 フラッシュオーバー（FO）

① フラッシュオーバーとは、室内の火災において、立ち上った炎が天井に達して熱気流が発生し、その強い熱により内装材が加熱されて、可燃性ガスが徐々に室の上部に充満し、そのガスが一定の温度と濃度になると、**急激な爆発的燃焼**を起こし、室内全体が一瞬のうちに炎に包まれる現象をいいます。
② 内装材料が可燃材料であると、フラッシュオーバーはごく短時間で起こり被害を増大させるので、この前の段階で速やかに消火することが重要となります。

2 室内における火災の進行

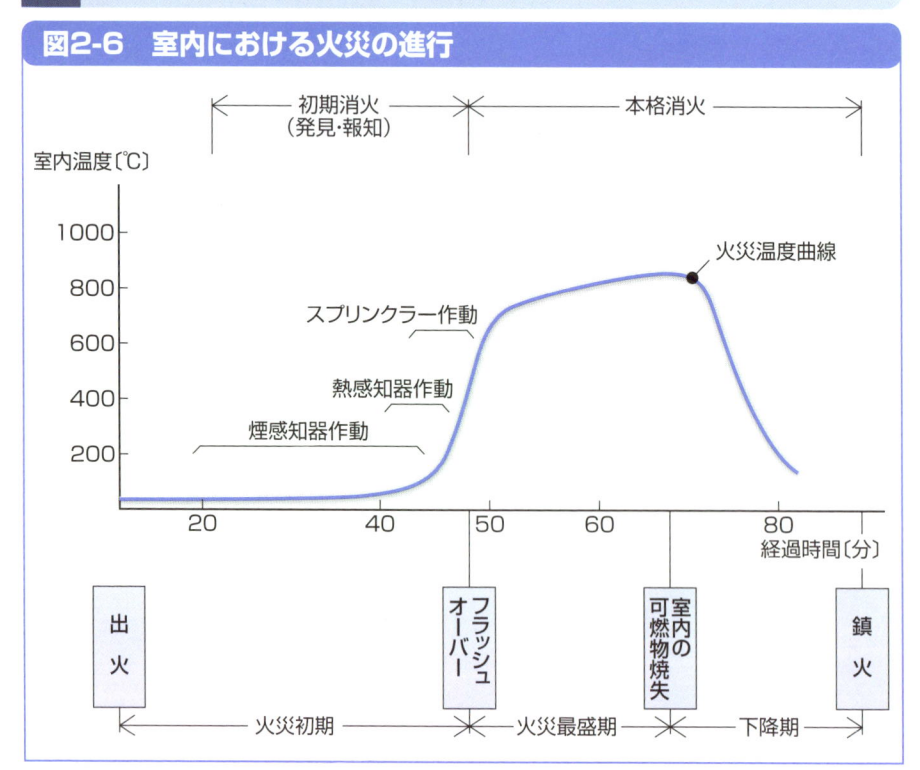

図2-6 室内における火災の進行

初期消火（発見・報知） / 本格消火

室内温度〔℃〕／経過時間〔分〕

火災温度曲線
スプリンクラー作動
熱感知器作動
煙感知器作動

出火 → フラッシュオーバー → 室内の可燃物焼失 → 鎮火

火災初期 / 火災最盛期 / 下降期

ミニ知識 一般に材料が燃焼する速度は、水平面より垂直面のほうが速い。したがって、燃えやすいカーテンなどは燃焼速度が速い、すぐに火災が天井に拡大する危険性がある。

①火災初期（火の育ち）

(a) 室内で出火すると、室内の空気が熱せられ比重が軽くなるため、空気は急激に上昇し、それが天井などで止められて、天井下面に熱気が蓄積するようになります。

(b) 火がカーテンなどの垂直の薄物の可燃物に燃え移ると、火の育ちが早くなり、一気に火が天井に拡大して、天井下面や壁の上部は激しく熱せられて、可燃性ガスを放出します。

②フラッシュオーバー

(a) フラッシュオーバーになると、室温はすぐに800～1,000℃に急上昇し、多量の煙と有毒ガスが発生するため、室内は非常に危険な状態になります。

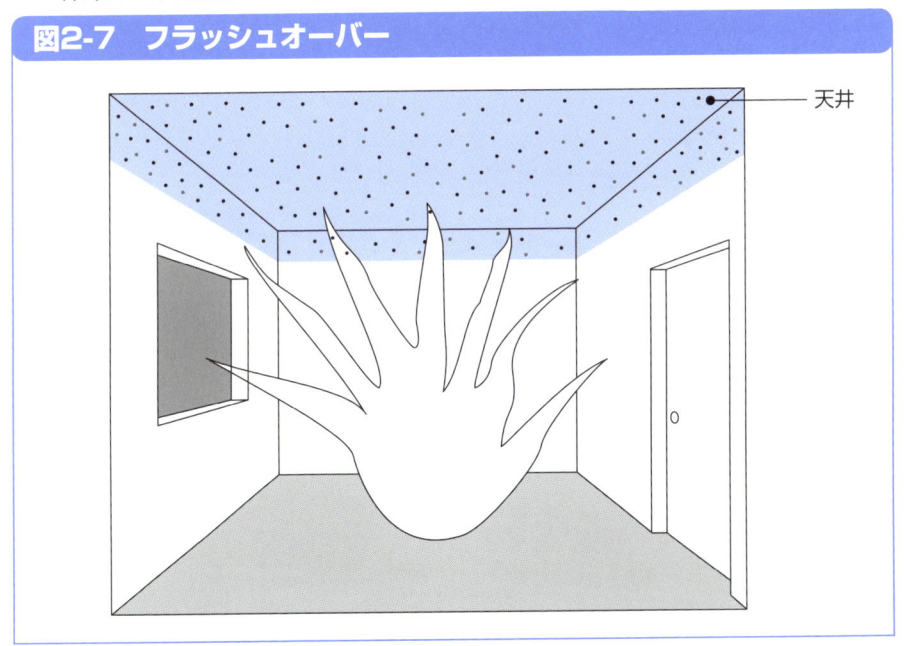

図2-7　フラッシュオーバー

天井

(b) 室内火災は均等に燃え広がっていくのではなく、フラッシュオーバーに見られるように、ある段階で急激に変化するのが特徴です。

(c) フラッシュオーバーに至ると非常に危険になるため、出火室にいる人はこの前に避難をすませておく必要があります。

③火災最盛期（火盛り）

(a) フラッシュオーバー以降、さらに火盛りといって、火災の熱により窓ガラスが割れたりドアが燃えたりすると、室内に外部の新鮮な空気が入り込み、これにより火災が定常的な勢いで燃え続けます。

(b) この段階では、燃焼量は、火災に伴い減少した出火時から室内にあった酸素よりも、開口部から流入する空気量に支配されます。このように燃焼する状態を、「換

ミニ知識　火災を出火した部屋にとどめることができなければ、火や煙はその階全体に拡大し、窓、階段、エレベーターシャフトなどを経由して、上階にも延焼する。最悪の場合は、隣接する建物に燃え移り、広い範囲で延焼拡大していく場合もある。

第2章　消防法の基礎知識

気支配の火災」といいます。
(c) さらに火だけでなく、煙や有毒ガスが廊下などに急速にあふれ出して、避難を困難にすることがあります。

3 初期消火

① 初期消火とは、フラッシュオーバー以前に消火することをいい、これが消火活動の基本となります。
② 建築基準法における**内装制限**は、内装材料に不燃材料、準不燃材料などを使って、**初期消火の時間を長くし、延焼拡大を遅らせることを主な目的**としています。特に火災時に、熱気をもった可燃性ガスが蓄積しやすいところである天井の不燃化が大切となります。なお建築基準法では、床は室内火災の最終段階で燃えるので、内装制限の対象からはずれています。
③ 内装制限やカーテンなどの不燃化（防炎規制）により、フラッシュオーバーまでの時間を数分でも遅らせることができれば、在館者の避難を完了させる可能性が高まり、消防隊が到着するまでの火災の拡大を防いで、初期消火を容易にすることができます。

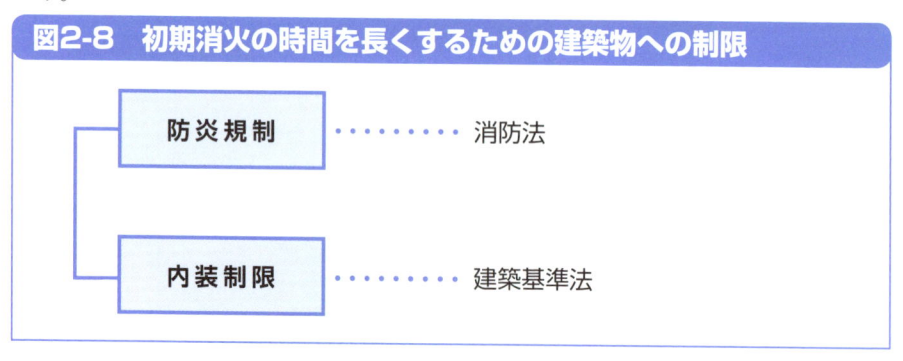

図2-8　初期消火の時間を長くするための建築物への制限

- 防炎規制 ……… 消防法
- 内装制限 ……… 建築基準法

初期消火とは、フラッシュオーバー以前に消火することです！

ミニ知識　防炎規制については1章P.16を、また内装制限については1章P.27を参照すること。

3 煙と有毒ガス

建築物の火災においては、火災の拡大を防ぐだけでなく、人体に害をおよぼし円滑な避難を妨げる煙と有毒ガスの拡大を防がなければならない。

1 火災時の煙の流れ

① 一般に室内で出火すると、火源から発生する高温の煙は天井面に沿ってほぼ水平に広がっていき、煙層を形成します。
② 開放された階段や空調設備の縦ダクトなどの垂直な煙の伝搬路があると、煙は一斉に上階に昇って行きます。
③ 出火階から発生した**煙の上階への伝搬速度は、非常に速くなります**。
④ 空調設備の縦ダクトは、火災や煙の伝搬経路となるおそれがあります。

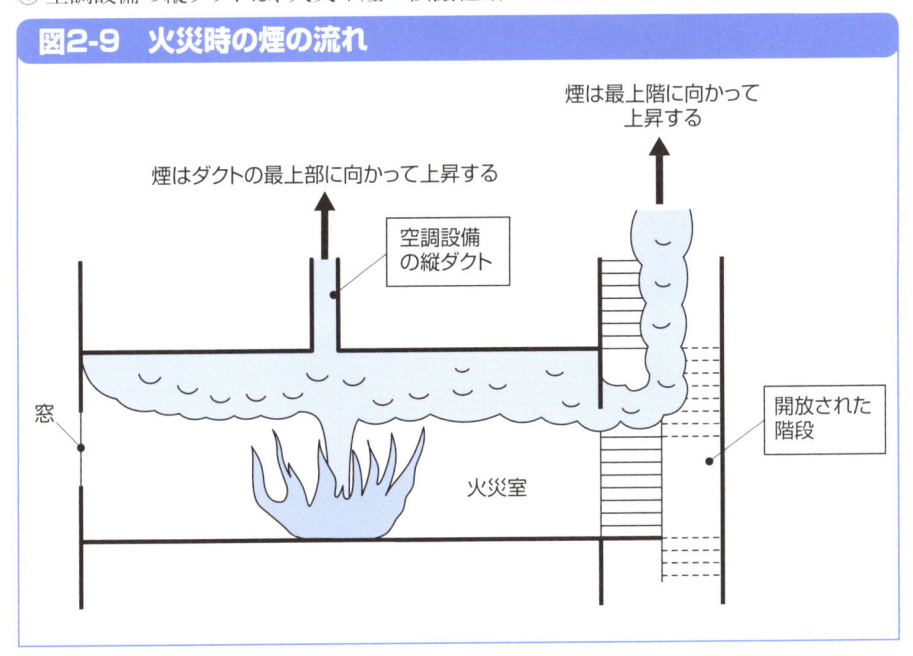

図2-9　火災時の煙の流れ

煙はダクトの最上部に向かって上昇する
煙は最上階に向かって上昇する
空調設備の縦ダクト
窓
火災室
開放された階段

2 防火対象物の排煙対策

① 排煙の目的は、煙により視界が悪化し避難が困難になることや、一酸化炭素ガス（COガス）などの有毒ガスにより判断力が低下し、死に至ることなどを防止するために、室内で発生した煙を屋外に有効に排除することです。

ミニ知識　上階への煙の伝搬速度が非常に速いため、階段や3層以上にわたる吹抜けなどは、建築基準法に定める防火区画(竪穴区画)をする。

② 消防法では、消火活動（消火と救助）のしやすさが排煙の主な目的であり、建築基準法では、在館者の避難の安全確保が排煙の主な目的である。
③ 建築基準法における排煙上の留意点
　(a) 建築物を**500㎡以内ごとに防煙壁**（間仕切壁、防煙垂れ壁など）**で区画**します（**防煙区画**）。
　(b) 排煙口には窓などによる自然排煙と排気ファンによる機械排煙があります。
　(c) 排煙口は防煙区画の各部分から、**水平距離で30m以内**になるよう配置します。
　(d) 排煙口には、**手動開放装置**を設けます。
　(e) 避難経路である廊下の機械排煙の排煙口は、一般に避難階段から離して設けることが望ましいといえます。
　(f) 扉やダンパーにより、煙を有効に遮断します。

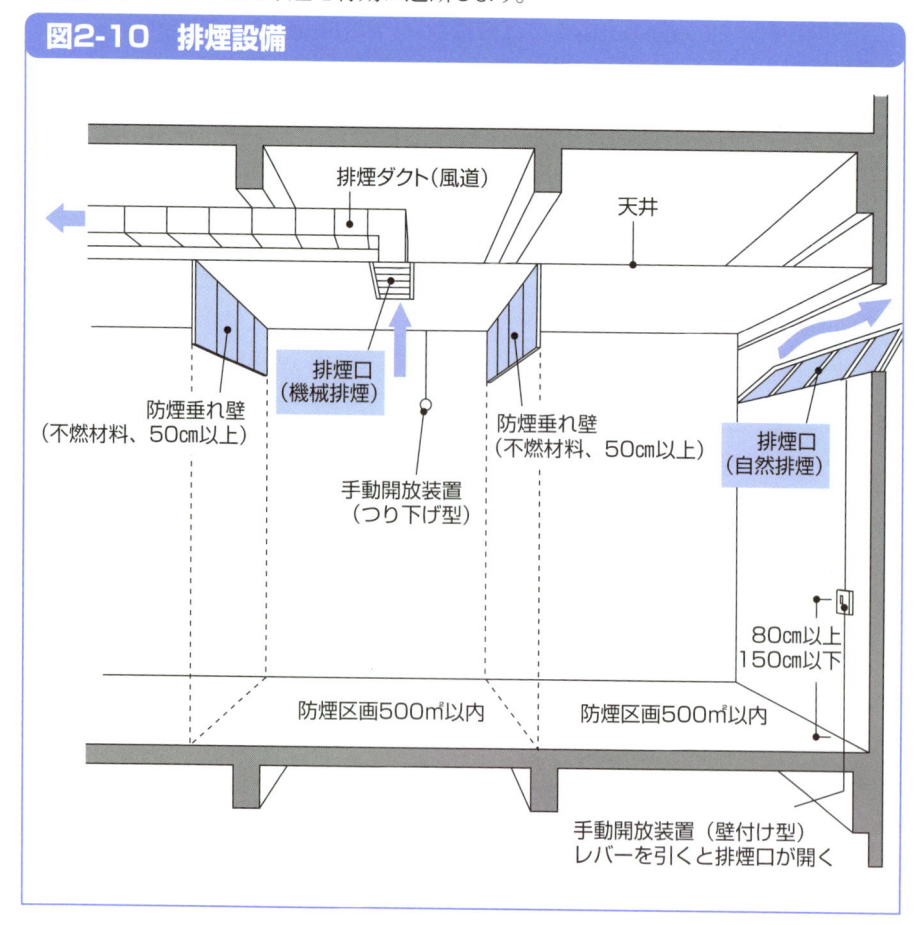

図2-10　排煙設備

- 排煙ダクト（風道）
- 天井
- 防煙垂れ壁（不燃材料、50cm以上）
- 排煙口（機械排煙）
- 手動開放装置（つり下げ型）
- 防煙垂れ壁（不燃材料、50cm以上）
- 排煙口（自然排煙）
- 80cm以上 150cm以下
- 防煙区画500㎡以内
- 防煙区画500㎡以内
- 手動開放装置（壁付け型）レバーを引くと排煙口が開く

ミニ知識　排煙口に煙感知器と連動する自動開放装置を設けても、手動開放装置は省略することができない。

4 防火対象物の用途分類

消防法施行令別表1には、防火対象物の用途について、(1)項の劇場・集会場グループから(20)項の舟車まで掲げられている。ここでは、各項に掲げる用途について説明する。

1 (1)項の防火対象物(劇場・集会場グループ)

　イ　劇場、映画館、演芸場、観覧場
　ロ　公会堂、集会場

① (1)項の防火対象物は、不特定多数の集まる施設です。
② イは客席を設けて、演劇、映画、音楽、スポーツ、演芸などを公衆に見せたり、聴かせたりする施設で、一般に興業場といわれているもので、ロは客席を設けて、集会、会議、社交などの目的で公衆の集合する施設です。

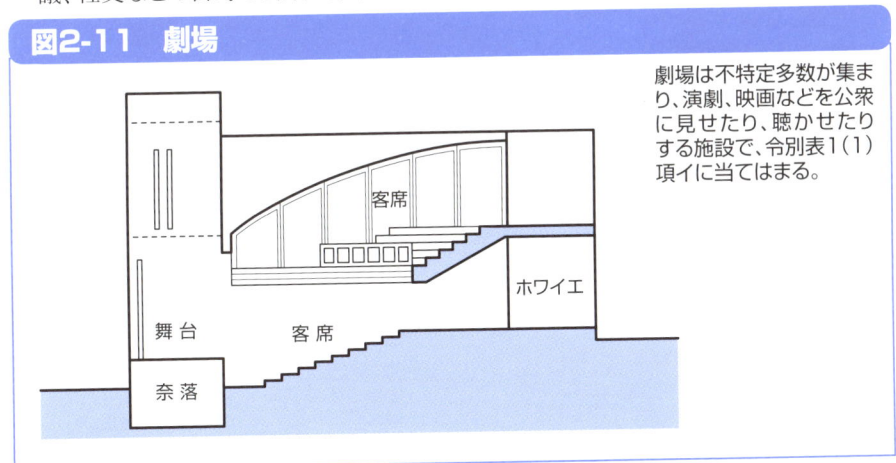

図2-11　劇場

劇場は不特定多数が集まり、演劇、映画などを公衆に見せたり、聴かせたりする施設で、令別表1(1)項イに当てはまる。

（図：舞台、奈落、客席、ホワイエ）

2 (2)項の防火対象物(キャバレー・遊技場グループ)

　イ　キャバレー、カフェ、ナイトクラブなど
　ロ　遊技場、ダンスホール
　ハ　性風俗関連営業店
　ニ　カラオケボックスなど遊興のための設備または物品を個室(これに類する施設を含む)において客に利用させる役務を提供する業務を含む店舗

① (2)項の防火対象物は、風俗営業法(風俗営業等の規制及び業務の適正化等に

ミニ知識　(1)項の防火対象物のイ、ロともに客席をもつことを要件とする。

関する法律) の適用を受ける施設です。
② イは飲食、客の接待などを伴い、ロは飲食、接待などを伴いません。
③ 遊技場とは、設備を設けて、多数の客に囲碁、将棋、マージャン、パチンコ、スマートボール、ボーリングなどの遊戯をさせる施設をいいます。
④ ハは店舗形態をもつ性風俗関連営業店であり、ファッションヘルス、ソープランド、アダルトショップ、ストリップ劇場などの施設です。
⑤ ニは客用の個室をもつカラオケボックス、漫画喫茶などの施設です。

図2-12 ナイトクラブ

ナイトクラブは、飲食、客の接待などを伴う施設で、令別表1(2)項イに当てはまる。

3 (3)項の防火対象物（料理店・飲食店グループ）

イ　待合、料理店など
ロ　飲食店

① イは客の接待をして遊興や飲食をさせる施設（客席の構造が和式のもの）です。
② ロは客の接待を伴わずに、客席において客にもっぱら飲食物を提供する施設であり、和式であるか洋式であるかを問いません。

図2-13 飲食店

飲食店は、客にもっぱら飲食物を提供する施設で、令別表1(3)項ロに当てはまる。

4 (4)項の防火対象物（百貨店グループ）

百貨店、マーケット、物品販売業を営む店舗、展示場

① 百貨店、スーパーマーケットをはじめとして、規模の大小にかかわりなく、物品販売業（物品加工修理業を含む）を営む店舗はすべて(4)項に含まれます。

ミニ知識　理容院、美容院などは物品販売業を営む店舗に当てはまらず、(15)項の防火対象物（事務所グループ）に当てはまる。

② 卸売専門店舗も（4）項に含まれます。
③ 展示場は百貨店に併設されることが多いのでここに区分されますが、独立した展示場も（4）項に含まれます。

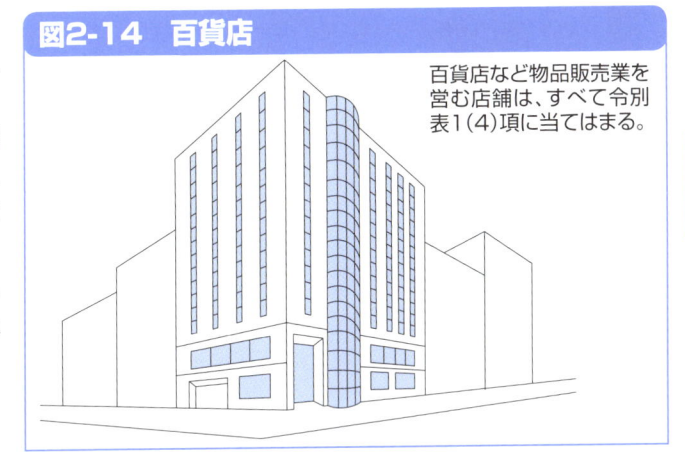

図2-14　百貨店

百貨店など物品販売業を営む店舗は、すべて令別表1(4)項に当てはまる。

5　(5)項の防火対象物（旅館・共同住宅グループ）

　イ　旅館、ホテル、宿泊所など
　ロ　寄宿舎、下宿、共同住宅

① イはいずれも宿泊料を受けて、人を宿泊させる施設である。会社などの保養所やレンタルルームもここに含まれます。
② ロは集団居住のため、または居住性の宿泊のための施設です。
③ 寄宿舎とは学校、会社などが学生、社員などを共同で生活させる施設をいいます。
④ 下宿とは1か月以上の期間を単位とする宿泊料を受けて、人を宿泊させる施設をいいます。
⑤ 共同住宅とは、2以上の住戸をもち、かつ共用の廊下、階段、出入口をもつ施設をいいます。

図2-15　旅館

旅館は宿泊料を受けて、客を宿泊させる施設で、令別表1(5)項イに当てはまる。

ミニ知識　共用の廊下、階段、出入口をもたずに、隣戸との界壁（かいへき、境界壁）を共有する長屋は、共同住宅には含まれません。したがって長屋は、(5)項の防火対象物に当てはまりません。

6　(6)項の防火対象物（病院・福祉施設・特殊学校グループ）

イ　病院、診療所、助産所
ロ　老人短期入所施設、養護老人ホーム、特別養護老人ホームなど
ハ　老人デイサービスセンター、軽費老人ホーム、老人福祉センター、保育所など
ニ　幼稚園、盲学校、聾学校、養護学校

① (6)項の防火対象物は高齢者や身体障害者などの社会的弱者を収容する施設であり、火災時における避難、救助に困難を伴うものです。
② イは医療施設、ロは主に**入居を伴う社会福祉施設**、ハは主に**通所の社会福祉施設**、ニは幼児または身体上や精神上障害のある者の教育施設です。
③ 保育所はハに当てはまります。

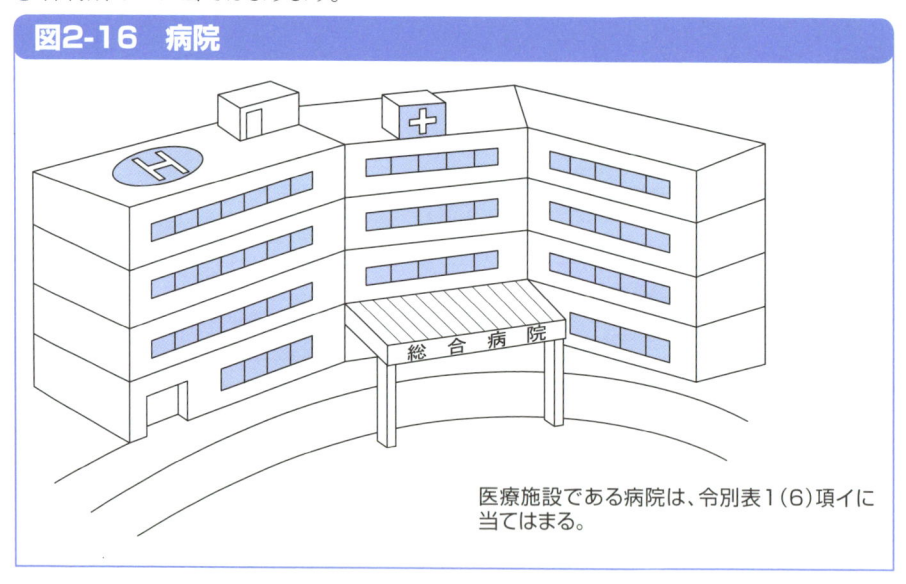

図2-16　病院

医療施設である病院は、令別表1(6)項イに当てはまる。

7　(7)項の防火対象物（学校グループ）

小学校、中学校、高等学校、中等教育学校、高等専門学校、大学、専修学校、各種学校など

① (7)項の防火対象物は学校教育またはこれに類する教育を行う施設です。
② 「これに類する教育」には、消防大学校、自治大学校、気象大学校などがこれに当たります。

ミニ知識　学習塾、そろばん塾、編物教室、料理教室も(7)項の学校グループに含まれる。

図2-17　学校

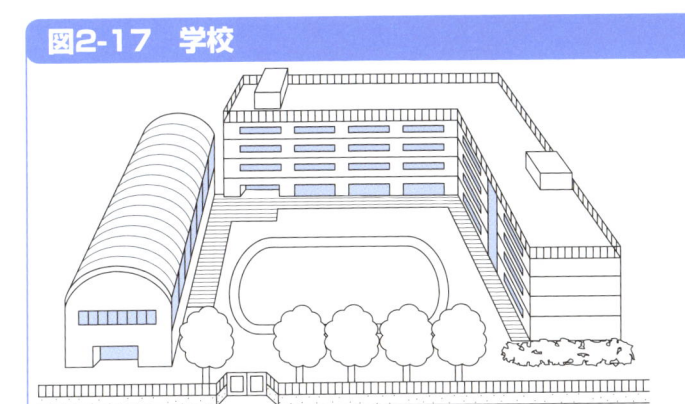

学校教育を行う施設である学校は、令別表1(7)項に当てはまる。

8　(8)項の防火対象物(図書館グループ)

図書館、博物館、美術館など

(8)項の防火対象物は社会教育法による社会教育のための施設であり、資料を保存するものです。

(6)項の防火対象物は、災害時での避難、救助に困難を伴うものです。

図2-18　図書館

社会教育のための施設である図書館は、令別表1(8)項に当てはまる。

9　(9)項の防火対象物(公衆浴場グループ)

イ　公衆浴場のうち、蒸気浴場、熱気浴場など
ロ　イ以外の公衆浴場

ミニ知識　蒸気浴場はソープランド、熱気浴場はサウナ浴場のことである。

① イは公衆浴場のうち特殊浴場といわれるものです。蒸気浴場、熱気浴場については、消防法上は風俗関係を念頭に置いたものではなく、個室であるかどうかは問いません。

② ロはイ以外の公衆浴場であり、銭湯などが当てはまります。

図2-19 銭湯

特殊浴場ではない銭湯は、令別表1（9）項ロに当てはまる。

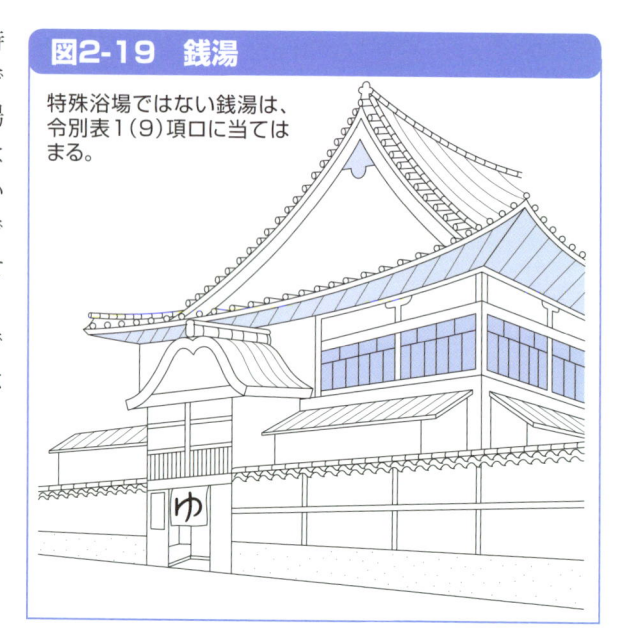

10 （10）項の防火対象物（車両停車場グループ）

車両の停車場、船舶・航空機の発着場（旅客の乗降や待合いの用途の建築物に限る）

　（10）項の防火対象物は停車場や発着場です。鉄道車両の駅舎（プラットフォームを含む）、バスターミナルの施設、船舶の発着するふ頭の施設、航空機の発着する空港施設などですが、旅客の乗降や待合いの用途の建築物に限ります。

図2-20 駅舎

旅客の乗降や待合いの用途に使用する鉄道車両の駅舎は、令別表1（10）項に当てはまる。

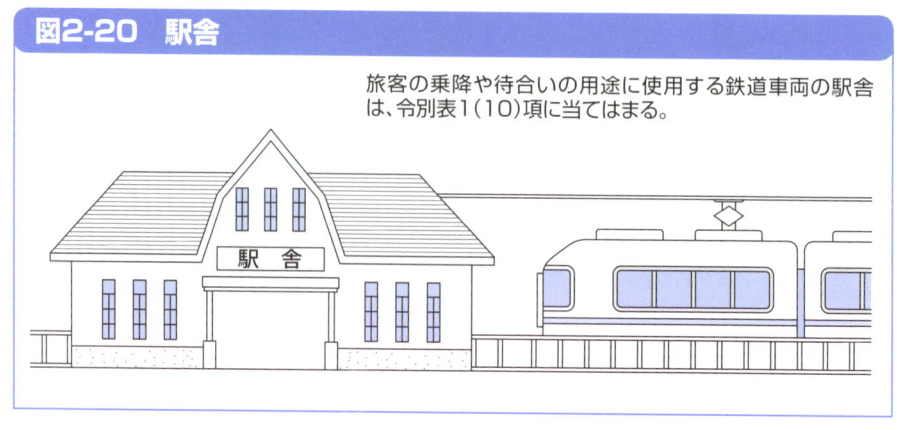

ミニ知識 運転関係者専用や荷物専用の建築物は（10）項の車両停車場グループに当てはまらない。

11 (11)項の防火対象物(神社グループ)

神社、寺院、教会など

① (11)項の防火対象物は公衆が集まり宗教上の礼拝を行う施設です。
② 寺院などのうち重要文化財などに指定されたものは、(11)項ではなく(17)項文化財に当てはまります。

図2-21　神社

公衆が集まり、宗教上の礼拝を行う施設である神社は、令別表1(11)項に当てはまる。

12 (12)項の防火対象物(工場・スタジオグループ)

イ　工場、作業場
ロ　映画スタジオ、テレビスタジオ

① イは工業施設であり、工場は機械化が比較的高度化されたものをいい、作業所は機械化が比較的低いものをいいます。自動車修理工場はイの工場に含まれます。
② 映画スタジオ、テレビスタジオとは、大道具や小道具を使ってセットをつくり、映画フィルムやビデオテープを作成、編集する施設です。

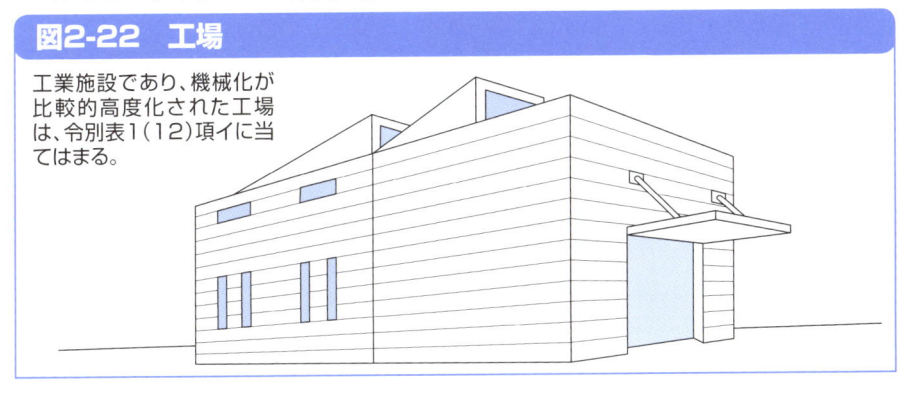

図2-22　工場

工業施設であり、機械化が比較的高度化された工場は、令別表1(12)項イに当てはまる。

ミニ知識　自動車整備工場は(13)項の車庫・特殊格納庫グループではなく、(12)項の工場・スタジオグループに当てはまる。

13 (13)項の防火対象物（車庫・特殊格納庫グループ）

イ　自動車車庫、駐車場
ロ　飛行機・回転翼航空機の格納庫

① イは自動車車庫、駐車場（パーキングビルなど）で、燃料を搭載しているために火災の危険性が高い施設です。営業用であるか自家用であるかを問いません。
② 自動車の展示場は、(4)項の百貨店グループに当てはまります。
③ ロは飛行機や回転翼航空機（ヘリコプター）の格納庫で、燃料を搭載しているために火災の危険性が高い施設です。

図2-23　自動車車庫

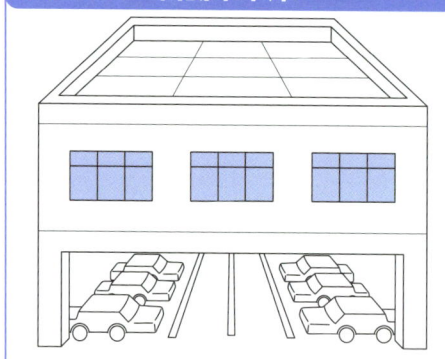

燃料を搭載しているために火災の危険性が高い施設である自動車車庫は、令別表1(13)項イに当てはまる。

14 (14)項の防火対象物（倉庫）

倉庫

① 倉庫とは物品の滅失や損傷を防止するための施設で、物品を保管する用途のものをいいます。営業用であるか自家用であるかを問いません。
② 店舗や工場などの付属倉庫は、独立性の高いものを除き、(14)項には当てはまりません。
③ ラック倉庫は(14)項に含まれます。

図2-24　倉庫

物品を保管する用途に使用する倉庫は、令別表1(14)項に当てはまる。

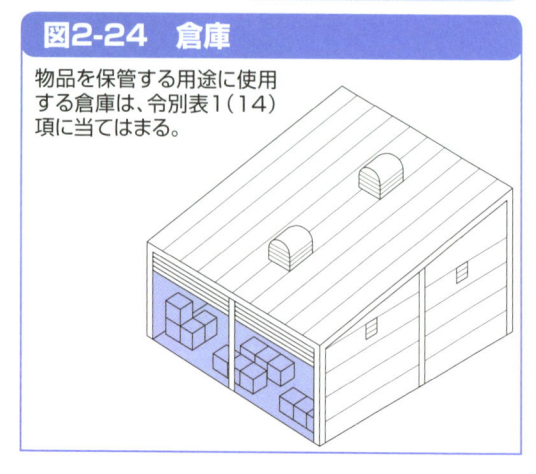

用語　ラック式倉庫　棚などを設け、コンピューター操作により作動する昇降機が自動的に収納物の搬送を行う装置を備えた無人倉庫をいう。

15 (15)項の防火対象物（事務所グループ）

(1)項〜(14)項以外の事業場

① 消防法は、防火対象物のうち、個人の住居は別として、そこに人が出入りし、勤務し、居住して社会的効用をもたらす建築物には、すべて消防用設備などの制限をおよぼすという考え方をとっています。そのため、(1)項〜(14)項に当てはまらない事業所は、原則として、すべて(15)項に含まれます。

② 事業場とは、事業活動がもっぱら行われる一定の施設をいいます。

③ (15)項のなかで、最も多いのは**事務所**であり、その他官公署、銀行、商事会社取引所、ラジオスタジオ、理髪店、発電所、変電所、ごみ処理施設、火葬場などが当てはまります。

図2-25　事務所

令別表1(15)項のなかで最も多いのが事務所である。

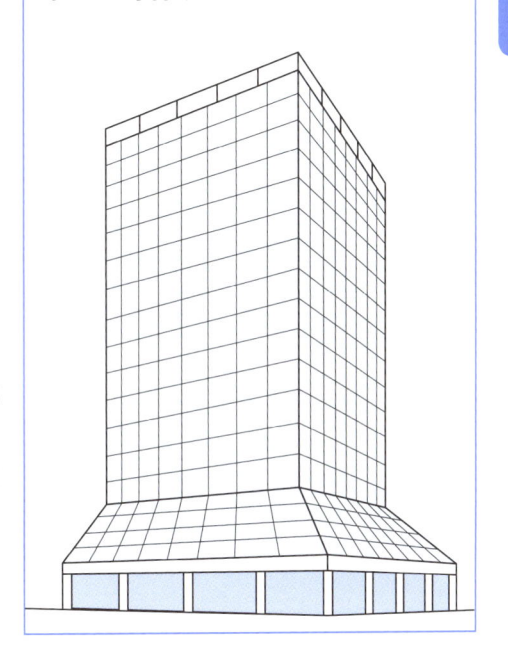

16 (16)項の防火対象物（複合用途防火対象物）

イ 複合用途防火対象物のうち、その一部が特定用途のもの[特定用途とは、(1)項〜(4)項、(5)項イ、(6)項、(9)項イの防火対象物の用途のものをいう]

ロ イ以外の複合用途防火対象物

① (16)項の防火対象物は、その全体が単一の用途でない防火対象物で、その一部が(1)項から(15)項までに掲げる防火対象物の用途のいずれかに当てはまるもので、複合用途防火対象物といわれるものです。

② イは複合用途防火対象物のうち、その一部が特定用途のものです。

③ ロはイ以外の複合用途防火対象物です。

ミニ知識　(15)項の事業場は、営利的事業であるか非営利的事業であるかを問わない。

図2-26　複合用途防火対象物

複合用途防火対象物で、その一部が料理店、飲食店などの特定用途のものは、令別表1(16)項イに当てはまる。

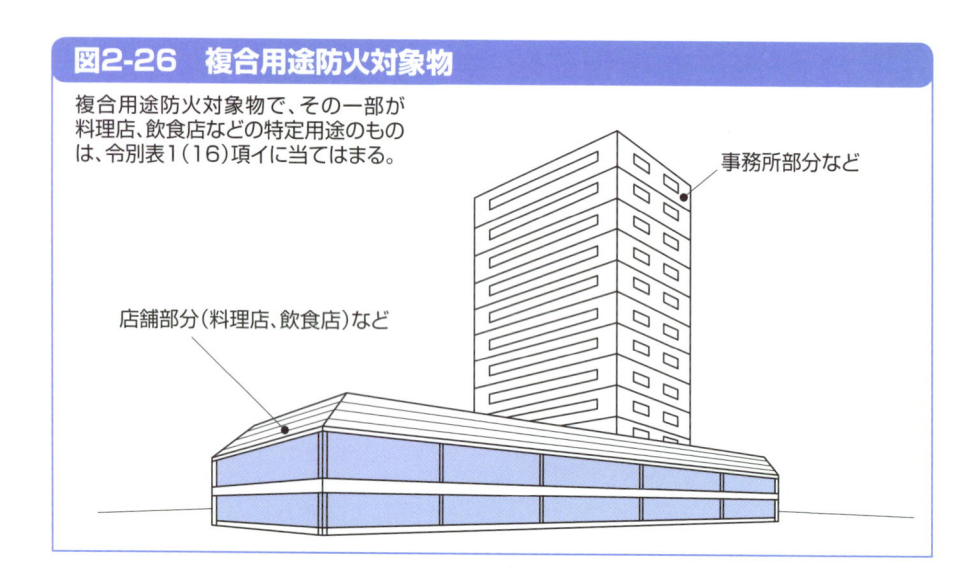

事務所部分など

店舗部分(料理店、飲食店)など

17　(16の2)項の防火対象物(地下街)

地下街

　地下街は地下の工作物内に設けられた店舗、事務所などの施設で、連続して地下道に面して設けられたものとその地下道とを合わせたものをいいます。(法8条の2、1項)

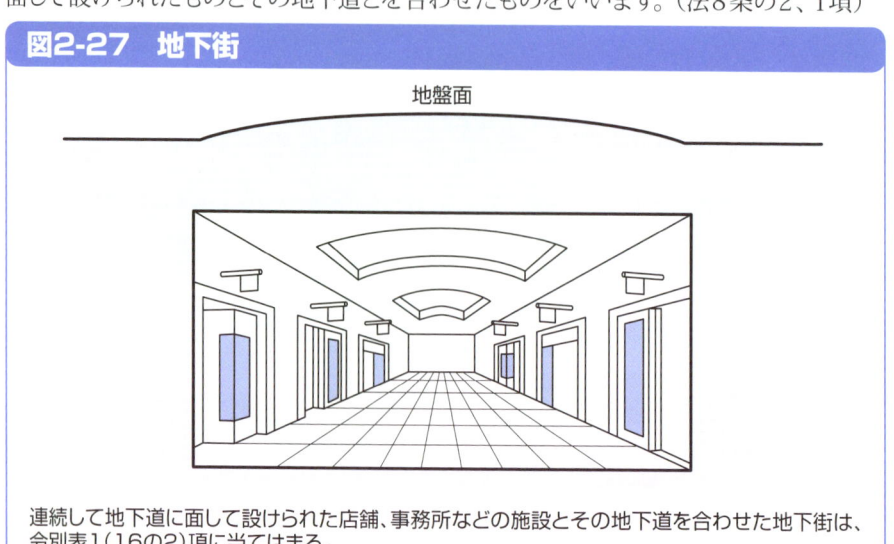

図2-27　地下街

地盤面

連続して地下道に面して設けられた店舗、事務所などの施設とその地下道を合わせた地下街は、令別表1(16の2)項に当てはまる。

ミニ知識　地下街については、1章P.14を参照すること。

18 (16の3)項の防火対象物(準地下街)

準地下街(ただし、特定用途の部分があるものに限る)

準地下街とは、建築物の地階で、連続して地下道に面して設けられたものとその地下道とを合わせたものをいいます。ただし、特定用途の部分があるものに限ります。

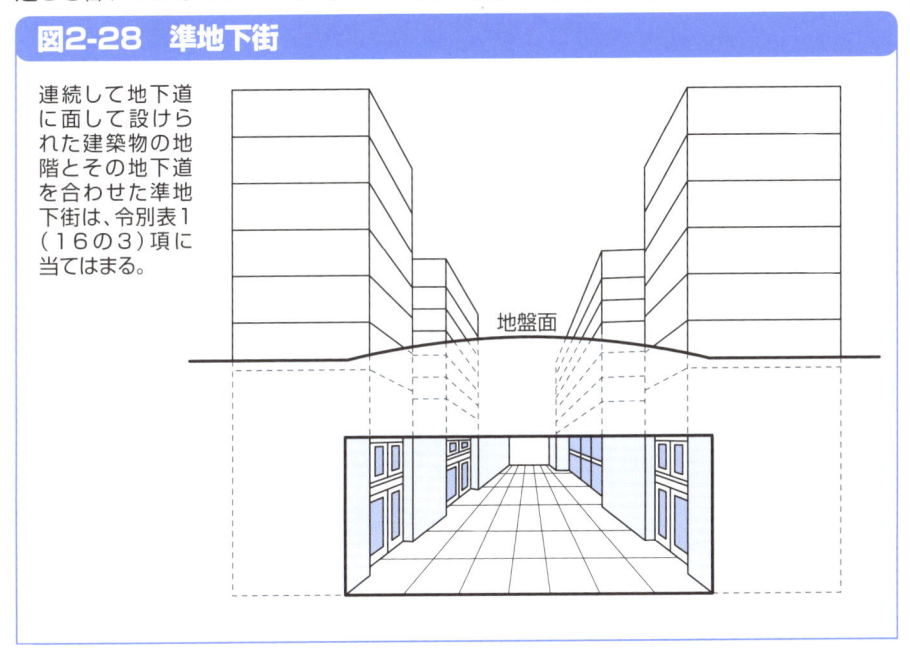

図2-28　準地下街

連続して地下道に面して設けられた建築物の地階とその地下道を合わせた準地下街は、令別表1(16の3)項に当てはまる。

地盤面

19 (17)項の防火対象物(文化財)

文化財保護法で重要文化財、重要有形民俗文化財、史跡などに指定された建造物など

① (17)項の防火対象物は文化財または重要美術品などとして、指定または認定された建造物です。
② 重要文化財のうち世界文化の見地から特に価値の高いものが、国宝に指定されます。したがって、国宝も重要文化財です。
③ (17)項に当てはまり、その他の項〔(11)項など〕にも当てはまる場合がありますが、まず最初に(17)項に当てはまるかを決定し、次に(17)項に当てはまらないものについて、その他の項に当てはまるかを決定します。

ミニ知識　準地下街については、1章P.14を参照すること。

図2-29　文化財

文化財または重要美術品などとして指定または認定された建造物は、令別表1（17）項に当てはまる。

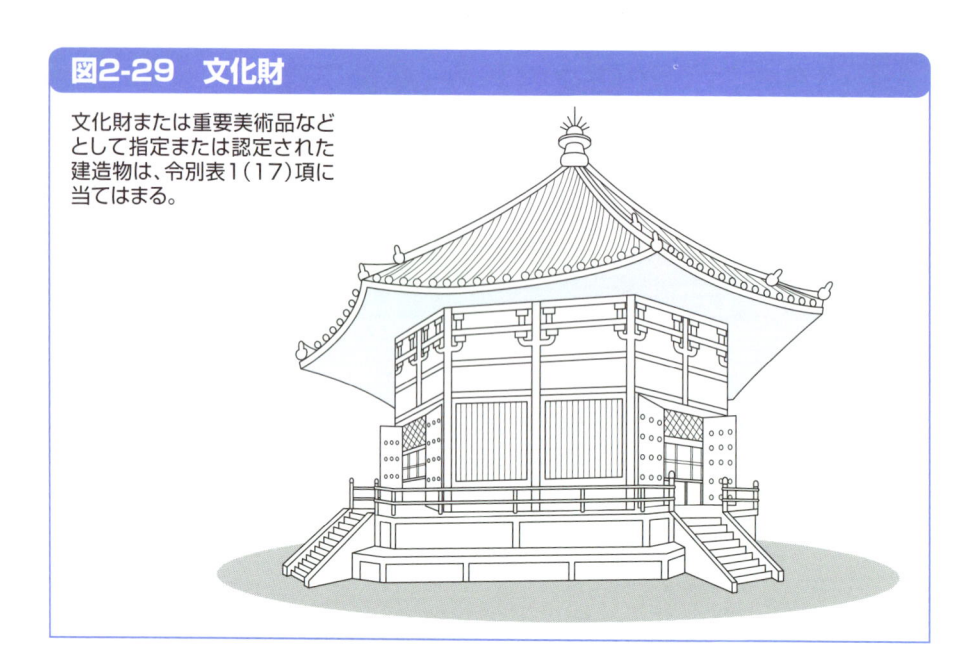

20　（18）項の防火対象物（アーケード）

延長が50m以上のアーケード

「延長が50m以上」とあるのは、延長の長いものほど火災による危険性が増し、消火・救助活動が困難になるため一定の条件を定めているものです。

図2-30　アーケード

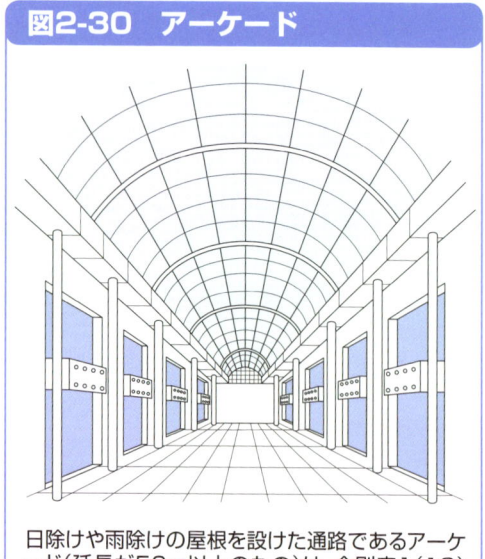

日除けや雨除けの屋根を設けた通路であるアーケード（延長が50m以上のもの）は、令別表1（18）項に当てはまる。

ミニ知識　アーケードの延長は、屋根の中心線に沿って測定する。

21 (19)項の防火対象物（山林）

市町村長の指定する山林

① 山林は単に山岳山林に限らず、森林、原野なども含まれます。
② (19)項については、消防用設備などの設置義務はありません。

図2-31　山林

山林については、消防用設備などの設置義務はない。

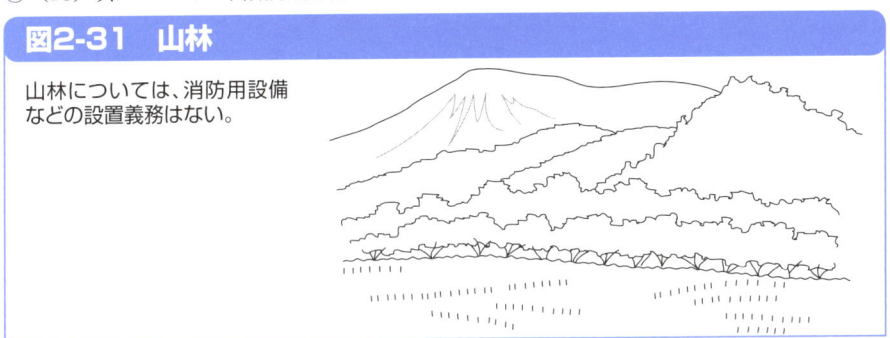

22 (20)項の防火対象物（舟車）

総務省令で定める舟車

　舟車のうち消防用設備など（消火器具だけが定められている）の設置を必要とするものとして、一定規模以上の舟または他の法令で消火器具を設置することとされる車両に限られています。

図2-32　舟車

舟車のうち所定のものは、消防用設備などの設置義務がある。

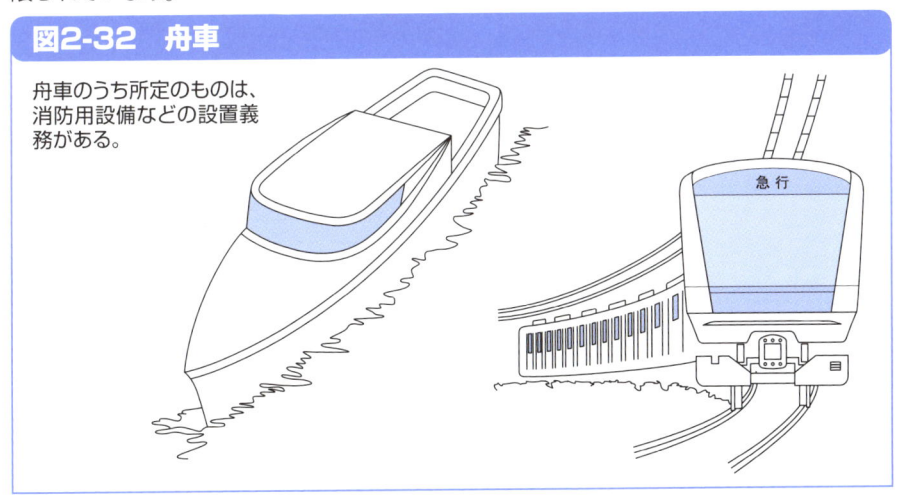

ミニ知識　(20)項の舟車には航行中や運航中のものも含まれる。

5 防火対象物の収容人員

収容人員とは、令1条の2、3項によると「防火対象物に出入し、勤務し、または居住する者の数」と定義されている。

1 消防法における収容人員の意味

① 収容人員は、その防火対象物の**防火管理者の選任を必要とするかどうかを決定する要素**となるため、防火対象物の防火管理上重要な意味をもっています。
② 収容人員は、**非常警報器具・非常警報設備の設置、避難器具の設置の有無**にもかかわります。

2 防火対象物の収容人員の算定方法（規則1条の3）

① 表2-1に、防火対象物の収容人員の算定方法を示します。

●表2-1 防火対象物の収容人員の算定方法

令別表1の区分		収容人員の算定方法	
(1)項 （劇場・集会場など）		1. 従業員の数 2. 客席部分 　イ．固定式のいす席：いす席の数（長いすの場合は、幅0.4mごとに1人とする。端数は切り捨てる） 　ロ．立見席：0.2㎡ごとに1人 　ハ．その他の部分：0.5㎡ごとに1人 〔客席部分には入口・便所・廊下を含まないこと。その他の部分はます席、たたみ席など〕	合算合計する
(2)項 (3)項 （キャバレー・遊技場、料理店・飲食店など）	遊技場	1. 従業員の数 2. 機械器具を使って遊技を行うことができる者の数 3. 観覧・飲食・休憩用の固定式いす席：いす席の数（長いすの場合は、幅0.5mごとに1人とする。端数は切り捨てる）	合算合計する
	その他	1. 従業員の数 2. 客席部分 　イ．固定式のいす席：いす席の数（長いすの場合は、幅0.5mごとに1人とする。端数は切り捨てる） 　ロ．その他の部分：3.0㎡ごとに1人	合算合計する

ミニ知識 防火管理者については、1章P.17を参照すること。

令別表1の区分		収容人員の算定方法	
(4)項 (百貨店など)		1. 従業員の数 2. 主として従業員以外の者が使用する部分 　イ．飲食・休憩用の部分：3.0㎡ごとに1人 　ロ．その他の部分：4.0㎡ごとに1人	合算合計する
		〔売場の床面積は売場内の通路を含む〕	
(5)項 (旅館・共同住宅など)	イ	1. 従業員の数 2. 宿泊室 　イ．洋式の宿泊室：ベッド数 　ロ．和式の宿泊室：6.0㎡ごとに1人（簡易宿所または主として団体客を宿泊させるものは3.0㎡ごとに1人とする） 3. 集会・飲食・休憩用の部分 　イ．固定式のいす席：いす席の数（長いすの場合は、幅0.5mごとに1人とする。端数は切り捨てる） 　ロ．その他の部分：3.0㎡ごとに1人 〔ダブルベッドは2人として算定する〕	合算合計する
	ロ	居住者の数により算定	
(6)項 (病院・福祉施設・特殊学校など)	イ	1. 医師・歯科医師・助産師・薬剤師・看護師、その他の従業員の数 2. 病室内の病床の数 3. 待合室：3.0㎡ごとに1人	合算合計する
	ロ ハ	1. 従業員の数 2. 老人・身体障害者・知的障害者、その他の要保護者の数	合算合計する
	ニ	1. 教職員の数 2. 幼児・児童または生徒の数	合算合計する
(7)項 (学校など)		1. 教職員の数 2. 幼児・児童または生徒の数	合算合計する
(8)項 (図書館など)		1. 従業員の数 2. 閲覧室・展示室・展覧室・会議室・休憩室の床面積の合計：3.0㎡ごとに1人	合算合計する
(9)項 (公衆浴場など)		1. 従業員の数 2. 浴場・脱衣室・マッサージ室・休憩用の部分の床面積の合計：3.0㎡ごとに1人	合算合計する
(10)項 (車両停車場など)		従業員の数	

ミニ知識 非常警報器具、非常警報設備については、4章P.226を参照すること。また、避難器具については、5章P.238を参照すること。

令別表1の区分	収容人員の算定方法
(11)項 (神社など)	1. 神職・僧侶・牧師、その他従業員の数 2. 礼拝・集会・休憩の用途の部分の 　床面積の合計：3.0㎡ごとに1人　　｝合算合計する 〔新興宗教なども(11)項のこれらに類するものに含まれる〕
(12)項 (工場・スタジオなど)	従業員の数
(13)項 (車庫・特殊格納庫など)	従業員の数
(14)項(倉庫)	従業員の数
(15)項 (事務所など)	1. 従業員の数 2. 主として従業員以外の者が使用する 　部分：3.0㎡ごとに1人　　｝合算合計する 〔(15)項には官公署・銀行・その他事務所などの防火対象物を含む〕
(16)項、(16の2)項 (複合用途防火対象物、地下街)	上記の各用途部分ごとに分割して、それぞれの用途部分ごとに主要人員を算定し、合算する。
(17)項(文化財)	床面積5.0㎡ごとに1人

② 表2-1の算定方法の基本的な考え方は、その防火対象物に居住する者や勤務する者の人数に、そこへ出入りする者の人数を加えて算定するということです。

防火対象物の収容人員の算定方法 ＝ その防火対象物に居住や勤務する者の人数 ＋ その防火対象物に出入りする者の人数

③ 居住や勤務する者の人数は把握しやすいですが、出入りする者の人数の把握は難しいといえます。そのため次に示すように、用途の種類に応じて収容人員を算定することとしています。

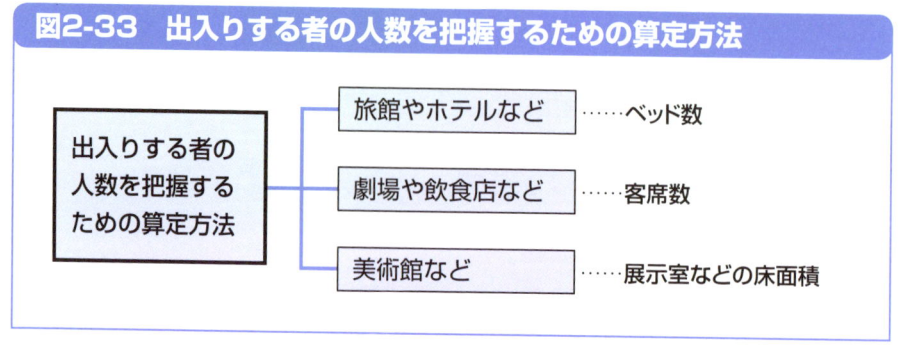

図2-33　出入りする者の人数を把握するための算定方法

出入りする者の人数を把握するための算定方法
- 旅館やホテルなど……ベッド数
- 劇場や飲食店など……客席数
- 美術館など……展示室などの床面積

ミニ知識 文化財については、床面積のみにより収容人数が算定される。

3 複合用途防火対象物と地下街の収容人員の算定方法

複合用途防火対象物と地下街については、令別表1（1）項から（15）項までに掲げる用途と同一の用途の部分をそれぞれひとつの防火対象物とみなして収容人員を算定し、次に各用途部分ごとに算定した収容人員を合算して、その複合用途防火対象物の収容人員とします。

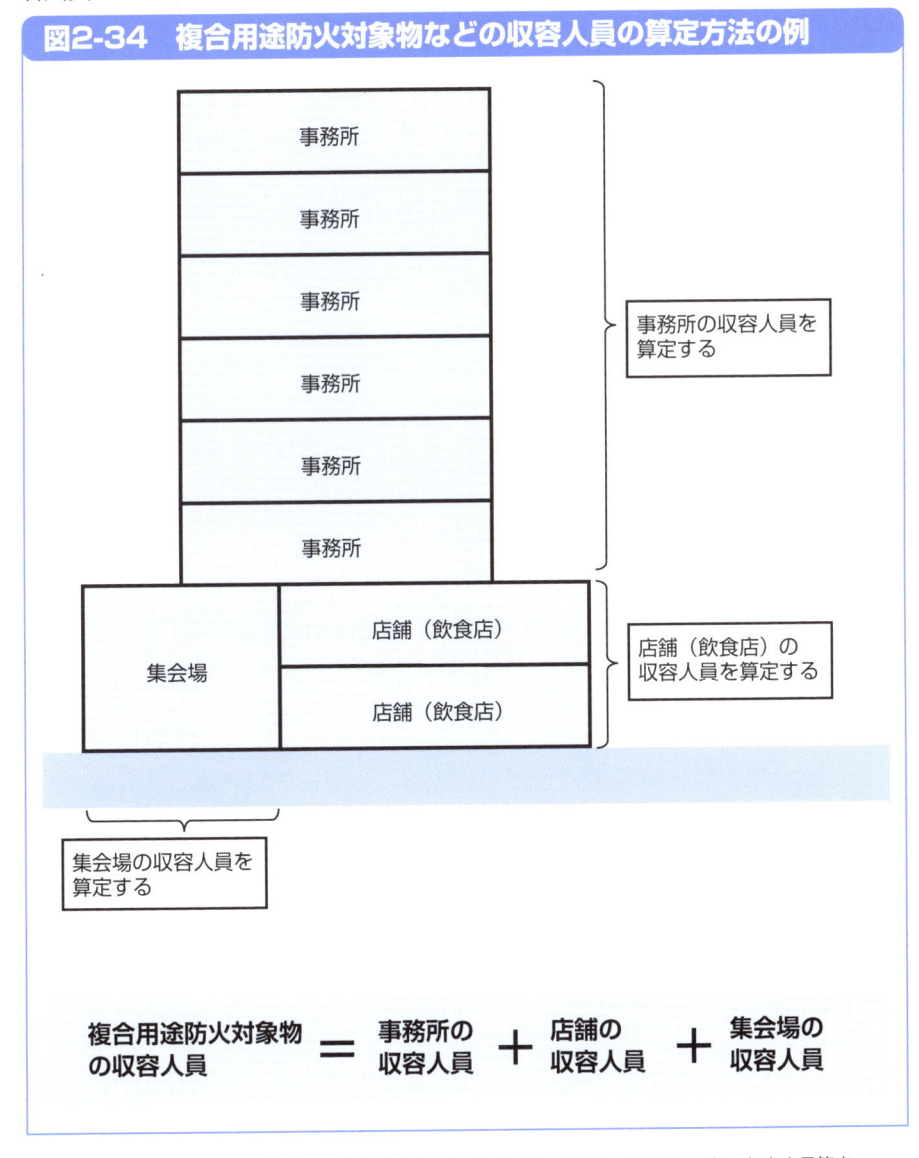

図2-34　複合用途防火対象物などの収容人員の算定方法の例

```
        ┌─────────────┐
        │   事務所    │
        ├─────────────┤
        │   事務所    │
        ├─────────────┤
        │   事務所    │  ┐
        ├─────────────┤  ├ 事務所の収容人員を
        │   事務所    │  │ 算定する
        ├─────────────┤  │
        │   事務所    │  │
        ├─────────────┤  ┘
        │   事務所    │
┌───────┼──────┬──────┤
│       │店舗（飲食店）│ ┐ 店舗（飲食店）の
│ 集会場 ├──────┤ ├ 収容人員を算定する
│       │店舗（飲食店）│ ┘
└───────┴─────────────┘
```

集会場の収容人員を算定する

複合用途防火対象物の収容人員 ＝ 事務所の収容人員 ＋ 店舗の収容人員 ＋ 集会場の収容人員

ミニ知識　複合用途防火対象物の一部を構成する住居部分や地下街の通路部分などは、収容人員算定の対象とはされていない。

6 消防用設備などの設置義務と技術基準など

消防用設備などの設置義務と技術基準（法17条1項、令7条～令33条）は、消防法のなかでも特に重要なものである。

1 防火対象物の指定（法17条1項、令6条、令別表1）

① 消防法は、防火対象物の用途や規模に応じて、**消防用設備などの設置義務、防火管理者の選任義務、防炎規制**など、いろいろな規制を行っていますが、このなかでも特に重要なものが、法17条1項の防火対象物の指定による消防用設備などの設置義務です。

② 法17条1項では、「学校、病院、工場、事業所、興行場、百貨店、旅館、飲食店、地下街、複合用途防火対象物などの防火対象物で政令で定めるものの関係者は、政令で定める技術上の基準に従って、政令で定める消防用設備などを設置し、維持しなければならない」と定められています。

③ 法17条1項の条文は、消防法のなかでも中心的な内容である消防用設備などについて掲げられている令6条～令33条までの条文の導入部としての役割があります。

```
法17条1項（導入部）
       ↓
令6条（令別表1に掲げる防火対象物の指定）
       ↓
令7条～令33条（消防用設備などの具体的な内容）
```

2 消防用設備などの設置義務と技術基準（法17条1項、令7条～令29条の3）

① 消防用設備などの設置義務と技術基準に関する政令の規定をまとめたものを表2-2に示します。

② 市町村は、その地方の気候や風土の特殊性により、消防用設備などの技術基準に関する政令の規定のみによっては、防火の目的を十分に達しがたいと認めるときは、条例により、政令と異なる技術基準を定めることができます。

ミニ知識 防火対象物の指定の②に「政令で定めるもの（防火対象物）の関係者」とあるのは、令6条の「令別表1に掲げる防火対象物の関係者」を示す。また②の「政令で定める消防用設備など」については、令7条～令33条までにそれらの具体的な内容が掲げられている。

● 表2-2　消防用設備などの設置義務と技術基準に関する政令の規定のまとめ

種別	種類	設置義務	技術基準
消火設備	消火器、簡易消火用具	令10条1項	令10条2項、3項
	屋内消火栓設備	令11条1項、2項、4項	令11条3項
	スプリンクラー設備	令12条1項、3項、4項	令12条2項
	水噴霧消火設備	令13条1項、2項	令14条
	泡消火設備	令13条1項、2項	令15条
	不活性ガス消火設備	令13条1項、2項	令16条
	ハロゲン化物消火設備	令13条1項、2項	令17条
	粉末消火設備	令13条1項、2項	令18条
	屋外消火栓設備	令19条1項、2項、4項	令19条3項
	動力消防ポンプ設備	令20条1項、2項、5項	令20条3項、4項
警報設備	自動火災報知設備	令21条1項、3項	令21条2項
	ガス漏れ火災警報設備	令21条の2、1項	令21条の2、2項
	漏電火災警報器	令22条1項	令22条2項
	消防機関へ通報する火災報知設備	令23条1項、3項	令23条2項
	非常警報器具	令24条1項	令24条4項
	非常警報設備	令24条2項、3項、5項	令24条4項
避難設備	避難器具	令25条1項	令25条2項
	誘導灯、誘導標識	令26条1項、3項	令26条2項
消防用水	防火水槽、貯水池など	令27条1項、2項	令27条3項
消火活動上必要な施設	排煙設備	令28条1項、3項	令28条2項
	連結散水設備	令28条の2、1項	令28条の2、2項
	連結送水管	令29条1項	令29条2項
	非常コンセント設備	令29条の2、1項	令29条の2、2項
	無線通信補助設備	令29条の3、1項	令29条の3、2項

ミニ知識　各消防用設備などの設置義務と技術基準が消防法のどの条文に掲げられているかは、表2-2によりすぐにわかる。

7 消防用設備などの性能規定化

性能規定化とは、法令により、防火対象物に適用される技術基準を、仕様規定から性能規定に転換することをいう。

1 仕様規定と性能規定

① 仕様規定とは、法令により、防火対象物に適用される技術基準に対して、材料、寸法、形状などの具体的な仕様による規定をすることをいいます。
② 性能規定とは、法令により、防火対象物に適用される技術基準に対して、防火対象物がもつべき性能による規定をすることをいいます。
③ 性能規定の長所は、規定された性能を満足するものであれば、どのような材料や方法を使ってもよいという選択の自由度にあります。

2 防火安全性能（令29条の4）

① 消防法の性能規定化に伴って導入された性能は、**防火安全性能**です。
② 防火安全性能とは、図2-35に示す初期拡大抑制性能、避難安全支援性能、消防活動支援性能の3つの性能をいい、消防法の性能規定化の前提となるものです。

図2-35　防火安全性能

防火安全性能
- 初期拡大抑制性能：火災発生時に、早期に火災を感知し、初期消火を迅速、かつ的確に行うことにより、火災の拡大を抑制するために必要な性能
- 避難安全支援性能：火災発生時に、在館者の避難を迅速、かつ安全に行うことを支援するために必要な性能
- 消防活動支援性能：火災発生時に、消防隊員が安全かつ円滑に消防活動を行うことを支援するために必要な性能

3 必要とされる防火安全性能をもつ消防用設備など（令29条の4）

① 消防法では性能規定の考え方により、防火安全性能が消防用設備などの設置と技術基準（令10条～令29条の3）による消防用設備などの防火安全性能と同等以上と認めるものについては、消防長や消防署長は、消防用設備などの設置と技術基準（令

ミニ知識　消防法も、建築基準法と同様に、従来からの仕様規定に限らず、それと同等以上の性能をもつ消防用設備などの設置・維持を認める旨の法令改正が平成16年に行われた。

10条～令29条の3）に代えて使うことができると定められています。
② 消防法の性能規定化の要旨は、「通常用いられる消防用設備などに代えて、必要とされる防火安全性能をもつ消防用設備などを用いることができる」ということです。この両者の消防用設備などについて、次に説明します。

- 通常用いられる消防用設備など：
    従来からの技術基準に基づいて設置、維持される消防用設備など
- 必要とされる防火安全性能をもつ消防用設備など：
    「通常用いられる消防用設備など」と同様以上の防火安全性能をもつと消防長などが認める消防用設備など

4　性能規定化に係る消防用設備などの設置・維持の技術基準

消防用設備などの設置・維持の技術基準には、次に示すルートA、ルートB、ルートCの3つの選択肢があります。

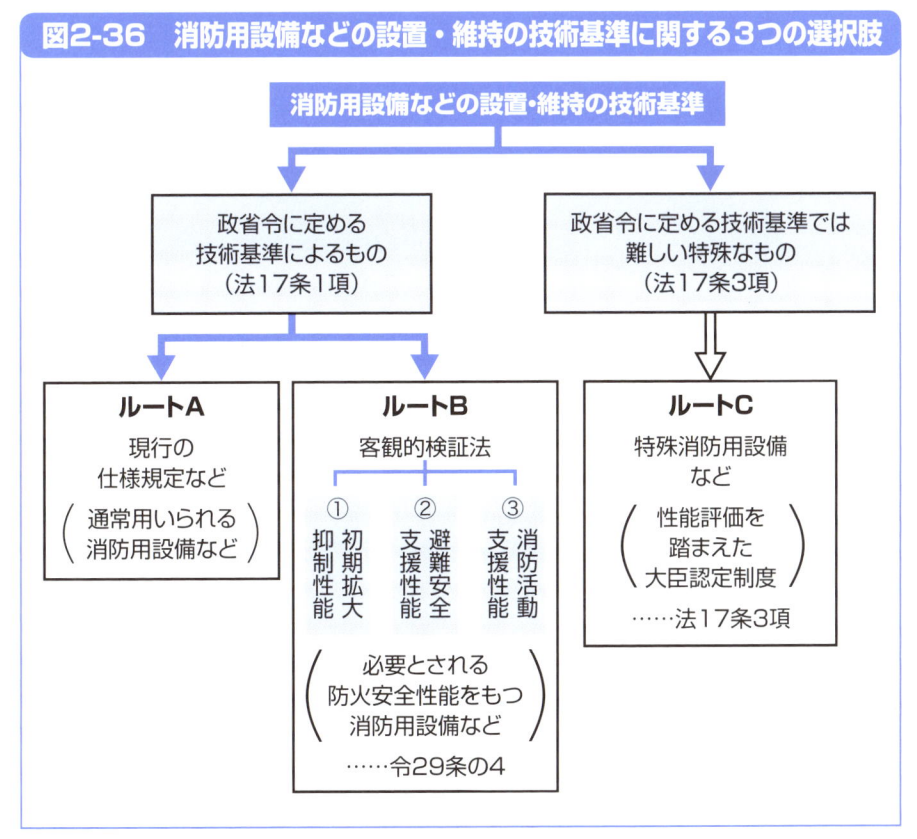

図2-36　消防用設備などの設置・維持の技術基準に関する3つの選択肢

```
                消防用設備などの設置・維持の技術基準
                          │
          ┌───────────────┴───────────────┐
   政省令に定める                    政省令に定める技術基準では
   技術基準によるもの                 難しい特殊なもの
   （法17条1項）                     （法17条3項）
       │                                   │
   ┌───┴────┐                              │
 ルートA    ルートB                       ルートC
 現行の     客観的検証法                   特殊消防用設備
 仕様規定など                              など
 （通常用いられる    ①抑制性能              （性能評価を
  消防用設備など）   初期拡大              踏まえた
                   ②避難安全              大臣認定制度）
                    支援性能              ……法17条3項
                   ③消防活動
                    支援性能
                   （必要とされる
                    防火安全性能をもつ
                    消防用設備など）
                   ……令29条の4
```

ミニ知識　ルートA、ルートB、ルートCは一般的な慣用語であり、消防法上の用語ではない。

5 特殊消防用設備などの認定（法17条3項）

① 特殊消防用設備などとは、従来の消防用設備などの概念を超えた**高度な技術を使った消防用設備**などをいいます。「消防用設備などに関する性能規定化」により、防火対象物に特殊消防用設備などを設置することができるようになりました。
② 特殊消防用設備などは、今後さまざまな設備や建築構造の組合せによって必要な防火安全性能を満たすことが予想されます。
③ 特殊消防用設備などの認定を総務大臣により受けようとする者は、あらかじめ日本消防検定協会またはこれに代わる登録法人の**性能評価**を受け、申請書に**設備等設置維持計画**とその評価結果を添えて申請します（法17条の2、法17条の2の2）。総務大臣は、申請が防火安全性能をもっていると認めた場合に、認定を与えます。
(a) 設備等設置維持計画とは、特殊消防用設備などにおいて、消防用設備などと同様以上の性能をもち、かつその関係者が総務省令で定めるところにより作成する特殊消防用設備などの設置と維持に関する計画をいいます。
(b) 性能評価とは、設備等設置維持計画に従って設置、維持する場合における特殊消防用設備などの性能に関する評価をいいます。

> 消防用設備などの設置・維持の技術基準に関する規定には、現行の仕様規定の他に性能規定があります。

Point! 消防法の性能規定化により導入された防火安全性能とは？

　防火安全性能とは、初期拡大抑制性能、避難安全支援性能、消防活動支援性能の3つの性能をいいます。
　初期拡大抑制性能とは、火災発生時に火災の拡大を抑制するために必要な性能をいい、避難安全支援性能とは、在館者の避難を迅速かつ安全に行うために必要な性能をいいます。また、消防活動支援性能とは、火災発生時に消防隊員が安全かつ円滑に消防活動を行うために必要な性能をいいます。

ミニ知識 平成15年の消防法の一部改正により、特殊消防用設備などの設置が可能となった。

8 消防用設備などの設置単位

消防用設備などの設置については、敷地内に2棟以上の建築物がある場合には、原則として、棟単位で適用する。

1 消防用設備などの設置単位の原則

　敷地内に2棟以上の建築物がある場合、消防用設備などの設置については、原則として**棟単位**で適用し、敷地単位で適用する必要はありません。ただし、次の2に示すように、この原則によらない、いくつかの場合もあります。

図2-37　敷地内に2棟以上の建築物がある場合の消防用設備などの設置単位の原則

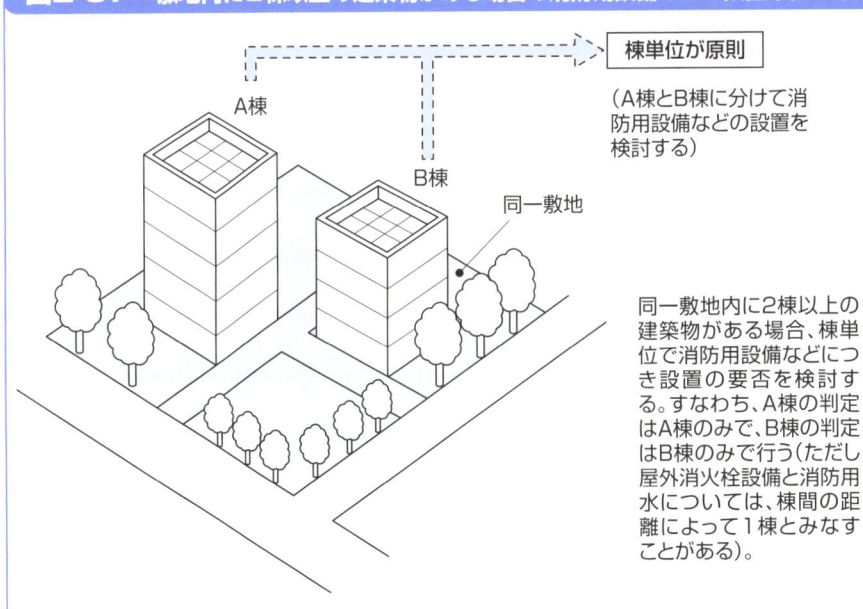

棟単位が原則
（A棟とB棟に分けて消防用設備などの設置を検討する）

A棟
B棟
同一敷地

同一敷地内に2棟以上の建築物がある場合、棟単位で消防用設備などにつき設置の要否を検討する。すなわち、A棟の判定はA棟のみで、B棟の判定はB棟のみで行う（ただし屋外消火栓設備と消防用水については、棟間の距離によって1棟とみなすことがある）。

2 消防用設備などの設置単位の原則によらない場合

　次の①〜⑥の場合は、消防用設備などの設置単位の原則によりません。
①**開口部のない耐火構造の床または壁により区画されている場合（令8区画）**
　1棟の防火対象物であっても、令8条に規定される開口部のない耐火構造の床または壁により区画されている場合は、その区画された部分はそれぞれ別の防火対象物として取り扱われます。

ミニ知識　屋外消火栓設備については3章P.150を、消防用水については6章P.282を参照すること。

図2-38　開口部のない耐火構造の床または壁により区画されている場合

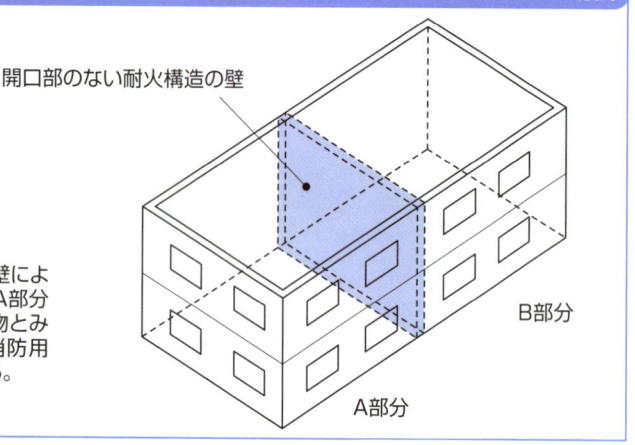

開口部のない耐火構造の壁

開口部のない耐火構造の壁により区画されている場合は、A部分とB部分は別の防火対象物とみなし、それぞれに分けて消防用設備などの設置を検討する。

B部分

A部分

②複合用途防火対象物の場合（令9条）

(a)複合用途防火対象物は、ひとつの防火対象物内に、2種類以上の用途部分がありますが、消防法令の適用上は、原則として各用途部分ごとに区分して、それぞれの用途を別々の防火対象物とみなしてかまいません。

図2-39　複合用途防火対象物の場合

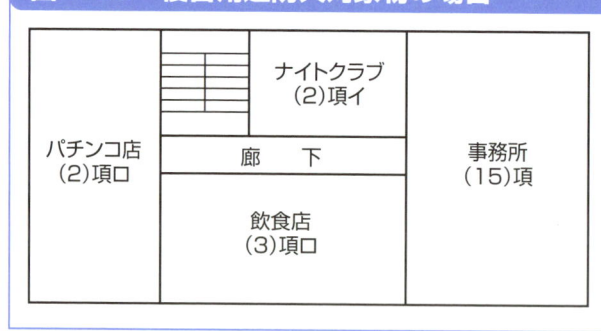

パチンコ店 (2)項ロ	ナイトクラブ (2)項イ	事務所 (15)項
	廊　　下	
	飲食店 (3)項ロ	

いろいろな用途がひとつの建築物に入っている複合用途防火対象物（雑居ビルなど）は、原則として各用途部分ごとに適用する。（ただし、一部の消防用設備については棟単位で適用する）

(b)ただし次に示すように、設備の種類によっては、用途部分ごとに分割するよりも、複合用途防火対象物を1棟単位として、全体の規模で適用したほうが適切な場合があります。

スプリンクラー設備、自動火災報知設備、非常警報設備、誘導灯などの設置

⬇

複合用途防火対象物を棟単位で適用する

③特定防火対象物の地階と地下街が一体となっている場合（令9条の2）

地下街に接する特定防火対象物の地階で、消防長や消防署長が指定した場合には、

ミニ知識　令8区画については、1章P.13を参照すること。

スプリンクラー設備、自動火災報知設備、ガス漏れ火災警報設備、非常警報設備については、地下街の一部とみなされます。

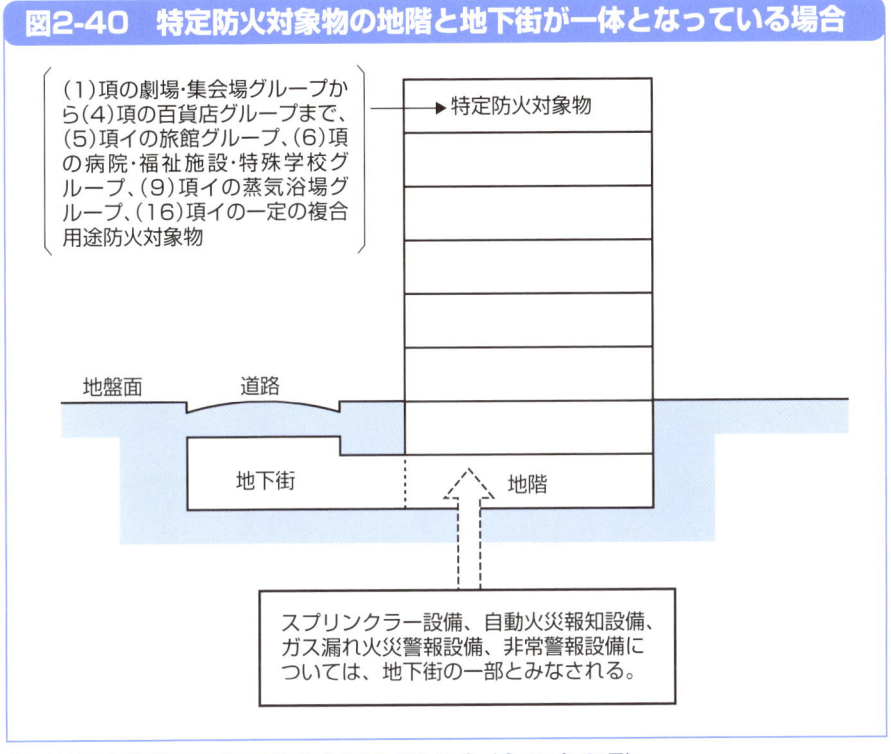

図2-40 特定防火対象物の地階と地下街が一体となっている場合

（1）項の劇場・集会場グループから（4）項の百貨店グループまで、（5）項イの旅館グループ、（6）項の病院・福祉施設・特殊学校グループ、（9）項イの蒸気浴場グループ、（16）項イの一定の複合用途防火対象物 → 特定防火対象物

地盤面／道路／地下街／地階

スプリンクラー設備、自動火災報知設備、ガス漏れ火災警報設備、非常警報設備については、地下街の一部とみなされる。

④屋外消火栓設備の設置基準を適用する場合（令19条2項）

同一敷地内に2棟以上の建築物（耐火建築物と準耐火建築物を除く）がある場合で、所定の条件に当てはまるものは、屋外消火栓設備の設置基準を適用するに際して、1つの建築物とみなします。なおひとつの建築物とみなすとは、棟単位の原則を適用しないで、敷地単位で適用するということです。

⑤消防用水の設置基準を適用する場合（令27条2項）

同一敷地内に2棟以上の建築物（高さが31mを超え、かつ延べ面積が25,000㎡以上の建築物を除く）がある場合で、所定の条件に当てはまるものは、消防用水の設置基準を適用するに際して、ひとつの建築物とみなします。

⑥建築物と建築物を渡り廊下などで接続した場合（S.50・3・5消防安26）

建築物と建築物が渡り廊下、地下連絡路、洞道（暖冷房、換気、給排水設備の布設地下道をいう）で接続された場合は、原則として1棟として取り扱われます。ただし、接続部の構造や接続の方法などにより、別棟とみなす規定が通知などにより掲げられています。

ミニ知識 同一敷地内に2棟以上の建築物がある場合の屋外消火栓設備の設置単位の詳細については、3章P.153を参照すること。

9 消防用設備などの届出、検査、定期点検など

防火対象物の関係者は、消防用設備などの機能の維持をはかるため、定期的に点検しなければならない。

1 消防用設備などの届出、検査、定期点検（法17条の3の2、法17条の3の3）

① 防火対象物の関係者は、規定に基づき消防用設備などを設置したときは、消防長や消防署長に届け出て検査を受けなければなりません。

図2-41　消防用設備などの届出、検査

届出、検査

防火対象物の関係者 → 消防長、消防署長

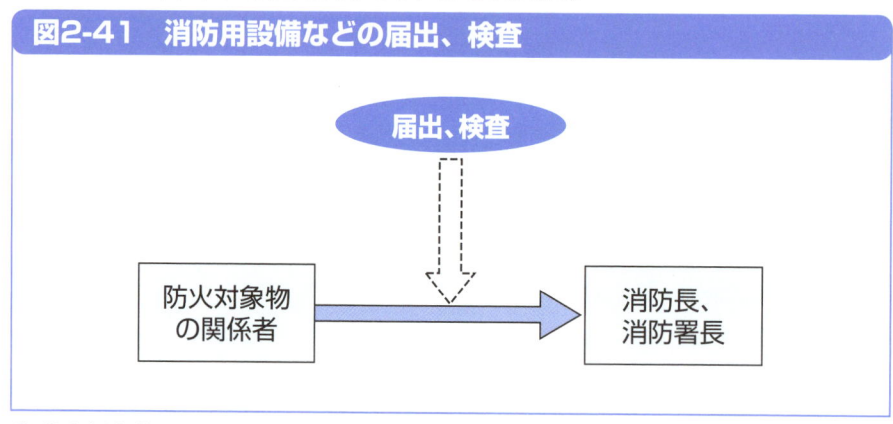

② 防火対象物の関係者は、消防用設備などについて、その機能の維持をはかるため、定期的に**消防設備士や消防設備点検資格者に点検**させ、その結果を消防長や消防署長に報告しなければなりません。これを**定期点検報告制度**といいます。

図2-42　消防用設備などの定期点検報告制度

定期点検報告

特定防火対象物：1年に1回
非特定防火対象物：3年に1回

消防用設備などを設置した防火対象物の関係者 → 消防長、消防署長

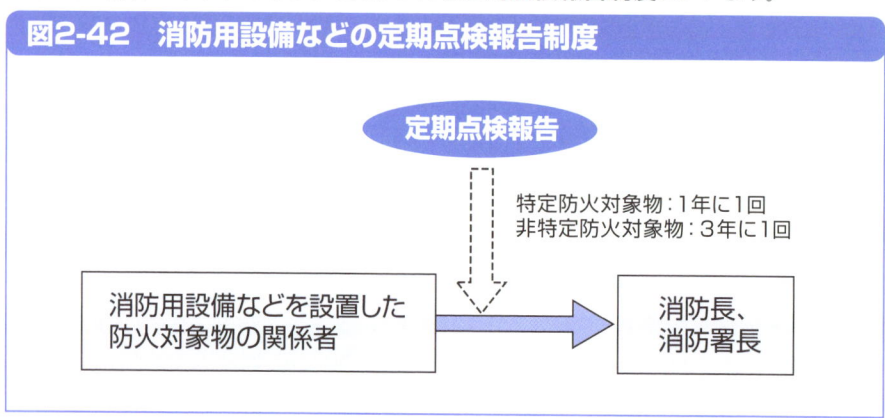

③ 消防用設備などの定期点検報告制度に基づく点検の方法には、機器点検と総合点検の2種類があります。

> **ミニ知識**　消防設備士については、1章P.17を参照すること。

図2-43　消防用設備などの定期点検報告制度の点検の方法

点検の方法
- 機器点検：消防用設備などの適正な配置や損傷の有無などを外観から点検する。また、その機能について、外観や簡易な操作により判別できる事項を点検する。
- 総合点検：消防用設備などを作動、または使用することにより、総合的な機能を点検する。

2 検定制度

① 消防用設備などのうち、その大部分を占める**消防用機械器具**は、火災の予防警戒、消火、人命の救助などのために重要な役割をしているため、消防用機械器具のうちで政令で定めたものは**検定対象機械器具**などとして、検定を受けるものとされています。

●表2-3　検定対象機械器具など

①消火器
②消火器用消火薬剤（二酸化炭素は除かれる）
③泡消火薬剤（水溶性液体用泡消火剤は除かれる）
④火災報知設備の感知器（火災によって生ずる熱、煙、炎を自動的に感知するものに限る）または発信機
⑤火災報知設備またはガス漏れ火災警報設備（液化石油ガスを検知対象とするものなどは除かれる）に使う中継器
⑥火災報知設備またはガス漏れ火災警報設備（液化石油ガスを検知対象とするものなどは除かれる）に使う受信機
⑦閉鎖型スプリンクラーヘッド
⑧スプリンクラー設備、水噴霧消火設備、泡消火設備に使う流水検知装置
⑨スプリンクラー設備、水噴霧消火設備、泡消火設備に使う一斉開放弁（配管との接続部の内径が300mmを超えるものは除かれる）
⑩金属製避難はしご
⑪緩降機
⑫住宅用防災警報器

ミニ知識　表2-3に示す検定対象機械器具などの詳細については、3章、4章、5章を参照すること。

② 検定制度は、**型式承認と型式適合検定**の2つの段階に分かれています。

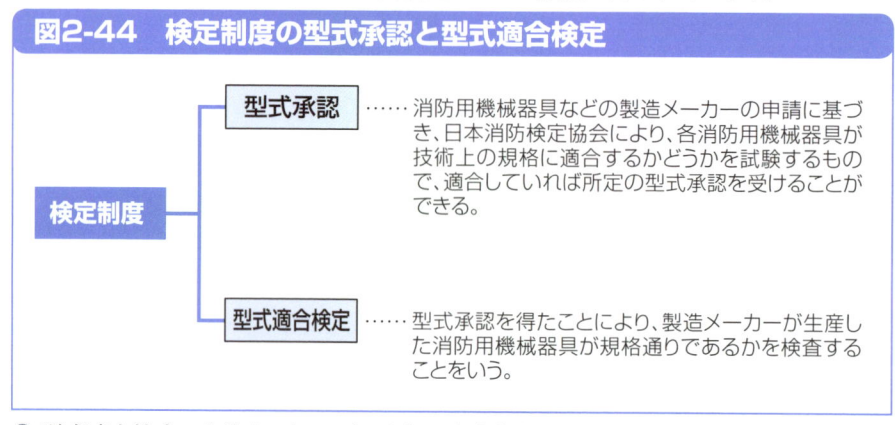

図2-44　検定制度の型式承認と型式適合検定

検定制度
- 型式承認 …… 消防用機械器具などの製造メーカーの申請に基づき、日本消防検定協会により、各消防用機械器具が技術上の規格に適合するかどうかを試験するもので、適合していれば所定の型式承認を受けることができる。
- 型式適合検定 …… 型式承認を得たことにより、製造メーカーが生産した消防用機械器具が規格通りであるかを検査することをいう。

③ 型式適合検定に合格するとその旨が表示（**型式適合検定合格表示**）され、型式適合検定に合格しないもの（型式適合検定合格表示のないもの）は、販売や販売目的の陳列が禁止され、また設置、変更、修理の請負工事に使ってはならないものとされています。

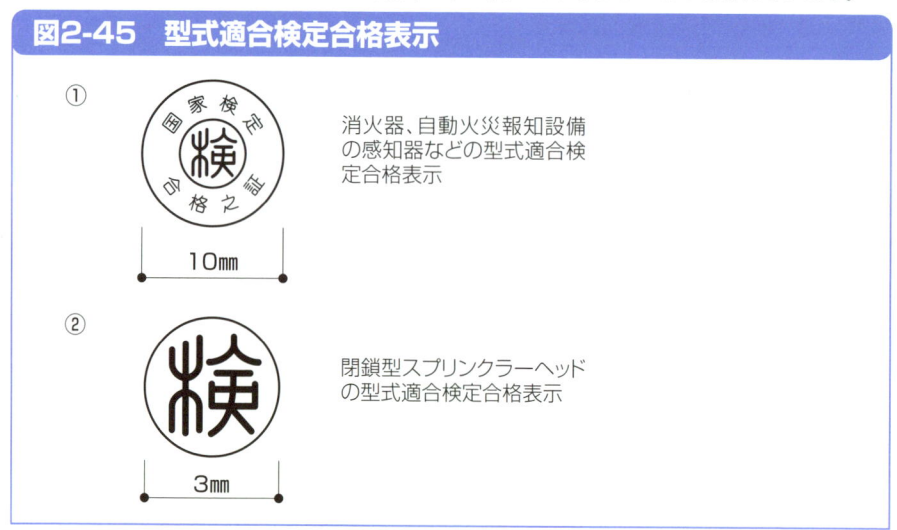

図2-45　型式適合検定合格表示

① 消火器、自動火災報知設備の感知器などの型式適合検定合格表示
（10mm）

② 閉鎖型スプリンクラーヘッドの型式適合検定合格表示
（3mm）

ミニ知識　型式承認は、総務大臣により行われる。

第3章

消火設備

- ❶消火設備の種類 …………… 72
- ❷消火器・簡易消火用具 …… 74
- ❸消火器の設置と設置本数 ……… 79
- ❹屋内消火栓設備の構成と設置基準 … 82
- ❺屋内消火栓の設置方法と
  1号消火栓・2号消火栓 ………… 85
- ❻スプリンクラー設備の
  構成と設置基準 ……………… 90
- ❼スプリンクラー設備の緩和規定 …… 94
- ❽スプリンクラー代替区画 ……… 96
- ❾スプリンクラー設備の種類 ……… 100
- ❿スプリンクラーヘッドの
  種類と構造など ……………… 103
- ⓫スプリンクラーヘッドの
  標示温度と配置方法など ……… 106
- ⓬特殊な消火設備の
  消火の原理と適応火災 ………… 111
- ⓭水噴霧消火設備の構成と設置基準 … 114
- ⓮水噴霧ヘッドと水噴霧消火設備の
  排水設備など …………………… 118
- ⓯泡消火設備の構成と設置基準 …… 122
- ⓰泡消火剤の種類と泡ヘッドなど … 125
- ⓱不活性ガス消火設備の構成と
  設置基準 ………………………… 130
- ⓲不活性ガス消火設備の種類と
  起動方法など …………………… 134
- ⓳ハロゲン化物消火設備の構成と
  設置基準 ………………………… 137
- ⓴ハロゲン化物消火設備の種類と
  起動方式 ………………………… 141
- ㉑粉末消火設備の構成と設置基準 … 143
- ㉒粉末消火設備の種類と起動方式 … 148
- ㉓屋外消火栓設備 ………………… 150
- ㉔動力消防ポンプ設備 …………… 155
- ㉕パッケージ型消火設備 ………… 160
- ㉖パッケージ型自動消火設備 …… 162

1 消火設備の種類

消火設備とは、火災が発生した際に、消防隊が到着するまでの在居者による初期消火を目的とした設備をいう。

1 消火設備の種類

① 消火設備は、水その他の消火剤を使って消火を行う設備であり、表3-1のようなものがあります。

●表3-1　各種の消火設備

消火設備の種類	内容
消火器と簡易消火用具	消火器は火災時に水などの消火剤を圧力によって放射して消火するもので、持ち運びができて早く簡単に消火できる。簡易消火用具には水バケツ、水槽、乾燥砂などがある。
屋内消火栓設備	消火栓、ホース、ノズルなどを収納した消火栓箱を設け、火災時に開閉弁を開き、ホースから放水して消火する。
スプリンクラー設備	天井にスプリンクラーヘッドを設け、室温が上昇したときに火災の熱などに反応して、自動的にシャワー状の水を噴射して消火する。
水噴霧消火設備	天井に設けた水噴霧ヘッドから水を霧状に噴射し、主に冷却作用と窒息作用によって消火する。
泡消火設備	天井に設けた泡ヘッドから空気泡または化学泡を放射して、可燃性液体の表面を覆い、窒息作用によって消火する。
不活性ガス消火設備	噴射ヘッドまたはノズルから二酸化炭素などを放射し、空気中の酸素濃度を低下させ、窒息作用によって消火する。
ハロゲン化物消火設備	噴射ヘッドまたはノズルからハロゲン化物を放射し、燃焼面を遮蔽して酸素を遮断する窒息作用と、燃焼の抑制作用を利用して消火する。
粉末消火設備	噴射ヘッドまたはノズルから消火粉末を放射し、消火粉末が熱により分解し発生する二酸化炭素によって空気中の酸素濃度を低下させる窒息作用と、燃焼の抑制作用を利用して消火する。
屋外消火栓設備	屋外消火栓を外壁またはその近くに設けたもので、1、2階の火災を屋外から消したり、周囲からの延焼防止をする。
動力消防ポンプ設備	位置を固定せずに移動できるエンジン付きの消防ポンプで、屋内消火栓設備や屋外消火栓設備の代替設備である。

ミニ知識　消火設備は、在居者による初期消火を目的とした設備である点に留意すること。

② 火災により、人命に危険性をおよぼすと考えられる建築物については、**初期消火**を有効に行うために、自動的に火災の発生を感知して消火する自動消火設備を設けることが望ましいといえます。
③ 代表的な自動消火設備としては、室温が上昇した際に火災の熱を感知し、自動的にシャワー状の水を噴射して消火する**スプリンクラー設備**があります。

2 特殊な消火設備

① 水噴霧消火設備、泡消火設備、不活性ガス消火設備、ハロゲン化物消火設備、粉末消火設備の5種類は**特殊な消火設備**といいます。
② 特殊な消火設備は、一般に**化学消火剤**という薬剤が使われ、いずれも設備の構成がスプリンクラー設備と似ていますが、消火剤などが異なります。

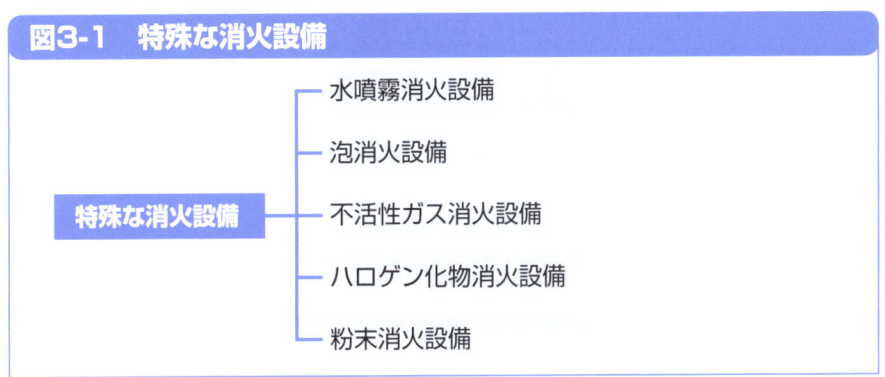

図3-1　特殊な消火設備

- 特殊な消火設備
  - 水噴霧消火設備
  - 泡消火設備
  - 不活性ガス消火設備
  - ハロゲン化物消火設備
  - 粉末消火設備

③ 特殊な消火設備に適応する火災を図3-2に示します。なお、油火災（B火災）の場合に注水や散水すると逆に火面が著しく拡大して大火となり、また電気火災（C火災）の場合に注水や散水すると感電の危険性が大きくなります。

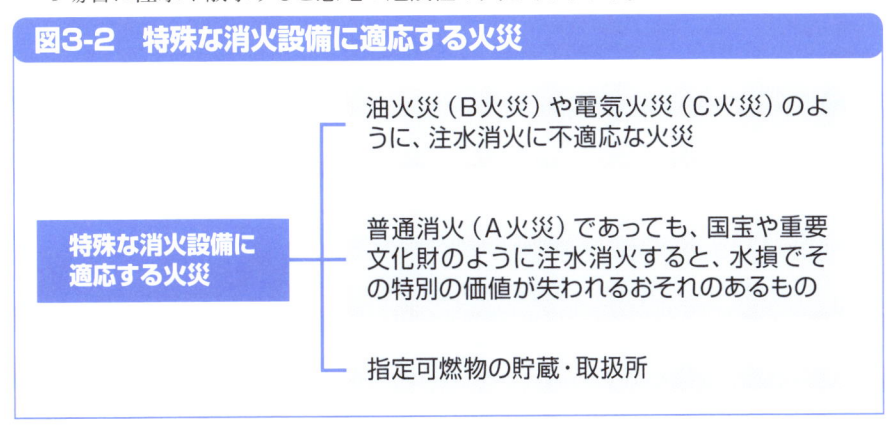

図3-2　特殊な消火設備に適応する火災

- 特殊な消火設備に適応する火災
  - 油火災（B火災）や電気火災（C火災）のように、注水消火に不適応な火災
  - 普通消火（A火災）であっても、国宝や重要文化財のように注水消火すると、水損でその特別の価値が失われるおそれのあるもの
  - 指定可燃物の貯蔵・取扱所

ミニ知識　特殊な消火設備の設置義務のある防火対象物については、3章P.111を参照すること。

❷ 消火器・簡易消火用具

消火器とは、初期消火を目的として、火災が発生した場合、水などの消火剤を圧力により放射して消火を行う器具である。

1 消火器具（令10条）

① 消火器具は、火災の初期に人力によって消火しようとするときに使うものです。
② 消防法では、消火器と簡易消火用具のことを**消火器具**といいます。

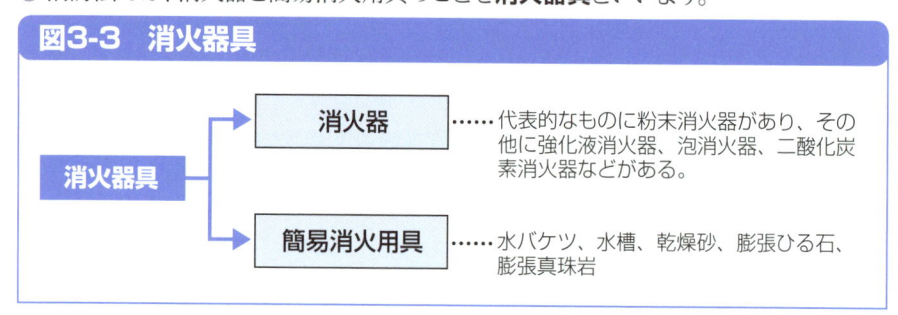

図3-3 消火器具

- 消火器具
  - 消火器 …… 代表的なものに粉末消火器があり、その他に強化液消火器、泡消火器、二酸化炭素消火器などがある。
  - 簡易消火用具 …… 水バケツ、水槽、乾燥砂、膨張ひる石、膨張真珠岩

2 消火器

① 消火器は持ち運びが簡単で、人の操作により、早く、簡単に、そして安全に消火することができます。
② 初期消火を有効に行うためには、迅速さが大切で、そのために消火器は**1動作で確実に放射できる**ことが原則になります。また、どのような人にも容易に使うことのできる機能や構造をもつものでなければなりません。

3 簡易消火用具

① 消火器以外にも、早く、簡単に、人力によって消火することができるものとして、**簡易消火用具**があります。
② 簡易消火用具には、水バケツ、水槽、乾燥砂、膨張ひる石、膨張真珠岩があります。
③ 簡易消火用具は**水バケツと水槽**が一般的ですが、水をかけると火勢がより強くなる危険物もあるので、乾燥砂、膨張ひる石、膨張真珠岩のような鉱物質のものも認められています。

> **ミニ知識** 水バケツには一般的なポリバケツの他に、バケツから数回にわたって少しずつ水を放出し、消火効果を高めるように東京消防庁で開発された三角バケツがある。

図3-4　一般的な消火器の外観と操作法

（安全栓、安全ロック、レバー、ホース、蓋、ホース受け、ノズル、赤色、取扱い注意事項、日本消防検定協会の合格証）

普通火災用　文字：黒色　地色：白色
油火災用　文字：黒色　地色：黄色
電気火災用　文字：白色　地色：青色

消火器　　消火器用消火剤

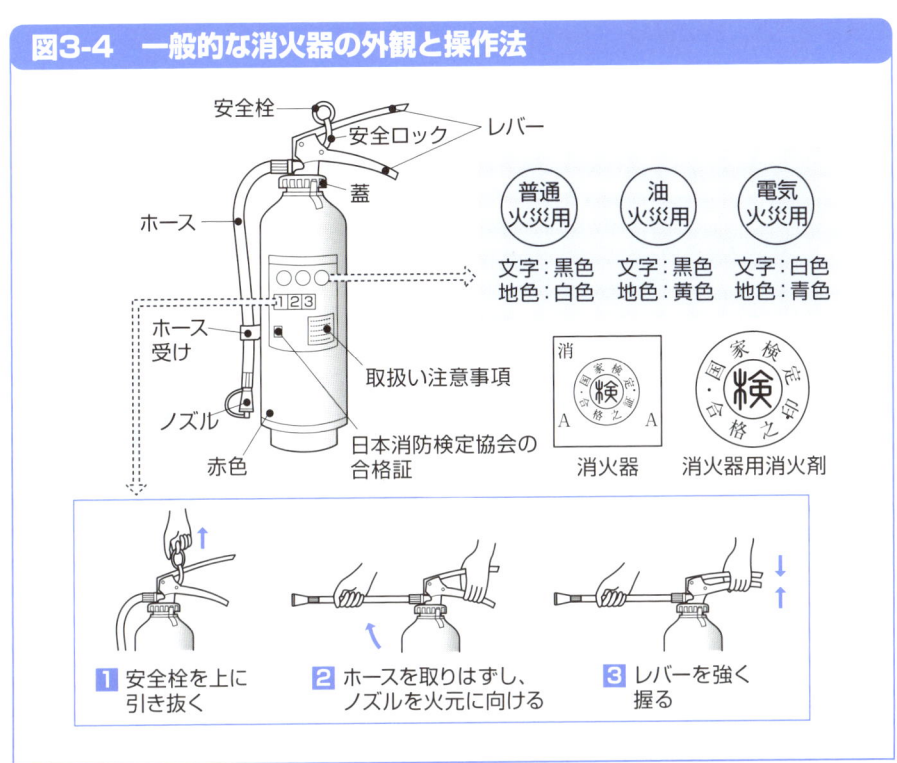

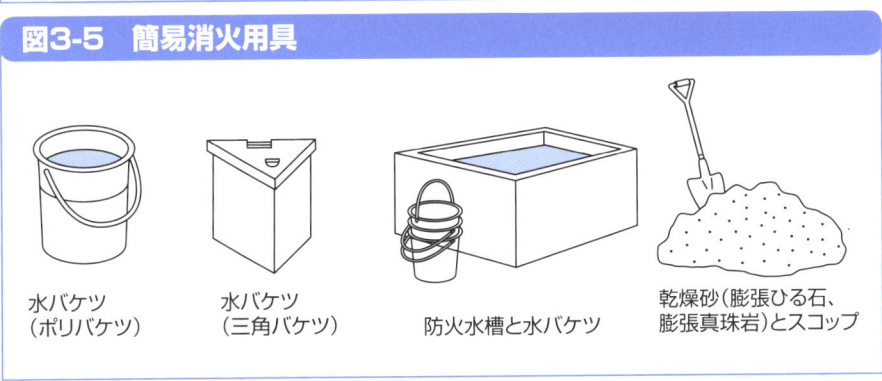

1. 安全栓を上に引き抜く
2. ホースを取りはずし、ノズルを火元に向ける
3. レバーを強く握る

図3-5　簡易消火用具

水バケツ（ポリバケツ）　　水バケツ（三角バケツ）　　防火水槽と水バケツ　　乾燥砂（膨張ひる石、膨張真珠岩）とスコップ

4　消火器の種類

① 消火器は、消火剤の種類により、表3-2に示す7種類があります。ただし、一般に消火器といえば、維持管理が容易な**粉末消火器**のことを指すといっていいほど、実際に粉末消火器が使われています。

> **ミニ知識**　製造されている消火器の90％以上は、粉末消火器である。

● 表3-2 消火器の種類

消火器	水消火器	水または浸潤剤入りの水を放出する。安価であるが、凍結のおそれのある場所では、不凍結剤を入れる必要がある。現在は製造されていない。
	酸アルカリ消火器	酸とアルカリが反応した液体を放出するものだが、現在はつくられていない。
	強化液消火器	アルカリ金属液により消火性能を高めた薬剤を放出する。油火災にも適応性がある。
	泡消火器	泡消火剤の反応による機械泡または化学泡を放出する。油火災にも適応性がある。冬期で5℃以下の場所には使うことができない。
	ハロゲン化物消火器	消火剤としてハロゲン化物を使うものだが、ハロゲン化物の使用抑制により、現在はつくられていない。
	二酸化炭素消火器	二酸化炭素を放出する。人体に有毒であるため、住宅、地下街などでは使うことができない。
	粉末消火器	粉末消火剤を放出する。現在消火器の主流であり、一般にABC消火器といわれる。

② 粉末消火器の構造を図3-6に示します。

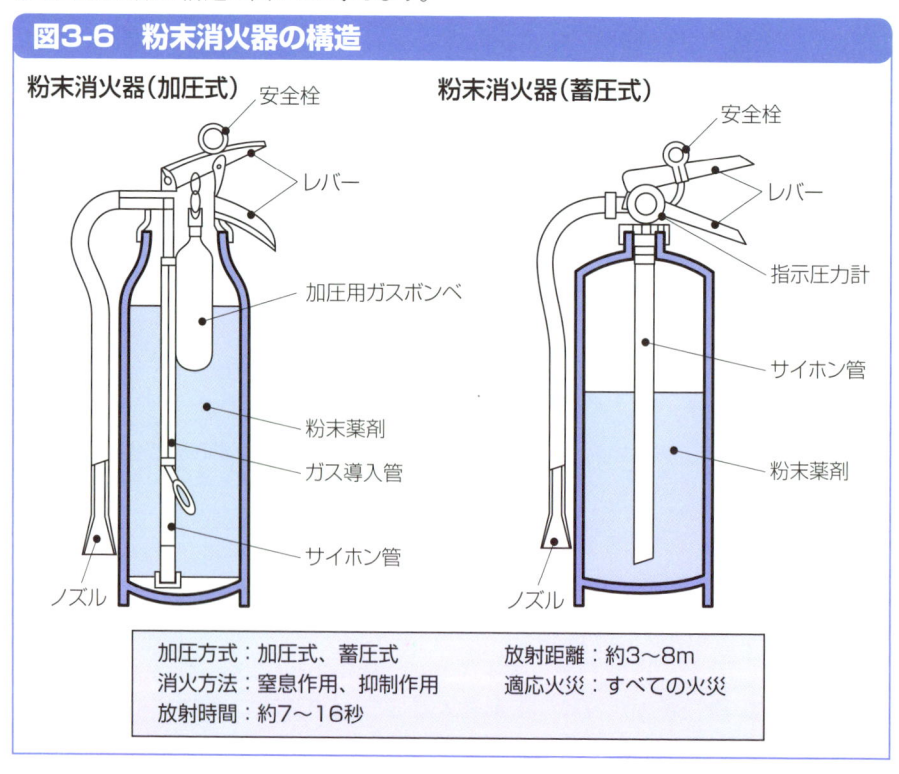

図3-6 粉末消火器の構造

粉末消火器（加圧式）
- 安全栓
- レバー
- 加圧用ガスボンベ
- 粉末薬剤
- ガス導入管
- サイホン管
- ノズル

粉末消火器（蓄圧式）
- 安全栓
- レバー
- 指示圧力計
- サイホン管
- 粉末薬剤
- ノズル

加圧方式：加圧式、蓄圧式
消火方法：窒息作用、抑制作用
放射時間：約7～16秒
放射距離：約3～8m
適応火災：すべての火災

用語　粉末消火器の加圧式　加圧用ガスボンベ（二酸化炭素）が容器の内部に設けられており、レバーの操作により消火剤が放射されるものをいう。

5 消火器の設置基準（令10条1項）

① 消火器の設置基準を表3-3に示します。

●表3-3　消火器の設置基準

令別表1の項目		防火対象物	一般（延べ面積）	地階・無窓階または3階以上（床面積）
(1)	イ	劇場グループ	全部	一般と同じ
	ロ	集会場グループ	150㎡以上	50㎡以上
(2)	イ	キャバレーグループ	全部	一般と同じ
	ロ	遊技場グループ		
	ハ	性風俗関連特殊営業店舗グループ		
	ニ	カラオケボックスグループ		
(3)	イ	料理店グループ		
	ロ	飲食店		
(4)		百貨店グループ	150㎡以上 ※3	50㎡以上
(5)	イ	旅館グループ		
	ロ	共同住宅グループ		
(6)	イ	病院グループ ★	全部または150㎡以上	一般と同じまたは50㎡以上
	ロ	老人短期入所施設グループ	全部	
	ハ	老人デイサービスセンターグループ	150㎡以上	50㎡以上
	ニ	特殊学校グループ		
(7)		学校グループ	300㎡以上	50㎡以上
(8)		図書館グループ		
(9)	イ	蒸気浴場グループ	150㎡以上	
	ロ	一般浴場		
(10)		車両停車場グループ	300㎡以上	
(11)		神社グループ		
(12)	イ	工場グループ	150㎡以上	
	ロ	スタジオグループ		
(13)	イ	車庫グループ		
	ロ	特殊格納庫		
(14)		倉庫		
(15)		前各項以外 ※1	300㎡以上	
(16)	イ	特定用途の存する複合用途	※2	
	ロ	イ以外の複合用途		
(16の2)		地下街	全部	一般と同じ
(16の3)		準地下街	全部	
(17)		文化財	全部	
(18)		アーケード		
(19)		山林		
(20)		舟車	全部	一般と同じ
少・危等		少量危険物の貯蔵・取扱所	危険物数量が指定数量の1/5倍以上のもの	
		指定可燃物の貯蔵・取扱所	指定可燃物数量が危令別表4の数量以上のもの	危令別表4の数量の500倍以上の場合は大型消火器の設置を要する

☐の部分は設置すべき条件、☐は必要なしを表す。
※1 (15)項の「前各項以外」とは「事務所グループ」を表す（以下の表でも同じ）。
※2 各用途部分の設置基準に従って設置する。
※3 火を使用する設備または器具を設けた飲食店などにおいては、原則として延べ面積にかかわらず消火器の設置を義務付ける。
★ (6)項イの病院グループの「一般」「地階・無窓階または3階以上」の項は次のようになる。

用語 　**粉末消火器の蓄圧式**　消火剤を充填した後に窒素ガスまたは乾燥圧縮空気を圧入したもので、レバーの操作により消火剤が放射されるものをいう。

令別表1の項目		防火対象物	一般	地階・無窓階または3階以上
(6)	イ（病院グループ）	①避難のために患者の介助が必要な病院	全部	一般と同じ
		②避難のために患者の介助が必要な有床診療所		
		③病院（①を除く）、有床診療所（②を除く）、有床助産所		
		④無床診療所、無床助産所	150㎡以上	50㎡以上

② 表3-3からもわかるように、防火対象物の**地階、無窓階、3階以上の階**については、**床面積50㎡以上**のものは消火器の設置が必要となります。

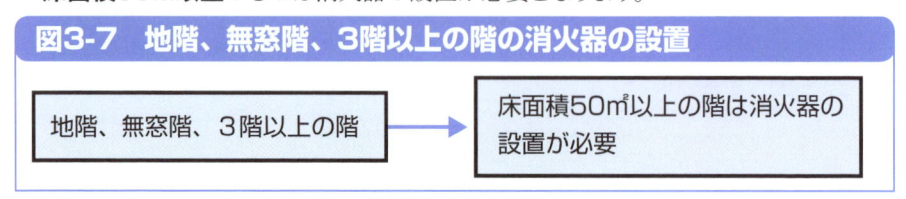

図3-7　地階、無窓階、3階以上の階の消火器の設置

地階、無窓階、3階以上の階　→　床面積50㎡以上の階は消火器の設置が必要

6　消火器の設置免除

①スプリンクラー設備などを設置した場合

屋内消火栓設備、スプリンクラー設備、特殊な消火設備などを設置した場合は、これらの設備の有効範囲の部分で、必要とされる消火器の**能力単位数の3分の1まで減少**してもかまいません。また、これらの設備の有効範囲内では、大型消火器を設置しないこともできます。ただし、これらの緩和は11階以上の階には、適用されません。

②大型消火器を設置した場合

大型消火器の消火適応性が設置すべき消火器具の適応性と同一であるときは、その有効範囲内では、必要とされる消火器の**能力単位数の2分の1まで減少**してもかまいません。

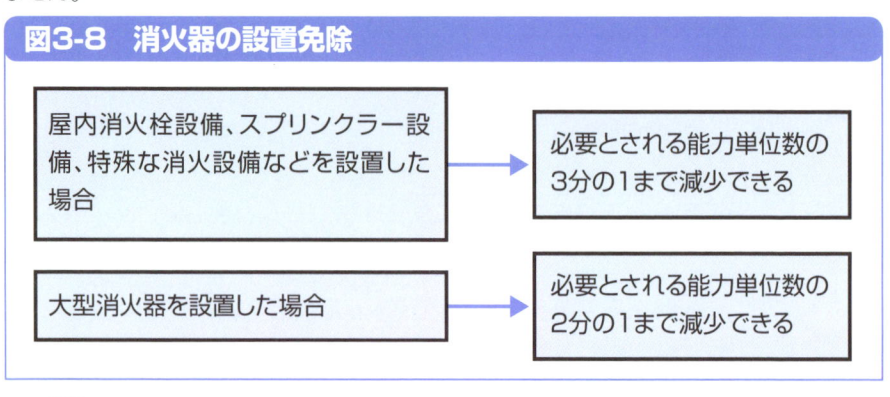

図3-8　消火器の設置免除

屋内消火栓設備、スプリンクラー設備、特殊な消火設備などを設置した場合　→　必要とされる能力単位数の3分の1まで減少できる

大型消火器を設置した場合　→　必要とされる能力単位数の2分の1まで減少できる

消火器は持ち運びが簡単で、早く、安全に消火することができます。

ミニ知識　地階、無窓階、3階以上の階については厳しく規定されて、住宅などのごく小規模なものを除いて、消火器の設置が必要となる。
消火器の能力単位については、3章P.81を参照すること。

3 消火器の設置と設置本数

消火器は、防火対象物のどの場所からも、歩行距離が20m（大型消火器の場合は30m）以下となるように設置しなければならない。

1 消火器の設置と維持の方法

① 消火器の歩行距離と設置例を図3-9と図3-10に示します。

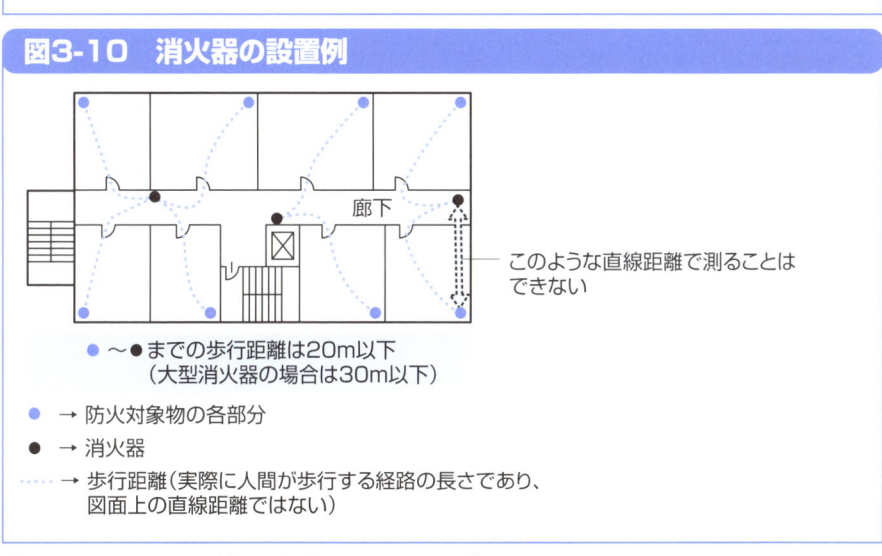

図3-9　消火器の歩行距離

歩行距離20m以下ごとに設置

図3-10　消火器の設置例

廊下

このような直線距離で測ることはできない

- ●～●までの歩行距離は20m以下
  （大型消火器の場合は30m以下）
- ● → 防火対象物の各部分
- ● → 消火器
- ---- → 歩行距離（実際に人間が歩行する経路の長さであり、図面上の直線距離ではない）

② 消火器は通行や避難の支障がない箇所に**床面から1.5m以下**の場所に設置し、所定の標識を設け、使うときは容易に持ち出すことができるように設置しなければなりません。

> **ミニ知識**　歩行距離は実際に人間が歩行する経路の長さで測るものであり、図面上の直線距離ではない。

2 消火器の設置本数の求め方（規則6条、規則7条）

① 消火器の設置本数は、表3-4に示すように、消火器の能力単位の数値の合計数が延べ面積または床面積（S㎡）を防火対象物の用途などに応じた一定の面積で割った数値以上になるようにして求めます。

●表3-4　消火器の設置本数の求め方

防火対象物の区分 \ 構造区分	一般のもの	主要構造部を耐火構造とし、かつ、壁・天井（屋根）の室内に面する部分の仕上げが、難燃材料のもの
令別表1 （1）項イの劇場グループ、（2）項のキャバレー・遊技場グループ、（16の2）項の地下街、（16の3）項の準地下街、（17）項の文化財	能力単位の数値の合計数 $\geq \dfrac{S}{50㎡}$	能力単位の数値の合計数 $\geq \dfrac{S}{100㎡}$
令別表1 （1）項ロの集会場グループ、（3）項の料理店・飲食店グループ〜（6）項の病院・福祉施設・特殊学校グループ、（9）項の公衆浴場グループ、（12）項の工場・スタジオグループ〜（14）項の倉庫	能力単位の数値の合計数 $\geq \dfrac{S}{100㎡}$	能力単位の数値の合計数 $\geq \dfrac{S}{200㎡}$
令別表1 （7）項の学校グループ、（8）項の図書館グループ、（10）項の車両停車場グループ、（11）項の神社グループ、（15）項の事務所グループ	能力単位の数値の合計数 $\geq \dfrac{S}{200㎡}$	能力単位の数値の合計数 $\geq \dfrac{S}{400㎡}$

※1. S：延べ面積または床面積。
　2. 階ごとに設置すること。
　3. 防火対象物の各部分から、歩行距離20m以内に設置すること。
　4. 設置場所に適応する消火器具を設置すること。

$$\text{消火器の能力単位の数値の合計数} \geq \frac{\text{延べ面積または床面積（S）}}{\text{防火対象物の用途などに応じた一定の面積}^※}$$

※一定の面積には、50㎡、100㎡、200㎡、400㎡がある。

ミニ知識　「難燃材料のもの」とは、性能規定の考え方から、難燃材料より不燃性の高い不燃材料や準不燃材料も含まれ、それらも当然倍読みすることができる。

② 主要構造部を**耐火構造とし、かつ壁と天井（屋根）の室内に面する部分の仕上げが難燃材料のもの**（内装制限されているもの）は、表3-4の左欄の数値の**2倍に換算**する（倍読みする）ことができます。

③ 例えば、延べ面積3,000㎡の劇場は、表3-4により3,000㎡／50㎡＝60単位あればよいことになります。また劇場の主要構造部が耐火構造で、かつ内装制限されている場合は、倍読みすることができるので3,000㎡／100㎡＝30単位あればよいことになります。

3 消火器の消火能力

① 消火器には、A火災、B火災に対する消火の**能力単位**が定められています。この能力単位は、**消火器具の消火能力を表す**もので、表3-5の簡易消火用具により消火できる能力を基準としています。

●表3-5　簡易消火用具の能力単位

	条　件	能力単位
①	水バケツ(容量8ℓ以上)×3個	1
②	水槽(容量80ℓ以上)1個＋消火専用バケツ(容量8ℓ以上)×3個	1.5
③	水槽(容量190ℓ以上)1個＋消火専用バケツ(容量8ℓ以上)×6個	2.5
④	乾燥砂(50ℓ以上)1塊＋スコップ	0.5
⑤	膨張ひる石または膨張真珠岩(160ℓ以上)1塊＋スコップ	1

② 消火器の消火能力は、充填されている消火剤の量によって異なりますが、さらにA火災やB火災の火災の種類によっても異なります。例えば、ある消火器がA火災に対して能力単位が3であっても、B火災に対しては4になるようなことがあり、このような場合に、消火器には「A－3・B－4」という能力単位で表示されます。

③ 能力単位の大きなものに**大型消火器**がありますが、これは能力単位が「A火災で10以上」「B火災で20以上」のものをいいます。

> 消火器具の消火能力を表すものとして、能力単位があります。

ミニ知識　消火器の能力単位は、A火災、B火災に対するもので、C火災にはない。

4 屋内消火栓設備の構成と設置基準

屋内消火栓設備とは、火災発生時、消防隊が到着するまでの間に、建築物の居住者や勤務者などが、消防用ホースとノズルにより放水消火するための固定式の消火設備をいう。

1 屋内消火栓設備の構成

① 屋内消火栓設備は、水源、加圧送水装置（消火栓ポンプ）、配管、屋内消火栓ボックス、起動装置、非常電源などにより構成されています。
② 一般によく使われる屋内消火栓設備としては、常時配管の中は高架水槽からの水で充水しておき、火災時には屋内消火栓ボックスの起動ボタンを押し、ボックス内のホースを使って、大量の水を放水消火するものがあります。
③ 各階の廊下などに設置してある屋内消火栓ボックスの中には、消火栓開閉弁、ホース、ノズルが納められています。

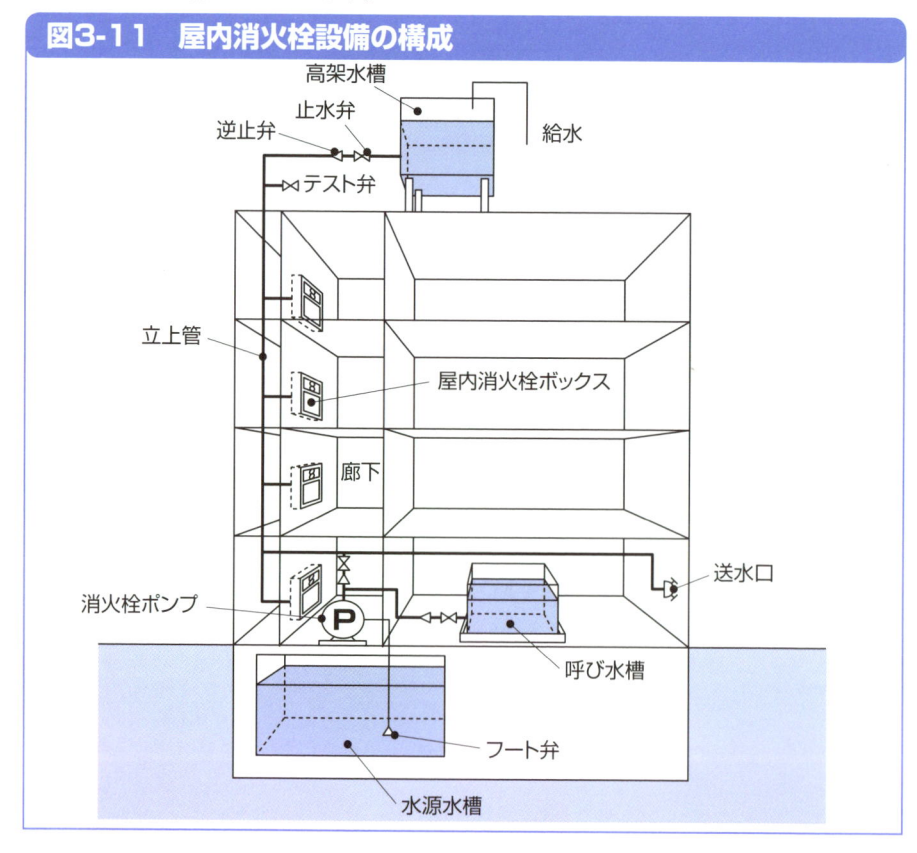

図3-11　屋内消火栓設備の構成

ミニ知識　屋内消火栓設備の水源は、一般の水道ではなく専用の水源であり、一般に消火栓ポンプによって水源水槽内の水を汲み上げて送水する。

2 屋内消火栓設備の設置基準（令11条、規則12条）

屋内消火栓設備の設置基準を表3-6に示します。

●表3-6　屋内消火栓設備の設置基準

令別表1の項目		防火対象物	一般（延べ面積）	地階・無窓階または4階以上（床面積）
(1)	イ	劇場グループ	500㎡(1,000㎡)〔1,500㎡〕	100㎡(200㎡)〔300㎡〕
	ロ	集会場グループ		
(2)	イ	キャバレーグループ	700㎡(1,400㎡ ※1)〔2,100㎡ ※2〕	150㎡(300㎡)〔450㎡〕
	ロ	遊技場グループ		
	ハ	性風俗関連特殊営業店舗グループ		
	ニ	カラオケボックスグループ		
(3)	イ	料理店グループ		
	ロ	飲食店		
(4)		百貨店グループ		
(5)	イ	旅館グループ		
	ロ	共同住宅グループ		
(6)	イ	病院グループ		
	ロ	老人短期入所施設グループ		
	ハ	老人デイサービスセンターグループ		
	ニ	特殊学校グループ		
(7)		学校グループ		
(8)		図書館グループ		
(9)	イ	蒸気浴場グループ		
	ロ	一般浴場		
(10)		車両停車場グループ		
(11)		神社グループ	1,000㎡(2,000㎡)〔3,000㎡〕	200㎡(400㎡)〔600㎡〕
(12)	イ	工場グループ	700㎡(1,400㎡)〔2,100㎡〕	150㎡(300㎡)〔450㎡〕
	ロ	スタジオグループ		
(13)	イ	車庫グループ		
	ロ	特殊格納庫		
(14)		倉庫	700㎡(1,400㎡)〔2,100㎡〕	150㎡(300㎡)〔450㎡〕
(15)		前各項以外　※1	1,000㎡(2,000㎡)〔3,000㎡〕	200㎡(400㎡)〔600㎡〕
(16)	イ	特定用途の存する複合用途	※3	※3
	ロ	イ以外の複合用途		
(16の2)		地下街	150㎡(300㎡)〔450㎡〕	
(16の3)		準地下街		
(17)		文化財		
(18)		アーケード		
指定可燃物(可燃性液体類に係るものを除く)の貯蔵・取扱所			指定可燃物数量が危令別表4の数量の750倍以上のもの	

□の部分は設置すべき条件、□は必要なしを表す。
( )内数字は、主要構造部を準耐火構造としたもの（または同等の準耐火性能をもつもの）で内装制限したもの、または主要構造部を耐火構造としたもの。〔　〕内数字は、主要構造部を耐火構造としたもので内装制限した建物。
※1　避難のために患者の介助が必要な病院、有床診療所および(6)項ロの老人短期入所施設グループの(1,400㎡)の数値については、延べ面積の2倍の数値または1,000㎡に規則13-5-2に規定する「防火上有効な措置が講じられた構造をもつ部分」の床面積の合計を加えた数量のうち、いずれか小さい数値とする。
※2　避難のために患者の介助が必要な病院、有床診療所および(6)項ロの老人短期入所施設グループの〔2,100㎡〕の数値については、上記※1の内容で「2倍の数値」を「3倍の数値」に読み替えるものとする。
※3　各用途部分の設置基準に従って設置する。

ミニ知識　表3-6やその注釈からもわかるように、屋内消火栓設備の設置に係る延べ面積や床面積は、主要構造部の耐火性能や内装制限の条件によって異なることに留意すること。

3 屋内消火栓設備の設置免除

①**スプリンクラー設備などを設置した場合**

(a)**スプリンクラー設備、特殊な消火設備、屋外消火栓設備、動力消防ポンプ設備**の各消火設備の有効範囲の部分は、屋内消火栓設備の設置が免除されます。

(b)屋外消火栓設備と動力消防ポンプ設備について、代替の範囲は1階と2階部分に限ります。

②**パッケージ型消火設備を設置した場合**

(a)パッケージ型消火設備を設置した場合には、屋内消火栓設備の設置が免除されます。ただし、地階、無窓階、火災のときに煙が著しく充満するおそれがある場所には、パッケージ型消火設備を設置することはできません。

(b)煙が著しく充満するおそれがある場所などについての判断は、所轄の消防機関の指導によります。また所轄の消防機関によっては、工場、倉庫、デパートなどの防火対象物には、パッケージ型消火設備を設置できない場合もあるので、あらかじめ協議する必要があります。

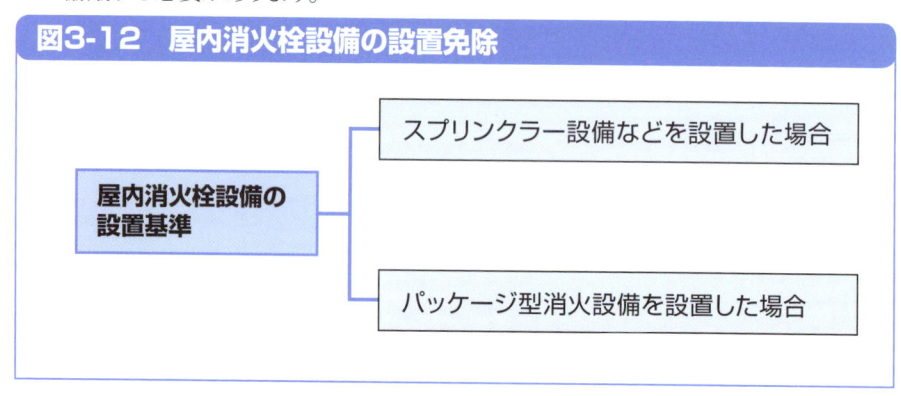

図3-12 屋内消火栓設備の設置免除

```
                        ┌─ スプリンクラー設備などを設置した場合
屋内消火栓設備の設置基準 ─┤
                        └─ パッケージ型消火設備を設置した場合
```

Point! 屋内消火栓設備の特徴

屋内消火栓設備は、消火器や水バケツなどで消火できる段階を超えて燃え広がる火災に対して、消火活動のプロである消防隊が到着するまでの間、建物内の居住者や勤務者などいわゆる自衛消防隊が、消火用ホースとノズルにより、大量注水(放水)し消火作業を行えるようにするものです。

ミニ知識 パッケージ型消火設備については、3章P.160を参照すること。

5 屋内消火栓の設置方法と1号消火栓・2号消火栓

屋内消火栓には、2人以上で操作する1号消火栓と1人でも容易に操作できる2号消火栓がある。

1 屋内消火栓の設置方法

屋内消火栓は、1号消火栓では**半径25m**の円で、2号消火栓では**半径15m**の円で、防火対象物のすべての部分を包含できるように設置しなければなりません。

●表3-7 屋内消火栓の水平距離

1号消火栓の水平距離	半径25m
2号消火栓の水平距離	半径15m

図3-13 屋内消火栓の設置例

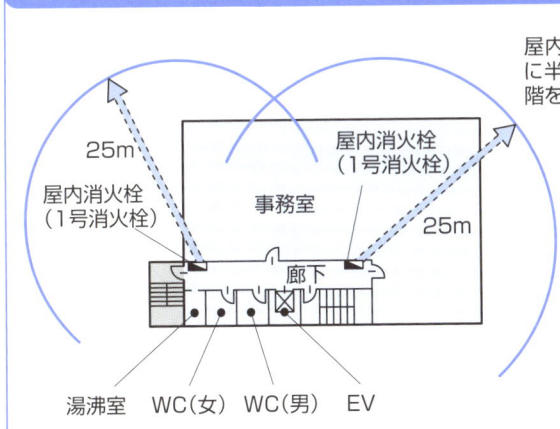

屋内消火栓(1号消火栓)を中心に半径25mの円で建築物の各階を覆うように設置する。

消火器のように、実際に人間が歩行する経路の長さである歩行距離とは異なり、屋内消火栓の水平距離は直線的に測るものである。そのため、平面上の壁などは無視しても差しつかえない。

2 1号消火栓

① 1号消火栓は、2人以上で操作するもので、延焼速度が速くて**火災荷重**が大きくなる可燃物を多く集積する建築物に設置します。
② ホースの長さは30m程度、ホース径は40mm程度です。
③ 1号消火栓は、放水能力が2号消火栓より優れています。
④ 1号消火栓には、1人でも簡単に操作できる**易操作性1号消火栓**もあります。

用語 火災荷重(kg/㎡) 単位面積あたりの可燃物量を同じ発熱量をもつ木材に換算した値を表す。室内には各種の可燃物があるが、それらの可燃物のなかで最も代表的な可燃物である木材に換算して、火災の危険性を比較できるようにした値である。火災荷重の値が大きいほど、室内に燃えやすいものが多くあることを表す。

図3-14　1号消火栓

外観
- 地区音響装置（ベル）
- P型発信機（起動用押しボタン）
- 表示灯（赤色灯）
- 使用方法シール（扉裏面）
- 消火栓
- 1,300㎜
- 180㎜
- 750㎜

内部
- 消火栓開閉弁（バルブ）
- ホース

ノズル
- ノズル
- プレーパイプ
- ホース結合金具

図3-15　易操作性1号消火栓

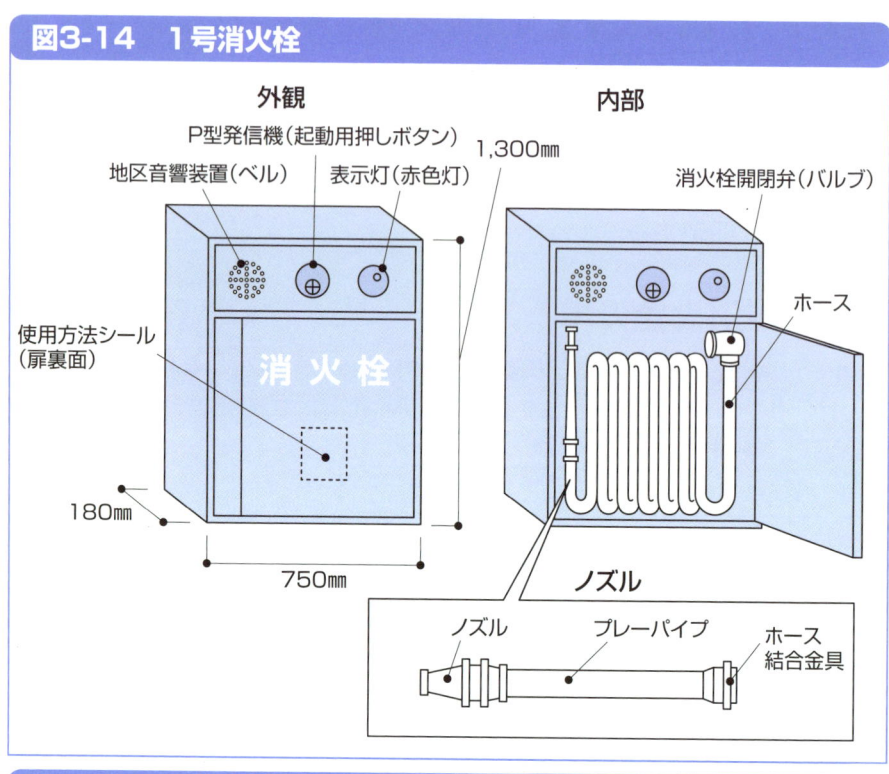

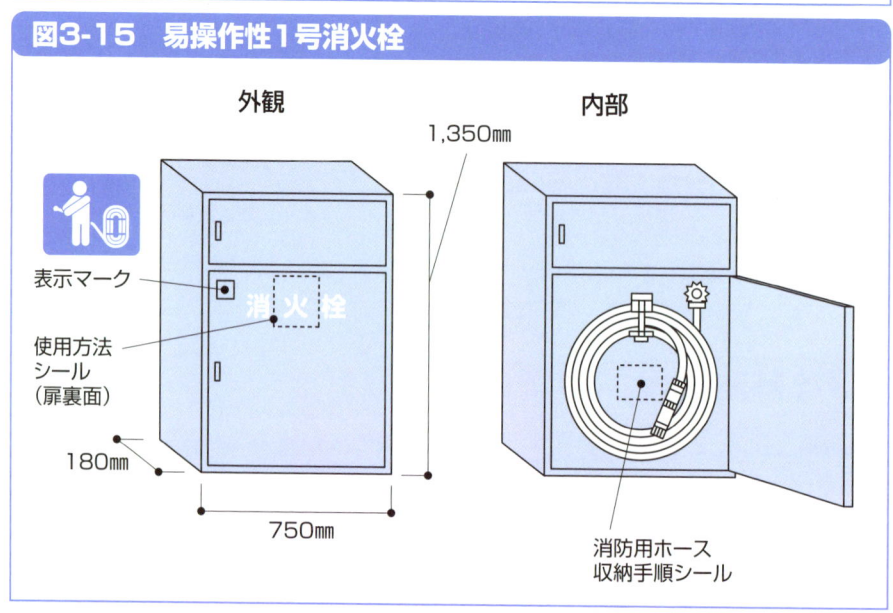

外観
- 表示マーク
- 使用方法シール（扉裏面）
- 消火栓
- 1,350㎜
- 180㎜
- 750㎜

内部
- 消防用ホース収納手順シール

ミニ知識　易操作性1号消火栓の表示マークは、緑地に白絵である。

3 2号消火栓

① 2号消火栓は、1人でも容易に操作できるようにしたもので、1号消火栓に比べて放水能力が劣るため、設置することができない防火対象物があります。
② ホースの長さは20m程度、ホース径は25mm程度と細いといえます。
③ 2号消火栓と易操作性1号消火栓は、起動方法、ノズル機能、ホースの収納方法などの操作性に各種の工夫がされて、1人で操作しやすくなっています。

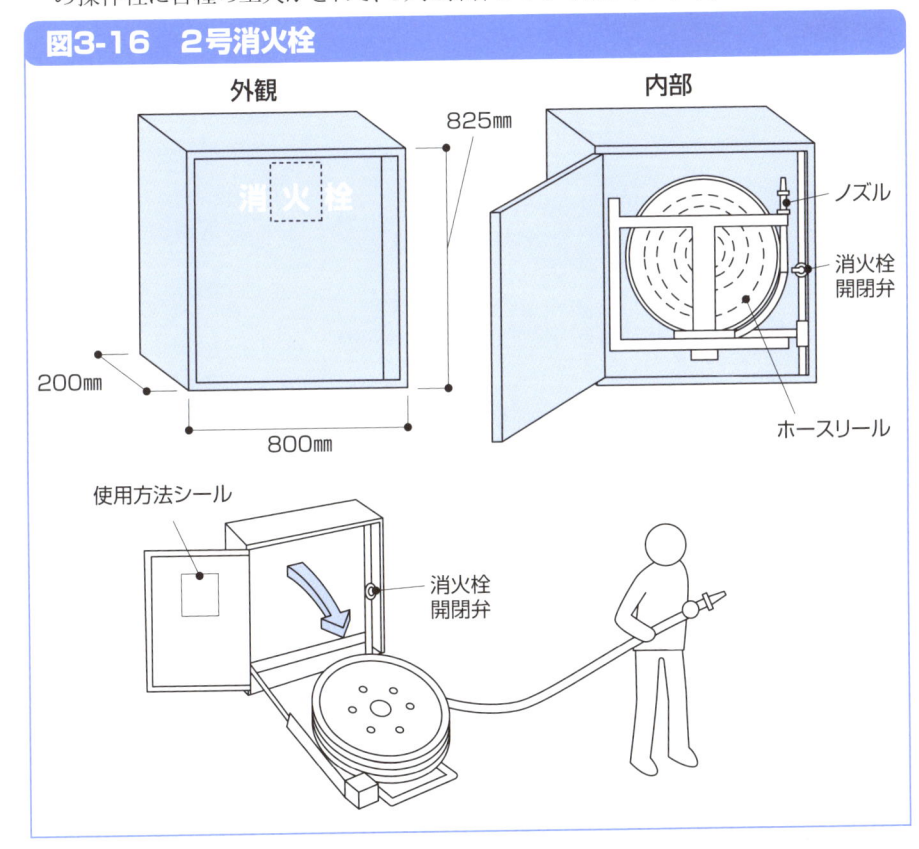

図3-16 2号消火栓

外観：825mm、800mm、200mm、消火栓
内部：ノズル、消火栓開閉弁、ホースリール
使用方法シール、消火栓開閉弁

4 1号消火栓と2号消火栓の設置と技術基準

① 1号消火栓と2号消火栓の技術基準を表3-8に示します。
② 表3-8に示すように、令別表1の（12）項イの工場グループと（14）項の倉庫などは1号消火栓を設置しなければなりませんが、その他の防火対象物に関しては、1号消火栓と2号消火栓のいずれを選んで設置してもかまいません。

ミニ知識 1号消火栓は令11条3項一号に規定されていることから1号消火栓といい、2号消火栓は令11条3項二号により2号消火栓という。

●表3-8　1号消火栓と2号消火栓の技術基準

項　目	1号消火栓	2号消火栓
設置可能な防火対象物	①令別表1の(12)項イの工場グループ、(14)項の倉庫 ②令別表1の建築物などで、指定可燃物を多量に貯蔵しまたは取扱うもの ③①と②以外の防火対象物	左欄の①と②以外の防火対象物
水平距離	半径25m以下	半径15m以下
放水量	130ℓ／分以上	60ℓ／分以上
放水圧力	0.17MPa〜0.7MPa	0.25MPa〜0.7MPa
ポンプ吐水能力	150ℓ／分×消火栓設置個数(ただし、設置個数が2個を超えるときは2個とする)	70ℓ／分×消火栓設置個数(ただし、設置個数が2個を超えるときは2個とする)
ポンプ起動方法	易操作性以外：制御盤で起動と停止ができ、かつ消火栓箱付近の押ボタンからの遠隔操作でも起動できること。 易操作性：制御盤で起動と停止ができ、かつ開閉弁の開放やホースの延長操作などと連動して起動できること。	制御盤で起動と停止ができ、かつ開閉弁の開放やホースの延長操作などと連動して起動できること。
水源水量	2.6m³×消火栓設置個数(ただし、設置個数が2個を超えるときは2個とする)	1.2m³×消火栓設置個数(ただし、設置個数が2個を超えるときは2個とする

5　屋内消火栓の操作方法

①1号消火栓の操作手順と操作上の注意
(a)1号消火栓の操作手順を図3-17に示します。
(b)1号消火栓を操作するときの注意点を次に示します。
- ホースを延ばすときに、折れやねじれがないようにします。
- バルブを開くときは、規定の水圧を得るために全開とします。
- 放水による反動が大きいので、放水中はノズルを手放さないようにします。
- ホースは完全に延ばしたつもりでも緩やかに蛇行するので、30mのホースの長さより実際には短くなります。

②2号消火栓の操作手順
2号消火栓の操作手順を図3-18に示します。

> **ミニ知識**　MPa(メガパスカル)は、圧力単位で、Paの100万倍(10^6倍)を表す。なおHPa(ヘクトパスカル)は、Paの100倍(10^2倍)を表す。
> $1MPa=10^6Pa$, $1HPa=10^2Pa$

図3-17　1号消火栓の操作手順

起動用押しボタンを押す
↓
表示灯（赤色灯）が点滅して、ポンプの始動を知らせる
↓
消火栓の扉を開き、ホースを取り出し、ホースが折れ曲がらないように延伸する
↓
火源に近づいたら、消火栓のところにいる人に向かって合図する
↓
合図を受けたら、消火栓内のバルブを全開にする
↓
ノズルから放水する

図3-18　2号消火栓の操作手順

扉を開くと同時にホースリールが前面に出てくる
↓
開閉弁を開放するかまたはノズルを脱着することで、加圧送水装置（消火栓ポンプ）が自動的に起動する
↓
ホースを取り出してノズルにある開閉弁を回し、放水する

1号消火栓の放水量は、2号消火栓の放水量の2倍以上あります。

ミニ知識　1号消火栓は、2人以上で操作する。

6 スプリンクラー設備の構成と設置基準

スプリンクラー設備は、建築物の天井にスプリンクラーヘッドを設けることで、火災時に火災の熱を感知し、自動的にシャワー状の水を噴射し、冷却して消火する設備である。

1 スプリンクラー設備

① スプリンクラー設備は、建物内に人がいなくても、火災が発生すれば確実に作動するので**初期消火にきわめて有効**であり、信頼性の高い消火設備です。
② スプリンクラー設備は、**油火災や電気火災の消火を目的としていません**。

図3-19　スプリンクラー設備

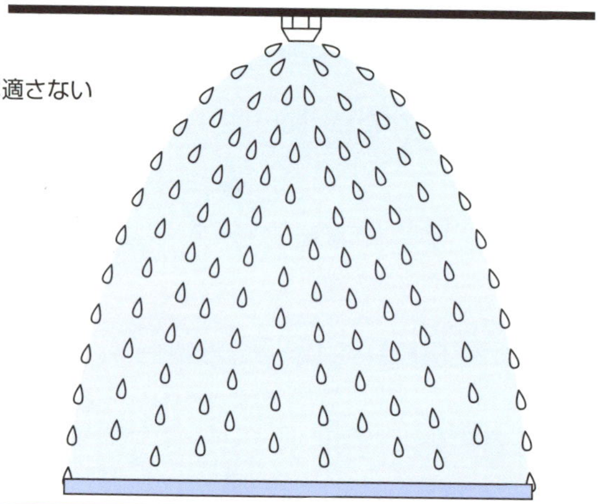

油火災、電気火災には適さない

2 スプリンクラー設備の構成

① スプリンクラー設備は、スプリンクラーヘッド、加圧送水装置（消火栓ポンプ）、水源、流水検知装置、自動警報装置、送水口、末端試験弁、配管などから構成されています。
② 最も一般的な閉鎖型スプリンクラー設備の構成を図3-20に示します。
③ 図3-20に示すように、スプリンクラー設備には専用の消火用貯水槽が設けられていて、そこから消火栓ポンプによって送水されます。
④ スプリンクラー設備は一度散水を始めると、いつまでも散水を続け、消火後の水損が大きくなるおそれがあるため、散水開始とともに警報を発するようになっています。

ミニ知識　スプリンクラー設備の初期消火の成功率は、95％以上といわれている。

図3-20　閉鎖型スプリンクラー設備の構成

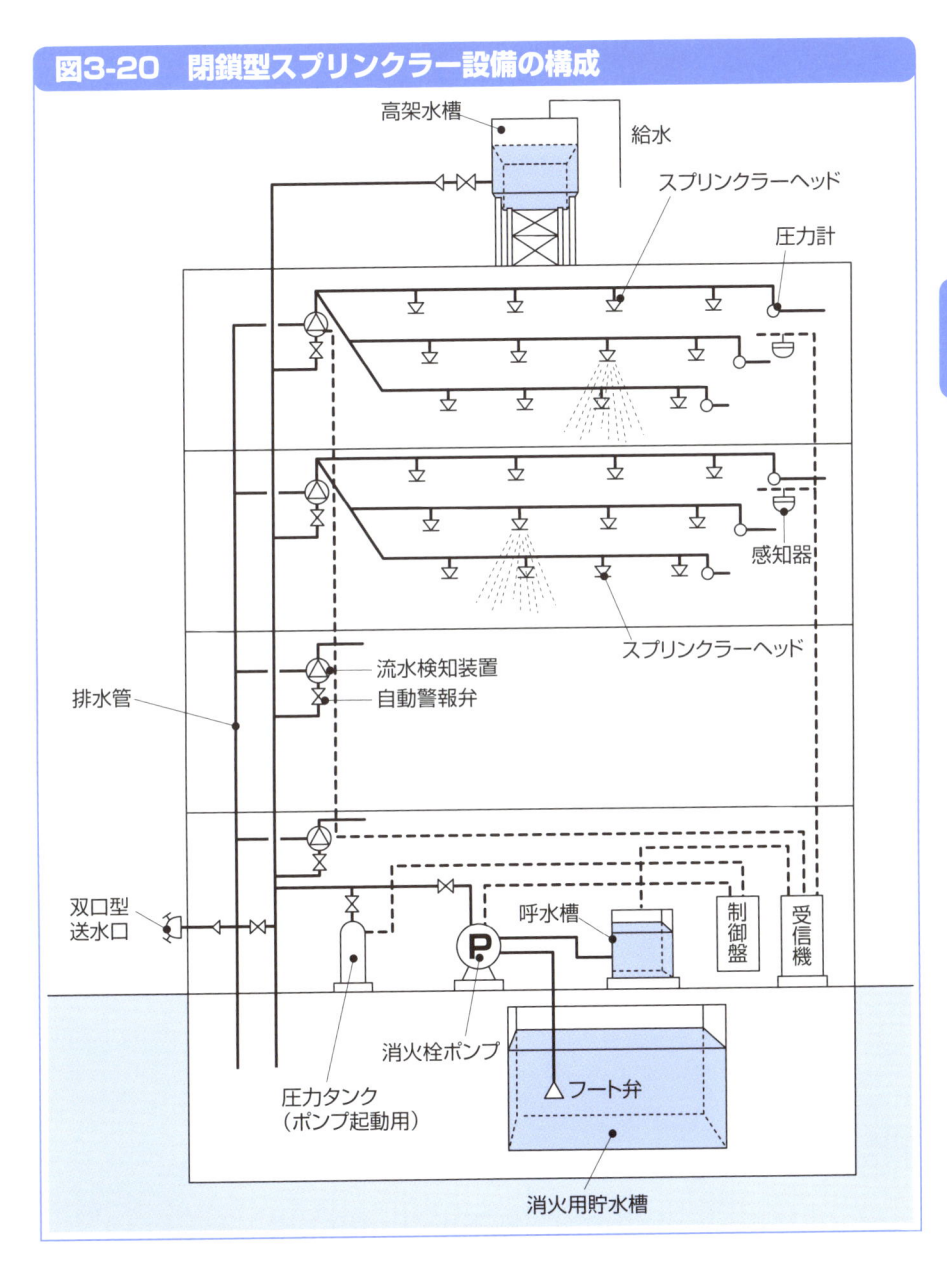

（図中のラベル）
- 高架水槽
- 給水
- スプリンクラーヘッド
- 圧力計
- 感知器
- スプリンクラーヘッド
- 流水検知装置
- 自動警報弁
- 排水管
- 双口型送水口
- 呼水槽
- 制御盤
- 受信機
- 圧力タンク（ポンプ起動用）
- 消火栓ポンプ
- フート弁
- 消火用貯水槽

第3章　消火設備

3　スプリンクラー設備の設置基準（令12条、規則13～15条）

① スプリンクラー設備は、デパート、劇場、公会堂、飲食店、キャバレー、病院、ホテル、

用語　流水検知装置　スプリンクラーヘッドが作動したときに、それを感知して消火栓ポンプなどを作動するための装置をいう。流水検知装置が作動すると同時に自動警報弁が作動して、ベルやブザーなどで散水開始を知らせる。

老人ホーム、サウナなど不特定多数の人が使う建築物、高層建築物、大規模建築物、地下街、準地下街、劇場の舞台部などに設置しなければなりません。
② スプリンクラー設備の設置基準を表3-9に示します。

●表3-9　スプリンクラー設備の設置基準

令別表1の項目		防火対象物	一般（延べ面積）	地階・無窓階（床面積）	4～10階（床面積）	階数が11階以上のもの（地階を除く階数）	11階以上の階
(1)	イ	劇場グループ	平屋建以外 6,000㎡以上 ※1	1,000㎡以上 ※2	1,500㎡以上 ※2	全部	全部
	ロ	集会場グループ					
(2)	イ	キャバレーグループ	平屋建以外 6,000㎡以上		1,000㎡以上		
	ロ	遊技場グループ					
	ハ	性風俗関連特殊営業店舗グループ					
	ニ	カラオケボックスグループ					
(3)	イ	料理店グループ	平屋建以外 6,000㎡以上	1,000㎡以上	1,500㎡以上		
	ロ	飲食店					
(4)		百貨店グループ	平屋建以外 3,000㎡以上		1,000㎡以上		
(5)	イ	旅館グループ	平屋建以外 6,000㎡以上		1,500㎡以上		
	ロ	共同住宅グループ					
(6)	イ	病院グループ ★	全部または平屋建以外3,000㎡か6,000㎡以上 ※3	全部または1,000㎡以上	全部または1,500㎡以上	全部	
	ロ	老人短期入所施設グループ★	全部または275㎡以上 ※4				
	ハ	老人デイサービスセンターグループ	平屋建以外 6,000㎡以上	1,000㎡以上	1,500㎡以上		
	ニ	特殊学校グループ					
(7)		学校グループ					
(8)		図書館グループ					
(9)	イ	蒸気浴場グループ	平屋建以外 6,000㎡以上	1,000㎡以上	1,500㎡以上	全部	
	ロ	一般浴場					
(10)		車両停車場グループ					
(11)		神社グループ					
(12)	イ	工場グループ					
	ロ	スタジオグループ					
(13)	イ	車庫グループ					
	ロ	特殊格納庫					
(14)		倉庫	ラック式倉庫　天井高>10m、かつ延べ面積≧700㎡(1,400㎡)、(2,100㎡)以上 ※5				
(15)		前各項以外					
(16)	イ	特定用途の存する複合用途	※6	※7	※8	全部	
	ロ	イ以外の複合用途					
(16の2)		地下街 ★1	1,000㎡以上 ※9				全部
(16の3)		準地下街	1,000㎡以上かつ※10				
(17)		文化財					
(18)		アーケード					
指定可燃物（可燃性液体類にかかるものを除く）の貯蔵・取扱所			指定可燃物数量が危令別表4の数量の1,000倍以上のもの				

> **ミニ知識**　次ページには比較的重要な表3-9の注釈が掲げられている。

☐の部分は設置すべき条件、☐は必要なしを表す。

※1 舞台部の床面積が500㎡以上の場合は、延べ面積に関係なく舞台部に必要である。〔舞台部とは舞台とこれに接続して設けられた大道具室や小道具室をいう。（令12条1項一号）〕
※2 舞台部の床面積が300㎡以上の場合は、延べ面積に関係なく舞台部に必要である。
※3 平屋建以外の防火対象物で、スプリンクラー代替区画部分以外の部分の床面積の合計が、病院で3,000㎡以上、診療所または助産所で6,000㎡以上の場合は必要である。
※4 （6）項ロの建築物の用途によって、（6）項ロの「一般」「地階・無窓階」「4～10階」は次のように定められる。ただし、総務省令で定める介助がなければ避難できない者を主として入所させるものにあたっては、全部とする。
　　（1）老人短期入所施設　：全部
　　（2）救護施設　　　　　：275㎡以上
　　（3）乳児院　　　　　　：全部
　　（4）障害児入所施設　　：275㎡以上
　　（5）障害児支援施設　　：275㎡以上
なお、上記の規定については、平成27年4月1日の施行の際、現に存するもの並びに現に新築、増築、改築、移転、修繕、模様替えの工事中のものについては、平成30年3月31日までの間は従前の例による。また上記の(2)、(4)、(5)において、介助がなければ避難できない者として総務省令で定めるもの（規則12の3）を主として入所させるもの以外にあっては、延べ面積275㎡以上の場合、必要とする。
※5 （ ）内の数字は、耐火構造の建築物または内装制限をした主要構造部を準耐火構造とした（または同等の準耐火性能のある）建築物に適用する。〔 〕内の数字は、耐火構造で内装制限をした建築物に適用する。
※6 令別表1（1）～（4）項、（5）項イ、（6）項、（9）項イの用途の部分（スプリンクラー代替区画部分を除く）の床面積が3,000㎡以上の場合は（その用途のある階は他の用途の部分も含め、その階すべてに必要である）。
※7 令別表1（1）～（4）項、（5）項イ、（6）項、（9）項イの用途の部分がある階で、その用途の部分（スプリンクラー代替区画部分を除く）の床面積が1,000㎡以上の場合は必要である。
※8 令別表1（1）、（3）項、（5）項イ、（6）項、（9）項イの用途の部分がある階で、その用途の部分（スプリンクラー代替区画部分を除く）の床面積が1,500㎡以上の場合は必要である（ただし令別表1（2）項、（4）項については、1,000㎡以上の場合は必要である）。
※9 地下街の延べ面積には、地下道に面した店舗、事務所などの床面積のみならず、地下道の面積も合計したものをいう。
※10 法別表（1）～（4）項、（5）項イ、（6）項、（9）項イの用途の部分の床面積が500㎡以上の場合は必要である。
★ （6）項イの病院グループの「一般」「地階・無窓階」「4～10階」の項は次のようになる。

令別表1の項目	防火対象物	一般	地階・無窓階	4～10階
(6)	イ（病院グループ）	①避難のために患者の介助が必要な病院	全部　★2		
		②避難のために患者の介助が必要な有床診療所	全部		
		③病院（①を除く）、有床診療所（②を除く）、有床助産所	平屋建て以外 3,000㎡以上　★2	1,000㎡以上	1,500㎡以上
		④無床診療所、無床助産所	平屋建て以外 6,000㎡以上	1,000㎡以上	1,500㎡以上

★1 地下街に置いて上記の表にある（6）項イの①または②の用途部分については、平成28年4月1日の施行の際に、現に存するもの並びに現に新築、増築、改築、移転、修繕、模様替えの工事中のものについては、平成37年6月30日までの間は従前の例による。
★2 平成28年4月1日の施行の際に、現に存するもの並びに現に新築、増築、改築、移転、修繕、模様替えの工事中のものについては、平成37年6月30日までの間は従前の例による。

Point！ スプリンクラー設備は初期消火に有効

スプリンクラー設備は、火災発生を早期に発見し、かつ自動的に消火するので、初期消火にはきわめて有効です。また、消火（初期消火）の成功率が高く、信頼性の高い消火設備です。

ミニ知識 建築基準法上、スプリンクラー設備などの自動式消火設備の効用を認めて、防火区画の緩和（スプリンクラー設備などを設置した場合の区画面積の緩和、建基令112条1項）と内装制限の緩和（スプリンクラー設備などと排煙設備の両方を設置した場合の内装制限の適用除外、建基令129条7項）の規定がある。

7 スプリンクラー設備の緩和規定

スプリンクラー設備の緩和規定には、「スプリンクラー設備の免除される部分」「スプリンクラーヘッドの設置を必要としない部分」「スプリンクラー代替区画」がある。

1 「スプリンクラー設備の免除される部分」と「スプリンクラーヘッドの設置を必要としない部分」の違い

① スプリンクラー設備が必要な建築物であっても、「スプリンクラー設備の免除される部分」については、スプリンクラー設備は不要です。
② それに対して、「スプリンクラーヘッドの設置を必要としない部分」については、ヘッドの設置は必要としないが、スプリンクラー設備自体の設置が免除されているわけではないので、屋内消火栓または補助消火栓で補完しなければなりません。

2 スプリンクラー設備の免除される部分

スプリンクラー設備の免除される部分を表3-10に示します。

●表3-10 スプリンクラー設備の免除される部分

①	水噴霧、泡、不活性ガス、ハロゲン化物、粉末の各消火設備の有効範囲内の部分
②	防火対象物の10階以下の部分にある開口部で、防火設備(防火戸など総務省令で定めるものに限る)が設けられているもの
③	耐火構造の床や壁で区画され、スプリンクラー代替区画に適合している場合は令別表1の(2)項、(4)項、(5)項ロの用途がない限り、その区画内は免除される。ただし、地階、無窓階は除く
④	パッケージ型自動消火設備を代替として設置した場合

3 スプリンクラーヘッドの設置を必要としない部分(規則13条など)

スプリンクラーヘッドの設置を必要としない部分を表3-11に示します。

> **ミニ知識** 防火区画された小区画(10階以下の場合200㎡以下、11階以上の場合100㎡以下)に対して、スプリンクラー設備の設置を免除する「スプリンクラー代替区画」については、次の項で説明する。

● 表3-11　スプリンクラーヘッドの設置を必要としない部分

火災の危険の少ない場所	①浴室、便所など ②階段［ただし、避難階段と特別避難階段以外の階段のうち令別表1(2)項、(4)項、(16)項イ｛(2)項、(4)項の用途の部分｝、(16の2)項の防火対象物の場合は必要である］ ③エレベーターの機械室、機械換気設備の機械室など ④複合用途防火対象物で車両などの停車場または発着場のうち、乗降場とこれに通じる階段や通路
二次的な被害を出すおそれのある場所	①通信機器室、電子計算機器室、電子顕微鏡室など ②発電機、変圧器などの電気設備の設置場所 ③手術室、分娩室、麻酔室、重症患者集中治療看護室、器材室、授乳室、レントゲン室、理学療法室、その他関係室など
効果が期待できない場所	①直接外気に開放されている廊下、その他外部の気流が流通する場所 ②エレベーターの昇降路、リネンシュート、パイプダクトなど ③劇場など（固定式のいす席部分）でスプリンクラーヘッドの取付け高さが8m以上ある場所
スプリンクラー代替区画部分	用途が(2)項または(4)項であるため、スプリンクラーが必要かどうかを判定する場合に、除外することができなかったものも含む［ただし、主要構造部を耐火構造としたものに限り、地階、無窓階には適用できない。また11階以上の(16)項イのうち、10階以下の階で特定用途部分のない階にあっては、防火区画の床面積200㎡を400㎡に緩和してよい］
主要構造部を耐火構造とした（16）項イの複合用途防火対象物	主要構造部を耐火構造とした(16)項イの複合用途防火対象物のうち、特定用途部分から一定構造の防火区画された(5)項ロを除く非特定用途部分（ただし11階以上のもの、地階、無窓階は除く）

Point! パッケージ型自動消火設備による代替

性能規定の導入に伴い、一定の防火対象物またはその部分に限りスプリンクラー設備に代えて、パッケージ型自動消火設備を使うことができます。一定の防火対象物とは、令別表1の(6)項の病院・福祉施設・特殊学校グループと(5)項イの旅館グループなどです。

用語　リネンシュート　ホテルや病院などにおいて、シーツ、枕カバー、テーブルクロス、衣類などの洗濯物を上階から下階に設けた洗濯室に落とすための筒状の装置をいう。

8 スプリンクラー代替区画

スプリンクラー代替区画とは、主要構造部を耐火構造とした防火対象物の階で、一定の構造で区画された部分は、スプリンクラー設備の設置が除外されることをいう。

1 スプリンクラー代替区画の考え方（令12条、規則13条1項）

① 主要構造部を耐火構造とした防火対象物の階で、**防火区画**された部分は、火災の延焼防止に効果があるため、スプリンクラー設備を設置しなくてよい階の部分とされています。

② スプリンクラー代替区画の考え方には、次に示す2種類があります。ただし、(a)と(b)のいずれについても、火災による危険性が大きい**地階と無窓階については適用されません**。

 (a) スプリンクラーヘッドの設置対象部分から除外される場合
 (b) スプリンクラー設備の設置基準面積から代替区画された部分の面積を除外できる場合

③ 令別表1の(2)項のキャバレー・遊技場グループ、(4)項の百貨店グループ、(2)項と(4)項の用途のある(16)項イの複合用途防火対象物は、出火・延焼の危険性や避難の困難などから代替区画をしても、スプリンクラー設備の設置基準面積からは除外されませんが、スプリンクラーヘッドの設置対象部分からは除外することができます。

④ 令別表1の(5)項ロの共同住宅グループと(5)項ロの用途のある(16)項イの複合用途防火対象物は、代替区画をしてもスプリンクラー設備の設置基準面積からは除外されず、またスプリンクラーヘッドの設置対象部分からも除外することができません。

2 スプリンクラー代替区画の区画対象や区画条件

① スプリンクラー代替区画の区画対象や区画条件を表3-12に示します。

② 表3-12のなかで左欄の①～④の条件に当てはまる部分には、一般の居室なども含まれます。この部分については区画の大きさについての制限がありますが、右欄の廊下、通路などには制限はありません。

ミニ知識 スプリンクラー代替区画は、規則13条に規定されているために13条区画ともいう。

● 表3-12 スプリンクラー代替区画

区画条件 ＼ 区画対象部分	耐火構造の壁・床で区画され、下記の①〜④の条件に当てはまる部分	耐火構造の壁・床で区画され、下記の②、④の条件に当てはまる廊下
①区画の大きさ	11階以上の場合≦100㎡ 10階以下の場合≦200㎡	―
②壁・天井の内装制限	難燃材料 ※1	準不燃材料
③区画部分の開口部の大きさ ※2	開口部の面積の合計≦8㎡かつひとつの開口部面積≦4㎡	―
④開口部の構造	(ア)特定防火設備である防火戸(常時閉鎖または随時閉鎖ができ、かつ煙感知器と連動して閉鎖できること。ただし廊下と階段を区画する部分以外は、防火シャッターは認められない)※3 (イ)鉄製網入りガラス戸(ただし、次の条件を満たすこと)※4 ●2方向避難ができる部分の出入口以外の開口部であること ●直接外気に開放されている廊下、階段などに面していること ●開口部面積の合計が4㎡以下であること (ウ)居室より地上に通じる主な廊下、階段などに設けるものは、直接手で開くことができ、かつ自動閉鎖部分があること。 (エ)大きさは幅75cm以上、高さ1.8m以上、下端の床面からの高さは15cm以下とする。	

(注) ※1 天井のない場合は屋根の室内に面する部分の仕上げとする。また廻り縁、窓台などの部分は除く。
　　※2 外壁の窓などは開口部面積には算入されない。
　　※3 煙感知器には、イオン化式スポット型、光電式スポット型、煙複合式スポット型などがある。
　　※4 鉄製網入りガラス戸には網入りガラス入りアルミサッシ(防火設備である防火戸に当てはまるもの)も含まれる。

ミニ知識 準不燃材料、難燃材料については、1章P.25を参照すること。

図3-21 スプリンクラー代替区画の例

複合用途防火対象物

〔(16)項イで(2)項、(4)項、(5)項ロのないもの、また主要構造部が耐火構造で、かつ無窓階でないもの〕

地上13階建

11階以上はスプリンクラーヘッドを設置するか規則13条1項に適合する防火区画とする

400㎡以下

特定防火対象物の用途がない階

400㎡以下

スプリンクラー設備代替区画 400㎡以下

特定防火対象物の用途がある階

スプリンクラー設備代替区画 200㎡以下

200㎡以下

200㎡以下

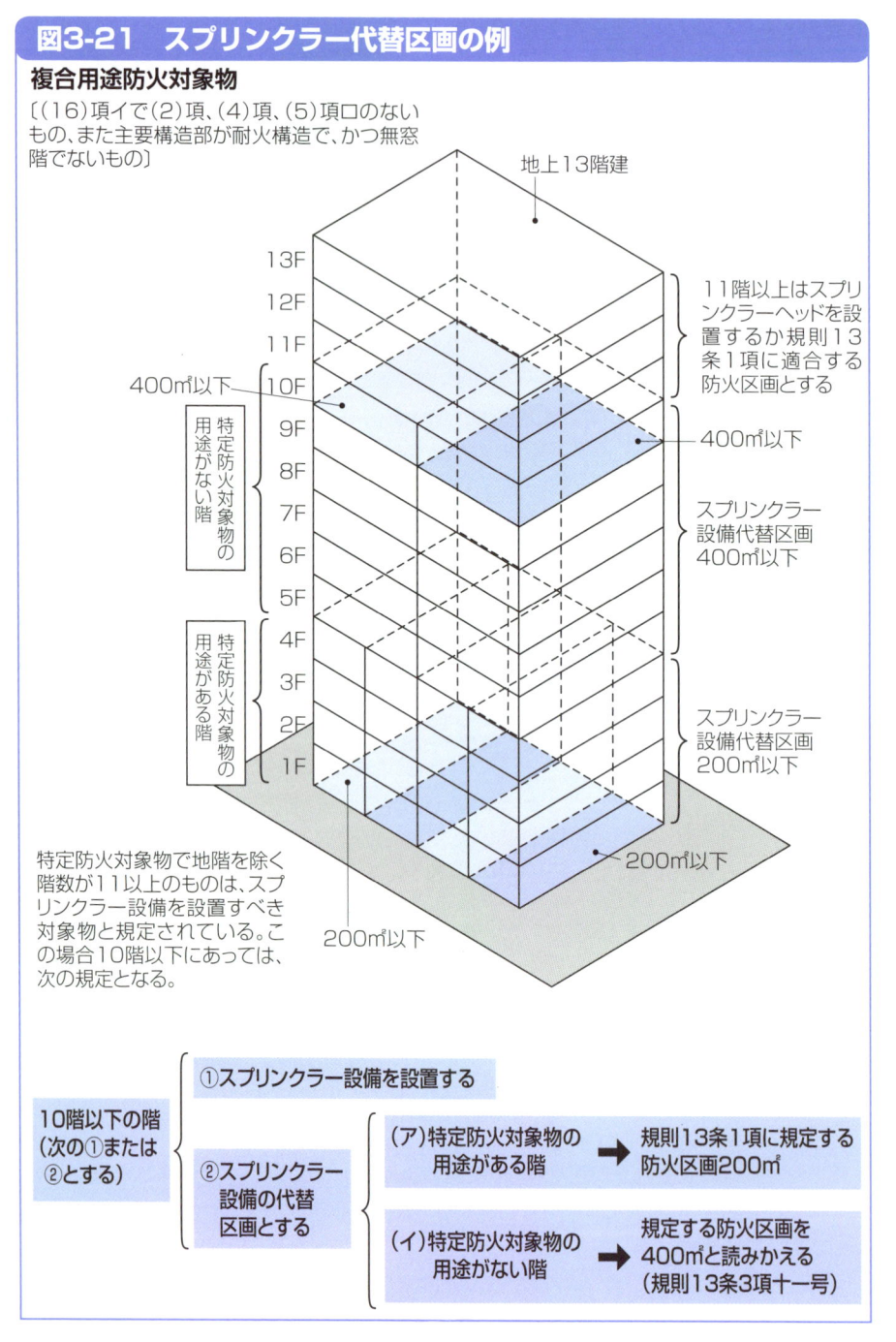

特定防火対象物で地階を除く階数が11以上のものは、スプリンクラー設備を設置すべき対象物と規定されている。この場合10階以下にあっては、次の規定となる。

10階以下の階（次の①または②とする）
- ①スプリンクラー設備を設置する
- ②スプリンクラー設備の代替区画とする
  - (ア)特定防火対象物の用途がある階 → 規則13条1項に規定する防火区画200㎡
  - (イ)特定防火対象物の用途がない階 → 規定する防火区画を400㎡と読みかえる（規則13条3項十一号）

ミニ知識 特定防火対象物については、1章P.12を参照すること。

3 スプリンクラー代替区画の規定が適用されない防火対象物など

① 表3-13に示す防火対象物またはその部分には、スプリンクラー代替区画の規定は適用されません。

●表3-13 スプリンクラー代替区画の規定が適用されない防火対象物とその部分

①	令別表1(2)項のキャバレー・遊技場グループ、(4)項の百貨店グループ、(5)項ロの共同住宅グループ、あるいは(16)項イで(2)項、(4)項、(5)項ロの用途があるもの
②	令別表1(1)項の防火対象物の舞台部
③	地階、無窓階
④	地下街、準地下街
⑤	ラック式倉庫
⑥	指定可燃物(可燃性液体類を除く)の貯蔵、取扱いをする建築物、工作物

② ラック式倉庫とは、棚などを設け、コンピューター操作により作動する昇降機により収納物の搬送を行う装置を備えた無人の倉庫をいいます。ラック式倉庫は、各階の床に相当するものがなく、天井の高さが十数mもあるものがあり、火災時には消防活動が非常に困難となります。ラック式倉庫の例を図3-22に示します。

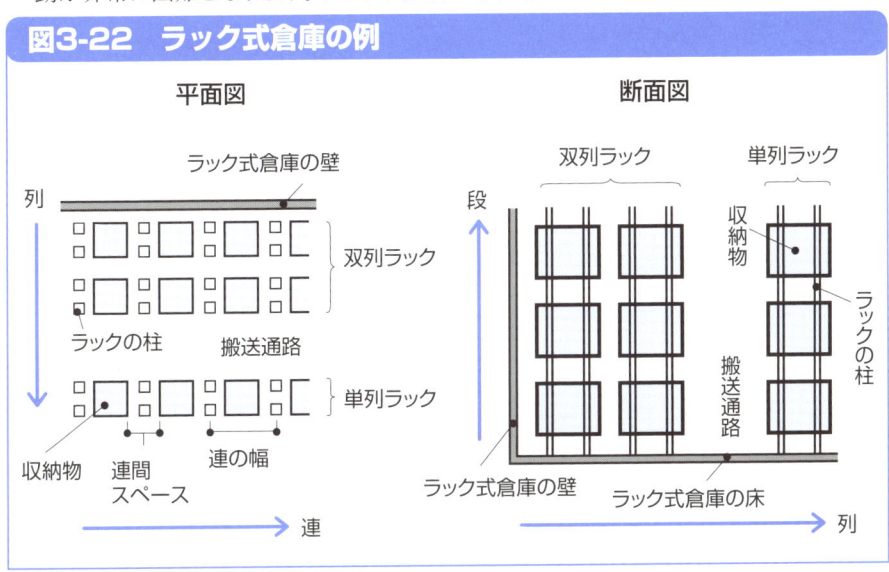

図3-22 ラック式倉庫の例

平面図　　　　　　　　　　断面図

ミニ知識　ラック式倉庫は令別表1の(14)項の倉庫に含まれるが、3章P.92のスプリンクラー設備の設置基準に示すように、ラック式倉庫の天井の高さが10mを超え、かつ延べ面積が700㎡以上のものを対象にしている。

9 スプリンクラー設備の種類

スプリンクラー設備には、感熱体（グラスバルブやヒュージブルリンク）をもつ閉鎖型スプリンクラー設備と感熱体をもたない開放型スプリンクラー設備がある。

1 閉鎖型スプリンクラー設備

① 閉鎖型スプリンクラー設備は、水の出口がつねに閉じられている**閉鎖型スプリンクラーヘッド**を使うものです。
② 閉鎖型スプリンクラー設備には、次に示す**湿式、乾式、予作動式**があり、**一般によく使われるのは湿式のスプリンクラー設備**です。
 (a) 湿式は、ヘッドまで加圧された水が充満し、熱を感知してからすぐに散水できるので、**一般のビル**に多く使われます。
 (b) 乾式は、凍結のおそれのある**寒冷地の工場**などに使われます。
 (c) 予作動式は、**病院、共同住宅、重要文化財建造物、コンピューター室、通信機械室、防災センターなど**の誤作動による水損事故が多大となる場所に設置されます。予作動式スプリンクラー設備の配管システムは、乾式スプリンクラー設備と同じですが、火災感知器と連動するところが異なり、スプリンクラーヘッドと火災感知器の両方が作動しない限り散水されません。

●表3-14　閉鎖型スプリンクラー設備の種類

湿式	スプリンクラーヘッドまでの配管内に加圧された水が充満して、火災時に熱を感知してスプリンクラーヘッドの感熱体が破壊され、開放された水が自動的に散水される方式。この水の流れを感知して、加圧送水装置のポンプが起動する。ヘッドまで加圧された水が充満し、熱を感知してからすぐに散水できるので、一般のビルに多く使われる。
乾式	常時配管内に水の代わりに圧縮空気が充填され、ヘッドが開放されると、まず空気が放出され、乾式弁が水圧によって開かれることにより配管内に水が充満して散水する方式。凍結のおそれのある寒冷地の工場などに使われる。
予作動式	常時圧縮空気を充填しておき、スプリンクラーヘッドの他に火災感知器を設け、火災時にはその感知で予作動弁を開放し、配管内に水を送り、さらに火熱によるスプリンクラーヘッドの感熱体の作動により散水する方式。病院、共同住宅、重要文化財建造物、コンピューター室、通信機械室、防災センターなどの誤作動による水損事故が多大となる場所に設置される。

ミニ知識　乾式の圧縮空気の代わりに不凍液を使う場合もある。

2 開放型スプリンクラー設備

① 開放型スプリンクラー設備は、水の出口がつねに開いている**開放型スプリンクラーヘッド**を使うものです。
② 開放型スプリンクラー設備は、**劇場の舞台**など天井の高い場所に使われます。天井が高い場所では、閉鎖型では感熱体が破壊されて散水が始まるまでに時間がかかるので、感熱体のない開放型スプリンクラーヘッドを使い、火災感知器と連動して作動するか、または手動により一斉開放弁を開いて、全部のスプリンクラーヘッドから一斉に散水します（**一斉散水式**）。
③ 開放型スプリンクラー設備の配管内は、乾式のような圧縮空気が密閉されているものではなく、外部の空気が侵入しているために、配管内は大気圧になっています。

●表3-15 スプリンクラー設備の種類と特徴など

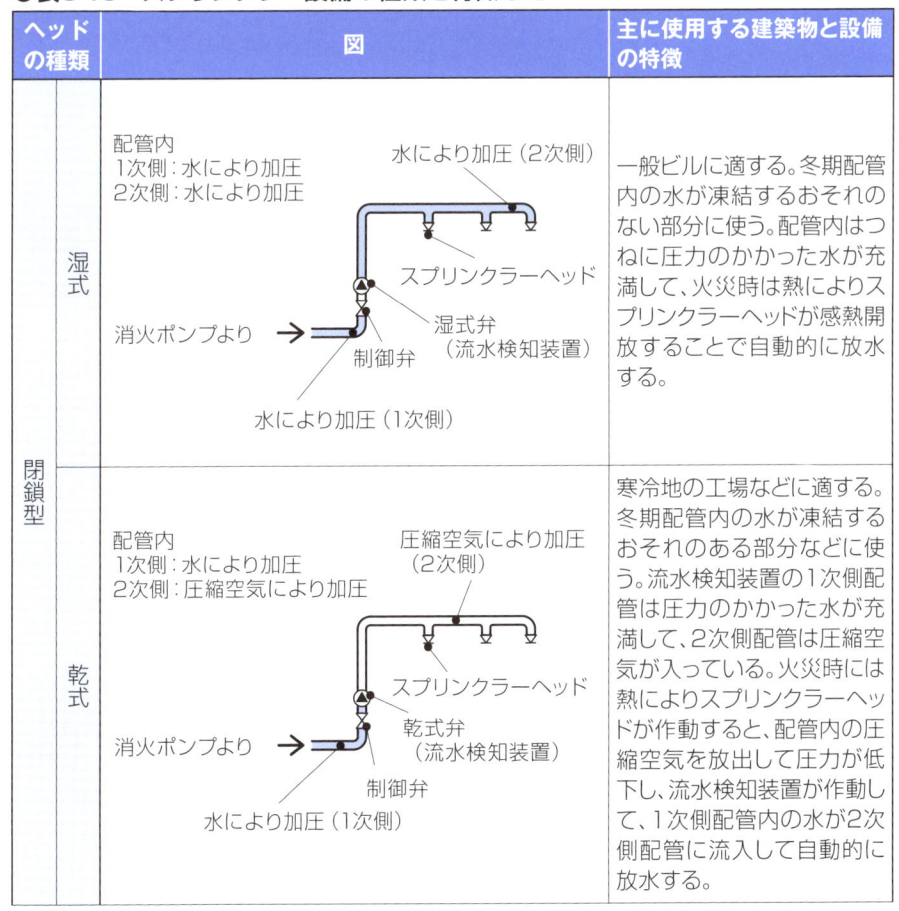

ヘッドの種類		図	主に使用する建築物と設備の特徴
閉鎖型	湿式	配管内 1次側：水により加圧 2次側：水により加圧 水により加圧（2次側） スプリンクラーヘッド 消火ポンプより→ 湿式弁（流水検知装置） 制御弁 水により加圧（1次側）	一般ビルに適する。冬期配管内の水が凍結するおそれのない部分に使う。配管内はつねに圧力のかかった水が充満して、火災時は熱によりスプリンクラーヘッドが感熱開放することで自動的に放水する。
閉鎖型	乾式	配管内 1次側：水により加圧 2次側：圧縮空気により加圧 圧縮空気により加圧（2次側） スプリンクラーヘッド 消火ポンプより→ 乾式弁（流水検知装置） 制御弁 水により加圧（1次側）	寒冷地の工場などに適する。冬期配管内の水が凍結するおそれのある部分などに使う。流水検知装置の1次側配管は圧力のかかった水が充満して、2次側配管は圧縮空気が入っている。火災時には熱によりスプリンクラーヘッドが作動すると、配管内の圧縮空気を放出して圧力が低下し、流水検知装置が作動して、1次側配管内の水が2次側配管に流入して自動的に放水する。

ミニ知識 閉鎖型・開放型スプリンクラーヘッドについては、3章P.103を参照すること。

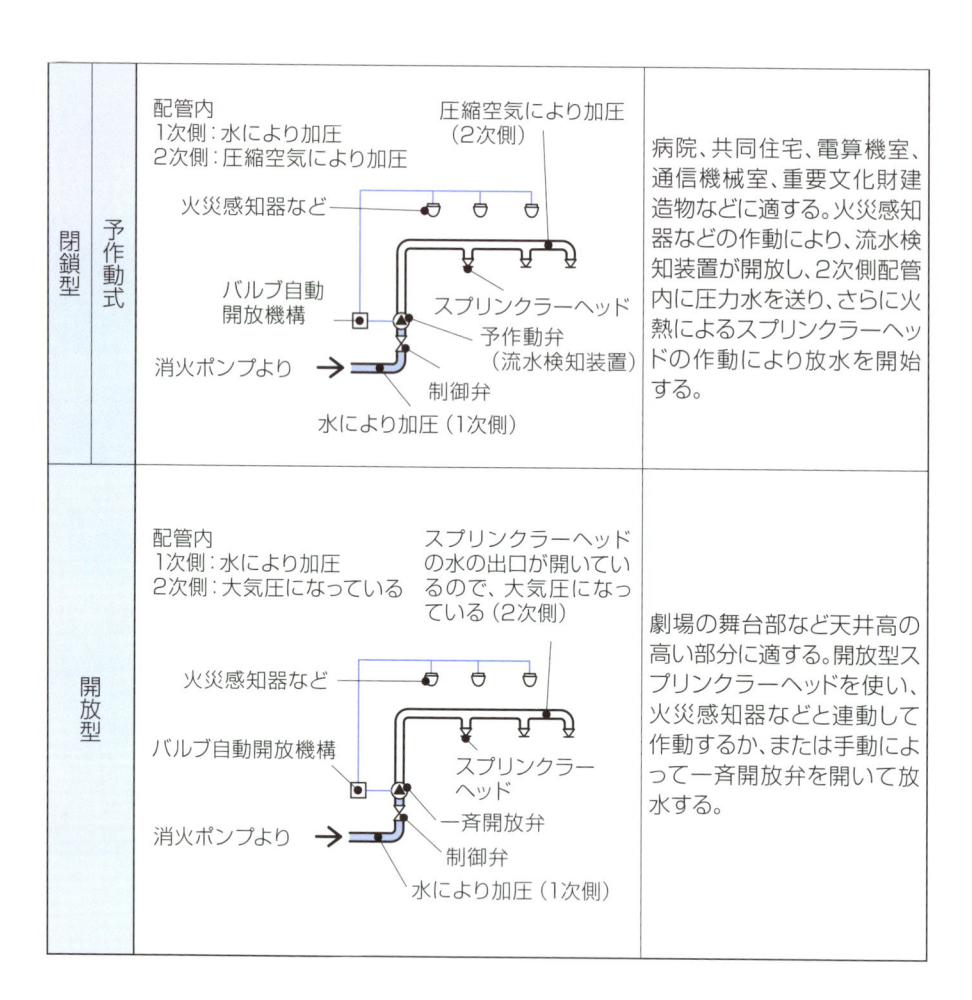

分類		配管・図解説明	説明
閉鎖型	予作動式	配管内 1次側：水により加圧 2次側：圧縮空気により加圧 火災感知器など／圧縮空気により加圧（2次側）／バルブ自動開放機構／スプリンクラーヘッド／予作動弁（流水検知装置）／制御弁／水により加圧（1次側）／消火ポンプより	病院、共同住宅、電算機室、通信機械室、重要文化財建造物などに適する。火災感知器などの作動により、流水検知装置が開放し、2次側配管内に圧力水を送り、さらに火熱によるスプリンクラーヘッドの作動により放水を開始する。
開放型		配管内 1次側：水により加圧 2次側：大気圧になっている 火災感知器など／スプリンクラーヘッドの水の出口が開いているので、大気圧になっている（2次側）／バルブ自動開放機構／スプリンクラーヘッド／一斉開放弁／制御弁／水により加圧（1次側）／消火ポンプより	劇場の舞台部など天井高の高い部分に適する。開放型スプリンクラーヘッドを使い、火災感知器などと連動して作動するか、または手動によって一斉開放弁を開いて放水する。

Point! なぜ劇場の舞台には開放型スプリンクラー設備を使う？

　劇場の舞台は天井が高いため、室内気流の関係で火災の熱が真上に上る場合が少なく、天井面における熱の集積が遅くなります。したがって、ヘッドが感熱して自動散水するまでに時間がかかり、消火が困難となります。また、舞台のどんちょうに火が付くと燃焼速度が速くなり、消火が困難になります。このような理由から、劇場の舞台については、火災感知器と連動して作動するか、または手動により一斉に散水して消火する方式である開放型スプリンクラー設備としなければなりません。

ミニ知識　予作動式や開放型は、上の図に示すように火災感知器などと連動するシステムになっている。

10 スプリンクラーヘッドの種類と構造など

スプリンクラーヘッドは放水口から出た水をデフレクターという散水板に当て、四方に散水させるもので、スプリンクラー設備の中核をなす機器である。

1 スプリンクラーヘッドの種類

スプリンクラーヘッドは設置する場所、放水方法、放水性能などにより、図3-23に示す種類があります。

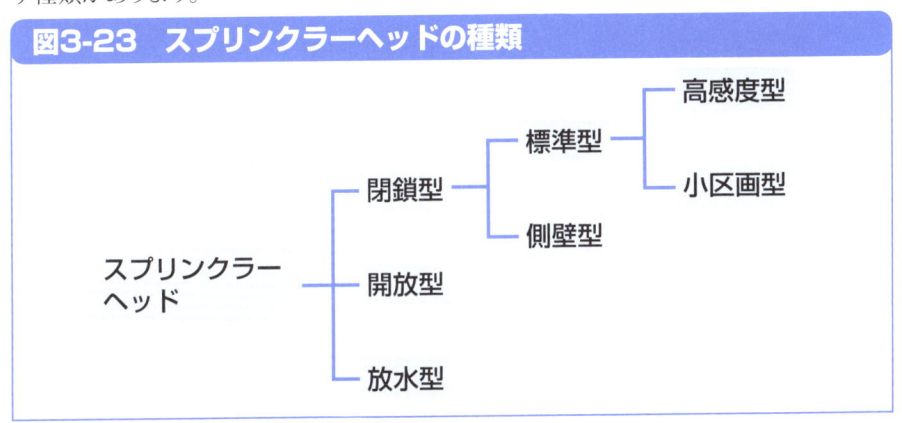

図3-23　スプリンクラーヘッドの種類

```
                              ┌─ 高感度型
                    ┌─ 標準型 ─┤
          ┌─ 閉鎖型 ─┤        └─ 小区画型
          │         └─ 側壁型
スプリンクラー ─┤
ヘッド     ├─ 開放型
          │
          └─ 放水型
```

2 スプリンクラーヘッドの特徴と設置対象場所

① 各種のスプリンクラーヘッドの特徴と設置対象場所を表3-16に示します。

●表3-16　スプリンクラーヘッドの特徴と設置対象場所

種類		特徴・性能	設置対象場所
閉鎖型	標準型	感度種別が1種、または有効散水半径が2.3m以上、放水量が80ℓ/分以上のもの。加圧された水をスプリンクラーヘッドの軸心を中心とした円上に均一に分散する。	●一般の防火対象物 ●地下街、準地下街 ●ラック式倉庫 ●指定可燃物の貯蔵、取扱所
	高感度型	上記の標準型のうち、感度種別が1種、かつ有効散水半径が2.6m以上、放水量が80ℓ/分以上のもの。火災を早期に感知し、広範囲に散水できる。	●一般の防火対象物 ●地下街、準地下街 ●指定可燃物の貯蔵、取扱所

ミニ知識　スプリンクラーヘッドは、ヘッドと略称されることがある。

		特徴・性能	設置場所
閉鎖型	小区画型	感度種別が1種、かつ放水量が50ℓ/分以上のもの。放水量は標準型より少ないが、散水角度が大きく、壁面にも散水効果がある。	令別表1(5)項の旅館・共同住宅グループ、(6)項の病院・福祉施設・特殊学校グループ、(16)項の複合用途防火対象物のうち、(5)項と(6)項の用途部分で、宿泊室、病室など(談話室、娯楽室、居間、寝室、共用室、休憩室、面会室、休養室)
	側壁型	感度種別が1種、かつ放水量が80ℓ/分以上のもの。加圧された水をヘッドの軸心を中心として、半円上に均一に分散する。	令別表1(5)項の旅館・共同住宅グループ、(6)項の病院・福祉施設・特殊学校グループ、(16)項の複合用途防火対象物のうち、(5)項と(6)項の用途部分で、宿泊室、病室、廊下・通路など(ロビー、フロント)
開放型		感熱体がなく、放水量が80ℓ/分以上のもの。水の出る部分がつねに開いている。一般に乾式配管に設置する。	劇場の舞台部
放水型		平成8年の法令改正により新たに定められたもので、天井の高いものに適している。スプリンクラーヘッドには固定式と可動式の2種類があり、それぞれに大型と小型がある。 ●固定式：放水スプリンクラーヘッドなどの放水範囲が固定されているもの ●可動式：放水スプリンクラーヘッドなどの制御部を制御して放水範囲を変えることができるもの ●大型ヘッドの有効放水範囲は20㎡以上、散水密度は1㎡あたり10ℓ/分以上 ●小型ヘッドの有効放水範囲は20㎡以上、散水密度は1㎡あたり5ℓ/分以上	●一般の防火対象物で、天井高が10mを超える部分 ●令別表1(4)項の百貨店グループ、(16)項の複合用途防火対象物のうち、(4)項の用途部分で、天井高が6mを超える部分 ●地下街で、店舗の天井高が6mを超える部分、地下道で天井高が10mを超える部分 ●準地下街で、天井高が6mを超える部分

② 表3-16の特徴・性能の欄にある**感度種別には1種と2種があり、1種は2種より感知時間が早い**といえます。

③ 種別の異なるスプリンクラーヘッド（感度種別、放水量）は、同一階の同一区画内に設置してはなりません。

用語 感度種別　スプリンクラーヘッドを感知するまでの時間の違いにより区分したものをいう。

3 スプリンクラーヘッドの構造

スプリンクラーヘッドは、**火災感熱体部分とノズル、デフレクター**により構成されています。

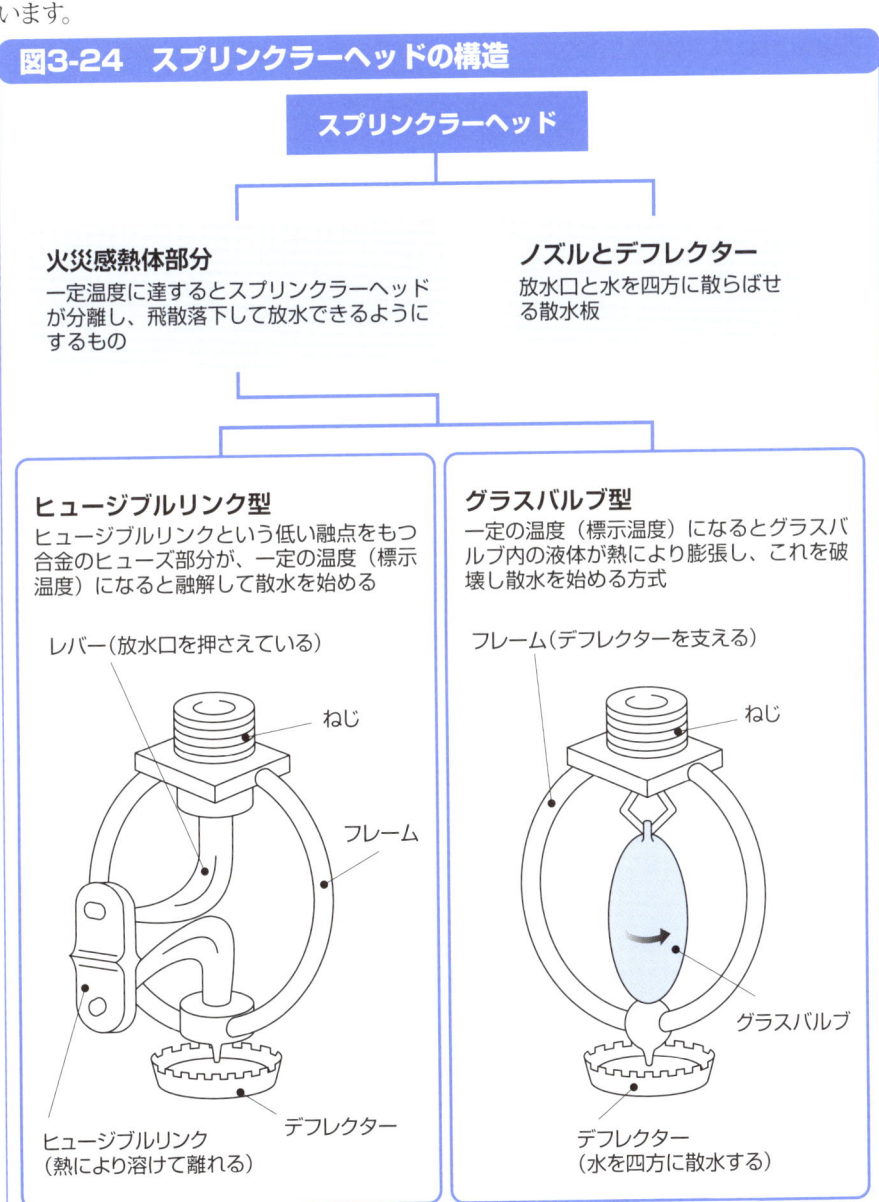

図3-24　スプリンクラーヘッドの構造

```
                スプリンクラーヘッド
                ┌──────┴──────┐
         火災感熱体部分        ノズルとデフレクター
    一定温度に達するとスプリンクラーヘッド   放水口と水を四方に散らばせ
    が分離し、飛散落下して放水できるように   る散水板
    するもの
```

ヒュージブルリンク型
ヒュージブルリンクという低い融点をもつ合金のヒューズ部分が、一定の温度（標示温度）になると融解して散水を始める

- レバー（放水口を押さえている）
- ねじ
- フレーム
- ヒュージブルリンク（熱により溶けて離れる）
- デフレクター

グラスバルブ型
一定の温度（標示温度）になるとグラスバルブ内の液体が熱により膨張し、これを破壊し散水を始める方式

- フレーム（デフレクターを支える）
- ねじ
- グラスバルブ
- デフレクター（水を四方に散水する）

ミニ知識　標示温度については、次ページを参照すること。

11 スプリンクラーヘッドの標示温度と配置方法など

標示温度とは、スプリンクラーヘッドが作動する温度として、あらかじめスプリンクラーヘッドに表示された温度のことをいう。

1 標示温度

① スプリンクラーヘッドを取り付ける場所の周囲温度によって、スプリンクラーヘッドの標示温度を選びます。
② スプリンクラーヘッドを取り付ける場合、その場所の最高周囲温度に応じて種類を選ばなければなりません。

●表3-17　スプリンクラーヘッドの標示温度

標示温度	取り付ける場所の最高周囲温度
79℃未満	39℃未満
79℃以上、121℃未満	39℃以上、64℃未満
121℃以上、162℃未満	64℃以上、106℃未満
162℃以上	106℃以上

※閉鎖型スプリンクラーヘッドは、国家検定品目になっていて、標示温度の区分により色別表示がされている。合格品には、製造者名、商標、製造年、標示温度、取付け方法が表示される。

2 スプリンクラーヘッドの半径、間隔など（正方形配置・標準型ヘッドの場合）

スプリンクラーヘッドは、表3-18の数値以下となるように、または図3-25のように一定の間隔で配置し、それぞれの距離を半径とした円で、対象となる部分を覆うようにします。

●表3-18　スプリンクラーヘッドの半径、間隔など

	防火対象物の種類		半径（r）	ヘッドの間隔（a）	ヘッド1個あたりの面積（a^2）
①	舞台部、地下街・準地下街（火気設備を設置する部分）、指定可燃物を貯蔵などする部分		1.7m	2.40m	5.76㎡
②	上記①以外の防火対象物	耐火建築物	2.3m	3.25m	10.56㎡
		耐火建築物以外	2.1m	2.97m	8.82㎡

ミニ知識　スプリンクラーヘッドは、標示温度の±3℃程度で、きわめて正確に作動する。

図3-25 スプリンクラーヘッドの正方形配置

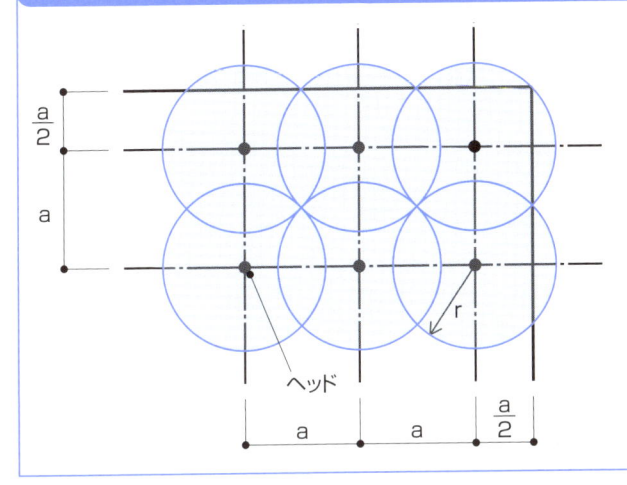

例えば、表3-18の①以外の防火対象物で、耐火建築物のものに、標準型ヘッドを設置する場合は、半径r＝2.3m、ヘッドの間隔a＝3.25mとなる

3 スプリンクラーヘッドの配置方法

① スプリンクラーヘッドは、散水障害や未警戒になる部分をつくらないように配置しなければなりません。
② スプリンクラーヘッドの配置をするときに注意しなければならない事項を、図3-26に示します。

図3-26 スプリンクラーヘッドの配置をするときの注意事項

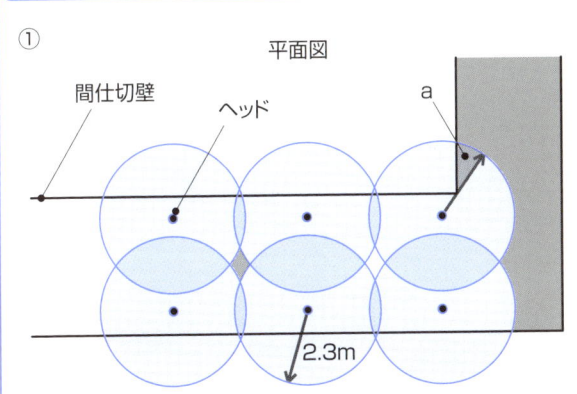

①

● 左図のような散水障害や未警戒になる部分をつくらないこと。

▨ は未警戒などとなる部分を示す。またスプリンクラーヘッドは固定しているので、a部分のように有効半径内にありながら、実際には水のとどかない部分がある。

ミニ知識 耐火建築物におけるヘッドの間隔a＝3.25m以下はよく使うので、覚えておくことをすすめる。

② 断面図
（H=0.4m以下）

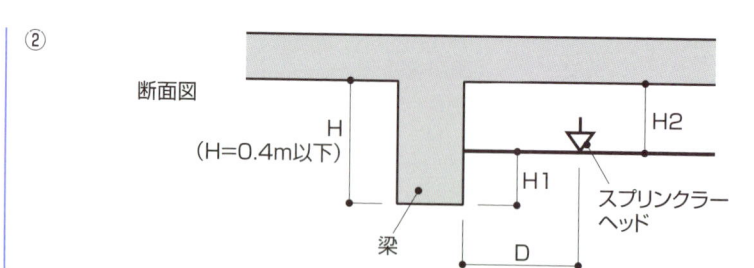

● 梁、垂れ壁などがある場合のH1とDとの関係は右の表による。ただし、他のヘッドにより有効に警戒される場合には、この限りではない。

D	H1	H2
0.75m未満	0m	0.3m以下
0.75m以上1.00m未満	0.1m未満	
1.00m以上1.50m未満	0.15m未満	
1.50m以上	0.3m未満	

③ 断面図

● 取付面から40cm以上の梁などによって区画された部分ごとに取り付けること。ただし、梁などの相互間の中心距離が180cm以下である場合は、取り付ける必要はない。

120cmを超える場合はダクトなどの下面にもヘッドを取り付ける

④ 断面図

● 倉庫などで物品を格納する場合のスプリンクラーヘッド周囲の必要スペースは、デフレクターの下方45cm以上、水平方向30cm以上とすること。

⑤ 断面図

● 傾斜している屋根または天井に取り付ける場合、スプリンクラーヘッドはその取付面に対して、直角になるようにする。

ミニ知識 図3-26の③において、ダクトの幅または奥行が120cmを超える場合は、ダクトなどの下面にもヘッドを取り付けることに留意すること。

③ 標準型ヘッド、小区画型ヘッド、側壁型ヘッドの配置方法を図3-27に示します。

図3-27　スプリンクラーヘッドの配置方法

1. 標準型ヘッド

①格子配置（半径が2.3mの場合）

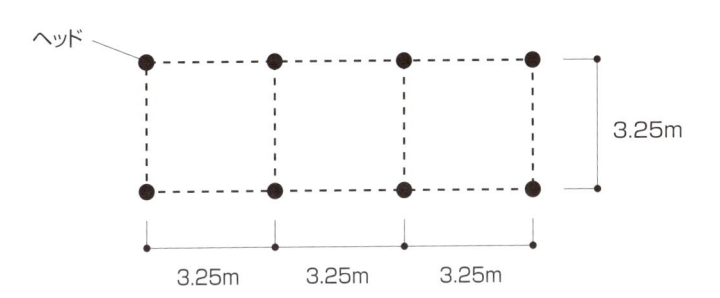

②格子配置（半径が2.3mの場合。正方形の中心にヘッドが入っている）

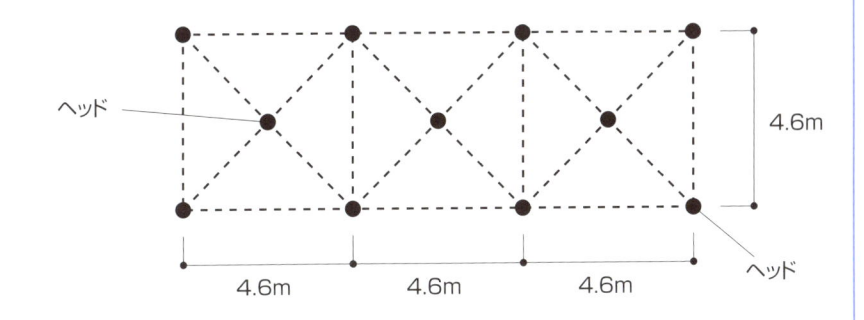

③千鳥配置

　ヘッドの配置は原則として①または②の格子配置（正方形または矩形）とする。
　③の千鳥配置は、単位面積あたりの散水量が少なくなるので、余裕をもって配置する必要がある。

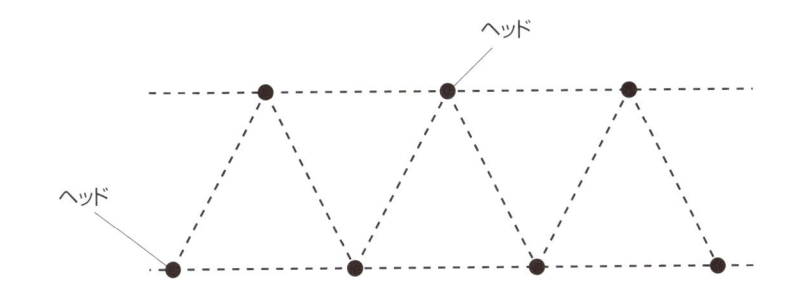

ミニ知識　小区画型ヘッドにおいて、ヘッドが有効に機能するために、図3-27の2.に示すように、ヘッド下に何も設けられない部分がある。

2. 小区画型ヘッド

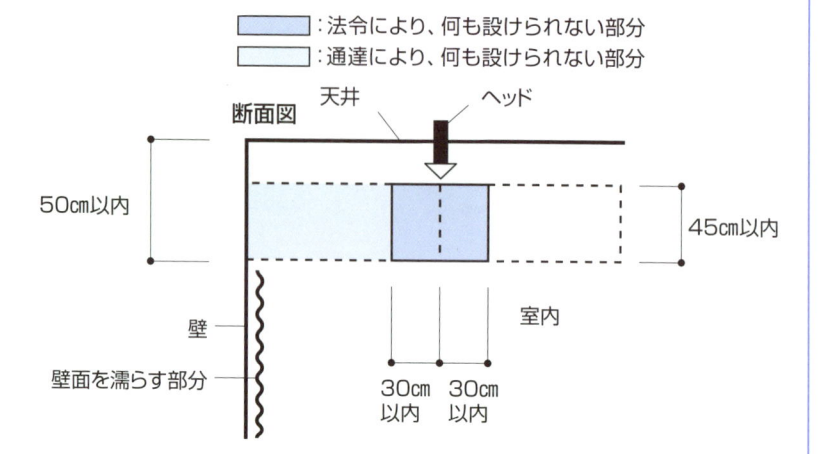

■ ：法令により、何も設けられない部分
□ ：通達により、何も設けられない部分

断面図

天井　ヘッド

50cm以内

45cm以内

壁

壁面を濡らす部分

室内

30cm以内　30cm以内

同一の宿泊室などに2つ以上のヘッドを設ける場合、次の3つの要件を満たすこと
- ヘッドの相互間の距離は3mを超えること
- ヘッドのデフレクター下方45cm以内、水平距離30cm以内の範囲には、何も設けられていないこと
- 壁を濡らすため、水平方向には壁面まで何も設けられていないこと

3. 側壁型ヘッド

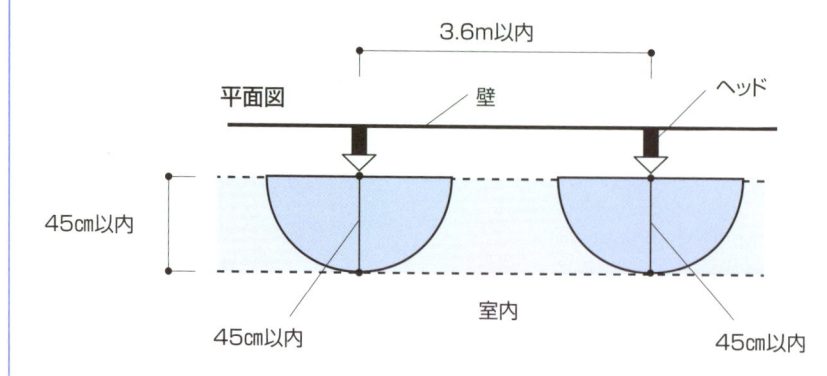

■ ：法令により、何も設けられない部分
□ ：通達により、何も設けられない部分

3.6m以内

平面図　壁　ヘッド

45cm以内

室内

45cm以内　45cm以内

ヘッドのデフレクター前方45cm以内、水平距離45cm以内の範囲には、何も設けられていないこと

> **ミニ知識**　側壁型ヘッドにおいて、ヘッドが有効に機能するために、図3-27の3.に示すように、ヘッドの前方に何も設けられない部分がある。

12 特殊な消火設備の消火の原理と適応火災

特殊な消火設備は5種類あるが、それぞれが適応する火災の種類（普通火災、油火災、電気火災など）は異なる。

1 特殊な消火設備の種類と適応性（令13〜18条、規則16〜21条）

① 特殊な消火設備はそれぞれ消火剤などが異なるため、消火の原理や適応火災が異なります。
② 特殊な消火設備の消火の原理と適応火災を、表3-19に示します。

●表3-19　特殊な消火設備の消火の原理と適応火災

特殊な消火設備の種類	消火の原理	適応火災
水噴霧消火設備	霧状の水による冷却作用（蒸発作用）と窒息作用	普通火災、油火災、電気火災
泡消火設備	火炎面を泡で覆うことによる窒息作用と泡に含まれる水による冷却作用	普通火災と油火災（電気火災には不適応）
不活性ガス消火設備	酸素濃度を下げることによる窒息作用	油火災と電気火災
ハロゲン化物消火設備	抑制作用と窒息作用	油火災と電気火災
粉末消火設備	抑制作用（消炎効果大）と窒息作用	普通火災、油火災、電気火災、ガス火災

2 特殊な消火設備の設置が義務付けられる防火対象物

　特殊な消火設備の設置が義務付けられる防火対象物は、**飛行機の格納庫、建築物と道路が一体をなすと認められる建築物の道路部分、自動車の修理場・整備場、駐車場、電気設備室、ボイラー室、通信機器室、指定可燃物の貯蔵・取扱所**などです。このなかの防火対象物のうち「道路」とは、車両の交通の用途のものであり、次の①〜④の道路をいいます。
①道路法による道路
②土地区画整理法、都市計画法、都市再開発法などによる道路
③港湾法または道路運送法による道路
④①〜③の他、交通の用途の道路で自動車の通行が可能なもの

> **ミニ知識**　法令上の設置義務により、または任意により、特殊な消火設備を設置した場合は、その有効部分については、屋内消火栓設備、屋外消火栓設備、スプリンクラー設備、動力消防ポンプ設備を設置する必要はない。

3 いろいろな防火対象物に適応する特殊な消火設備

① いろいろな防火対象物に適応する特殊な消火設備を、表3-20に示します。
② 表3-20では、防火対象物に適応する特殊な消火設備をすべて設置するのではなく、適応する特殊な消火設備のいずれかひとつを設置すればよいということです。

●表3-20　いろいろな防火対象物に適応する特殊な消火設備

防火対象物など ＼ 特殊な消火設備の種類	水噴霧消火設備	泡消火設備	不活性ガス消火設備	ハロゲン化物消火設備	粉末消火設備
飛行機の格納庫、発着場	―	○	―	○	○
道路の用途の部分	○	○	○	○	○
自動車の修理または整備の場所	―	○	○	○	○
駐車の用途の場所	○	○	○	○	○
発電機、変圧器などの電気設備室	―	―	○	○	○
鍛造場、ボイラー室、乾燥室などの多量の火気使用部分	―	―	○	○	○
通信機器室	―	―	○	○	○
指定可燃物　綿花類、木毛、かんなくず、ぼろ[※1]、紙くず[※1]、糸類、わら類、再生資源燃料[※1]、合成樹脂類	○	○	○[※2]	―	―
指定可燃物　ぼろ[※1]、紙くず[※1]、石炭、木炭類	○	○	―	―	―
指定可燃物　可燃性固体類、可燃性液体類、合成樹脂類[※1]	○	○	○	○	○
指定可燃物　木材加工品、木くず	○	○	○[※2]	○[※2]	―

備考　○印：適応するもの、―印：不適応のもの
※1：指定条件が限定されている。詳細は令13条1項の表を参照。
※2：全域放出方式のものに限る。

用語　鍛造場（たんぞうじょう）　工具や金属製の型などを使い、材料を圧縮したり打撃したりすることによって、鍛錬、成型を行う作業場をいう。

4 特殊な消火設備に使われる用語

次に示す特殊な消火設備に使われる用語を説明します。なお、これらの用語は後述する3章「消防設備」の13項～22項、26項に使われます。

①**防護対象物**
消火設備によって消火すべき対象物のことで、格納庫であれば飛行機、駐車場であれば自動車、通信機器室であればコンピューターなどをいいます。

②**防護区画**
消火剤を放射して、消火を効率よく行うことができるための一定の密閉した空間をいいます。防護区画は、不燃材料の壁、柱、床、天井（天井がない場合は屋根）によって区画され、開口部には特定防火設備、防火設備、または不燃材料でつくった戸を設置し、その戸には自動閉鎖装置を設置します。

③**防護面積**
防護対象物の外周線で囲まれた部分の面積をいいます。外周線とは防護対象物の最高位の高さの3倍の数値、または1mのうちの大きなほうの数値を、その防護対象物の各部分から水平に延長された線をいいます。

④**防護空間**
防護対象物のすべての部分から60cm離れた部分によって囲まれた空間をいいます。

⑤**有効防護空間**
特殊な消火設備のヘッドから放出する消火剤によって、効果的に消火することができる空間をいいます。

⑥**放射区域**
1個の一斉開放弁によって同時に放射する区域をいいます。

Point! なぜ特殊な消火設備を使うのか？

木や紙などの可燃物が燃える火災に対しては、水を直接放射することで消火します。いわゆる水による冷却消火であり、効果的な消火方法です。しかし、油火災と電気火災に対しては、放水による効果がないだけでなく、逆効果となってしまう場合があります。そこで、特定の火源に対しては特殊な消火設備を使うことで有効に消火をします。

ミニ知識 放射区域は階ごとに設定する。

13 水噴霧消火設備の構成と設置基準

水噴霧消火設備は、水噴霧ヘッドから噴霧された霧状の水が蒸発することによる冷却作用とその蒸気によって酸素を遮断する窒息作用により消火を行う設備である。

1 水噴霧消火設備の消火効果

① 水噴霧ヘッドからの均一で微細な霧状の水は高熱により水蒸気となり、このときの急激な蒸発により熱を奪い冷却することなどにより消火します。
② 水を消火剤として自動的に散水するのはスプリンクラー設備と同様ですが、**霧状に噴霧**するのでスプリンクラー設備の冷却効果よりさらに消火効果が高くなります。

2 霧状の水は消火効果が高い理由

次に示す①～④の理由により、霧状の水は消火効果が高くなり、そのため水噴霧消火設備は一般に**水を使うことが不適当とされている油火災**や**電気火災**が発生するおそれのある**駐車場、危険物の貯蔵・取扱所**などに設置されます。

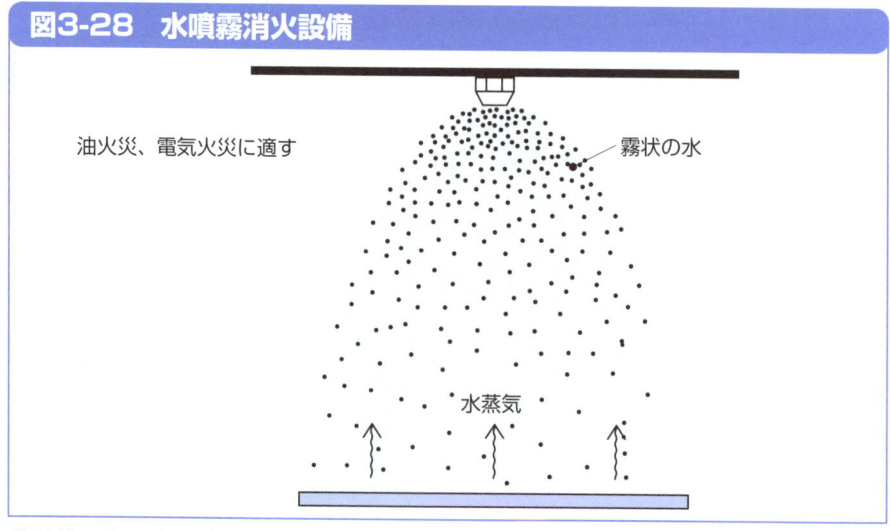

図3-28　水噴霧消火設備

油火災、電気火災に適す　　霧状の水　　水蒸気

①霧状の水は表面積がきわめて大きくなるため、熱を吸収しやすくなり、**水が蒸発することによる冷却作用**が高まります。
②**霧状の水は電気絶縁性が高い**ため、感電の心配がなく、電気火災にも有効です。
③霧状の水は表面積がきわめて大きいため、熱を吸収すると水が水蒸気に状態変化しやすく、水蒸気になるとその体積が急膨張（1,650倍）して大きくなります。この水蒸

ミニ知識　霧状の水は、直径0.02mm～2.5mmの微粒子である。

気が燃焼面を覆うことにより、燃焼物への酸素の供給を遮断する窒息効果が高まります。
④霧状の水は油の表面に**エマルジョン**をつくり、油の蒸発を抑えるので、油火災にも有効です。**エマルジョン効果**により、水噴霧消火設備はLPG・LNG液化ガスタンク、油タンクなどの消火にも使われます。

3 水噴霧消火設備の構成

① 水噴霧消火設備を構成するものは、スプリンクラー設備と同様に、水噴霧ヘッド（噴霧ヘッド）、加圧送水装置（水噴霧用消火ポンプ）、起動装置、一斉開放弁、流水検知装置、水源、配管、非常電源などです。
② 水噴霧消火設備は開放型スプリンクラー設備とほぼ同じ構成ですが、両者の大きく異なる点は次の2点です。
　(a)スプリンクラー設備にはスプリンクラーヘッドが設置され、水噴霧消火設備には水噴霧ヘッドが設置されます。
　(b)スプリンクラー設備には床面に排水設備の設置は必要ありませんが、水噴霧消火設備には**排水設備の設置が必要**になります。これは水噴霧ヘッドより水を噴霧させるには、スプリンクラー設備の場合より放水圧力を高める必要があり、そのためヘッドからの放水量が多くなり、それを排出する排水設備が必要となるからです。

4 水噴霧消火設備の設置基準（令14条）

① 水噴霧消火設備の設置が必要な防火対象物は、表3-21に示すように、スプリンクラー設備や屋内消火栓設備などで消火できない**駐車場・道路関係と指定可燃物の貯蔵・取扱所に限られています。**
② 法的な設置義務はありませんが、危険物施設や危険物施設の電気設備の消火設備としても使われます。

5 水噴霧消火設備の設置免除

①**スプリンクラー設備による代替**
　指定可燃物（可燃性液体類に係るものを除く）を貯蔵し、または取り扱う建築物、工作物にスプリンクラー設備を設置した場合は、その有効範囲内の部分について、水噴霧消火設備を設置しないことができます。
② 表3-21の①に関しては、駐車するすべての車両が同時に屋外に出ることができる構造の階は、水噴霧消火設備を設置しないことができます。

　　　用語　エマルジョン　水と油が混ざることで、油の表面に一時的にできる不燃性の乳化層をいう。

③ 表3-21の③に関しては、道路部分がそれ以外の部分と開口部のない耐火構造の床または壁で区画され、かつ庇などによる延焼防火装置が設置されている場合は、水噴霧消火設備を設置しなくてもよい場合があります。

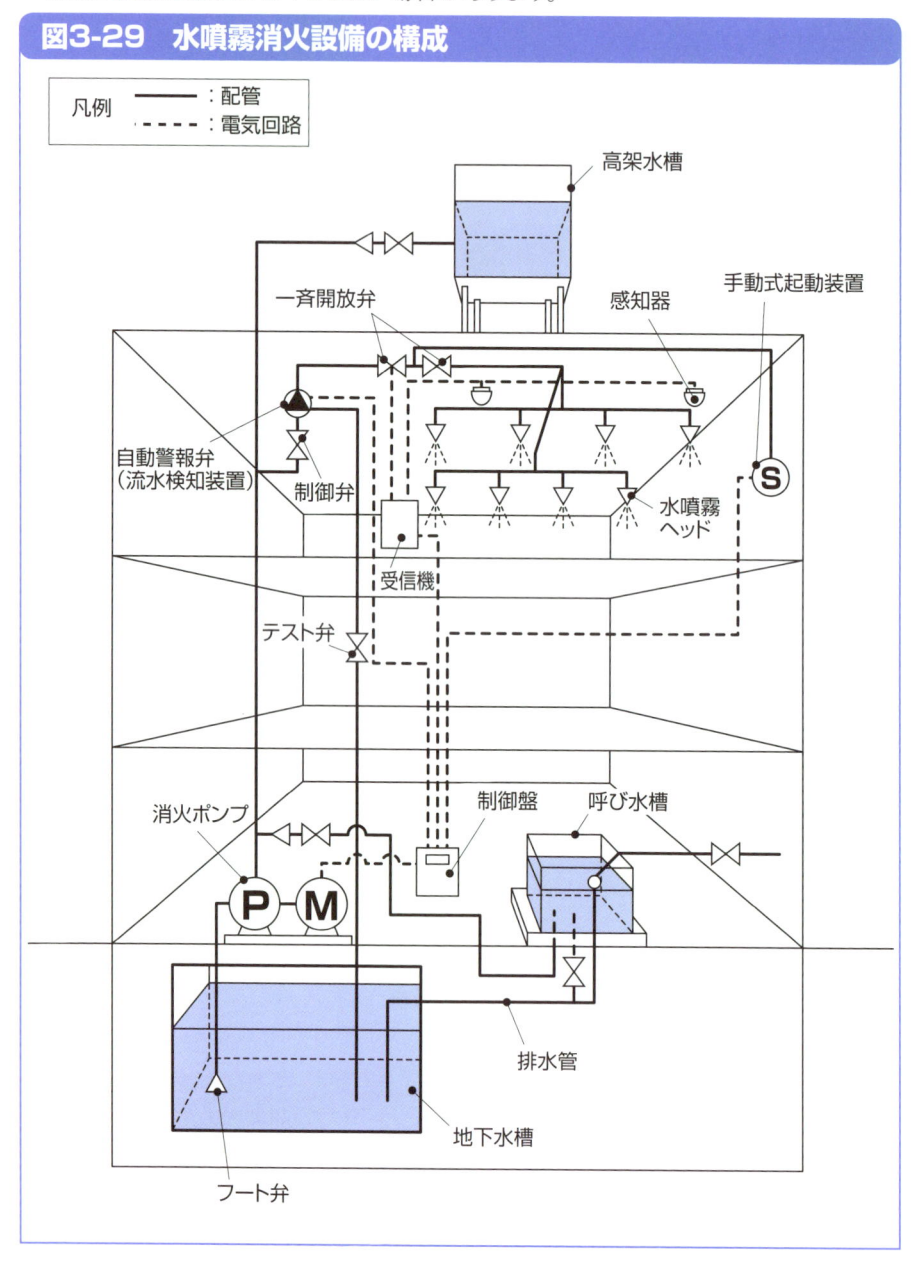

図3-29　水噴霧消火設備の構成

凡例　―――：配管
　　　-----：電気回路

（図中ラベル）高架水槽／一斉開放弁／感知器／手動式起動装置／自動警報弁（流水検知装置）／制御弁／受信機／水噴霧ヘッド／S／テスト弁／消火ポンプ／P／M／制御盤／呼び水槽／排水管／フート弁／地下水槽

用語　エマルジョン効果　エマルジョンが油面を被覆し、油の蒸発を抑えて燃焼を防止する効果のことをいう。

●表3-21 水噴霧消火設備の設置基準

令別表1の項目		防火対象物	下記の条件の場合に設置
(1)	イ	劇場グループ	
	ロ	集会場グループ	
(2)	イ	キャバレーグループ	
	ロ	遊技場グループ	
	ハ	性風俗関連特殊営業店舗グループ	
	ニ	カラオケボックスグループ	
(3)	イ	料理店グループ	
	ロ	飲食店	
(4)		百貨店グループ	①駐車の用途の部分のある階で、その部分の床面積が
(5)	イ	旅館グループ	地階では200㎡以上
	ロ	共同住宅グループ	1階では500㎡以上
(6)	イ	病院グループ	2階以上では200㎡以上 のもの
	ロ	老人短期入所施設グループ	屋上では300㎡以上
	ハ	老人デイサービスセンターグループ	（ただし、駐車するすべての車両が同時に屋外に出ることができる構造の階を除く）
	ニ	特殊学校グループ	
(7)		学校グループ	②昇降機などの機械装置により、車両を駐車させる構造のもので、車両収容台数が10台以上のもの
(8)		図書館グループ	
(9)	イ	蒸気浴場グループ	③道路と建築物とが一体をなすと認められる構造の道路部分につき、その床面積が
	ロ	一般浴場	
(10)		車両停車場グループ	屋上では600㎡以上のもの
(11)		神社グループ	その他では400㎡以上のもの
(12)	イ	工場グループ	
	ロ	スタジオグループ	
(13)	イ	車庫グループ	
	ロ	特殊格納庫	
(14)		倉庫	
(15)		前各項以外	
(16)	イ	特定用途の存する複合用途	
	ロ	イ以外の複合用途	
(16の2)		地下街	
(16の3)		準地下街	
(17)		文化財	
(18)		アーケード	
指定可燃物の貯蔵・取扱所			指定可燃物数量が危令別表4の数量の1,000倍以上のもの

ミニ知識 表3-21の③でいう「道路と建築物が一体をなすと認められる構造の道路部分」というのは、防火対象物内を貫通して設置された道路部分や防火対象物の屋上を利用して設置された道路部分のことをいい、一般の道路のことではない。

14 水噴霧ヘッドと水噴霧消火設備の排水設備など

スプリンクラーヘッドは水を強雨の水滴のように散水するが、水噴霧ヘッドは水を霧雨のように霧状に噴霧する。

1 水噴霧ヘッドの特徴と構造

① 水噴霧ヘッドは、水の直線流またはらせん流を衝突させ、かつ拡散させることによって水を霧状にするものです。
② 水噴霧ヘッドは、スプリンクラーヘッドのように真下の防護対象物に対して直接的に放水し消火するのではなく、一定の空間内を霧状の水で満たして冷却するものです。
③ 水噴霧ヘッドはその構造上、閉鎖型スプリンクラーヘッドのように、自ら火災を検知するための感熱機構をもたないので、必ず別途に火災感知器を設けなければなりません。
④ 水噴霧ヘッドが水を噴霧させる原理を、図3-30に示します。

図3-30 水噴霧ヘッドの構造

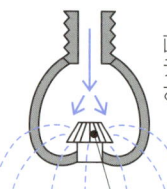

1. デフレクター型
直流の流れを外部にあるデフレクターにあてて拡散させる。

2. らせん流型
直流の流れをヘッド内のらせん状の羽根に衝突させ拡散させる。

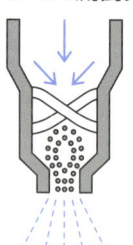

3. らせん流衝突型
直流の流れをヘッド内の渦状の羽根で水流を相互に衝突させ拡散させる。

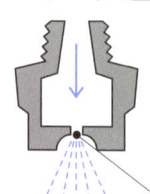

4. オリフィス型
直流の流れをオリフィスを通して霧状にする。

ミニ知識 水噴霧ヘッドは噴霧ヘッドともいう。

2 水噴霧ヘッドの配置

① 道路・駐車場では防護対象物すべての表面をヘッドの有効防護空間内に包含するように、かつ車両周囲の床も防護するようにしなければなりません。
② 指定可燃物の貯蔵・取扱所では、防護対象物すべての表面をヘッドの有効防護空間内に包含するようにしなければなりません。

3 水噴霧ヘッドの放射水量、放射圧力

① 道路・駐車場では、放射圧力は0.35MPa以上で、放射水量は放射区域の床面積1㎡につき**毎分20ℓ以上**とします。
② 指定可燃物の貯蔵・取扱所では、放射圧力は0.25MPa以上で、放射水量は放射区域の床面積1㎡につき**毎分10ℓ以上**とします。

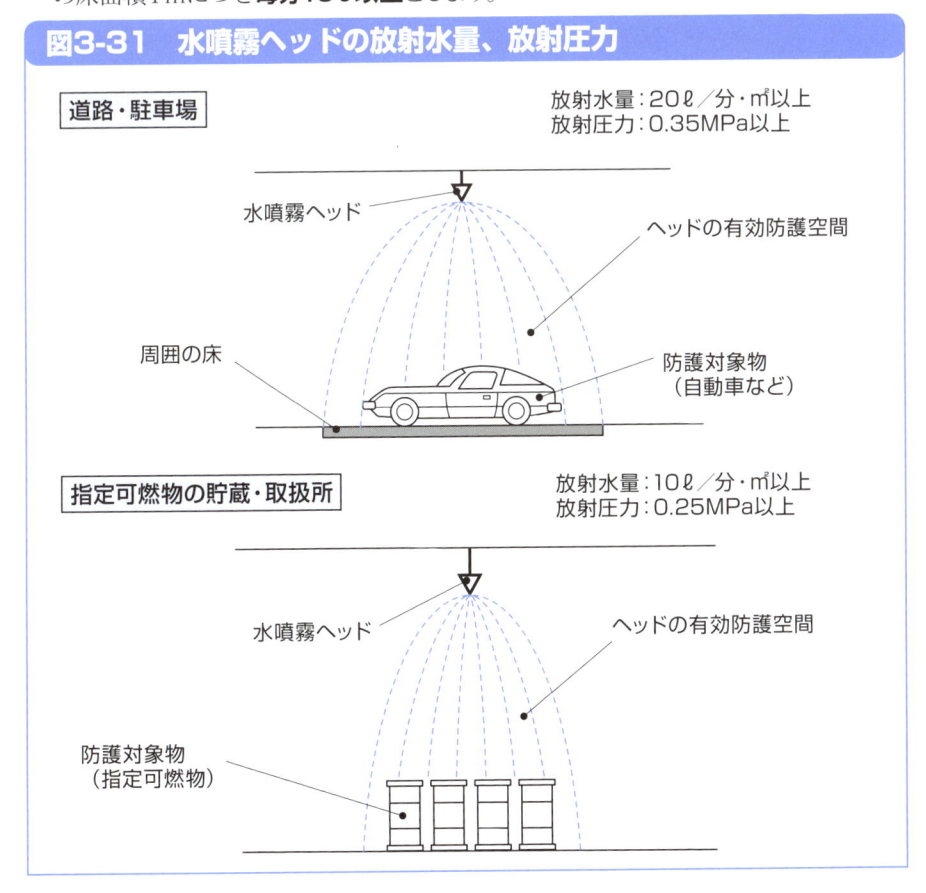

図3-31　水噴霧ヘッドの放射水量、放射圧力

［道路・駐車場］
放射水量：20ℓ／分・㎡以上
放射圧力：0.35MPa以上
- 水噴霧ヘッド
- ヘッドの有効防護空間
- 周囲の床
- 防護対象物（自動車など）

［指定可燃物の貯蔵・取扱所］
放射水量：10ℓ／分・㎡以上
放射圧力：0.25MPa以上
- 水噴霧ヘッド
- ヘッドの有効防護空間
- 防護対象物（指定可燃物）

ミニ知識　水噴霧ヘッドの放射圧力は、水を霧状にするために、一般にスプリンクラーヘッドの放射圧力よりも高くする必要がある。

4 水噴霧ヘッドの水源水量の算定方法

①床面積が50㎡以下の場合
　水源水量＝床面積×1㎡あたりの水量×20分間
②床面積が50㎡を超える場合
　水源水量＝50㎡×1㎡あたりの水量×20分間

5 水噴霧消火設備の起動方法

水噴霧消火設備は起動方法によって、自動式と手動式があります。

図3-32　水噴霧消火設備の起動方法

起動方式
- **自動式**
  自動火災報知設備の感知器の作動、閉鎖型スプリンクラーヘッドの開放のいずれかと連動することにより、加圧送水装置と一斉開放弁が起動するもの。
- **手動式**
  直接または遠隔の操作をすることにより、加圧送水装置と一斉開放弁が起動するもの。

6 排水設備

① 水噴霧消火設備の放射水量が多いために、水噴霧消火設備には加圧送水装置（水噴霧用消火ポンプ）の最大能力の水量を有効に排出できる**排水設備を設置**しなければなりません。
② 次の(a)～(e)に、駐車場で水噴霧消火設備を設置する場合の排水設備の規定を示します。
　(a) 車路の中央または両側に排水溝を設置し、床面の勾配は排水溝に向かって100分の2以上とします。
　(b) 周囲に高さ10cm以上の区域境界堤を設置します。
　(c) 排水溝は40m以内に1個の集水管を設置し、消火ピットに連結します。
　(d) 消火ピットは、火災の危険のおそれの少ない場所に設置します。
　(e) 排水溝、集水管は加圧送水装置の最大能力の水量を有効に排水できる大きさ、勾配とします。

> **ミニ知識**　消火ピットは、油分離装置付きとする。

図3-33　水噴霧消火設備の排水設備の規定

（40m以内に1個の集水管を設置し、消火ピットに連結する）

- 排水溝
- 勾配 2/100以上
- 10cm以上
- 区画境界線
- 区画境界堤

消火ピットの構造

- 改め口
- 隔壁
- 下水管
- 水
- 集水管
- 水とガソリンなどが混合したもの
- 消火ピット（油分離装置付き）
- 水のみ通る

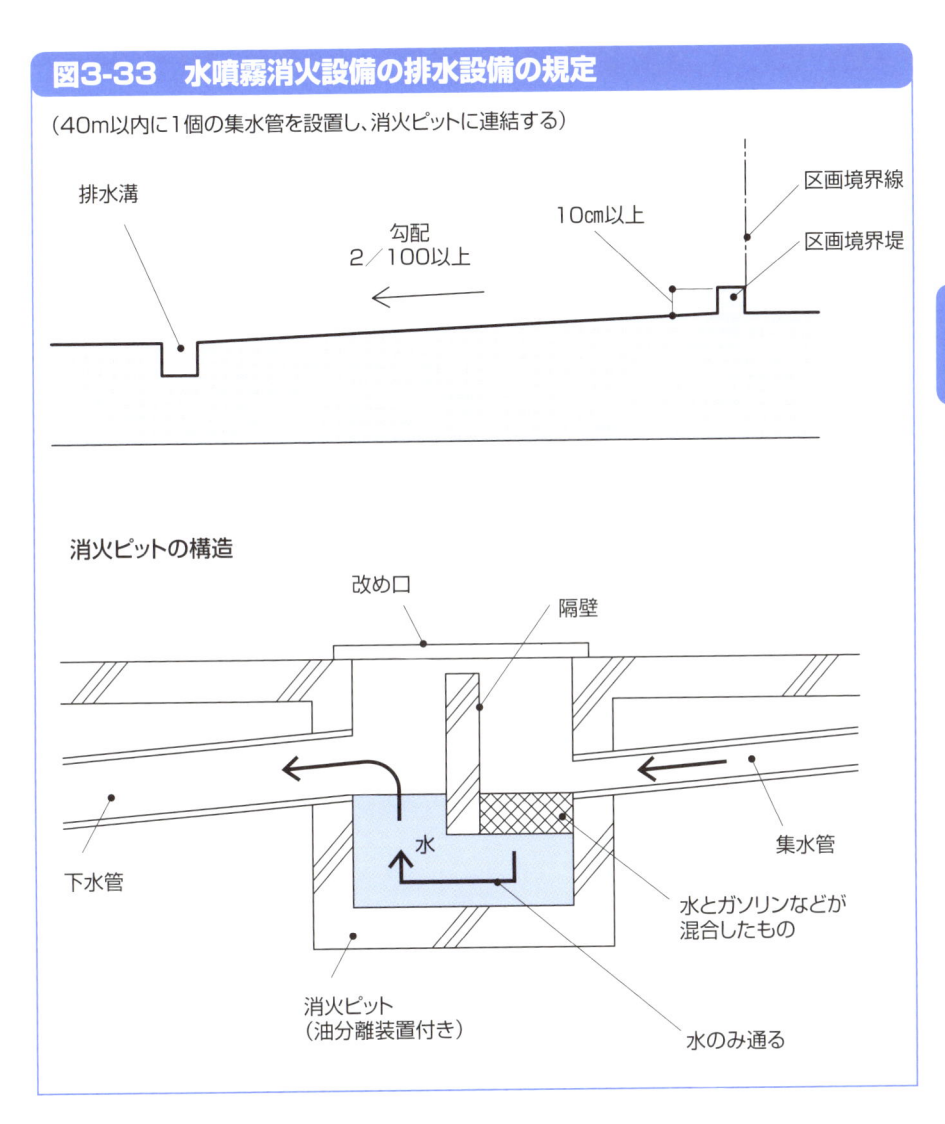

Point! 水噴霧ヘッドと防護対象物との間隔は？

　水噴霧ヘッドと防護対象物との間隔は、6m以内とします。これは水噴霧ヘッドからの霧状の水は、噴射距離が離れすぎると、水粒子の速度が低下し、火勢が強い場合には水粒子が吹き飛ばされるためです。

ミニ知識　集水管と下水管の間に、消火ピットを設ける。

15 泡消火設備の構成と設置基準

泡消火設備は、スプリンクラー設備などの水を使った消火方法では、効果的でないか、または散水により逆に火災を拡大するおそれのある可燃性液体の火災に使われる。

1 泡消火設備の特徴

① 泡消火設備は**油火災（B火災）に適した消火設備**で、多くは**駐車場**に使われています。しかし火災消火後の泡消火剤の汚損が著しくひどく、その始末が大変になるという欠点があります。

② 感電のおそれがあるので、**電気火災には不適当**で、電気室、通信機室、コンピュータールームなどに使うことはできません。

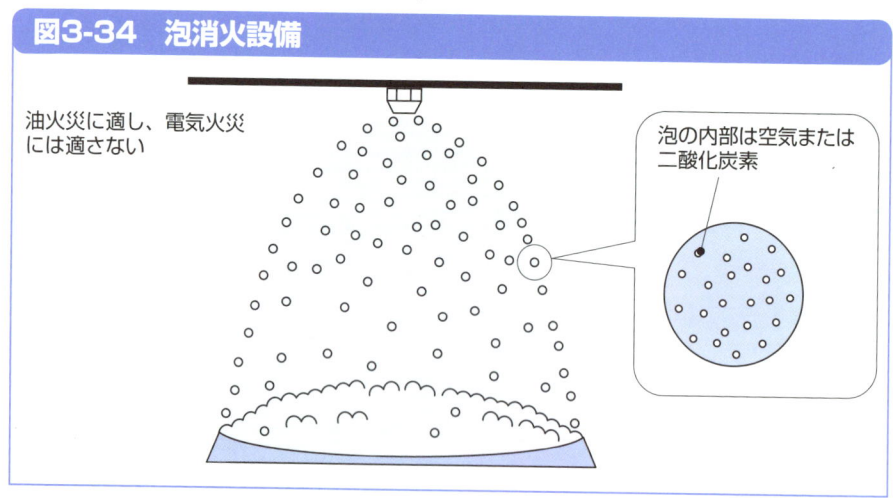

図3-34　泡消火設備

油火災に適し、電気火災には適さない

泡の内部は空気または二酸化炭素

2 泡消火設備の構成

① 泡消火設備を構成するものは、泡ヘッド（泡放出口）、加圧送水装置（ポンプ）、起動装置、泡消火剤混合装置、一斉開放弁、流水検知装置、水源、配管、非常電源などです。

② 泡消火設備の構成を図3-35に示します。

3 泡消火設備の設置基準（令15条）

① 泡消火設備は飛行機の格納庫、自動車の整備工場、駐車場などガソリン（第4類危

ミニ知識　飛行機の格納庫は、泡消火設備か後述する粉末消火設備に限る。

図3-35 泡消火設備の構成

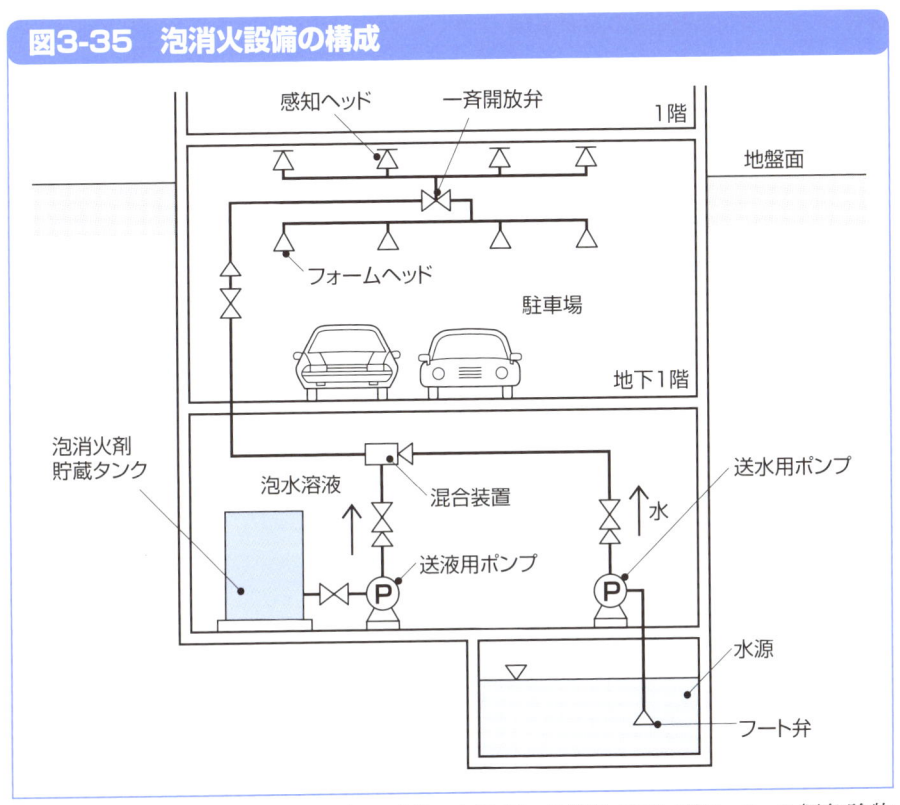

険物）のある場所、指定可燃物の貯蔵・取扱所、危険物施設（第1、2、3類危険物のそれぞれの一部や第4、5、6類危険物のすべて）の消火設備に使われます。
② 泡消火設備の設置基準を表3-22に示します。

4 泡消火設備の設置免除

①**スプリンクラー設備による代替**
　指定可燃物（可燃性液体類に係るものを除く）を貯蔵し、または取り扱う建築物、工作物にスプリンクラー設備を設置した場合は、その有効範囲内の部分について、泡消火設備を設置しないことができます。
② 表3-22の④に関しては、駐車するすべての車両が同時に屋外に出ることができる構造の階は、泡消火設備を設置しないことができます。
③ 表3-22の⑥に関しては、道路部分がそれ以外の部分と開口部のない耐火構造の床または壁で区画され、かつ庇などによる延焼防止装置が設置されている場合は、泡消火設備を設置しなくてもよい場合があります。

ミニ知識　泡消火設備には、泡消火剤と水を混ぜる混合装置が必要となる。

●表3-22　泡消火設備の設置基準

令別表1の項目		防火対象物	下記の条件の場合に設置
(1)	イ	劇場グループ	
	ロ	集会場グループ	
(2)	イ	キャバレーグループ	
	ロ	遊技場グループ	
	ハ	性風俗関連特殊営業店舗グループ	
	ニ	カラオケボックスグループ	
(3)	イ	料理店グループ	①飛行機または回転翼航空機の格納庫
	ロ	飲食店	
(4)		百貨店グループ	②屋上部分で回転翼航空機または垂直離着陸航空機の発着の用途のもの
(5)	イ	旅館グループ	
	ロ	共同住宅グループ	③自動車の修理または整備の用途の部分で床面積が
(6)	イ	病院グループ	地階では200㎡以上
	ロ	老人短期入所施設グループ	1階では500㎡以上　のもの
	ハ	老人デイサービスセンターグループ	2階以上では200㎡以上
	ニ	特殊学校グループ	④駐車の用途の部分のある階でその部分の床面積が
(7)		学校グループ	
(8)		図書館グループ	地階では200㎡以上
(9)	イ	蒸気浴場グループ	1階では500㎡以上　のもの
	ロ	一般浴場	2階以上では200㎡以上
			屋上では300㎡以上
(10)		車両停車場グループ	⑤昇降機などの機械装置により車両を駐車させる構造のもので、車両の収容台数が10台以上のもの
(11)		神社グループ	
(12)	イ	工場グループ	⑥道路と建築物とが一体をなすと認められる構造の道路部分につき、その面積が
	ロ	スタジオグループ	
(13)	イ	車庫グループ	屋上では600㎡以上のもの
	ロ	特殊格納庫	その他では400㎡以上のもの
(14)		倉庫	
(15)		前各項以外	
(16)	イ	特定用途の存する複合用途	
	ロ	イ以外の複合用途	
(16の2)		地下街	
(16の3)		準地下街	
(17)		文化財	
(18)		アーケード	
		指定可燃物の貯蔵・取扱所	指定可燃物数量が危令別表4の数量の1,000倍以上のもの

ミニ知識　回転翼航空機とはヘリコプターのことをいう。

16 泡消火剤の種類と泡ヘッドなど

泡消火設備に使われる消火剤のことを泡消火剤（泡消火薬剤）という。泡消火剤には、泡の内部が空気の空気泡消火剤と泡の内部が二酸化炭素の化学泡消火剤がある。

1 泡消火設備の種類

泡消火設備は設置方法によって、固定式と移動式がありますが、ほとんどが固定式です。また固定式には、全域放出方式と局所放出方式があります。

図3-36　泡消火設備の種類

泡消火設備の種類

- **移動式**：消火剤貯蔵容器とホースリールを固定し、ホースとノズルを人が操作することで移動しながら消火するもので、火災時に著しく煙が充満するおそれのない場所、つまり煙の影響を受けない場所に設置する（設置場所が制限される）。

- **固定式**：全部の機器を固定するもので、火災時に煙が充満するおそれのある場所に設置する。

- **全域放出方式**
 防護空間を閉鎖しておき、区画の内部全域に、均一に高発泡の泡を放出して消火する方式である。ただし、低発泡のものもある。

- **局所放出方式**
 防護対象物ごとに泡ヘッドを設置し、火災時に防護対象物に向けて、直接に高発泡の泡を放出して消火する方式である。ただし、低発泡のものもある。

2 泡消火剤の機能と種類

① 泡消火剤を泡ヘッド（フォームヘッド）などから放出して、燃焼面を何重にも覆い、燃焼物への空気の供給を遮断すること（窒息作用）により消火します。また泡には水も含まれるので、窒息作用の他に冷却作用もあります。
② 泡は非常に薄い膜でできていますが、耐油性、耐熱性があり流動して燃焼面を覆っ

ミニ知識　移動式の消火剤は、低発泡のものに限られる。

てしまいます。

③ 図3-37に泡消火剤の種類を示します。

図3-37　泡消火剤の種類

泡消火剤の種類
- 空気泡消火剤
  洗剤による泡などの界面活性剤の水溶液を機械的に撹拌させて泡を発生させるもので、泡の内部は空気である。機械泡ともいう。 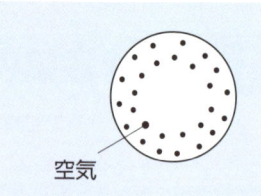
- 化学泡消火剤
  2種類の薬液を化学反応させて泡を発生させるもので、泡の内部は二酸化炭素である。

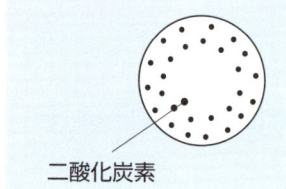

泡消火剤には、空気泡消火剤と化学泡消火剤がありますが、空気泡消火剤が多く使われます。

3　膨張比（発泡倍率）

① 消火剤の泡には、泡水溶液の体積が空気と混合して泡になったときに、何倍の体積になるかの比率を表す**膨張比（発泡倍率）**があります。

$$膨張比 = \frac{発生した泡の体積}{泡の発生に必要とした泡水溶液の体積}$$

② 膨張比が20倍以下のものを**低発泡**といい、80倍以上1,000倍未満のものを**高発泡**といいます。さらに、高発泡には膨張比によって、第1種、第2種、第3種があります。

ミニ知識　空気泡消火剤は「エアフォーム」、また化学泡消火剤は「ケミカルフォーム」ともいう。

図3-38　泡の膨張比

泡の膨張比
- 低発泡（膨張比20以下）……………泡ヘッド
- 高発泡
  - 第1種（膨張比80以上250未満）
  - 第2種（膨張比250以上500未満）
  - 第3種（膨張比500以上1,000未満）
  　　　　　　　　　　　　　高発泡用泡放出口

4 泡ヘッド、泡放出口の構造

①低発泡の泡ヘッド

(a)泡消火設備は、一般に低発泡の固定式のものが使われ、泡ヘッドにより泡を放出します。

(b)低発泡の泡は、消火剤と水が混合した泡水溶液が泡ヘッドから放出されるときに泡になりますが、このときに相当量の空気を必要とします。泡ヘッドに取り付けられた**空気取入口**はそのためのものです。

(c)低発泡の泡ヘッドの種類には、図3-39に示すものがあります。

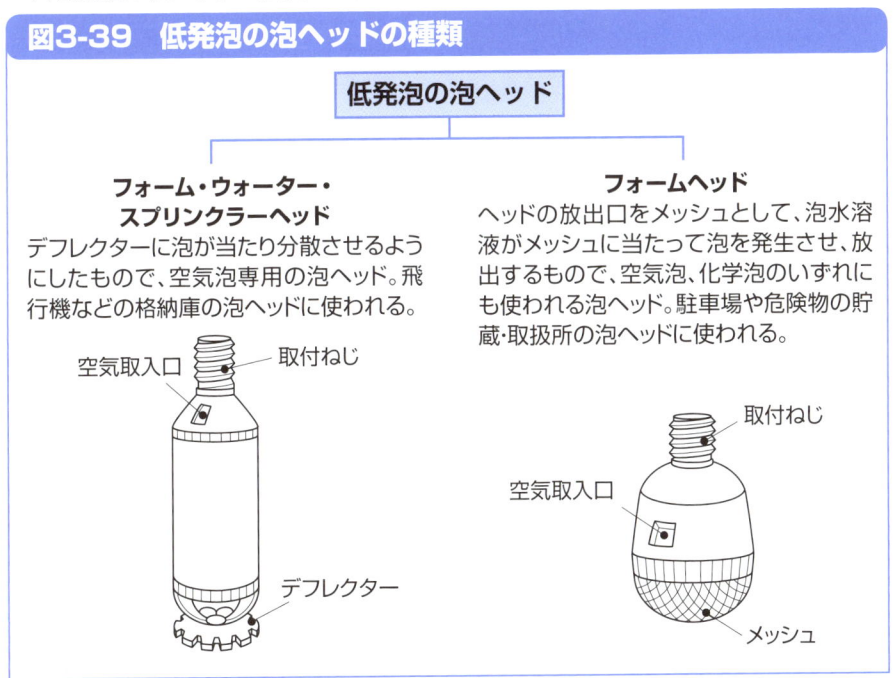

図3-39　低発泡の泡ヘッドの種類

低発泡の泡ヘッド

フォーム・ウォーター・スプリンクラーヘッド
デフレクターに泡が当たり分散させるようにしたもので、空気泡専用の泡ヘッド。飛行機などの格納庫の泡ヘッドに使われる。

（空気取入口／取付ねじ／デフレクター）

フォームヘッド
ヘッドの放出口をメッシュとして、泡水溶液がメッシュに当たって泡を発生させ、放出するもので、空気泡、化学泡のいずれにも使われる泡ヘッド。駐車場や危険物の貯蔵・取扱所の泡ヘッドに使われる。

（取付ねじ／空気取入口／メッシュ）

ミニ知識　高発泡の泡は、膨張比が80～1,000と高く、大量の泡を発生させる。

②泡放出口（高発泡用泡放出口）

(a) 高発泡の泡は大量の泡を発生、放出させて、火災室内全体を泡で充満させることで、消火効果や排煙効果を高めることができます。

(b) 高発泡は泡の量が多いために、泡ヘッドで泡水溶液を放出していたのでは、十分に機能することができません。そのため放出する出口に、広い面積のスクリーンを取り付けた**泡放出口（高発泡用泡放出口）**を設置します。

(c) 泡水溶液と大量の空気が泡放出口に運ばれ、ここで泡水溶液がスクリーンに吹き付けられるなどして、多量の泡を発生させて放出し、室内を泡によって充満することで消火します。

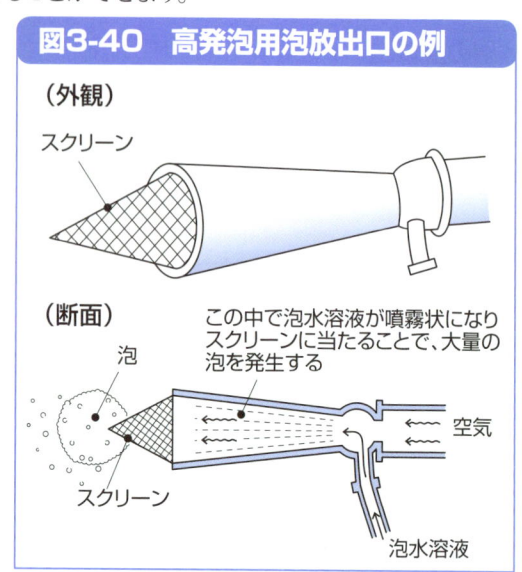

図3-40　高発泡用泡放出口の例

（外観）スクリーン

（断面）泡　スクリーン　この中で泡水溶液が噴霧状になりスクリーンに当たることで、大量の泡を発生する　空気　泡水溶液

5　泡ヘッドの配置

泡ヘッドの配置を表3-23に示し、そのなかの移動式についての事項を図3-41に示します。

●表3-23　泡ヘッドの配置

項　目		内　容
配置	泡ヘッド数	フォーム・ウォーター・スプリンクラーヘッドは、8㎡につき1個以上設置する
		フォームヘッドは、9㎡につき1個以上設置する
	高発泡用泡放出口	放出口は、防護区画の床面積500㎡ごとに1個以上設置する
	移動式	ホース接続口から防護対象物各部分までの水平距離は15m以下とする
		泡放射用器具格納箱とホース接続口までの距離は3m以下とする

ミニ知識　移動式泡消火設備は、人力により消火作業をするものである。

図3-41　移動式泡消火設備の例

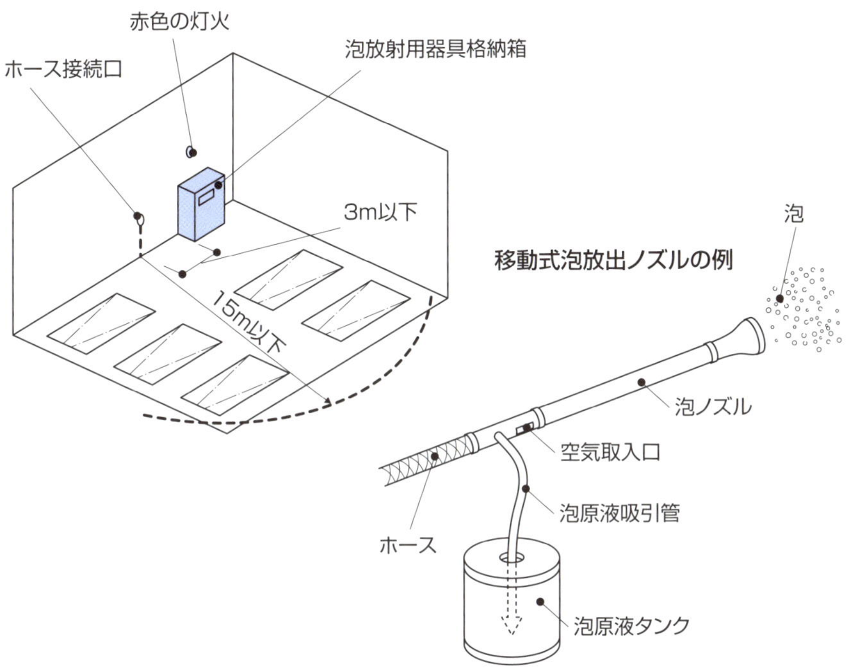
赤色の灯火
泡放射用器具格納箱
ホース接続口
3m以下
15m以下
移動式泡放出ノズルの例
泡
泡ノズル
空気取入口
泡原液吸引管
ホース
泡原液タンク

6 起動方式

泡消火設備は起動方式によって、自動式と手動式があります。

図3-42　泡消火設備の起動方式

起動方式

- **自動式**
  自動火災報知設備の感知器の作動、閉鎖型スプリンクラーヘッドの開放のいずれかと連動して、加圧送水装置（ポンプ）、混合装置、一斉開放弁を起動する。
- **固定式**
  直接または遠隔の操作により、加圧送水装置（ポンプ）、混合装置、一斉開放弁を起動する。

ミニ知識 図3-41において、泡放射用器具格納箱には、「移動式泡消火設備」の標示をする。

17 不活性ガス消火設備の構成と設置基準

不活性ガス消火設備とは、二酸化炭素などを消火剤として利用する消火設備であり、その使用に際しては、室内に人がいないことを確認してから消火する。

1 不活性ガスの特徴と窒息消火

① 代表的な不活性ガスである二酸化炭素は、不燃性のガスであるため窒息効果があります。また比重が1.52と空気より重いために上方に拡散しないで低いところに滞留し、燃焼面を覆うことができるので、火源を効果的に**窒息消火**することができます。
② 窒息消火には次に示す2種類があります。
　(a)希釈（きしゃく）窒息消火：**二酸化炭素による窒息消火**で、火源の周囲にある空気の酸素濃度を21%から14%程度に希釈して消火するものをいいます。
　(b)空気遮断による窒息消火：**泡消火剤による窒息消火**で、火源の個体や液体の表面に直接泡が付着して覆うことで、可燃物への空気の供給を遮断して消火するものをいいます。

2 不活性ガス消火設備の消火効果の特徴

① **電気絶縁性が優れています。**
② **油火災に対する消火の速効性があります。**
③ ガス化するので、どのような場所にも均一に浸透します。
④ 機器などを汚損したり、損傷したりしません。
⑤ 化学的に安定しているため消火剤の変質がなく、長時間貯蔵できます。
　（①〜⑤の特徴については、後述するハロゲン化物消火設備でも同様です）

3 不活性ガス消火設備の注意点

不活性ガス消火設備は、次の2点に注意しなければなりません。
① 二酸化炭素は希釈窒息効果により消火するため、広い場所では二酸化炭素を放射しても空気中の酸素濃度を下げることはできず消火効力はありませんが、**一定の体積の密閉された室内には有効に働きます。**
② 酸素濃度を希釈して消火するため、室内にいる人に退去を求め、**室内に人がいないことを確認してから消火**しなければなりません。その際に、単なる非常ベルでは鳴動の意味がわかりづらいので、必ず音声による退避のための誘導を行うようにしま

　用語　不活性ガス　化学的に反応性のきわめて穏やかな気体をいう。

す。さらに、消火後に火災室に入る場合は、室内の二酸化炭素を十分に排出した後でなければなりません。

4 不活性ガス消火設備の構成

① 不活性ガス消火設備は、高圧ガス容器（消火剤貯蔵容器）、起動装置、音響装置、保安装置、非常電源などから構成されます。
② 不活性ガス消火設備では、二酸化炭素は圧縮液化され、常温で0.2MPa以上の高圧の液化二酸化炭素となり、高圧ガス容器に貯蔵されます。なお、二酸化炭素は高圧ガス容器に長時間保存しても質的な変化はなく、安定しています。
③ 火災時において、貯蔵された液化二酸化炭素が噴射ヘッドから放射するときに、減圧によって気化して急膨張します。この気化により、温度が低下し、霧状のドライアイス（固体炭酸）となって放出されます。このドライアイスが火源で昇華（固体が直接気体に状態変化すること）するときに、火源より熱を奪うので冷却作用が起こり、前述の**希釈窒息作用とこの冷却作用の相乗効果**により、消火効力がさらに高まります。

5 不活性ガス消火設備の設置基準（令16条）

① 不活性ガス消火設備は、消火後の火災室での汚損がなく、電気的にも絶縁性が高いので、一定の密閉された空間内の**電気火災や油火災に適し**、水や泡による消火では二次的な被害が出ると予想される電気室、通信機室、コンピューター室、ボイラー室、美術館の収蔵庫、倉庫、駐車場などに採用されます。
② 不活性ガス消火設備の設置基準を表3-24に示します。
③ 既に設置されている不活性ガス消火設備において必要となる対応として、標識の設置、図書の備え付け、閉止弁（二酸化炭素を放射するための配管を閉止するための弁）の設置が必要となる。

6 不活性ガス消火設備の設置免除

① 指定可燃物（可燃性液体類を除く）を貯蔵または取り扱う建築物や工作物にスプリンクラー設備を設置した場合、その有効範囲内の部分は不活性ガス消火設備を設置しないことができます。
② 表3-24の②に関しては、駐車するすべての車両が同時に屋外に出ることができる構造の階は、不活性ガス消火設備を設置しないことができます。

ミニ知識 二酸化炭素は消火効果は高いが、人体に対して有害であるという欠点がある。

③ 表3-24の⑦に関しては、道路部分がそれ以外の部分と開口部のない耐火構造の床または壁で区画され、かつ庇などによる延焼防止装置が設置されている場合は、不活性ガス消火設備を設置しないことができます。

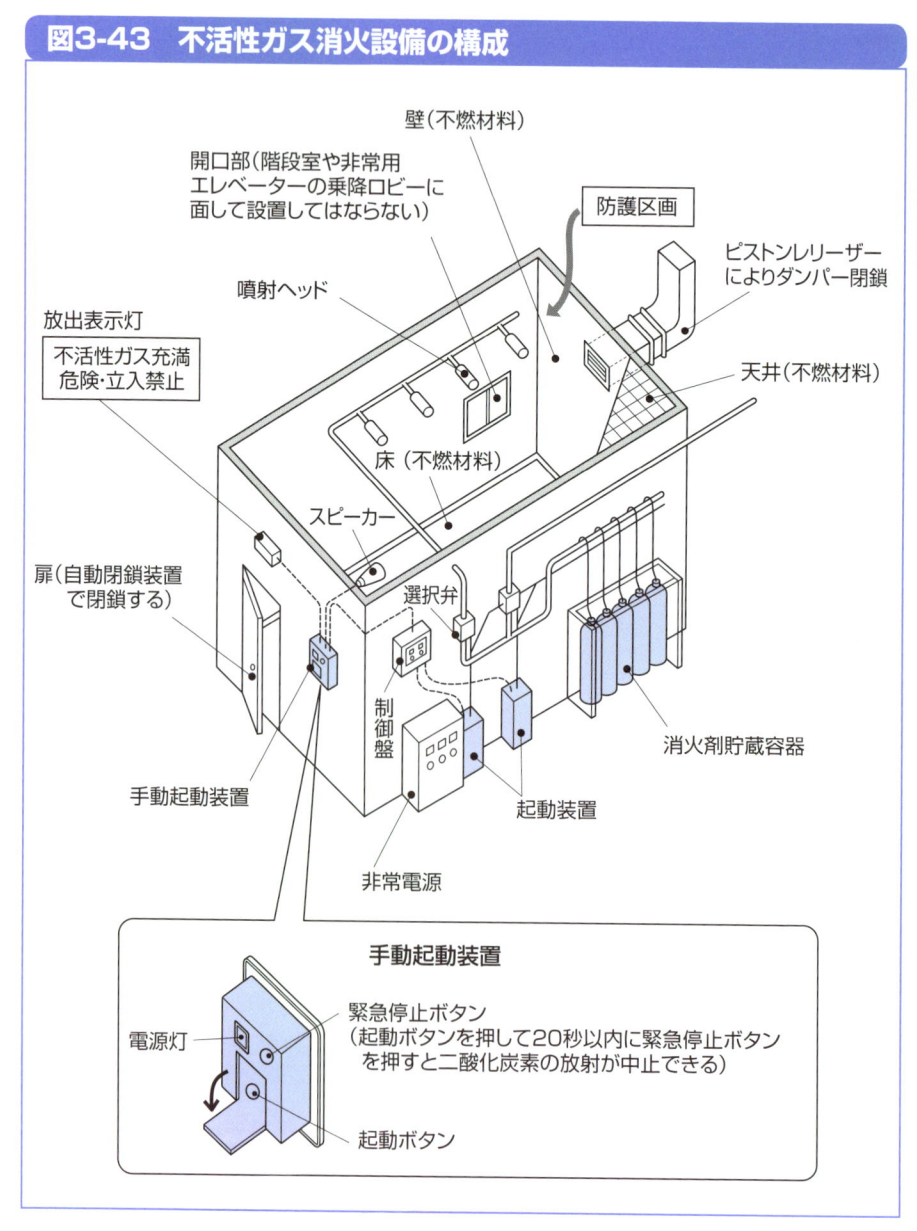

図3-43　不活性ガス消火設備の構成

- 壁（不燃材料）
- 開口部（階段室や非常用エレベーターの乗降ロビーに面して設置してはならない）
- 防護区画
- ピストンレリーザーによりダンパー閉鎖
- 噴射ヘッド
- 天井（不燃材料）
- 放出表示灯（不活性ガス充満 危険・立入禁止）
- 床（不燃材料）
- スピーカー
- 扉（自動閉鎖装置で閉鎖する）
- 選択弁
- 消火剤貯蔵容器
- 手動起動装置
- 制御盤
- 起動装置
- 非常電源

手動起動装置
- 電源灯
- 緊急停止ボタン（起動ボタンを押して20秒以内に緊急停止ボタンを押すと二酸化炭素の放射が中止できる）
- 起動ボタン

用語　ピストンレリーザー　加圧や減圧でピストンが上下することにより、弁やダンパーなどを開閉させるための装置をいう。

● 表3-24　不活性ガス消火設備の設置基準

令別表1の項目		防火対象物	下記の条件の場合に設置
(1)	イ	劇場グループ	①自動車の修理または整備の用途の部分で床面積が 　地階では200㎡以上 　1階では500㎡以上　｝のもの 　2階以上では200㎡以上 ②駐車の用途の部分がある階でその部分の床面積が 　地階では200㎡以上 　1階では500㎡以上 　2階以上では200㎡以上　｝のもの 　屋上では300㎡以上 ③昇降機などの機械装置により車両を駐車させる構造のもので、車両収容台数が10台以上のもの ④発電機・変圧器などの電気設備が設置されている部分の床面積が200㎡以上のもの ⑤鍛造場・ボイラー室・乾燥室など多量の火気を使用する部分の床面積が200㎡以上のもの ⑥通信機器室で、その床面積が500㎡以上のもの ⑦道路と建築物とが一体をなすと認められる構造の道路部分につき、その面積が 　屋上では600㎡以上のもの 　その他では400㎡以上のもの
	ロ	集会場グループ	
(2)	イ	キャバレーグループ	
	ロ	遊技場グループ	
	ハ	性風俗関連特殊営業店舗グループ	
	ニ	カラオケボックスグループ	
(3)	イ	料理店グループ	
	ロ	飲食店	
(4)		百貨店グループ	
(5)	イ	旅館グループ	
	ロ	共同住宅グループ	
(6)	イ	病院グループ	
	ロ	老人短期入所施設グループ	
	ハ	老人デイサービスセンターグループ	
	ニ	特殊学校グループ	
(7)		学校グループ	
(8)		図書館グループ	
(9)	イ	蒸気浴場グループ	
	ロ	一般浴場	
(10)		車両停車場グループ	
(11)		神社グループ	
(12)	イ	工場グループ	
	ロ	スタジオグループ	
(13)	イ	車庫グループ	
	ロ	特殊格納庫	
(14)		倉庫	
(15)		前各項以外	
(16)	イ	特定用途の存する複合用途	
	ロ	イ以外の複合用途	
(16の2)		地下街	
(16の3)		準地下街	
(17)		文化財	
(18)		アーケード	
指定可燃物の貯蔵・取扱所			指定可燃物数量が危令別表4の数量の1,000倍以上のもの

ミニ知識　図3-43において、防護区画内の床、壁、天井は不燃材料とする。

18 不活性ガス消火設備の種類と起動方法など

不活性ガス消火設備の消火剤は、代表的な二酸化炭素の他にイナートガスと呼ばれるものがある。

1 不活性ガス消火設備の種類

① 不活性ガス消火設備は、設置方式により**固定式**と**移動式**に分けられ、また固定式には全域放出方式と局所放出方式があります。

図3-44　不活性ガス消火設備の種類

不活性ガス消火設備の種類

- **移動式**：消火剤貯蔵容器は固定されていて、人がノズル付きホースを持って火源に近づき、二酸化炭素を放射して消火する方式である。火災の際に、著しく煙が充満するおそれのない場所に設置する(設置場所が制限される)。
- **固定式**：不活性ガス消火設備の全機器が固定して取り付けられている方式で、火災の際に煙が充満するおそれのある場所に設置する。原則として、常時人のいない部分に設置する。
  - **全域放出方式**
    密閉または密閉に近い状態に区画した防護区画内の全域に、不活性ガスを均一に放出して、防護区画内の酸素濃度を低下させて消火する方式である。
  - **局所放出方式**
    防護対象物の周囲に適当な壁をつくれないとか、天井が高いなどにより、防護対象物のための防護区画が設置できない場合に、防護対象物ごとに不活性ガスを直接放射して、燃焼する防護対象物の周囲の酸素供給を局所的に遮断して消火する方式である。このため防護対象物のすべての面が、いずれかの噴射ヘッドの有効射程内にあるように設置する必要がある。

② 移動式は二酸化炭素に毒性があるため、開放されたガレージなどにしか使われません。使用するときは消火器の場合と同じように、風上側から火源に近づき放射します。

③ 移動式のノズルには手で開閉できる開放弁(放出弁)が設置され、また消火剤貯蔵

ミニ知識 移動式のノズルからはドライアイスが放出されるので、凍傷にならないように注意すること。

容器には手で開閉できる開閉弁（容器弁）が設置され、いずれの弁もワンタッチで簡単に操作できるようになっています。
④ 移動式は、ホースの接続口を中心に半径15mの円で、すべての防護対象物を覆うように配置し、ホースの長さは20m以上とします。
⑤ 局所放出方式は火源の周囲の空気のみの酸素濃度を低下させるだけなので、二酸化炭素を放射していったん消火しても、燃焼部分が高温であると、空気の流動により再燃焼するおそれがあるので、初期消火の段階で、完全に消火しなければなりません。

2 不活性ガス消火設備の消火剤

① 不活性ガス消火設備の消火剤には、二酸化炭素の他に、**イナートガス**と呼ばれる次の3種類のものがあります。このイナートガスは二酸化炭素の放出による地球温暖化を防止するために、新しく開発された不活性ガスです。

①窒素
②窒素とアルゴンとの容積比が50：50の混合物（IG－55）
③窒素とアルゴンと二酸化炭素との容積比が52：40：8の混合物（IG－541）

② 全域放出方式の消火剤の選択を表3-25に示します。

● 表3-25　全域放出方式の消火剤の選択

	防火対象物またはその部分		消火剤の種類
全域放出方式	鍛造場、ボイラー室、乾燥室など多量の火気を使用する部分、ガスタービンを原動力とする発電機が設置されている部分、指定可燃物を貯蔵し、取り扱う防火対象物またはその部分		二酸化炭素
	その他の防火対象物またはその部分	防護区画の面積が1,000㎡以上または体積が3,000㎡以上のもの	二酸化炭素
		その他のもの	二酸化炭素、窒素、IG－55、IG－541

3 起動方式

① 不活性ガス消火設備の起動は、原則として**手動**で行います。自動火災感知器と連動する**自動式とすると防護区画内にいる人が窒息するおそれがある**からです。ただ

ミニ知識　局所放出方式と移動式の消火剤は、すべての防火対象物またはその部分に二酸化炭素を使う。

し、常時人がいない部分または手動式が不適当な部分に限り、自動式とすることができます。

② 火災が発生したら、防護区画の出入口近くに設置してある手動起動装置の扉を開くと音声警報スピーカー（音響警報）が自動的に作動し、サイレン音が断続して2回鳴動した後に、**音声警報**が繰り返されます。次に、**防護区画内に人がいないことを確認してから、手動起動装置内の起動ボタンを押す**と、シャッターの閉鎖、換気装置の停止、換気口のダンパーの閉鎖などが自動的に行われます。このように、防護区画内を密閉状態にして、20秒間以上の余裕時間が経過すると、噴射ヘッドから二酸化炭素の放射が始まり、放出表示灯が点灯するようになっています。

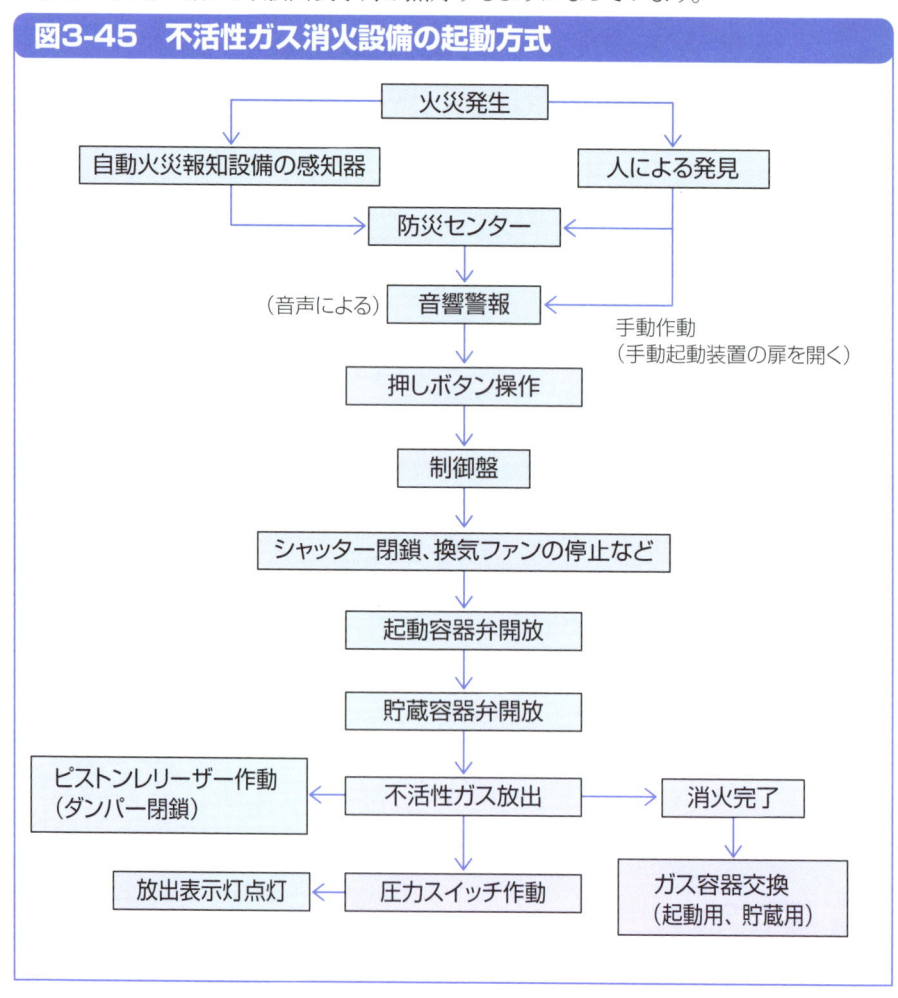

図3-45　不活性ガス消火設備の起動方式

火災発生
→ 自動火災報知設備の感知器
→ 人による発見
→ 防災センター
→ 音響警報（音声による）
　　手動作動（手動起動装置の扉を開く）
→ 押しボタン操作
→ 制御盤
→ シャッター閉鎖、換気ファンの停止など
→ 起動容器弁開放
→ 貯蔵容器弁開放
→ 不活性ガス放出
　　→ ピストンレリーザー作動（ダンパー閉鎖）
　　→ 消火完了 → ガス容器交換（起動用、貯蔵用）
→ 圧力スイッチ作動 → 放出表示灯点灯

> **ミニ知識**　音声警報の内容は、「火事です。ただいまから二酸化炭素の放射が始まります。窒息のおそれがありますから、速やかに室外に退避してください」というものである。

19 ハロゲン化物消火設備の構成と設置基準

ハロゲン化物消火設備は、消火剤としてハロゲン化物（ハロン）を使い、このハロゲン化物が火によって化学的変化を起こすことで消火するものである。

1 ハロゲン化物の特徴

① ハロゲン化物とは、フッ素、塩素、臭素、ヨウ素などの化合物をいいます。ハロゲン化物は**蒸発性液体**の別名があるほどに、非常に揮発しやすい物質で、低い温度でも沸騰して簡単に気体になります。この気体は不燃性で、しかも空気よりも重いという特性があります。

② 液状化しているハロゲン化物を火源に放射するとすぐに気化して重い気体となり、燃焼面を遮蔽して酸素を遮断する窒息作用が働くとともに、ハロゲン化物が火熱によって化学的変化をし、燃焼の連鎖反応の中断である抑制作用が働きます。ハロゲン化物による消火は、このような**窒息消火と抑制消火による相乗効果**により、効果的に消火することができます。

③ ハロゲン化物は優れた消火能力がありますが、地球を取り巻くオゾン層を破壊する物質である**フロンガスの一種であるため、規制の対象**になっています。

2 ハロゲン化物消火設備の構成

① ハロゲン化物消火設備の構成や方式は、不活性ガス消火設備とまったく同じものです。

② ハロゲン化物消火設備の構成を図3-46に示します。

3 ハロゲン化物消火設備の設置基準（令17条）

① ハロゲン化物は非電導性のため電気絶縁性が大きく、また消火後の汚損がほとんどないために、電気室、通信機室、コンピューター室、美術館の収蔵庫、ボイラー室などに使われます。

② ハロゲン化物消火設備の設置基準を表3-26に示します。

4 ハロゲン化物消火設備の設置免除

① 指定可燃物（可燃性液体類を除く）を貯蔵しまたは取り扱う建築物、工作物にスプリンクラー設備を設置した場合は、その有効範囲内の部分については、ハロゲン化物

ミニ知識 ハロゲン化物（気体）は、空気よりも5〜9倍重い。

消火設備を設置しないことができます。

② 表3-26の②の場合、駐車するすべての車両が同時に屋外に出ることができる構造の階は、ハロゲン化物消火設備を設置しないことができます。

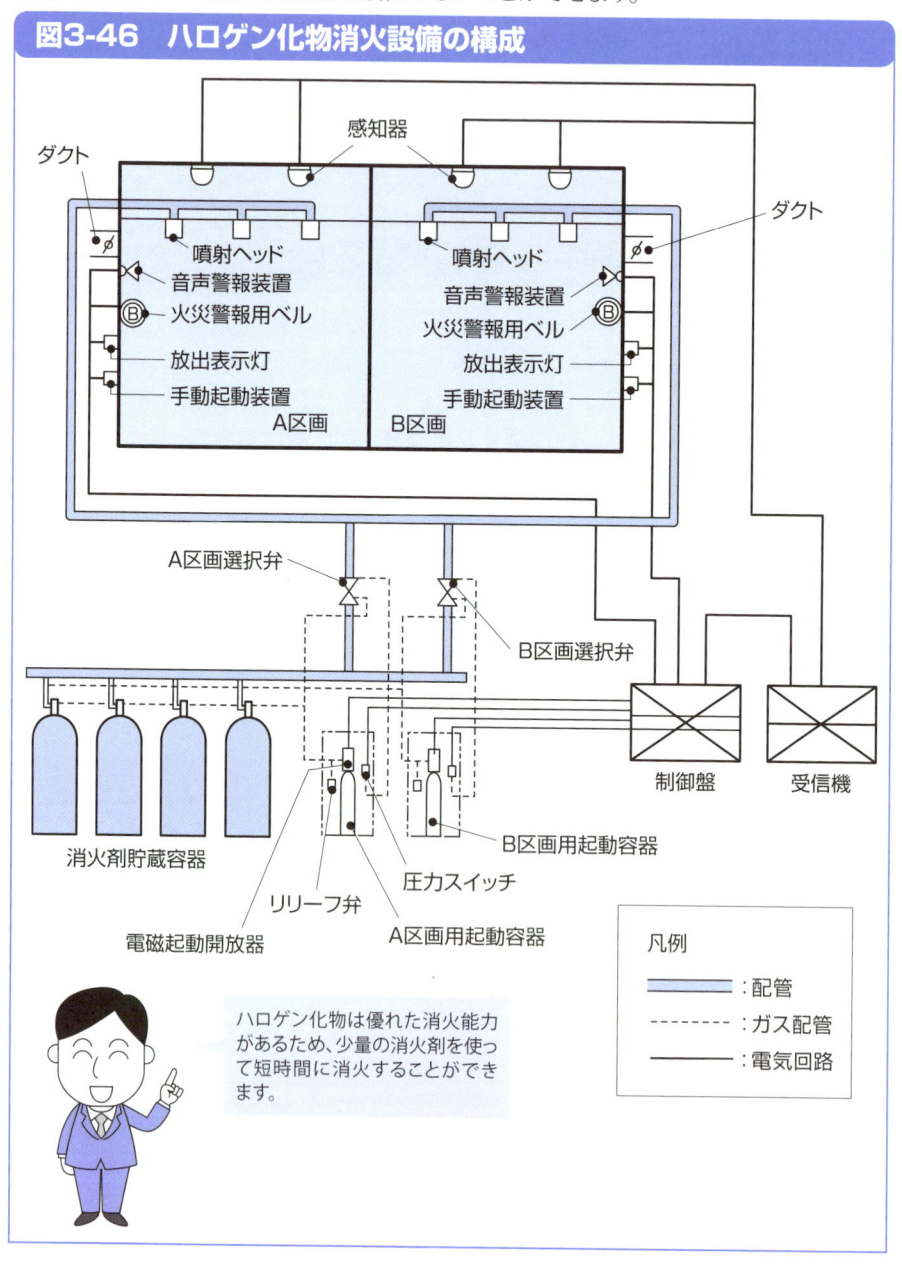

図3-46　ハロゲン化物消火設備の構成

（図中ラベル）
- ダクト
- 感知器
- 噴射ヘッド
- 音声警報装置
- 火災警報用ベル
- 放出表示灯
- 手動起動装置
- A区画／B区画
- A区画選択弁
- B区画選択弁
- 制御盤
- 受信機
- 消火剤貯蔵容器
- 電磁起動開放器
- リリーフ弁
- 圧力スイッチ
- A区画用起動容器
- B区画用起動容器

凡例
- ━━━：配管
- ------：ガス配管
- ───：電気回路

ハロゲン化物は優れた消火能力があるため、少量の消火剤を使って短時間に消火することができます。

ミニ知識　ハロンというのは、ハロゲン化物の商品名である。

●表3-26 ハロゲン化物消火設備の設置基準

令別表1の項目		防火対象物	下記の条件の場合に設置
(1)	イ	劇場グループ	①自動車の修理または整備の用途の部分で床面積が 地階では200㎡以上 1階では500㎡以上　のもの 2階以上では200㎡以上 ②駐車の用途の部分がある階でその部分の床面積が 地階では200㎡以上 1階では500㎡以上 2階以上では200㎡以上　のもの 屋上では300㎡以上 ③昇降機などの機械装置により車両を駐車させる構造のもので、車両収容台数が10台以上のもの ④発電機・変圧器などの電気設備が設置されている部分の床面積が200㎡以上のもの ⑤鍛造場・ボイラー室・乾燥室など多量の火気を使用する部分の床面積が200㎡以上のもの ⑥通信機器室で、その床面積が500㎡以上のもの
	ロ	集会場グループ	
(2)	イ	キャバレーグループ	
	ロ	遊技場グループ	
	ハ	性風俗関連特殊営業店舗グループ	
	ニ	カラオケボックスグループ	
(3)	イ	料理店グループ	
	ロ	飲食店	
(4)		百貨店グループ	
(5)	イ	旅館グループ	
	ロ	共同住宅グループ	
(6)	イ	病院グループ	
	ロ	老人短期入所施設グループ	
	ハ	老人デイサービスセンターグループ	
	ニ	特殊学校グループ	
(7)		学校グループ	
(8)		図書館グループ	
(9)	イ	蒸気浴場グループ	
	ロ	一般浴場	
(10)		車両停車場グループ	
(11)		神社グループ	
(12)	イ	工場グループ	
	ロ	スタジオグループ	
(13)	イ	車庫グループ	
	ロ	特殊格納庫	
(14)		倉庫	
(15)		前各項以外	
(16)	イ	特定用途の存する複合用途	
	ロ	イ以外の複合用途	
(16の2)		地下街	
(16の3)		準地下街	
(17)		文化財	
(18)		アーケード	
指定可燃物の貯蔵・取扱所			指定可燃物数量が危令別表4の数量の1,000倍以上のもの

ミニ知識 ハロゲン化物は不活性ガスに比べ、優れた消火能力があり、消火後の汚損がほとんどないため「きれいな消火剤」といわれる。

5 ハロゲン化物消火剤と代替ハロン消火剤の種類

① ハロゲン化物は毒性などにより、ハロゲン化物消火剤として法令上使用が認められているのは、ハロン1301、ハロン1211、ハロン2402の3種類です。

② この3種類のうち、消火剤として広範囲に使われるのは**ハロン1301**です。ハロゲン化物は消火時に、火熱によって分解し毒性ガスを発生しますが、ハロン1301はこの毒性が発生しないように開発されたものです。

③ 現在は、ハロゲン化物に代わるHFC－23、HFC－227eaの**ハロゲン化物系の代替ハロン**やIG－541、IG－100、IG－55の**イナート系の代替ハロン**が、国内で使われています。

④ HFC－23やHFC－227eaの消火剤を使うハロゲン化物系消火設備は、常時人がいない部分に設置が限られていて、全域放出方式で自動起動方式のものに限定されています。

⑤ ハロゲン化物消火剤と代替ハロン消火剤の種類を表3-27に示します。

●表3-27　ハロゲン化物消火剤と代替ハロン消火剤の種類

区　分		番　号	正式名称
ハロゲン化物消火剤		ハロン1301	ブロモトリフルオロメタン
		ハロン1211	ブロモクロロジフルオロメタン
		ハロン2402	ジブロモテトラフルオロエタン
代替ハロン消火剤	ハロゲン化物系	HFC－23	トリフルオロメタン
		HFC－227ea	ヘプタフルオロプロパン
	イナート系	IG－541	イナージェン
		IG－100	窒素ガス
		IG－55	アルゴナイト

Point! ハロゲン化物の特徴は？

ハロゲン化物は非常に揮発しやすく、この気体は不燃性で、空気よりも重い特徴があります。また液体燃料火災を一瞬にして消してしまうという優れた消火能力があり、消火後の汚損もほとんどありません。

ミニ知識　ハロゲン化物系の代替ハロン（HFC-23、HFC-227ea）は、オゾン層の破壊には影響を与えないが、地球温暖化には影響を与える。

20 ハロゲン化物消火設備の種類と起動方式

ハロゲン化物消火設備の全域放出方式、局所放出方式、移動式の内容は、不活性ガス消火設備の場合と同じである。

1 ハロゲン化物消火設備の種類

① ハロゲン化物消火設備は、設置方式によって固定式と移動式に分かれ、さらに固定式は全域放出方式と局所放出方式に分かれます。

図3-47　ハロゲン化物消火設備の種類

ハロゲン化物消火設備の種類

- **移動式**：消火剤貯蔵容器とホースリールを固定し、ホースとホースノズルを人が操作することで、移動しながら消火する方式である。火災時に著しく煙が充満するおそれのない場所、つまり煙の影響を受けない場所に設置するが、一定の条件を満たした外気に接する常時開放された開口部がある場所などがこれに当てはまる（設置場所が制限される）。

- **固定式**：消火剤貯蔵容器から噴射ヘッドまでのすべての機器を固定する方式で、火災時に煙が充満するおそれのある場所に設置する。
  - **全域放出方式**
    密閉や密閉に近い状態に区画した防護区画内の全域に、ハロゲン化物消火剤を均一に放出して酸素濃度を低下させて消火する方式である。自動車の駐車場、通信機器室または防護区画の開口部の条件を満たす防護区画に設置することができる。
  - **局所放出方式**
    防護対象物ごとにハロゲン化物消火剤を直接放出して、燃焼する防護対象物の周囲の酸素供給を局所的に遮断して消火する方式である。

② 局所放出方式の例を図3-48に示します。

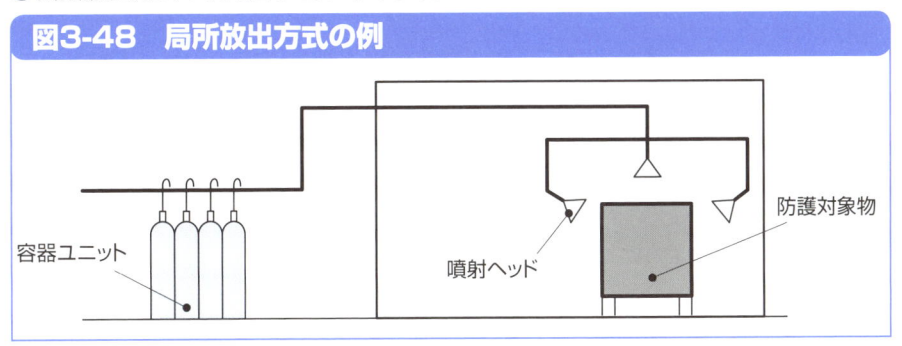

図3-48　局所放出方式の例

容器ユニット／噴射ヘッド／防護対象物

ミニ知識　局所放出方式は、一般の防火対象物にはあまり設置されない。

③ 移動式のホース接続口は、すべての防護対象物について、その防護対象物の各部からひとつのホース接続口までの**水平距離が20m以下**となるように設けなければなりません。

2 起動方式

① ハロゲン化物消火設備の起動方式は、原則として**手動式**とします。ただし、常時人のいない防火対象物や手動式が不適当な場所に限って、自動式とすることができます。

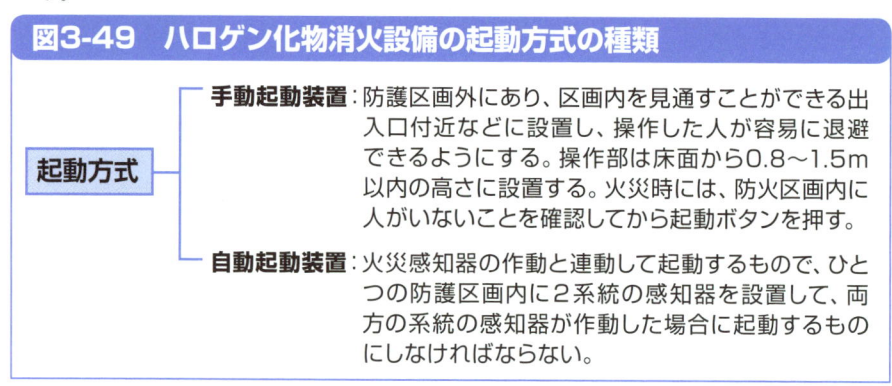

図3-49　ハロゲン化物消火設備の起動方式の種類

起動方式
- **手動起動装置**：防護区画外にあり、区画内を見通すことができる出入口付近などに設置し、操作した人が容易に退避できるようにする。操作部は床面から0.8～1.5m以内の高さに設置する。火災時には、防火区画内に人がいないことを確認してから起動ボタンを押す。
- **自動起動装置**：火災感知器の作動と連動して起動するもので、ひとつの防護区画内に2系統の感知器を設置して、両方の系統の感知器が作動した場合に起動するものにしなければならない。

② ハロゲン化物消火設備の起動方式を図3-50に示します。

図3-50　ハロゲン化物消火設備の起動方式

火災発生
→〔手動〕感知器作動 → ブザー鳴動 → 操作パネルの起動押しボタン用扉開放
→〔手動〕人による発見 → 操作パネルの起動押しボタン用扉開放
→ 退避アナウンス開始 → 起動押しボタンを押す → 換気、空調などの機器の停止 → タイマー作動（20秒以上）→ 電磁起動開放器作動 → ハロンガス放出 → 放出表示灯点灯 → 消火
（緊急停止押しボタン）
→〔自動〕感知器作動 → 退避アナウンス開始へ

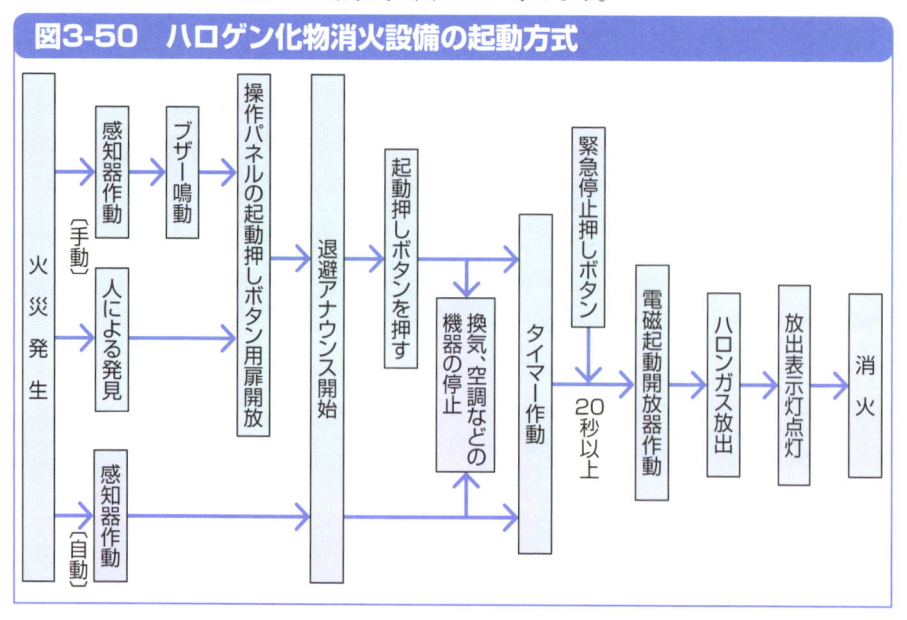

ミニ知識　図3-50において、タイマー作動については、ハロン1301は設置しないことができる。

21 粉末消火設備の構成と設置基準

粉末消火設備は、噴射ヘッドやノズルから炭酸水素ナトリウムなどを主成分とした粉末消火剤を放出して消火する設備である。

1 粉末消火設備の特徴

① 粉末消火設備は、火災時の火熱により、粉末消火剤が分解して発生する二酸化炭素などにより、火源周囲の空気中の酸素濃度を低下させる**窒息作用**によって消火します。

② 窒息作用とともに、粉末消火剤が燃焼面を広く覆うことで燃焼の継続を抑える**抑制作用**もあり、これらの相乗効果により速効的に消火します。

③ 粉末消火設備は消火能力があるため、**油火災はもちろん**、粉末は電気の不良導体であるため**電気火災などにも効果が大きい**といえます。また不活性ガス消火剤や泡消火剤では消火不能なアセチレンガスなどの容器から噴出して炎上する**高圧ガスの火災にも有効**です。

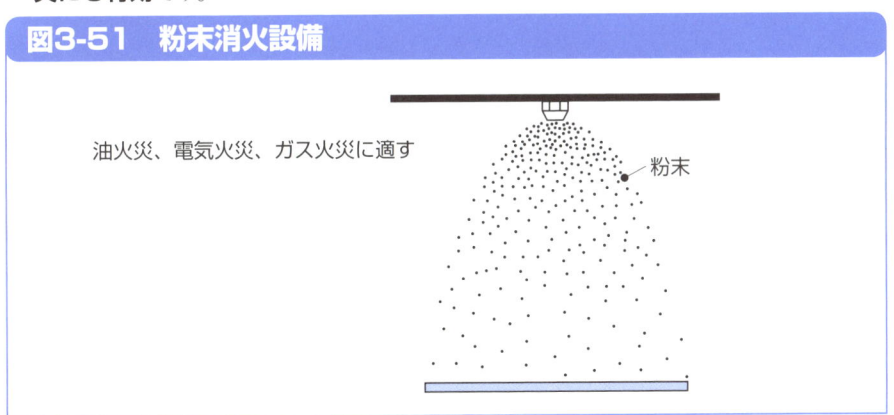

図3-51 粉末消火設備

油火災、電気火災、ガス火災に適す

粉末

2 粉末消火設備の構成

① 粉末消火設備を構成するものとして、粉末消火剤が充填された貯蔵容器、加圧用ガス容器、定圧作動装置、起動装置、音響装置、噴射ヘッド、自動火災報知設備の感知器、表示灯などがあります。

② 粉末消火設備の構成では、消火剤がガスではなく粉末の固体であるために、粉末を均一に散布させるための**ガス系消火設備**が必要になります。

③ 粉末消火設備の構成を図3-52に示します。

ミニ知識 炭酸水素ナトリウムとは、重曹のことである。

図3-52 粉末消火設備の構成

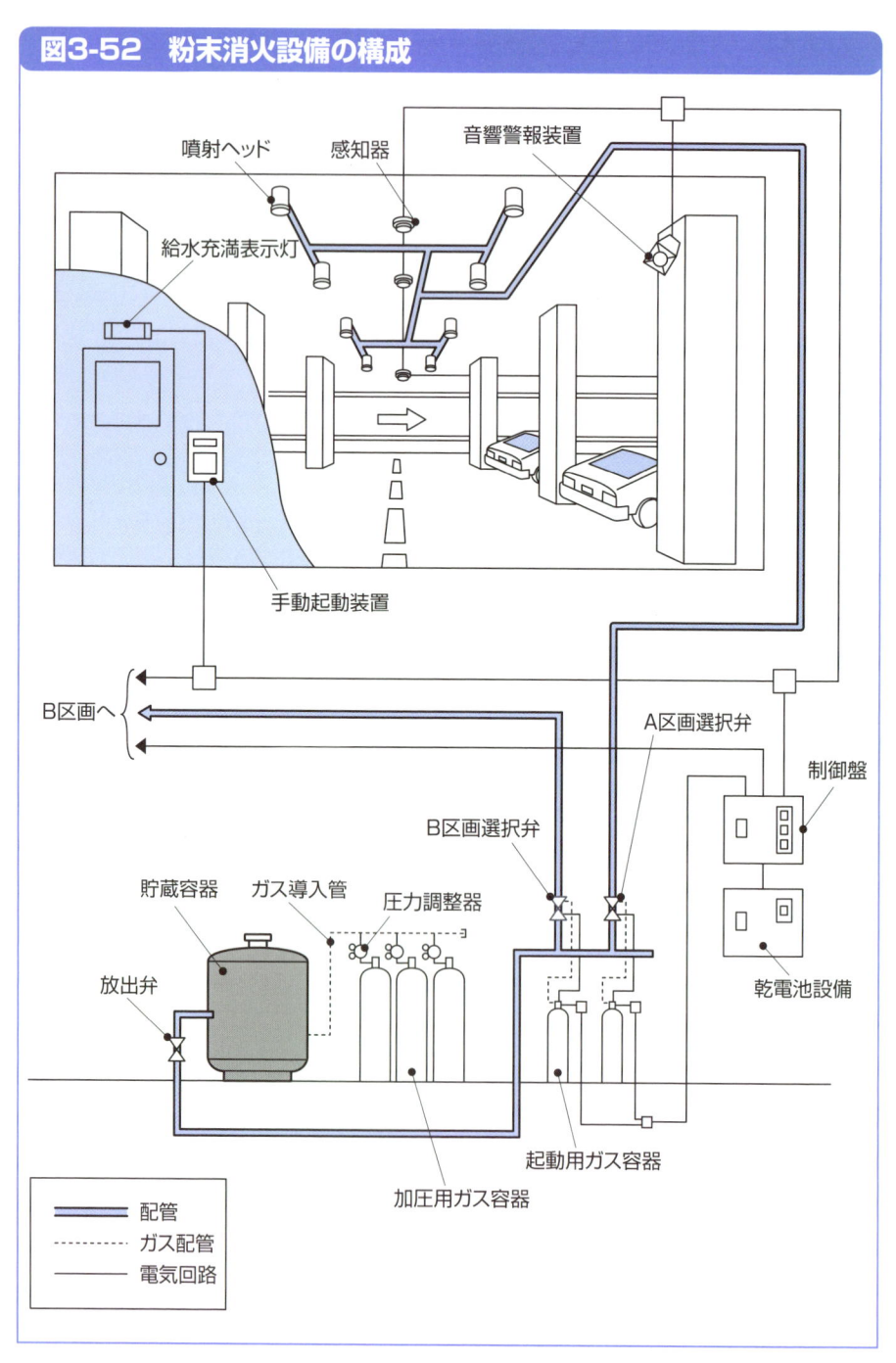

- 噴射ヘッド
- 感知器
- 音響警報装置
- 給水充満表示灯
- 手動起動装置
- B区画へ
- A区画選択弁
- B区画選択弁
- 制御盤
- 乾電池設備
- 貯蔵容器
- ガス導入管
- 圧力調整器
- 放出弁
- 起動用ガス容器
- 加圧用ガス容器

凡例：
- ━━ 配管
- ------ ガス配管
- ── 電気回路

> **ミニ知識** 粉末消火設備の構成は、不活性ガス消火設備とほぼ同様であるが、ガス系消火設備が必要になるところが異なる。

④ 粉末消火設備には、次に示す蓄圧式と加圧式があります。
　(a)蓄圧式とは、粉末消火剤が充填された貯蔵容器内に、窒素ガスや二酸化炭素などの圧縮ガスを封入しておく方式をいいます。
　(b)加圧式とは、貯蔵容器内には粉末消火剤のみを入れておき、火災時に、別に設置してある加圧用ガス容器内の窒素ガスを貯蔵容器に送り込み、加圧して放出する方式をいいます。

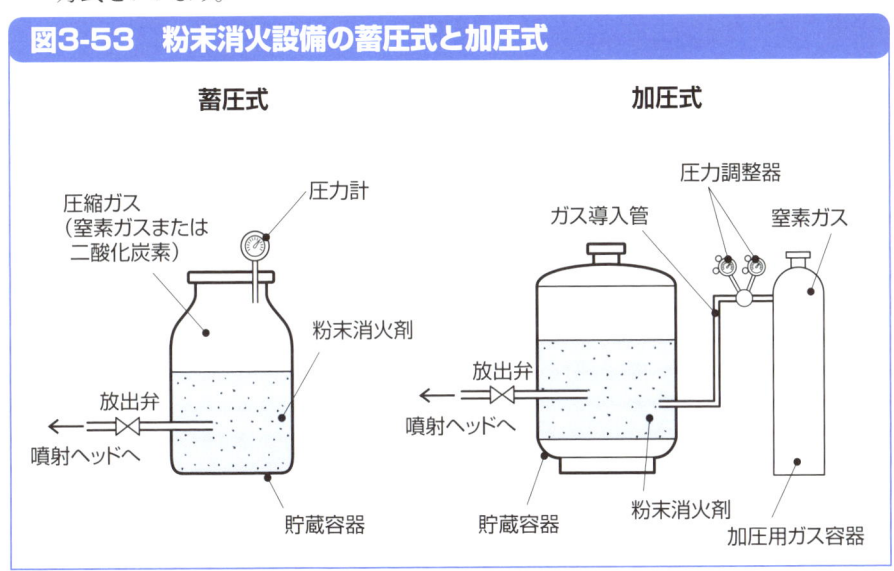

図3-53　粉末消火設備の蓄圧式と加圧式

3 粉末消火設備の設置基準（令18条）

① 粉末消火設備は油火災、電気火災に効果が大きいため、自動車修理場、駐車場、電気室、通信機室、コンピューター室、危険物貯蔵所、格納庫、繊維工業関係の火災などに使われます。
② 粉末消火設備の設置基準を表3-28に示します。

4 粉末消火設備の設置免除

① 指定可燃物を貯蔵しまたは取り扱う建築物、工作物にスプリンクラー設備を設置した場合は、その有効範囲内の部分については、粉末消火設備を設置しないことができます。
② 表3-28の④の場合、駐車するすべての車両が同時に屋外に出ることができる構造の階は、粉末消火設備を設置しないことができます。

ミニ知識　加圧式には窒素ガスを貯蔵容器に送り込むためのガス導入管が必要となる。

●表3-28　粉末消火設備の設置基準

令別表1の項目		防火対象物	下記の条件の場合に設置
(1)	イ	劇場グループ	①飛行機または回転翼航空機の格納庫 ②屋上部分で回転翼航空機または垂直離着陸航空機の発着の用途のもの ③自動車の修理または整備の用途の部分で床面積が 　　地階では200㎡以上 ┐ 　　1階では500㎡以上　├のもの 　　2階以上では200㎡以上┘ ④駐車の用途の部分のある階でその部分の床面積が 　　地階では200㎡以上 ┐ 　　1階では500㎡以上　│ 　　2階以上では200㎡以上├のもの 　　屋上では300㎡以上 ┘ ⑤昇降機などの機械装置により車両を駐車させる構造のもので車両の収容台数が10台以上のもの ⑥発電機・変圧器などの電気設備が設置されている部分の床面積が200㎡以上のもの ⑦鍛造場・ボイラー室・乾燥室など多量の火気を使用する部分の床面積が200㎡以上のもの ⑧通信機器室の床面積が500㎡以上のもの ⑨道路と建築物とが一体をなすと認められる構造の道路部分につき、その面積が 　　屋上では600㎡以上のもの 　　その他では400㎡以上のもの
	ロ	集会場グループ	
(2)	イ	キャバレーグループ	
	ロ	遊技場グループ	
	ハ	性風俗関連特殊営業店舗グループ	
	ニ	カラオケボックスグループ	
(3)	イ	料理店グループ	
	ロ	飲食店	
(4)		百貨店グループ	
(5)	イ	旅館グループ	
	ロ	共同住宅グループ	
(6)	イ	病院グループ	
	ロ	老人短期入所施設グループ	
	ハ	老人デイサービスセンターグループ	
	ニ	特殊学校グループ	
(7)		学校グループ	
(8)		図書館グループ	
(9)	イ	蒸気浴場グループ	
	ロ	一般浴場	
(10)		車両停車場グループ	
(11)		神社グループ	
(12)	イ	工場グループ	
	ロ	スタジオグループ	
(13)	イ	車庫グループ	
	ロ	特殊格納庫	
(14)		倉庫	
(15)		前各項以外	
(16)	イ	特定用途の存する複合用途	
	ロ	イ以外の複合用途	
(16の2)		地下街	
(16の3)		準地下街	
(17)		文化財	
(18)		アーケード	
指定可燃物の貯蔵・取扱所			指定可燃物数量が危令別表4の数量の1,000倍以上のもの

ミニ知識　表3-28の右欄の⑥、⑦、⑧以外は、3章P.124の泡消火設備の設置基準と同じである。

③ 表3-28の⑨の場合、その道路部分がそれ以外の部分と開口部のない耐火構造の床または壁で区画され、かつ道路部分の開口部に接する外壁が、耐火構造の庇などにより延焼防止上有効な措置がとられていれば、粉末消火設備を設置しないことができます。

5 粉末消火剤の種類

粉末消火剤には図3-54に示す4種類があり、いずれの種類も、油火災（B火災）、電気火災（C火災）に適します。

図3-54　粉末消火剤の種類

第1種粉末
炭酸水素ナトリウムを主成分
粉末の色：白色または淡い青色

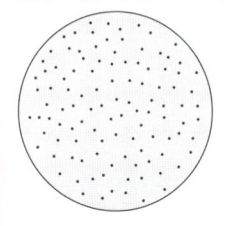

第2種粉末
炭酸水素カリウム（重炭酸カリウム）を主成分
粉末の色：紫色（パープルKともいわれる）

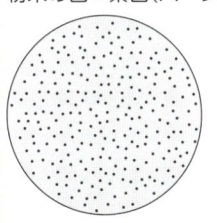

第3種粉末
りん酸塩類（りん酸アンモニウム）を主成分
粉末の色：ピンク色

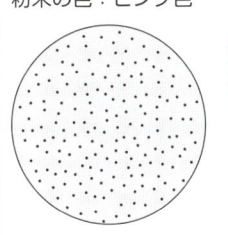

粉末消火器（ABC消火器）の消火剤に使われる

第4種粉末
炭酸水素カリウムと尿素との反応物を主成分
粉末の色：ねずみ色

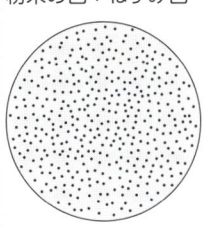

炭酸水素ナトリウム（重曹）は白い粉末で、パンをふくらませるふくらし粉などとして使われるものです。

ミニ知識 第3種粉末は、油火災（B火災）、電気火災（C火災）の他に、普通火災（A火災）にも適す。

22 粉末消火設備の種類と起動方式

粉末消火設備の全域放出方式、局所放出方式、移動式の内容は、不活性ガス消火設備の場合と同じである。

1 粉末消火設備の種類

粉末消火設備は設置方法によって、固定式と移動式に分かれ、さらに固定式は全域放出方式と局所放出方式に分かれます。

図3-55 粉末消火設備の種類

粉末消火設備の種類

- **移動式**：消火剤貯蔵容器とホースリールを固定し、ホースとホースノズルを人が操作することで、移動しながら消火する方式である。火災時に著しく煙が充満するおそれのない場所、つまり煙の影響を受けない場所に設置する。一定の条件を満たした外気に接する常時開放された開口部がある場所などがこれに当てはまる。
- **固定式**：消火剤貯蔵容器から噴射ヘッドまでのすべての機器を固定する方式で、火災時に煙が充満するおそれのある場所に設置する。
  - **全域放出方式**
    密閉や密閉に近い状態に区画した防護区画内の全域に、粉末消火剤を均一に放出して酸素濃度を低下して消火する方式である。
  - **局所放出方式**
    防護対象物ごとに粉末消火剤を直接放出して、燃焼する防護対象物の周囲の酸素供給を局所的に遮断して消火する方式である。

2 起動方式

①起動方式の種類

粉末消火設備の起動方式は、原則として**手動式**とします。ただし、常時人のいない防火対象物や手動式が不適当な場所に限って、自動式とすることができます。

② 粉末消火設備の起動方式を図3-57に示します。

> **ミニ知識** 局所放出方式は、一般の防火対象物にはあまり設置されない。

図3-56　粉末消火設備の起動方式の種類

起動方式
- **手動式**：防護区画外にあり、区画内を見通すことができる出入口付近などに設置し、操作した人が容易に退避できるようにする。操作部は床面から0.8〜1.5m以内の高さに設置する。火災時には、防火区画内に人がいないことを確認してから起動ボタンを押す。
- **自動式**：火災感知器の作動と連動して起動するもので、ひとつの防護区画内に2系統の感知器を設置して、両方の系統の感知器が作動した場合に起動するものにしなければならない。

図3-57　粉末消火設備の起動方式

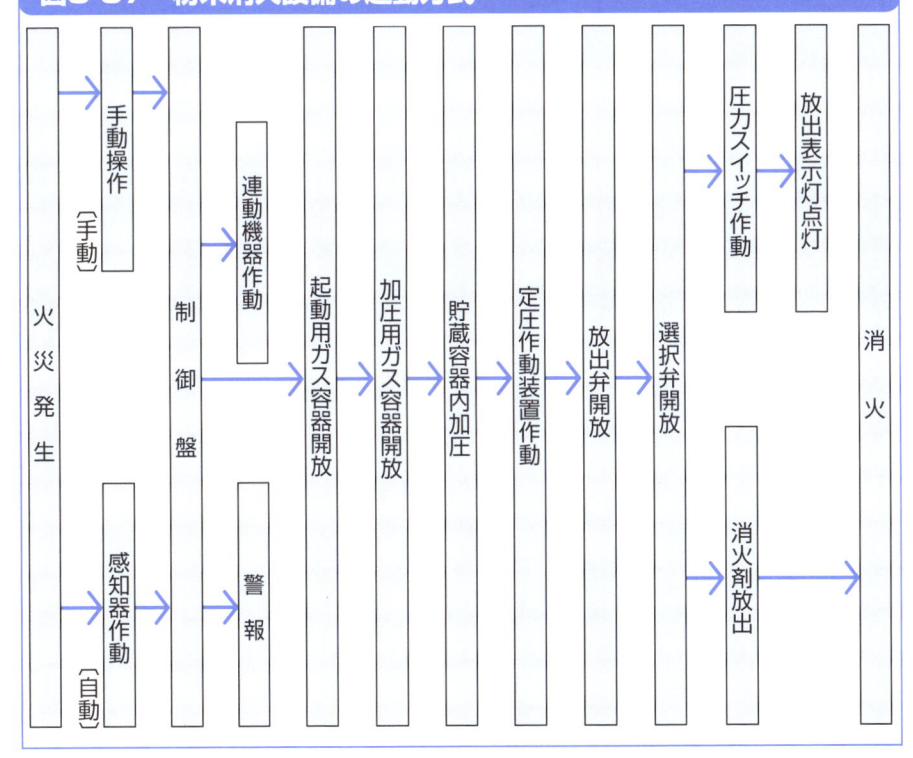

火災発生 →〔手動〕手動操作 → 制御盤 → 連動機器作動 → 起動用ガス容器開放 → 加圧用ガス容器開放 → 貯蔵容器内加圧 → 定圧作動装置作動 → 放出弁開放 → 選択弁開放 → 圧力スイッチ作動 → 放出表示灯点灯 → 消火

火災発生 →〔自動〕感知器作動 → 制御盤 → 警報

選択弁開放 → 消火剤放出 → 消火

粉末消火設備の起動方式は、手動式とするのが原則です。

ミニ知識　図3-57の連動機器作動とは、シャッター閉鎖や換気扇停止などのことをいう。

㉓ 屋外消火栓設備

屋外消火栓設備は、消火栓箱を建築物の外部に設けたもので、屋外から放水しつつ、ホースを伸ばして建築物の内部でも消火にあたることができる消火設備である。

1 屋外消火栓設備の特徴

① **1階と2階部分の火災を初期消火**したり、外部からの延焼を防止するもので、在住者と消防隊が使うものです。
② 屋外消火栓設備は、**大規模建築物や敷地が広い場合**に必要となります。

2 屋外消火栓設備の構成

① 屋外消火栓設備には、消火栓箱の他に**地上式（スタンド式）**や**地下式（埋込式）**のものもあります。
② 屋外消火栓設備の構成を図3-58に示します。

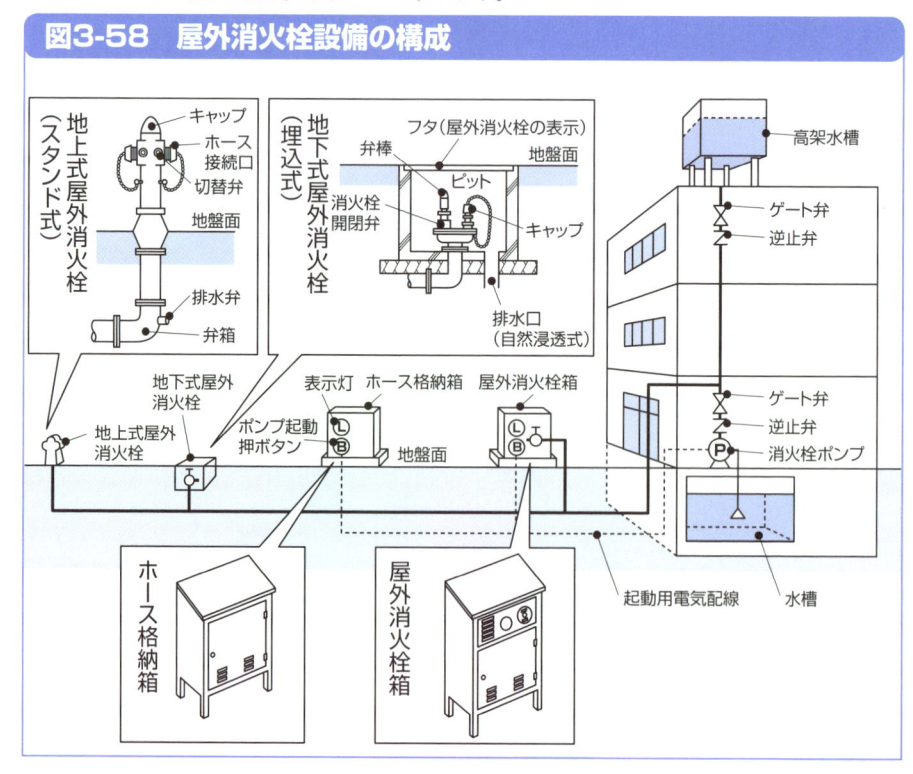

図3-58　屋外消火栓設備の構成

地上式屋外消火栓（スタンド式）：キャップ、ホース接続口、切替弁、地盤面、排水弁、弁箱

地下式屋外消火栓（埋込式）：フタ（屋外消火栓の表示）、弁棒、地盤面、ピット、消火栓開閉弁、キャップ、排水口（自然浸透式）

地下式屋外消火栓、地上式屋外消火栓、表示灯、ホース格納箱、屋外消火栓箱、ポンプ起動押ボタン、地盤面、高架水槽、ゲート弁、逆止弁、消火栓ポンプ、起動用電気配線、水槽

ホース格納箱
屋外消火栓箱

> **ミニ知識**　屋外消火栓設備は、消防隊がかけつけてくるまでの間、在住者などによる自衛消防隊が利用できるようにした設備である。

③ 屋外消火栓箱とホース格納箱を図3-59に示します。

図3-59　屋外消火栓箱とホース格納箱

ホース格納箱
1,200mm / 600mm / 270mm
[ノズル　65A×φ19　1本
　ホース　65A×20m　2本]

屋外消火栓箱
1,500mm / 600mm / 270mm
[バルブ　65A×90°
　ノズル　65A×φ19　1本
　ホース　65A×20m　2本]

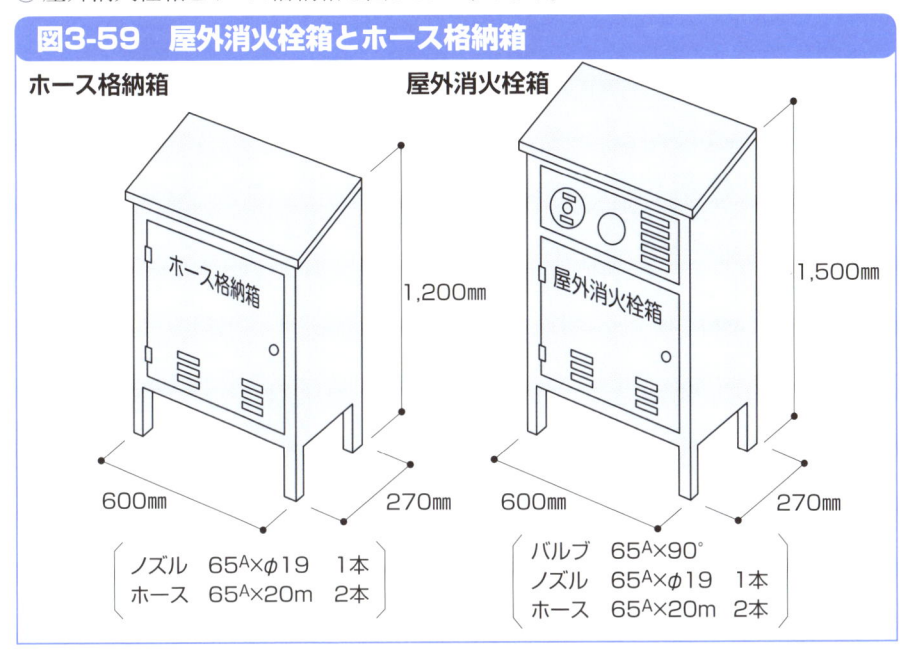

3　屋外消火栓設備の設置基準（令19条、規則22条）

① 屋外消火栓設備は**建築物の用途に関係なく規模によって決まり、1階と2階の床面積の合計が耐火建築物では9,000㎡以上、準耐火建築物では6,000㎡以上、その他の建築物では3,000㎡以上**の場合に、設置しなければなりません。

図3-60　屋外消火栓設備の設置基準

1階と2階の床面積の合計が
・耐火建築物：9,000㎡以上
・準耐火建築物：6,000㎡以上
・その他の建築物：3,000㎡以上
の場合は、屋外消火栓設備が必要となる

2階
1階

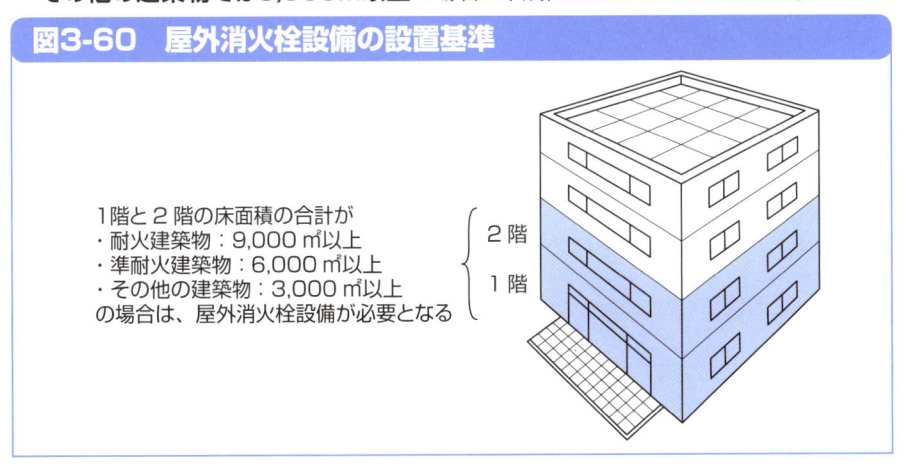

ミニ知識　屋外消火栓設備の設置基準の①にある「その他の建築物」とは、木造建築物などをいう。

第3章　消火設備

●表3-29　屋外消火栓設備の設置基準

令別表1の項目		防火対象物	下記の条件の場合に設置
(1)	イ	劇場グループ	1階または1階と2階の部分の合計床面積が次のもの 　イ　耐火建築物　　：9,000㎡以上 　ロ　準耐火建築物　：6,000㎡以上 　ハ　その他の建築物：3,000㎡以上
(1)	ロ	集会場グループ	
(2)	イ	キャバレーグループ	
(2)	ロ	遊技場グループ	
(2)	ハ	性風俗関連特殊営業店舗グループ	
(2)	ニ	カラオケボックスグループ	
(3)	イ	料理店グループ	
(3)	ロ	飲食店	
(4)		百貨店グループ	
(5)	イ	旅館グループ	
(5)	ロ	共同住宅グループ	
(6)	イ	病院グループ	
(6)	ロ	老人短期入所施設グループ	
(6)	ハ	老人デイサービスセンターグループ	
(6)	ニ	特殊学校グループ	
(7)		学校グループ	
(8)		図書館グループ	
(9)	イ	蒸気浴場グループ	
(9)	ロ	一般浴場	
(10)		車両停車場グループ	
(11)		神社グループ	
(12)	イ	工場グループ	
(12)	ロ	スタジオグループ	
(13)	イ	車庫グループ	
(13)	ロ	特殊格納庫	
(14)		倉庫	
(15)		前各項以外	
(16)	イ	特定用途の存する複合用途	
(16)	ロ	イ以外の複合用途	
(16の2)		地下街	
(16の3)		準地下街	
(17)		文化財	上記に同じ
(18)		アーケード	

☐の部分は設置すべき条件、☐は必要なしを表す。

> **ミニ知識**　屋外消火栓設備の設置は、平屋建（地階のあるものも含む）は1階の床面積により、また2階建以上のものは1階と2階の床面積の合計により決まる。

② 同一敷地内に2つ以上の建築物（耐火建築物と準耐火建築物を除く）がある場合、建築物相互の外壁間の中心線からの水平距離が、1階では3m以下、2階では5m以下である部分のあるものは、ひとつの建築物であるとみなし、設置規制を受けます。

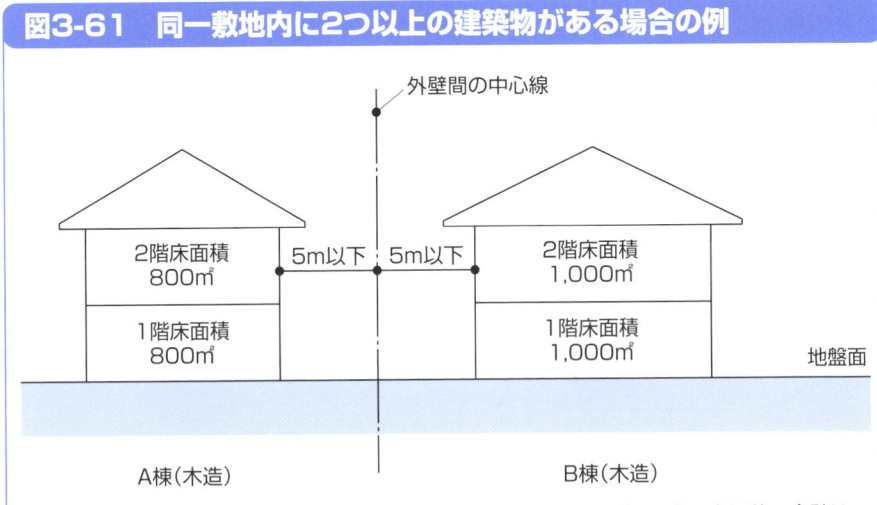

図3-61　同一敷地内に2つ以上の建築物がある場合の例

外壁間の中心線

A棟（木造）：2階床面積 800㎡、1階床面積 800㎡
5m以下　5m以下
B棟（木造）：2階床面積 1,000㎡、1階床面積 1,000㎡
地盤面

同一敷地内にA棟とB棟の木造建築物がある場合、A棟とB棟の1階と2階の床面積の合計は3,600㎡となり、3,000㎡以上となるので、屋外消火栓設備が必要となる。

4　屋外消火栓設備の設置免除

① スプリンクラー設備など、次に示す消防用設備を設置した場合は、これらの設備の有効範囲内の部分については、屋外消火栓設備を設置しないことができます。

屋外消火栓設備の代替設備：スプリンクラー設備、水噴霧消火設備、泡消火設備、不活性ガス消火設備、ハロゲン化物消火設備、粉末消火設備、動力消防ポンプ設備

② 次に示す不燃材料でつくられた防火対象物またはその部分では、屋外消火栓設備を省略することができます。

出火の危険がなく延焼のおそれが少ないと認められた倉庫や塔屋部分など（不燃性物品を収納するもの）、プールやスケートリンク（滑走部分に限る）、抄紙工場、サイダー工場、ジュース工場、不燃性の金属・石材などの加工工場、内部設備が貯水槽などである浄化槽、汚水処理場など

用語　抄紙　紙をすくことをいう。

5 屋外消火栓設備の有効範囲

① 屋外消火栓設備の**有効範囲は半径40m以下**で、建築物を包含できるように配置します。
② ホースは消火栓に接続しないで、消火栓から5m以内の近くにある**ホース格納箱**に別に設置することがあり、消火時にはホースを接続して使います。

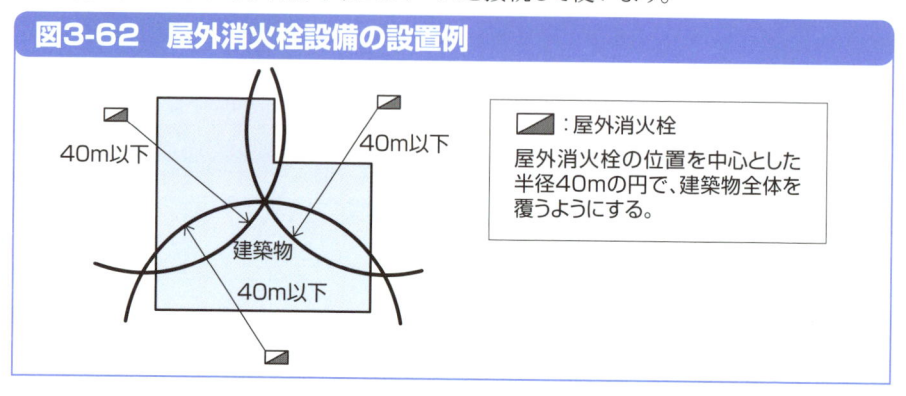

図3-62　屋外消火栓設備の設置例

◢：屋外消火栓
屋外消火栓の位置を中心とした半径40mの円で、建築物全体を覆うようにする。

6 屋外消火栓設備の技術基準

① 屋外消火栓の使用方法は**屋内消火栓とほとんど同じ**ですが、放水量が350ℓ／分以上、放水圧力が0.25MPa以上あり、屋内消火栓（1号消火栓では放水量が130ℓ／分以上、放水圧力が0.17MPa以上）に比べて消火能力がかなり大きいため、使用には訓練が必要となります。
② 屋外消火栓設備の技術基準を表3-30に示します。

●表3-30　屋外消火栓設備の技術基準

項　　目	内　　容
配置方法	建築物の各部分から屋外消火栓のひとつのホース接続口までの水平距離を40m以下とする。
放水量	350ℓ／分以上
放水圧力	0.25MPa以上
水源水量	7.0m³×消火栓設置個数（ただし、設置個数が2個を超えるときは2個とする）
ポンプ吐出能力	400ℓ／分×消火栓設置個数（ただし、設置個数が2個を超えるときは2個とする）
起動装置	直接操作でき、かつ屋外消火栓の内部またはそのすぐ近くの箇所に設けられた操作部（自動火災報知設備のP型発信機を含む）から遠隔操作できること。

ミニ知識　有効半径において、屋内消火栓（1号消火栓）では25m以下であるのに対して、屋外消火栓では40m以下と広い範囲になる。

24 動力消防ポンプ設備

動力消防ポンプ設備は、位置を固定せずに移動できるエンジン付きの消防ポンプで、屋内消火栓設備や屋外消火栓設備の代替設備である。

1 動力消防ポンプ設備の種類

① 動力消防ポンプ設備には、**消防ポンプ自動車と可搬消防ポンプ**があります。

●表3-31　動力消防ポンプ設備の種類

消防ポンプ自動車	ポンプが自動車の車台に固定されたものである。主として公設の消防署に配置されるが、大工場などで屋外消火栓設備の代わりに自衛消防隊用としても使われる。
可搬消防ポンプ	ポンプが車両を使わずに人力により搬送されるもの、または人力によりけん引される車両や自動車の車台に取り外しができるように取り付けられて搬送されるものである。

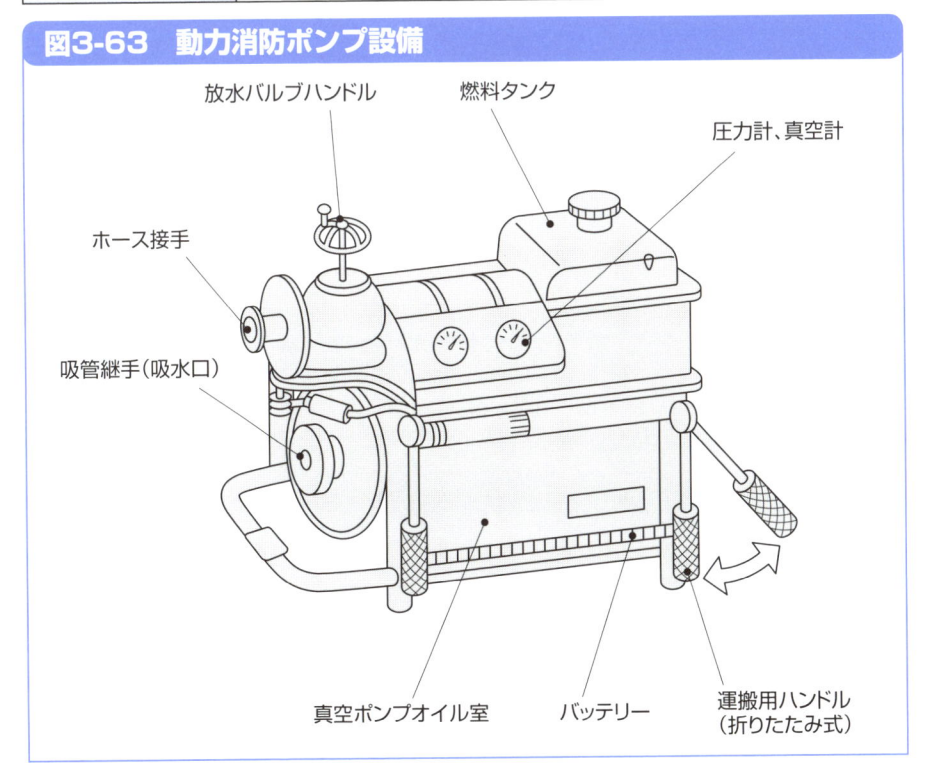

図3-63　動力消防ポンプ設備

（放水バルブハンドル、燃料タンク、圧力計・真空計、ホース接手、吸管継手（吸水口）、真空ポンプオイル室、バッテリー、運搬用ハンドル（折りたたみ式））

ミニ知識　消防ポンプ自動車は、消防車またはポンプ車ともいう。

② 可搬消防ポンプとは、燃料、潤滑油、冷却水などの液体をすべて取り除いた場合の総重量（乾燥重量）が150kg以下のものをいいます。このうち、総重量（乾燥重量）が100kg以下の軽いものは**軽可搬消防ポンプ**といい、主としてこれが使われています。
③ 動力消防ポンプ設備の使い方を図3-64に示します。

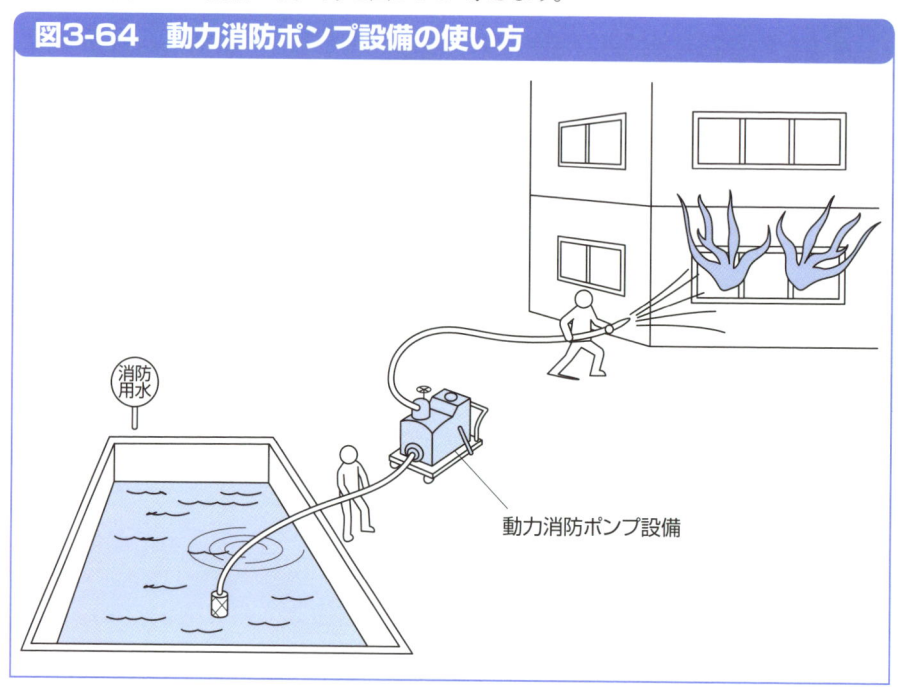

図3-64　動力消防ポンプ設備の使い方

2 動力消防ポンプ設備の設置基準（令20条）

動力消防ポンプ設備の設置基準を表3-32に示します。

3 動力消防ポンプ設備の設置免除

① 屋外消火栓設備、1階・2階に屋内消火栓設備、スプリンクラー設備、水噴霧消火設備、泡消火設備、不活性ガス消火設備、ハロゲン化物消火設備、粉末消火設備のいずれかの設備を設置した場合には、動力消防ポンプ設備を設置しないことができます。
② 屋外消火栓設備における省略と同様に、不燃材料でつくられた防火対象物またはその部分で、次に示すものは動力消防ポンプ設備を省略することができます。

> **ミニ知識**　可搬消防ポンプの場合は、ホース、ノズル、吸管、工具などの必要器具を動力消防ポンプ本体に直接装備する必要はなく、別に配置してもかまわない。

●表3-32 動力消防ポンプ設備の設置基準

令別表1の項目		防火対象物	下記の条件の場合に設置
(1)	イ	劇場グループ	①屋内消火栓設備の設置対象物〔ただし (16の2) 項は除く〕 ②屋外消火栓設備の設置対象物
	ロ	集会場グループ	
(2)	イ	キャバレーグループ	
	ロ	遊技場グループ	
	ハ	性風俗関連特殊営業店舗グループ	
	ニ	カラオケボックスグループ	
(3)	イ	料理店グループ	
	ロ	飲食店	
(4)		百貨店グループ	
(5)	イ	旅館グループ	
	ロ	共同住宅グループ	
(6)	イ	病院グループ	
	ロ	老人短期入所施設グループ	
	ハ	老人デイサービスセンターグループ	
	ニ	特殊学校グループ	
(7)		学校グループ	
(8)		図書館グループ	
(9)	イ	蒸気浴場グループ	
	ロ	一般浴場	
(10)		車両停車場グループ	
(11)		神社グループ	
(12)	イ	工場グループ	
	ロ	スタジオグループ	
(13)	イ	車庫グループ	
	ロ	特殊格納庫	
(14)		倉庫	
(15)		前各項以外	
(16)	イ	特定用途の存する複合用途	
	ロ	イ以外の複合用途	
(16の2)		地下街	
(16の3)		準地下街	
(17)		文化財	
(18)		アーケード	

第3章 消火設備

ミニ知識 動力消防ポンプ設備は、屋外消火栓設備などよりも、工事費などコストが安く経済的である。

出火の危険がなく延焼のおそれが少ないと認められた倉庫や塔屋部分など（不燃性物品を収納するもの）、プールやスケートリンク（滑走部分に限る）、抄紙工場、サイダー工場、ジュース工場、不燃性の金属・石材などの加工工場、内部設備が貯水槽などである浄化槽、汚水処理場など

4 動力消防ポンプ設備の技術基準

動力消防ポンプ設備の技術基準を表3-33に示します。

●表3-33　動力消防ポンプ設備の技術基準

項　目	内　容
配置方法	動力消防ポンプ設備は、水源のすぐ近くの場所に常置する。ただし、消防ポンプ自動車または自動車によりけん引されるものは、水源からの歩行距離が1000m以内の場所に常置してもよい。
放水量	・屋内消火栓設備の設置を必要とする防火対象物：0.2㎥／分以上 ・屋外消火栓設備の設置を必要とする防火対象物：0.4㎥／分以上
水源の配置	動力消防ポンプ設備に必要とする水源は、水源を中心に次の水平距離を半径とする円により、防火対象物の各部分が覆われるように配置する。 ・動力消防ポンプの放水量が0.5㎥／分以上のもの： 　　　　　　　　　　水平距離（半径）100m以下 ・動力消防ポンプの放水量が0.4㎥／分以上～0.5㎥／分未満のもの： 　　　　　　　　　　水平距離（半径）40m以下 ・動力消防ポンプの放水量が0.4㎥／分未満のもの： 　　　　　　　　　　水平距離（半径）25m以下
水源水量	規格放水量で20分間放水できる水量以上とする。ただし、その水量が20㎥以上となるときは20㎥としてよい。

5 屋内消火栓設備、屋外消火栓設備、動力消防ポンプ設備の代替関係

①屋外消火栓設備と動力消防ポンプ設備の代替関係

大規模建築物の1階と2階を対象とした屋外消火栓設備と動力消防ポンプ設備は、

ミニ知識　大雨や台風などの洪水で、地階に浸水した場合、動力消防ポンプ設備は排水にも利用できる。

両方とも設置する必要はなく、いずれかひとつを設置すればよいといえます。

②**屋内消火栓設備と屋外消火栓設備・動力消防ポンプ設備の代替関係**

屋外消火栓設備または動力消防ポンプ設備を設置した場合には、その建築物の**1～2階に限り**屋内消火栓設備を設置する必要はありません。ただし、その逆に、建築物の1階～2階に屋内消火栓設備を設置した場合には、動力消防ポンプ設備は設置する必要はありませんが、**屋外消火栓設備の設置は免除されません**。

●表3-34　屋内消火栓設備、屋外消火栓設備、動力消防ポンプ設備の代替関係

建築物の1階、2階に設置する消火設備の種類	設置の必要または不必要
屋内消火栓設備	屋外消火栓設備設置必要 動力消防ポンプ設備設置不要
屋外消火栓設備	屋内消火栓設備設置不要 動力消防ポンプ設備設置不要
動力消防ポンプ設備	屋内消火栓設備設置不要 屋外消火栓設備設置不要

消防ポンプ自動車は、公設の消防署に主に配置されるものですが、大工場などの屋外消火栓設備の代わりに使われ、自衛消防隊用としても使われます。

Point! 動力消防ポンプ設備の常置場所

動力消防ポンプ設備は、水源のすぐ近くの場所に常置するのを原則とします。常置場所については、雨水や風による被害を防止する措置を講じるようにし、常置場所を明示する標識などを設置します。また少なくとも6か月ごとに、放水圧力の測定、エンジンの始動テスト、エンジンの燃料、潤滑油の点検などを行い、つねに所定の能力を維持できるようにしておきます。

ミニ知識　表3-34により、各設備の代替関係をしっかり押さえておくこと。

25 パッケージ型消火設備

パッケージ型消火設備は、消火剤貯蔵容器、加圧用ガス容器、圧力調整器、ノズル、ホースなどをひとつの箱に収めたものである。

1 パッケージ型消火設備の特徴

① パッケージ型消火設備は、消火する人が箱よりホースを取り出して延長し、ノズルから消火剤（消火に使う水を含む）を放射して、消火を行う設備です。

② パッケージ型消火設備は、**屋内消火栓設備の代替設備**として認められるものです。

図3-65 パッケージ型消火設備の例

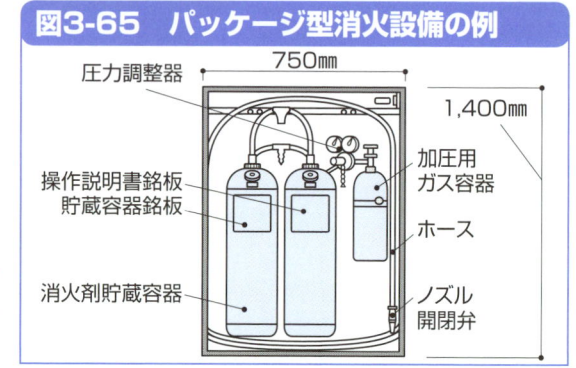

（圧力調整器、操作説明書銘板、貯蔵容器銘板、消火剤貯蔵容器、加圧用ガス容器、ホース、ノズル開閉弁、750mm、1,400mm）

2 パッケージ型消火設備の区分

① パッケージ型消火設備は、性能によってⅠ型とⅡ型に区分されて、階の各部分からひとつのホース接続口までの水平距離が**Ⅰ型では20m以下、Ⅱ型では15m以下**となるように配置します。

② Ⅰ型の防護部分の面積は850㎡以下とし、Ⅱ型では500㎡以下とします。

3 パッケージ型消火設備の設置基準

パッケージ型消火設備の設置基準を表3-35に示します。

4 パッケージ型消火設備の設置免除

次の①と②については、パッケージ型消火設備を設置しないことができます。
① 初期消火や避難を行うために、有効な外気に直接開放された開口部などがないために、火災時に煙が著しく充満するおそれのある場所。
② 指定可燃物（可燃性液体類に係るものを除く）を危令別表4で定める数値の750倍以上貯蔵し、または取り扱うもの。

ミニ知識 Ⅰ型、Ⅱ型とも、40℃以下で温度変化が少なく、直射日光や雨水のかかるおそれの少ない場所に設置する。

●表3-35 パッケージ型消火設備の設置基準

令別表1の項目		防火対象物	一般(延べ面積)	4階以上の階(床面積)
(1)	イ	劇場グループ	500㎡以上 ※1	100㎡以上 ※1
	ロ	集会場グループ		
(2)	イ	キャバレーグループ	700㎡以上※1	150㎡以上 ※1
	ロ	遊技場グループ		
	ハ	性風俗関連特殊営業店舗グループ		
	ニ	カラオケボックスグループ		
(3)	イ	料理店グループ		
	ロ	飲食店		
(4)		百貨店グループ		
(5)	イ	旅館グループ		
	ロ	共同住宅グループ		
(6)	イ	病院グループ		
	ロ	老人短期入所施設グループ		
	ハ	老人デイサービスセンターグループ		
	ニ	特殊学校グループ		
(7)		学校グループ		
(8)		図書館グループ		
(9)	イ	蒸気浴場グループ		
	ロ	一般浴場		
(10)		車両停車場グループ		
(11)		神社グループ	1,000㎡以上 ※1	200㎡以上※1
(12)	イ	工場グループ	700㎡以上※1	150㎡以上※1
	ロ	スタジオグループ		
(13)	イ	車庫グループ		
	ロ	特殊格納庫		
(14)		倉庫		
(15)		前各項以外	1,000㎡以上 ※1	200㎡以上※1
(16)	イ	特定用途の存する複合用途	※1 ※2	※1 ※2
	ロ	イ以外の複合用途		
(16の2)		地下街		
(16の3)		準地下街		
(17)		文化財		
(18)		アーケード		

▨ の部分は設置すべき条件、☐ は必要なしを表す。

※1 耐火建築物では、地階を除く階が6以下であり、かつ延べ面積が3,000㎡以下のものに限る(この場合、I型を設置する。なお、地階を除く階が4以下であり、かつ延べ面積が1,500㎡以下のものでは、II型を設置することができる)。
　　耐火建築物以外では、地階を除く階が3以下であり、かつ延べ面積が2,000㎡以下のものに限る(この場合、I型を設置する。なお、地階を除く階が2以下であり、かつ延べ面積が1,000㎡以下のものでは、II型を設置することができる)。
※2 各用途部分の設置基準に従って設置する。

ミニ知識 パッケージ型消火設備には、消火剤貯蔵容器の直近の見やすい箇所に赤色の灯火とパッケージ型消火設備である旨を表示した標識を設けること。

26 パッケージ型自動消火設備

パッケージ型自動消火設備とは、火災により生ずる熱、煙などを感知して、自動的に水などの消火剤を加圧して放出し、消火を行う固定した消火設備をいう。

1 パッケージ型自動消火設備の構成

① パッケージ型自動消火設備において、ひとつの箱に収納されているものには、消火剤貯蔵容器、加圧用ガス容器、作動装置、受信装置などがあります。また箱に収納されていないものには、感知器、放出口、放出導管があります。
② パッケージ型自動消火設備は、**屋内消火栓設備**、**スプリンクラー設備の代替設備**として認められるものです。

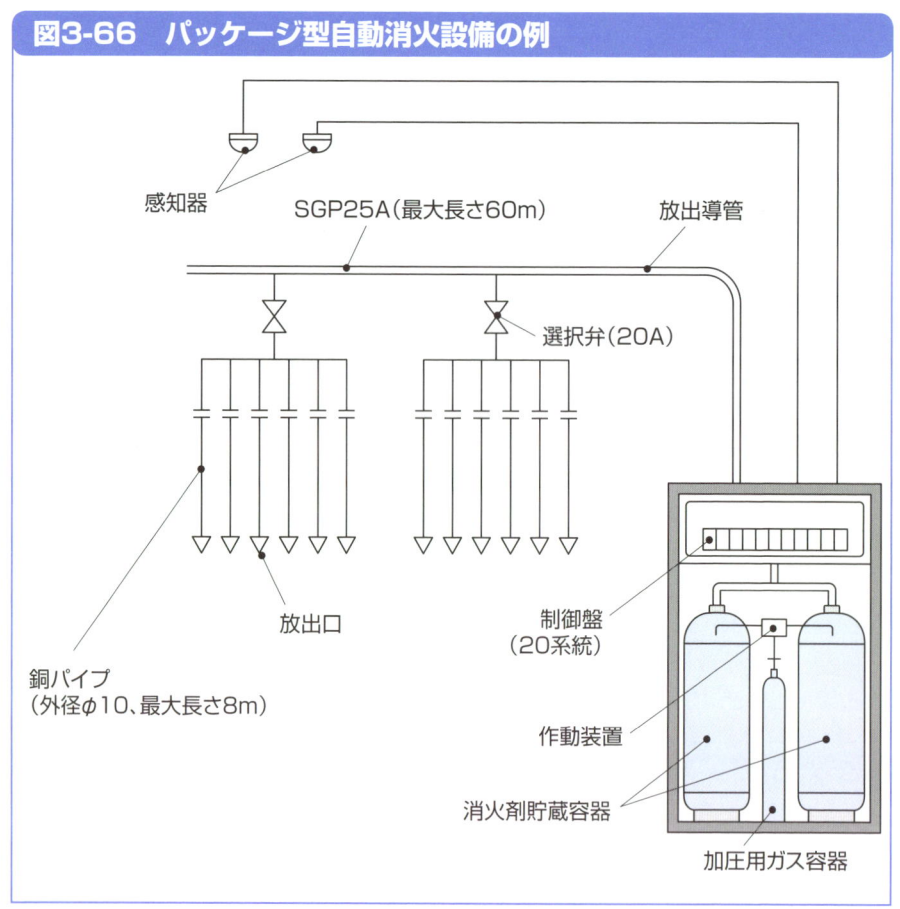

図3-66　パッケージ型自動消火設備の例

感知器
SGP25A（最大長さ60m）
放出導管
選択弁（20A）
放出口
銅パイプ
（外径φ10、最大長さ8m）
制御盤
（20系統）
作動装置
消火剤貯蔵容器
加圧用ガス容器

ミニ知識　パッケージ型自動消火設備において、感知器、放出口、放出導管の他は、ひとつの箱にまとめて収納されている。

2 パッケージ型自動消火設備の種類

パッケージ型自動消火設備の種類を図3-67に示します。

図3-67　パッケージ型自動消火設備の種類

パッケージ型自動消火設備の種類
- **一般用パッケージ型自動消火設備：**
  主として住居、作業、娯楽などの目的で継続的に使われる室、廊下、通路などで、人が常時出入りをする場所などに設置するものである。
- **倉庫用パッケージ型自動消火設備：**
  主として倉庫、リネン室など普段閉鎖されている場所で、常時人の立ち入るおそれのない場所に設置するものである。

3 パッケージ型自動消火設備の設置基準

パッケージ型自動消火設備の設置基準を表3-36に示します。

4 パッケージ型自動消火設備の設置に関する基準

① 同時放射区域は、原則としてパッケージ型自動消火設備を設置しようとする防火対象物の壁、床、天井、戸（ふすま、障子などを除く）などで区画されている居室、倉庫などの部分ごとに設置します。

② パッケージ型自動消火設備は、同時放射区域で発生した火災を有効に感知し、かつ消火できるように設置します。

③ 壁、床、天井、戸などで区画されている居室などの面積が13㎡を超える場合には同時放射区域を2つ以上に分割して設定することができます。この場合、それぞれの同時放射区域の面積は、13㎡以上とします。

④ パッケージ型自動消火設備は、その防護面積（2つ以上のパッケージ型自動消火設備を組み合わせて使う場合は、その設備の防護面積の合計）が同時放射区域の面積以上であるものを設置します。

> パッケージ型自動消火設備は、屋内消火栓設備、スプリンクラー設備の代替設備として認められています。

ミニ知識　防護面積、放射区域については、3章P.113を参照すること。

● 表3-36　パッケージ型自動消火設備の設置基準

令別表1の項目		防火対象物	一般（延べ面積）	地階・無窓階（床面積）	4〜10階（床面積）	階数が11階以上のもの（地階を除く階数）	11階以上の階
(1)	イ	劇場グループ					
	ロ	集会場グループ					
(2)	イ	キャバレーグループ					
	ロ	遊技場グループ					
	ハ	性風俗関連特殊営業店舗グループ					
	ニ	カラオケボックスグループ					
(3)	イ	料理店グループ					
	ロ	飲食店					
(4)		百貨店グループ					
(5)	イ	旅館グループ	平屋建以外 6,000㎡以上 ※2,3	1,000㎡以上 ※2	1,500㎡以上 ※2,3	全部 ※2,3	全部 ※2,3
	ロ	共同住宅グループ					全部 ※2
(6)	イ	病院グループ ★1	平屋建以外 3,000㎡以上 ※2,4	1,000㎡以上 ※2	1,500㎡以上 ※2,3	全部 ※2,3	全部 ※2,3
	ロ	老人短期入所施設グループ ★2	全部または275㎡以上 ※2,9				
	ハ	老人デイサービスセンターグループ	平屋建以外 6,000㎡以上 ※2	1,000㎡以上 ※2	1,500㎡以上 ※2,3		
	ニ	特殊学校グループ					
(7)		学校グループ					
(8)		図書館グループ					
(9)	イ	蒸気浴場グループ					
	ロ	一般浴場					
(10)		車両停車場グループ					
(11)		神社グループ					
(12)	イ	工場グループ					
	ロ	スタジオグループ					
(13)	イ	車庫グループ					
	ロ	特殊格納庫					
(14)		倉庫					
(15)		前各項以外					
(16)	イ	特定用途の存する複合用途	※2,5,8	※2,6,8	※2,7,8	全部 ※2,3,8	全部 ※2,3,8
	ロ	イ以外の複合用途					
(16の2)		地下街					
(16の3)		準地下街					
(17)		文化財					
(18)		アーケード					

※1 ▭の部分は主として、居住、執務、作業、集会、娯楽などの目的のために継続的に使用される室、廊下、通路などの人が常時出入りする場所に設置する。また▭は必要なしを表す。
※2 延べ面積が 10,000㎡ 以下に限る。　　※3 スプリンクラー代替区画部分。
※4 平屋建以外の防火対象物で、スプリンクラー代替区画部分以外の部分の床面積が、病院の場合は 3,000㎡ 以上、診療所や助産所の場合は 6,000㎡ 以上のものには必要となる。
※5 令別表1の(1)〜(4)項、(5)項イ、(6)項、(9)項イの用途の部分（スプリンクラー代替区画部分を除く）の床面積が 3,000㎡ 以上の場合に必要となる。
※6 令別表1の(1)〜(4)項、(5)項イ、(6)項、(9)項イの用途の部分がある階で、その用途の部分（スプリンクラー代替区画部分を除く）の床面積が 1,000㎡ 以上の場合に必要となる。
※7 令別表1の(1)、(3)項、(5)項イ、(6)項、(9)項イの用途の部分がある階で、その用途の部分（スプリンクラー代替区画部分を除く）の床面積が 1,500㎡ 以上の場合に必要となる。
※8 パッケージ型自動消火設備の設置部分は、令別表1の(5)項、(6)項の用途の部分に限る。
※9 老人短期入所施設グループについては、P.93の※4と同じ内容である。
★1印は、P.93の★印の表と同じ内容である。★2印は、P.93※4と同じ内容である。

第4章

警報設備

- ❶自動火災報知設備の構成と設置基準 …………………… 166
- ❷自動火災報知設備の受信機 ……………………………… 171
- ❸自動火災報知設備の発信機 ……………………………… 176
- ❹自動火災報知設備の地区音響装置、警戒区域、感知区域 … 178
- ❺感知器の種類 ……………………………………………… 182
- ❻各種の感知器の作動する原理 …………………………… 185
- ❼感知器の設置場所 ………………………………………… 193
- ❽感知器の設置方法 ………………………………………… 198
- ❾自動火災報知設備の失報と非火災報 …………………… 205
- ❿ガス漏れ火災警報設備の構成と設置基準 ……………… 207
- ⓫ガス漏れ火災警報設備のガス漏れ検知器、
  受信機、警報装置 ……………………………………… 211
- ⓬漏電火災警報器 …………………………………………… 217
- ⓭消防機関へ通報する火災報知設備 ……………………… 222
- ⓮非常警報器具と非常警報設備の設置基準 ……………… 226
- ⓯非常ベルと自動式サイレン ……………………………… 229
- ⓰放送設備 …………………………………………………… 233

1 自動火災報知設備の構成と設置基準

自動火災報知設備とは、感知器によって火災発生の早期発見などをするために設置される警報設備である。

1 自動火災報知設備の機能

① 火災発生時に、直ちにそれを知れば、速やかに消火活動、消防機関への通報、避難をして、火災の被害を軽減することができます。そのための非常に有効な設備として自動火災報知設備があります。
② 自動火災報知設備は、火災により発生した**熱、煙、炎を感知器によって感知**し、または人が発信機の押しボタンを押して、警報（ベルやサイレンなど）を発することにより、火災の発生の**早期発見**、**早期通報**、**早期避難**、**早期消火**を可能にします。

2 自動火災報知設備の構成

① 自動火災報知設備は、感知器、中継器、受信機、発信機、表示灯、音響装置などによって構成されています。

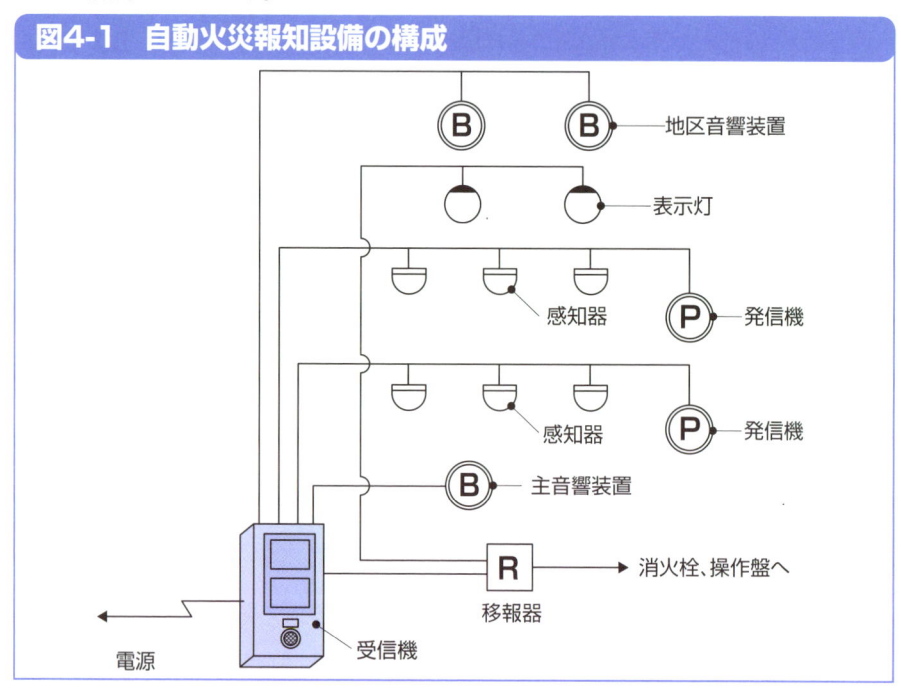

図4-1　自動火災報知設備の構成

- Ⓑ 地区音響装置
- 表示灯
- 感知器
- Ⓟ 発信機
- Ⓑ 主音響装置
- Ⓡ 移報器 → 消火栓、操作盤へ
- 受信機
- 電源

ミニ知識　自動火災報知設備は、自火報（じかほう）と略称されることがある。

② 自動火災報知設備のしくみを図4-2に示します。

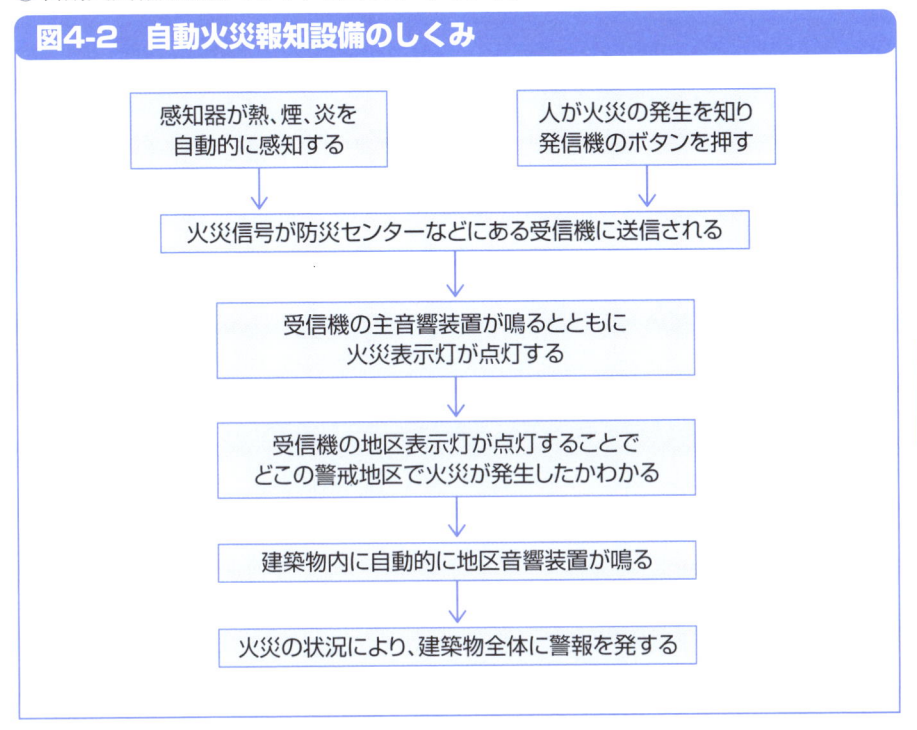

図4-2　自動火災報知設備のしくみ

```
┌─────────────────────┐      ┌─────────────────────┐
│ 感知器が熱、煙、炎を │      │ 人が火災の発生を知り │
│   自動的に感知する   │      │ 発信機のボタンを押す │
└──────────┬──────────┘      └──────────┬──────────┘
           └────────────┬───────────────┘
                        ▼
        ┌───────────────────────────────┐
        │ 火災信号が防災センターなどにある受信機に送信される │
        └───────────────┬───────────────┘
                        ▼
        ┌───────────────────────────────┐
        │   受信機の主音響装置が鳴るとともに   │
        │        火災表示灯が点灯する        │
        └───────────────┬───────────────┘
                        ▼
        ┌───────────────────────────────┐
        │   受信機の地区表示灯が点灯することで   │
        │  どこの警戒地区で火災が発生したかわかる  │
        └───────────────┬───────────────┘
                        ▼
        ┌───────────────────────────────┐
        │   建築物内に自動的に地区音響装置が鳴る   │
        └───────────────┬───────────────┘
                        ▼
        ┌───────────────────────────────┐
        │  火災の状況により、建築物全体に警報を発する  │
        └───────────────────────────────┘
```

第4章　警報設備

3　自動火災報知設備に使われる用語

自動火災報知設備によく使われる用語を次に説明します。

- 感知器：火災による熱、煙、炎を自動的に感知し、火災発生の信号や情報などを受信機、中継器、消火設備など（消火設備、排煙設備、警報設備などの装置）に発信するものをいう。
- 受信機：火災発生の信号、情報、ガス漏れ信号、消火設備などの作動信号を受信し、火災やガス漏れの発生、消火設備などの作動を関係者や消火機関に報知するものをいう。防災センターなどに設置する。
- 発信機：火災が発生したことを知らせる信号を手動により受信機に発信するものをいう。
- 中継器：感知器や発信機から発せられた火災信号、感知器から発せられた火災情報信号、検知器から発せられたガス漏れ信号を受信し、これを受信機や消火設備などに発信するものをいう。

ミニ知識　主音響装置は主ベル、地区音響装置は地区ベルともいう。

- 防災センター：警報設備、消火設備、排煙設備、非常用エレベーターなどの防災関係の設備や空調・換気の運転状況を監視したり、遠隔操作による制御を行う部屋で、火災時には避難誘導や消火の総合的な指揮も行う。高さ31mを超える建築物や延べ面積1,000㎡を超える地下街に設置が必要であり、中央管理室ともいう。設置場所は、避難階（一般に1階）やその直上階・直下階に設ける。（建基令20条の2、1項二号）
- 音響装置：受信機が火災信号を受信した場合、ベル、ブザー、スピーカーなどの音響または音声により非常を知らせるもので、感知器の作動や発信機の起動と連動して鳴動するものをいう。主音響装置と地区音響装置からなっている。

4 自動火災報知設備の設置基準（令21条、規則23条～24条の2）

① 自動火災報知設備の設置を必要とする防火対象物のまとめを表4-1に示します。

●表4-1 自動火災報知設備の設置を必要とする防火対象物のまとめ

規模の大きい防火対象物	特定防火対象物では、原則として延べ面積300㎡以上、非特定防火対象物では、原則として延べ面積500㎡以上
地階・無窓階・3階以上の階	地階・無窓階・3階から10階までの階は、原則として床面積の合計が300㎡以上、11階以上の階はすべて
特殊用途部分	200㎡以上の駐車場や車庫（1階部分を除く）、500㎡以上の通信機器室、令別表1の防火対象物の400㎡以上の屋内道路部分、令別表1の防火対象物の600㎡以上の屋上道路部分
指定可燃物の貯蔵・取扱所	指定可燃物数量の500倍以上
一階段対象物	特定用途部分のある階（避難階を除く）で、避難階または地上に通じる直通階段が2つ以上設置されていないもの

> **Point!** 自動火災報知設備の設置を必要とする防火対象物
> ・特定防火対象物　：原則として延べ面積300㎡以上
> ・非特定防火対象物：原則として延べ面積500㎡以上

用語　一階段対象物　二方向避難ができない防火対象物をいう。

② 令別表1の各防火対象物ごとの自動火災報知設備の設置基準を表4-2に示します。

● 表4-2　自動火災報知設備の設置基準

令別表1の項目		防火対象物	一般(延べ面積)	一階段対象物(※1)	地階または2階以上(床面積)	地階・無窓階または3階以上(床面積)	11階以上の階	その他(床面積)
(1)	イ	劇場グループ	300㎡以上	全部	駐車の用途のある部分の床面積が200㎡以上	300㎡以上	全部	①通信機器室に掲げるもののほか、500㎡以上 ②左記各項に掲げるものが400㎡以上
	ロ	集会場グループ						
(2)	イ	キャバレーグループ	300㎡以上	全部		300㎡以上(地階・無窓階は100㎡以上)		
	ロ	遊技場グループ						
	ハ	性風俗関連特殊営業店舗グループ						
	ニ	カラオケボックスグループ	全部			(一般と同じ)		
(3)	イ	料理店グループ	300㎡以上			300㎡以上(地階・無窓階は100㎡以上)		
	ロ	飲食店						
(4)		百貨店グループ				300㎡以上		
(5)	イ	旅館グループ	全部	(一般と同じ)		(一般と同じ)		
	ロ	共同住宅グループ	500㎡以上			300㎡以上		
(6)	イ	病院グループ ★	全部または300㎡以上	全部		(一般と同じ)		
	ロ	老人短期入所施設グループ	全部					
	ハ	老人デイサービスセンターグループ	300㎡以上 ※2					
	ニ	特殊学校グループ	300㎡以上					
(7)		学校グループ	500㎡以上	(一般と同じ)		300㎡以上		
(8)		図書館グループ						
(9)	イ	蒸気浴場グループ	200㎡以上	全部				
	ロ	一般浴場	500㎡以上					
(10)		車両停車場グループ	500㎡以上					
(11)		神社グループ	1,000㎡以上					
(12)	イ	工場グループ	500㎡以上	(一般と同じ)				
	ロ	スタジオグループ						
(13)	イ	車庫グループ	500㎡以上			(一般と同じ)		
	ロ	特殊格納庫	全部					
(14)		倉庫	500㎡以上			300㎡以上		
(15)		前各項以外	1,000㎡以上					
(16)	イ	特定用途の存する複合用途	300㎡以上	全部		300㎡以上 ※3		
	ロ	イ以外の複合用途	※4	(一般と同じ)		300㎡以上		
(16の2)		地下街 ★	300㎡以上 ※5	(一般と同じ)		(一般と同じ)		
(16の3)		準地下街	※6	全部				
(17)		文化財	全部	(一般と同じ)				
(18)		アーケード						
指定可燃物の貯蔵・取扱所			指定可燃物数量≧(危令別表4の数量)×500					

(注)は次ページ

ミニ知識　用途に関係なく11階以上の階は、原則として自動火災報知設備を設置しなければならない。

(注) ▨ の部分は設置すべき条件、□ は必要なしを表す。

※1 避難階以外の階(1階と2階を除く)にある防火対象物で、避難階以外の階から避難階または地上に直通する階段が2つ(階段が屋外に設けられ、または避難上有効な構造をもつ場合にあっては、ひとつ)以上設けられていないもの。
※2 利用者を入所させ、または宿泊させるものは全部とする。
※3 (16)項イの複合用途防火対象物のうち地階または無窓階にある(2)項、(3)項の用途部分の床面積の合計が100㎡以上のもの。
※4 各用途部分の設置基準に従って設置する。
※5 次の用途のものがある場合は、その部分にすべて必要とする。
　① (2)項ニのカラオケボックスグループ、(5)項イの旅館グループ、(6)項ロの老人短期入所施設グループ。
　② (6)項イの病院グループ、(6)項ハの老人デイサービスセンターグループで、利用者を入居させ、または宿泊させるもの。
※6 延べ面積が500㎡以上で、かつ(1)～(4)項、(5)項イ、(6)項、(9)項イの用途部分の床面積の合計が300㎡以上のもの。

★ (6)項イの病院グループおよび(16の2)項の地下街の「一般」の項は次のようになる。

令別表1の項目		防火対象物	一般
(6)	イ(病院グループ)	①避難のために患者の介助が必要な病院	全部
		②避難のために患者の介助が必要な有床診療所	
		③病院(①を除く)、有床診療所(②を除く)、有床助産所	
		④無床診療所、無床助産所	300㎡以上
(16の2)	地下街		300㎡以上 ※5

● 地下街については、上記(6)項イ①～③の用途のものがある場合は、その部分に自動火災報知設備がすべて必要になる。
● (5)項イの旅館グループ、(6)項イの病院グループ、(6)項ハの老人デイサービスセンターグループ、(16の2)項の地下街については、平成27年4月1日の施行の際、現に存するもの並びに現に新築、増築、改築、移転、修繕、模様替えの工事中のものについては、平成30年3月31日までの間は従前の例による。

5 自動火災報知設備の設置免除 (令21条3項、規則23条2項)

① スプリンクラー設備、水噴霧消火設備、泡消火設備の各消火設備を設置したときはその有効範囲の部分について、自動火災報知設備の設置が免除されますが、いずれも規則23条3項の閉鎖型スプリンクラーヘッドを備えているものに限ります。
② ただし、令別表1(1)項の劇場・集会場グループ、(2)項のキャバレー・遊技場グループ、(3)項の料理店・飲食店グループ、(4)項の百貨店グループ、(5)項イの旅館グループ、(6)項の病院・福祉施設・特殊学校グループ、(9)項イの蒸気浴場グループ、(16)項イの特定用途のある複合施設、(16の2)項の地下街、(16の3)項の準地下街にあたる防火対象物やその部分、または煙感知器などの設置が必要な階や部分は免除することができません。

> **ミニ知識** 閉鎖型スプリンクラーヘッドについては、3章P.103を参照すること。

2 自動火災報知設備の受信機

受信機とは感知器や発信機からの火災信号などを受信して、火災の発生を自動的に関係者に報知するものをいう。

1 受信機の機能

① 受信機は感知器や発信機からの火災信号などを受信したとき、赤色の表示灯を点灯し、主音響装置（主ベル）により火災の発生を自動的に防火対象物の関係者に報知するものです。
② それと同時に、地区表示装置でその火災発生の警戒区域を表示し、地区音響装置（地区ベル）を鳴動させます。

2 受信機が受信する信号

受信機が受信する信号には、火災信号、火災表示信号、火災情報信号、ガス漏れ信号、設備作動信号があり、受信機はこれらの信号を受信して、火災やガス漏れの発生または消火設備などの作動を知らせます。次に各信号について説明します。

- 火災信号：火災が発生したことを知らせる信号。
- 火災表示信号：火災情報信号の程度に応じて、感度固定装置（火災表示を行う温度または濃度を固定する装置）により処理される火災表示をする程度に達したことを知らせる信号。
- 火災情報信号：火災によって発生する熱や煙の程度などに係る信号。
- ガス漏れ信号：ガス漏れが発生したことを知らせる信号。
- 設備作動信号：消火設備、警報設備、排煙設備などが作動したことを知らせる信号。

3 受信機の設置方法

受信機を操作するスイッチの床面からの高さは、0.8m以上（いすに座って操作するものでは0.6m以上）1.5m以下で、受信機の前と横には操作のためのスペースを確保しなければなりません。

ミニ知識 受信機は、守衛室など常時人がいる場所または防災センター（中央管理室）の設置が必要な防火対象物では防災センターに設置しなければならない。

図4-3 受信機の設置方法

①壁掛型受信機

- 壁掛型受信機
- スイッチの高さは0.8m(0.6m)以上1.5m以下とする
- 0.8m(0.6m)
- 1.5m
- 受信機の奥行 1m
- 受信機を操作するためのスペース
- 30cm　受信機の幅　30cm

②自立型受信機

- 自立型受信機
- スイッチの高さは0.8m(0.6m)以上1.5m以下とする
- 60cm
- 受信機の奥行 2m
- 0.8m(0.6m)
- 1.5m
- 受信機を操作するためのスペース
- 50cm　受信機の幅　50cm

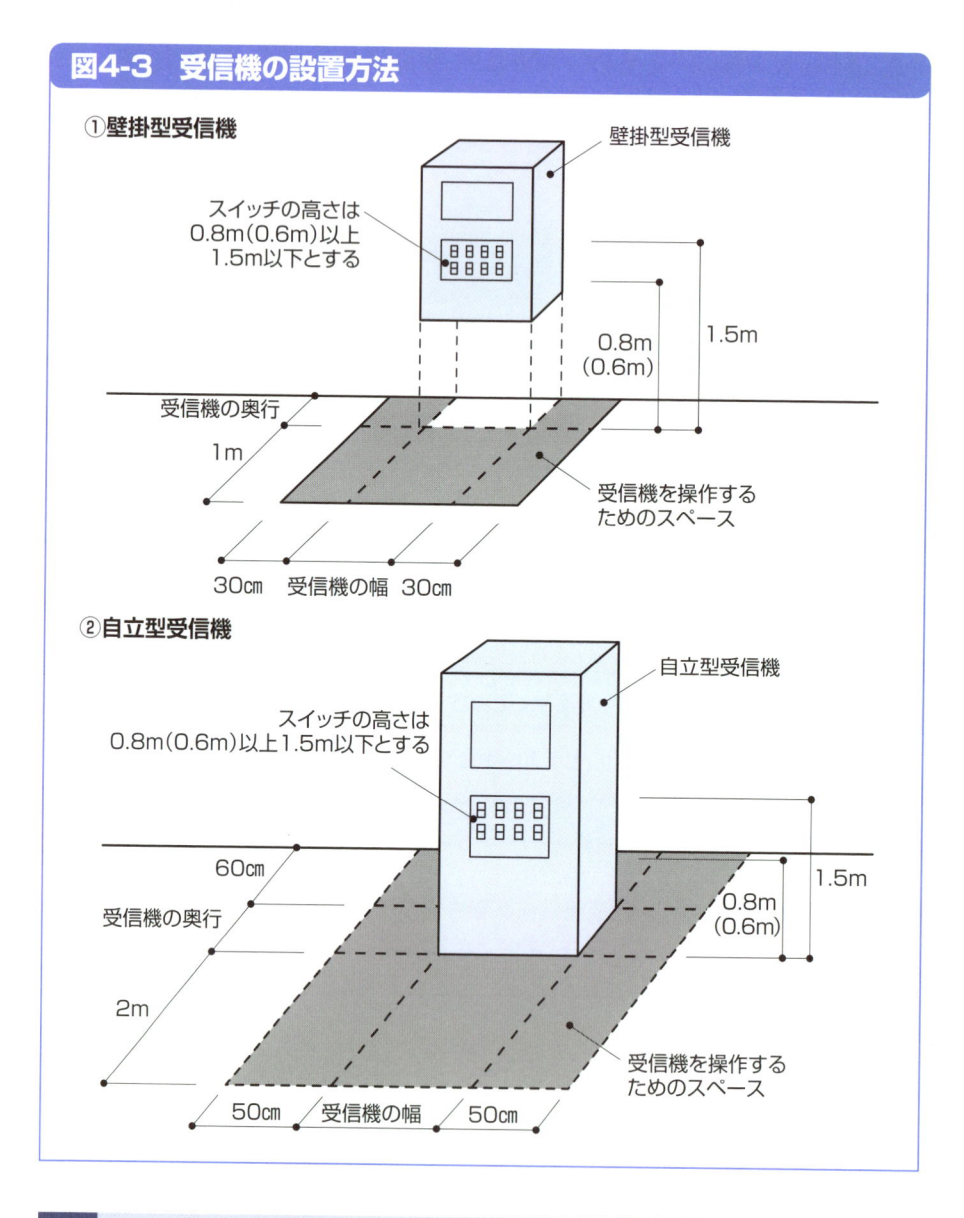

4 受信機の種類

　受信機にはいろいろな種類がありますが、主なものに**P型受信機**と**R型受信機**があります。

①**P型受信機**：感知器や発信機からの信号を**共通の信号**として受信し、関係者に報知

　　ミニ知識　図4-3において、受信機を操作するためのスペースは、壁掛型よりも自立型のほうが広い。

するものをいいます。P型受信機はひとつの火災情報に対する火災信号を1本の電線で発信するもので、各警戒区域に応じた地区表示灯が点灯する方式の受信機をいい、**警戒区域ごとの回線を必要**とします。

② **R型受信機**：**固有の信号**として受信し、関係者に報知するものをいいます。固有の信号による電送方式なので、**電線を少数線化できる特徴**があります。そのため感知器と受信機との間の電線を減らすことができ、主に大規模建築物に採用されています。ただし、価格は高いといえます。

③ **G型受信機**：検知器からガス漏れ信号を受信し、関係者に報知するものをいいます。

④ **GP型受信機**：火災報、ガス漏れ報併用で、P型とG型の受信機の機能を併せもつものをいいます。

⑤ **GR型受信機**：火災報、ガス漏れ報併用で、R型とG型の受信機の機能を併せもつものをいいます。

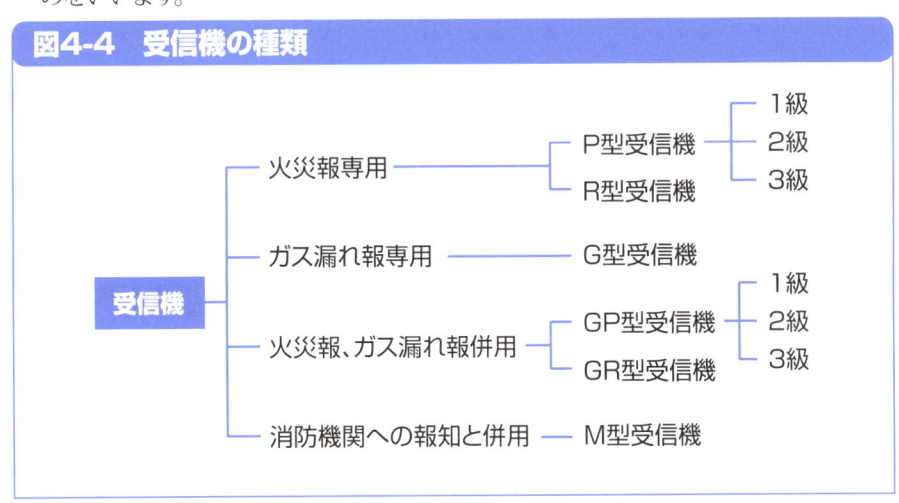

図4-4 受信機の種類

受信機
- 火災報専用
  - P型受信機 ─ 1級／2級／3級
  - R型受信機
- ガス漏れ報専用
  - G型受信機
- 火災報、ガス漏れ報併用
  - GP型受信機 ─ 1級／2級／3級
  - GR型受信機
- 消防機関への報知と併用
  - M型受信機

5 P型受信機、GP型受信機の区分

① P型受信機やGP型受信機には、接続する回線数によって次のような区分があります。
- 1級：接続する回線数に制限のないもの。そのため多くの警戒区域数があるビルなどに使われます。
- 2級：接続する回線数が5以下のもの。警戒区域数が5以下のビルなどに使われます。
- 3級：接続する回線数が1以下のもの。延べ面積が150㎡以下の防火対象物のみ

ミニ知識 図4-4の他に、アナログ式の感知器に対応したアナログ式受信機、同一の警戒区域の多信号感知器から異なる2つの火災信号を受信したときに火災表示を行うことができる機能をもつ2信号式受信機、無線によって火災信号を受信した場合に火災の発生を報知する無線式受信機などがある。

に使われます。

② 図4-5〜図4-8に、P型1級受信機、P型2級受信機、P型3級受信機、R型受信機の例を示します。

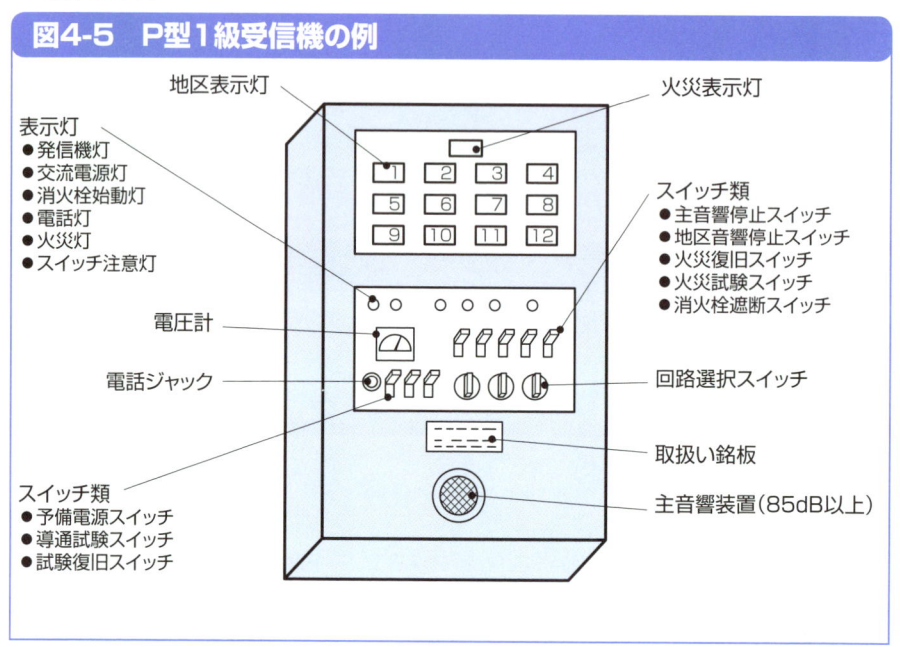

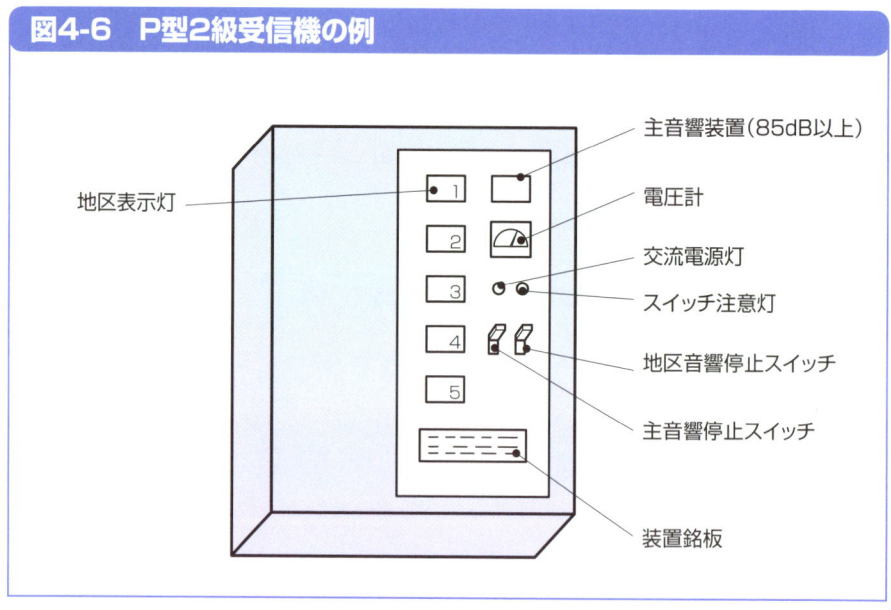

図4-5　P型1級受信機の例

- 地区表示灯
- 火災表示灯
- 表示灯
  - 発信機灯
  - 交流電源灯
  - 消火栓始動灯
  - 電話灯
  - 火災灯
  - スイッチ注意灯
- スイッチ類
  - 主音響停止スイッチ
  - 地区音響停止スイッチ
  - 火災復旧スイッチ
  - 火災試験スイッチ
  - 消火栓遮断スイッチ
- 電圧計
- 電話ジャック
- 回路選択スイッチ
- 取扱い銘板
- 主音響装置（85dB以上）
- スイッチ類
  - 予備電源スイッチ
  - 導通試験スイッチ
  - 試験復旧スイッチ

図4-6　P型2級受信機の例

- 地区表示灯
- 主音響装置（85dB以上）
- 電圧計
- 交流電源灯
- スイッチ注意灯
- 地区音響停止スイッチ
- 主音響停止スイッチ
- 装置銘板

ミニ知識　受信機の火災表示には、火災信号を受信したとき、赤色の火災灯の点灯、主音響装置（主ベル）と地区音響装置（地区ベル）の鳴動、火災発生地区（警戒区域）の地区表示灯の点灯がある。

図4-7　P型3級受信機の例

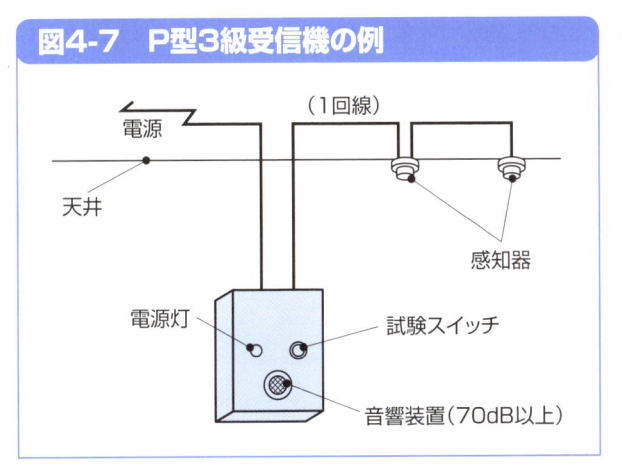

（1回線）
電源
天井
感知器
電源灯
試験スイッチ
音響装置（70dB以上）

P型受信機は警戒区域ごとの回線を必要とするのに対して、R型受信機は固有の信号による電送方式なので、電線を少数線化することができます。

図4-8　R型受信機の例

発信区域をデジタル表示する

第4章　警報設備

6 火災表示をする早さによる受信機の種類

　受信機には火災表示をする早さにより、**非蓄積式受信機と蓄積式受信機**があります。

①**非蓄積式受信機**：感知器や発信機からの火災信号を受信してから**5秒以内**に火災灯の点灯、主音響装置と地区音響装置の鳴動、地区表示灯の点灯という火災表示が行われる受信機をいいます。

②**蓄積式受信機**：感知器や発信機からの火災信号を受信してから**5秒を超え60秒以内**に火災表示が行われる受信機をいいます。

> ミニ知識　受信機の火災表示は、手動で所定の復旧操作をしない限り継続され続ける。

③ 自動火災報知設備の発信機

発信機は、火災発見者が手動で操作することにより、信号を受信機に発信するものであり、P型発信機、T型発信機、M型発信機の種類がある。

1 発信機の種類

① 発信機の種類を図4-9に示します。

図4-9　発信機の種類

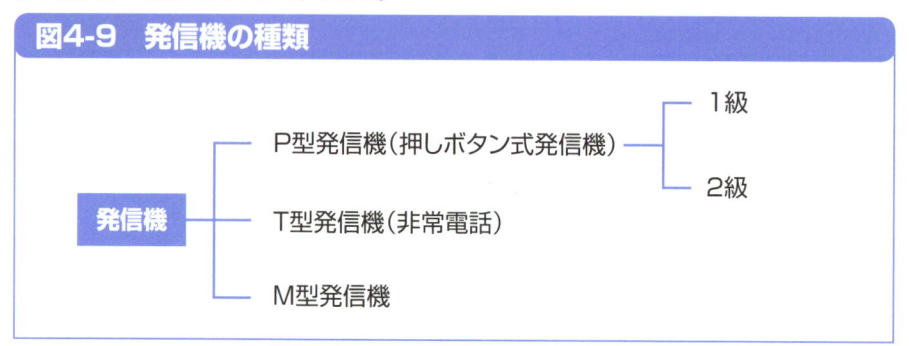

```
                ┌─ P型発信機（押しボタン式発信機）─┬─ 1級
        発信機 ─┼─ T型発信機（非常電話）           └─ 2級
                └─ M型発信機
```

② P型発信機とは、手動により各発信機に共通の信号を受信機に発するもので、発信と同時に通話することができないものをいいます。図4-10に示すように、アクリル保護板を破り、手の指で押しボタンを押して通報する**押しボタン式発信機**をいいます。P型発信機には、性能に応じて1級と2級の区分があります。

　(a) P型1級発信機は、押しボタンを押したときに、防災センターにある受信機に受信されたことを確認して点灯する応答確認ランプがあり、かつ受信機の担当者と相互に電話連絡ができるように、電話ジャックが設置されたものです。

　(b) P型2級発信機は、押しボタンを指で押すという操作のみで、受信機へ発報するも

図4-10　P型1級発信機とP型2級発信機

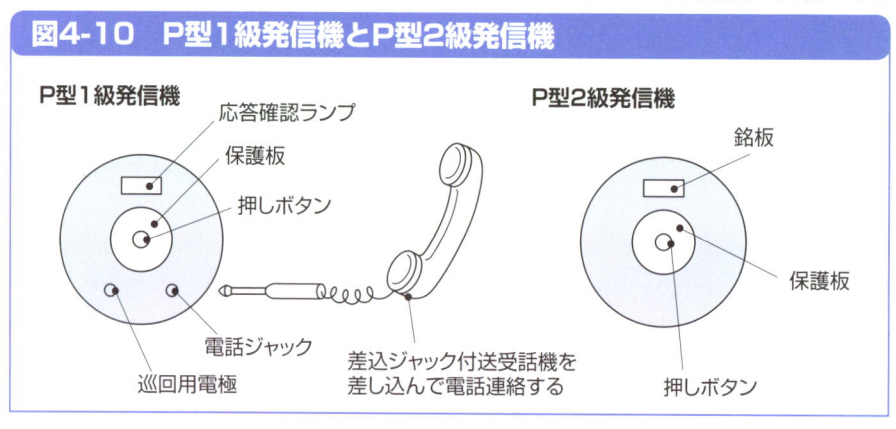

P型1級発信機
- 応答確認ランプ
- 保護板
- 押しボタン
- 電話ジャック
- 巡回用電極
- 差込ジャック付送受話機を差し込んで電話連絡する

P型2級発信機
- 銘板
- 保護板
- 押しボタン

ミニ知識　アクリル保護板はいたずらによる非火災報を防止するために取り付けられたもので、このアクリル板を指で強く押さなければ、押しボタンを押せないようになっている。

のです。発報の信号が一方通行なので、押しボタンを押しても、受信機が信号を受信したかどうかをボタンを押した人にはわかりません。

③ T型発信機とは、手動により各発信機に共通の信号を受信機に発するもので、**非常電話**など電話型のものであるため、発信と同時に通話することができ、火災の様子を詳しく担当者に伝えることができるものをいいます。主に規模の大きい防火対象物に使われます。

図4-11　T型発信機

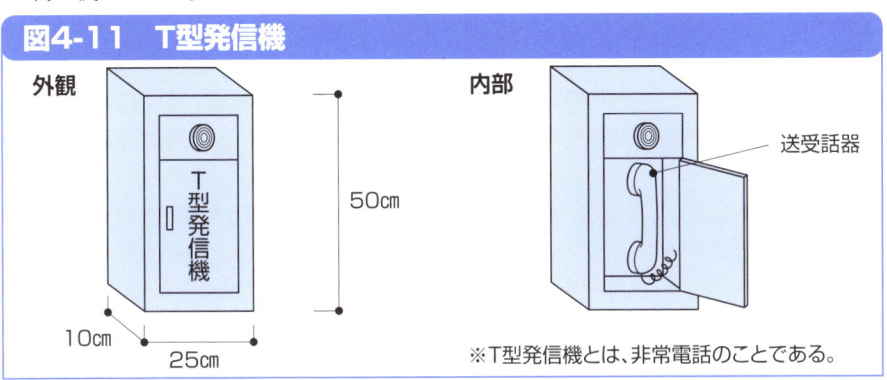

外観　　　　　　　　　　　内部

50cm　10cm　25cm　送受話器

※T型発信機とは、非常電話のことである。

④ M型発信機とは、手動により各発信機に固有の信号を受信機に発信するものをいいます。

2　発信機の設置方法（規則24条1項八号の二）

① 各階ごとに、その階の各部分から1つの発信機までの**歩行距離が50m以下**となるように配置します。
② 床面から0.8～1.5mの高さに取り付けます。
③ 発信機のすぐ近くの箇所に、赤色の灯火の表示灯を設置し、表示灯の取付面と15°以上の角度となる方向に沿って、10m離れた位置から点灯していることが容易に識別できるものとします。

図4-12　発信機の設置方法

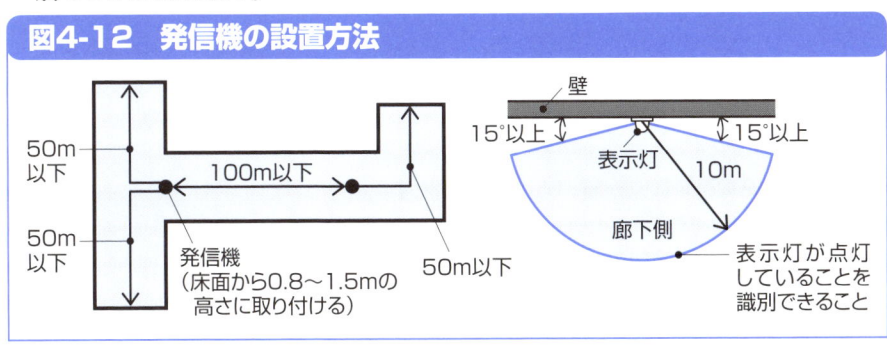

50m以下　100m以下　50m以下　50m以下
発信機（床面から0.8～1.5mの高さに取り付ける）

壁　15°以上　表示灯　10m　15°以上　廊下側　表示灯が点灯していることを識別できること

ミニ知識　P型1級受信機、GP型1級受信機、R型受信機、GR型受信機に接続するものはP型1級発信機とし、P型2級受信機、GP型2級受信機に接続するものは、P型2級発信機とする。

4 自動火災報知設備の地区音響装置、警戒区域、感知区域

音響装置は、受信機の地区音響鳴動装置から発せられた火災信号を受信して、ベル、ブザー、スピーカーなどの音響や音声により火災の発生を知らせるものである。

1 音響装置（規則24条1項五号、規則24条1項五号の二）

① 音響装置は**主音響装置（主ベル）と地区音響装置（地区ベルまたは非常ベル）**からなっています。
  (a) 主音響装置は、受信機本体に組み込まれている音響装置で、防災センターにいる関係者に火災発生を知らせるために警報音を発するもので、音圧は**85dB以上**とします。
  (b) 地区音響装置は、防火対象物の各階や各部分に設置して、防火対象物内などの一般の人に火災発生を知らせるために警報音を発するものです。地区音響装置は、各階ごとにその階の各部分から、ひとつの地区音響装置までの**水平距離が25m以下**となるように設置します。

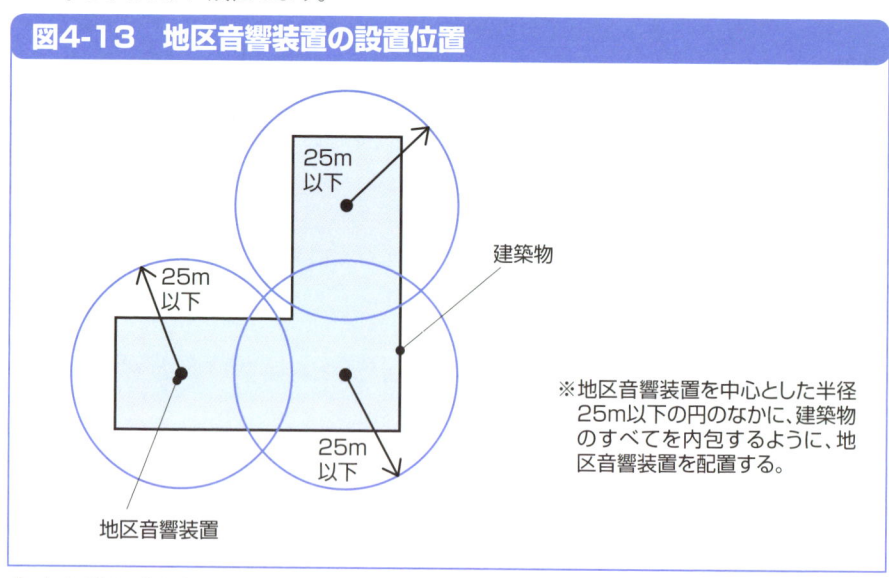

図4-13 地区音響装置の設置位置

※地区音響装置を中心とした半径25m以下の円のなかに、建築物のすべてを内包するように、地区音響装置を配置する。

② 大規模な防火対象物（地階を除く階数が5以上で、延べ面積が3,000㎡を超える防火対象物）では、**一斉鳴動としてはならず、区分鳴動するための鳴動区域の設定方法が定められています。**

用語 一斉鳴動方式　火災信号の受信と同時に、防火対象物の全館すべての地区ベルを一斉に鳴らす方式をいう。

2 地区音響装置の設置方法と鳴動方式

① 感知器の作動と連動して、全区域に有効に報知できるように設置します。
② 地階を除く階数が5以上で、延べ面積が3,000㎡を超える防火対象物またはその部分では、図4-14の**区分鳴動方式**とします。また音声により警報を発するものについては、区分鳴動方式により警報を発する部分または全区域に火災が発生した場所を報知できるものとします。
③ 取り付けた音響装置の中心から1m離れた位置で、**90dB以上**とします。ただし、音声を発するものでは92dB以上とします。

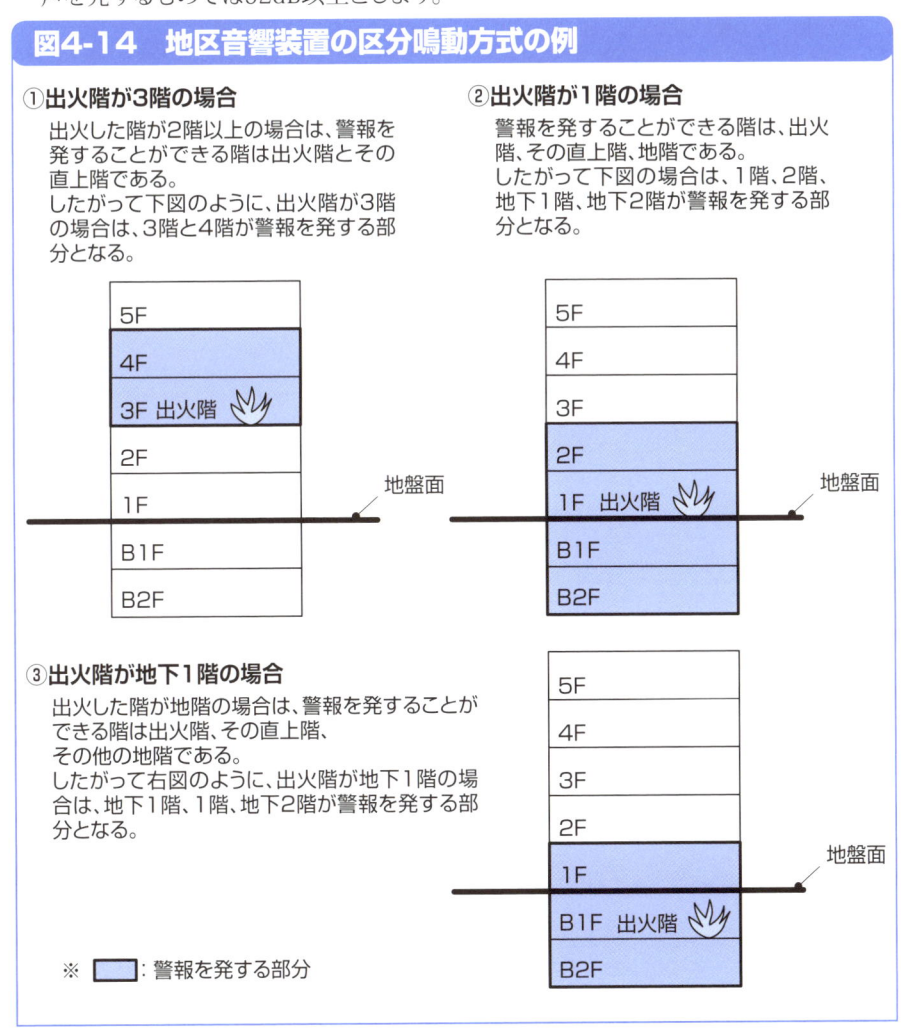

図4-14　地区音響装置の区分鳴動方式の例

①出火階が3階の場合
出火した階が2階以上の場合は、警報を発することができる階は出火階とその直上階である。
したがって下図のように、出火階が3階の場合は、3階と4階が警報を発する部分となる。

5F
4F
3F 出火階
2F
1F
B1F
B2F

(1Fと地盤面)

②出火階が1階の場合
警報を発することができる階は、出火階、その直上階、地階である。
したがって下図の場合は、1階、2階、地下1階、地下2階が警報を発する部分となる。

5F
4F
3F
2F
1F 出火階
B1F
B2F

(1Fと地盤面)

③出火階が地下1階の場合
出火した階が地階の場合は、警報を発することができる階は出火階、その直上階、その他の地階である。
したがって右図のように、出火階が地下1階の場合は、地下1階、1階、地下2階が警報を発する部分となる。

5F
4F
3F
2F
1F
B1F 出火階
B2F

(1Fと地盤面)

※ □：警報を発する部分

ミニ知識　大規模な防火対象物では、一斉鳴動方式にすると全館がパニックになり、大混乱をきたして二次的な被害をもたらすおそれがあるため、区分鳴動方式とする。

④ 特定一階段等防火対象物のうち、ダンスホール、カラオケボックスなどで、室内や室外の音響が聞き取りにくい場所があるものでは、その場所での他の警報音または騒音と明らかに区別して聞き取ることができるものとします。

3 警戒区域（令21条2項、規則23条1項）

① 警戒区域とは、火災の発生した区域を他の区域と区別して識別することができる最小単位の区域をいいます。
② 警戒区域ごとの感知器の回線を別にしておき、どこの区域で火災が発生して感知器が作動したかが、わかるようになっています。
③ 警戒区域の設定方法
　(a) 2つ以上の階にわたらないこと。ただし、上下階の警戒区域の床面積の合計が500㎡以下の場合は、2つの階にわたることができます。この場合でも、**地階については、地上階と同一の警戒区域とすることはできません**。また、階段、エレベーターの昇降路、パイプシャフトなどの竪穴区画に煙感知器を設ける場合は、2つ以上

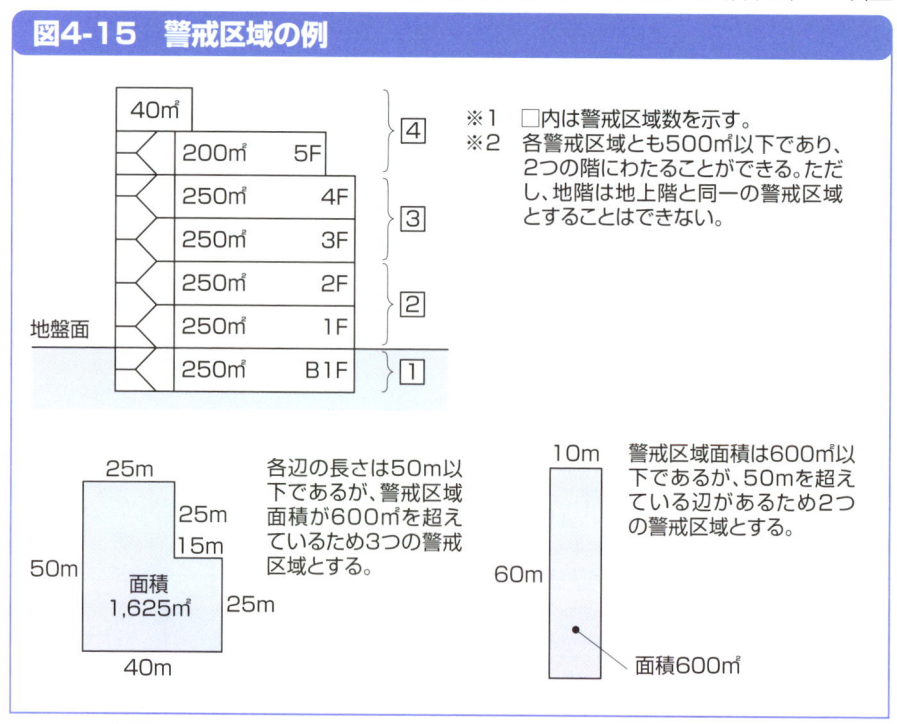

図4-15　警戒区域の例

階	面積	警戒区域
	40㎡	4
5F	200㎡	
4F	250㎡	3
3F	250㎡	
2F	250㎡	2
1F	250㎡	
B1F	250㎡	1

※1　□内は警戒区域数を示す。
※2　各警戒区域とも500㎡以下であり、2つの階にわたることができる。ただし、地階は地上階と同一の警戒区域とすることはできない。

- 各辺の長さは50m以下であるが、警戒区域面積が600㎡を超えているため3つの警戒区域とする。（25m、25m、15m、50m、40m、25m、面積1,625㎡）
- 警戒区域面積は600㎡以下であるが、50mを超えている辺があるため2つの警戒区域とする。（10m、60m、面積600㎡）

用語　特定一階段等防火対象物（令4条の2の2、1項二号）　令別表1の(1)項の劇場・集会場グループ、(2)項のキャバレー・遊技場グループ、(3)項の料理店・飲食店グループ、(4)項の百貨店グループ、(5)項イの旅館グループ、(6)項の病院・福祉施設・特殊学校グループ、(9)項イの蒸気浴場グループに掲げる防火対象物の用途の部分が、避難階以外の階にある防火対象物で、その避難階以外の階から、避難階または地上に直通する階段がひとつのものをいう。ここでいう避難階とは、建築基準法で規定する避難階の定義と同じであり、直接地上へ通じる出入口のある階をいう。

の階にわたることができます。
(b)ひとつの警戒区域の面積は600㎡以下とし、かつ1辺の長さは50m以下とします。ただし、体育館のように主要な出入口から内部を見渡すことができる場合は、警戒区域の面積を1,000㎡以下とすることができます。また光電式分離型感知器の場合は、1辺の長さを100m以下とすることができます。

4 感知区域

① 警戒区域は壁で囲まれた部屋の感知器1個ごとの**感知区域**にさらに細分化されます。ただし、壁で囲まれた部屋だけでなく、熱や煙の流れをさまたげる下がり壁や梁など、天井から下方に一定以上突出した部分がある場合も、次に示す感知器の種類により感知区域を別にします。
(a)定温式スポット型、差動式スポット型、補償式スポット型、熱複合式スポット型の熱感知器：取付面から**0.4m以上**突出した梁などがある場合
(b)差動式分布型、煙スポット型感知器：取付面から**0.6m以上**突出した梁などがある場合
② 感知区域には、それぞれ感知器を設置しなければなりません。

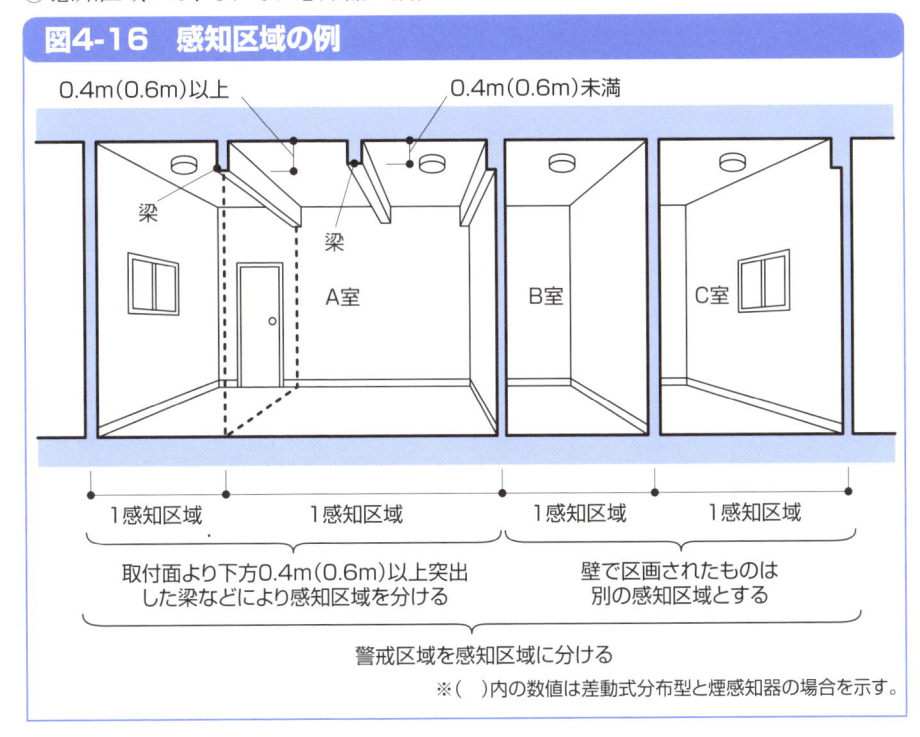

図4-16 感知区域の例

0.4m(0.6m)以上　　0.4m(0.6m)未満
梁　　梁
A室　B室　C室

1感知区域 ／ 1感知区域 ／ 1感知区域 ／ 1感知区域
取付面より下方0.4m(0.6m)以上突出した梁などにより感知区域を分ける ／ 壁で区画されたものは別の感知区域とする
警戒区域を感知区域に分ける
※( )内の数値は差動式分布型と煙感知器の場合を示す。

ミニ知識　警戒区域の③(a)において、上下階の警戒区域の床面積の合計を500㎡以下とした場合は、2つの階にわたることができるが、3つ以上の階にわたることはできない。

5 感知器の種類

感知器には、火災による熱を感知して作動する熱感知器、煙を感知して作動する煙感知器、熱や煙によらず炎の発する赤外線や紫外線などを感知して作動する炎感知器がある。

1 感知器の種類

①**熱感知器**
　熱感知器には、一定温度になると作動する**定温式感知器**、一定の温度上昇率で作動する**差動式感知器**、両者の性能を併せもつ**補償式感知器**があります。

②**煙感知器**
　(a)煙感知器には、イオン電流の変化により作動する**イオン化式感知器**や光電素子の受光量の変化により作動する**光電式感知器**があります。
　(b)煙感知器のほうが、熱感知器より火災の発生を**早期に感知**することができ、感知する早さに関しては、煙感知器のほうが熱感知器より優れています。

③**炎感知器**
　(a)炎感知器は、火が燃えるときの火炎のゆらめきを感知するものであり、赤外線式感知器や紫外線式感知器などがあります。
　(b)初期火災では必ず炎が発生するとは限らないので、炎感知器は初期火災の感知に十分な機能を果たせないことが多いといえます。そのため、設置箇所は限定され、防火対象物の道路部分（道路と建築物が一体をなすと認められる構造物の道路部分）や天井の高い部分などに設置され、使用されるところは限定されます。

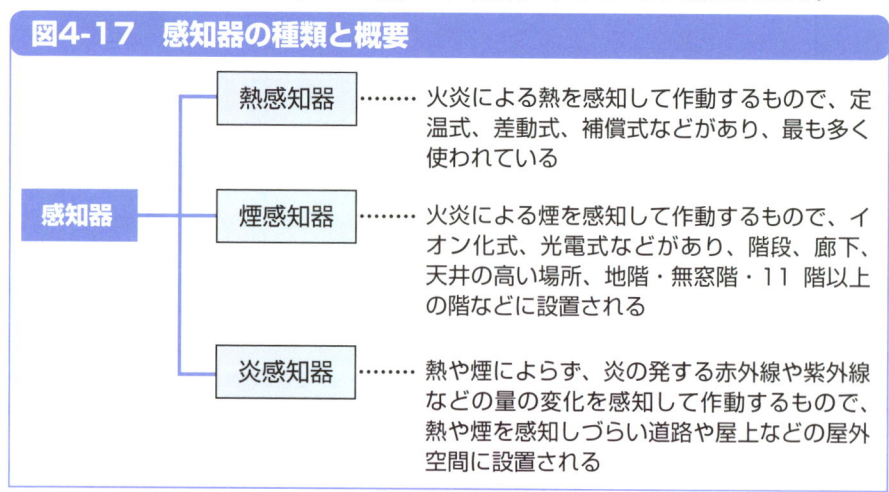

図4-17　感知器の種類と概要

- 感知器
  - 熱感知器 …… 火炎による熱を感知して作動するもので、定温式、差動式、補償式などがあり、最も多く使われている
  - 煙感知器 …… 火炎による煙を感知して作動するもので、イオン化式、光電式などがあり、階段、廊下、天井の高い場所、地階・無窓階・11階以上の階などに設置される
  - 炎感知器 …… 熱や煙によらず、炎の発する赤外線や紫外線などの量の変化を感知して作動するもので、熱や煙を感知しづらい道路や屋上などの屋外空間に設置される

ミニ知識　定温式感知器はある一定の温度になると作動するもので、差動式感知器は温度上昇率がある一定の数値を超えると作動するものである。

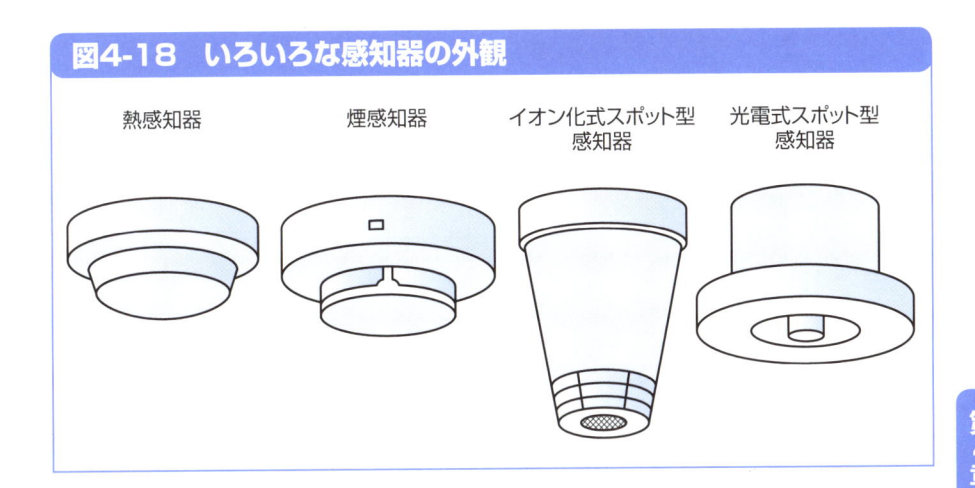

図4-18　いろいろな感知器の外観

熱感知器　　煙感知器　　イオン化式スポット型感知器　　光電式スポット型感知器

2　感知器のいろいろな区分

① 感知器は、感知する範囲の大きさによって、次のように分かれます。なお、スポット型は分布型より多く使われます。
　(a)スポット型：局所の熱を感知して作動するもの
　(b)分布型：室内の広範囲の熱効果の累積により作動するもの
② 感知器は、感度により次のように分かれます。なお、1種は2種より感度が優れています。
　(a)1種：室温より20℃高い気流で30秒以内に作動するもの
　(b)2種：室温より30℃高い気流で30秒以内に作動するもの
③ 煙感知器は、煙を感知する時間により、次のように分かれます。
　(a)非蓄積型：煙の瞬間的な濃度を検知して直ちに火災信号を発信するもの
　(b)蓄積型：一定濃度以上の煙が一定時間継続したことを検知してから、火災信号を発信するもの。蓄積型の利点は、一定の蓄積時間に感知器からの火災信号が継続していることを確認してから発信や受信を開始するので、自動火災報知設備によくある**非火災報**を避けることができます。

3　各種の感知器

各種の感知器を図4-19に示します。

用語　**蓄積時間**　蓄積型で、感知してから火災信号を発信するまでの時間をいい、5秒を超えて60秒以内（一般に20秒または30秒）とされている。

図4-19　各種の感知器

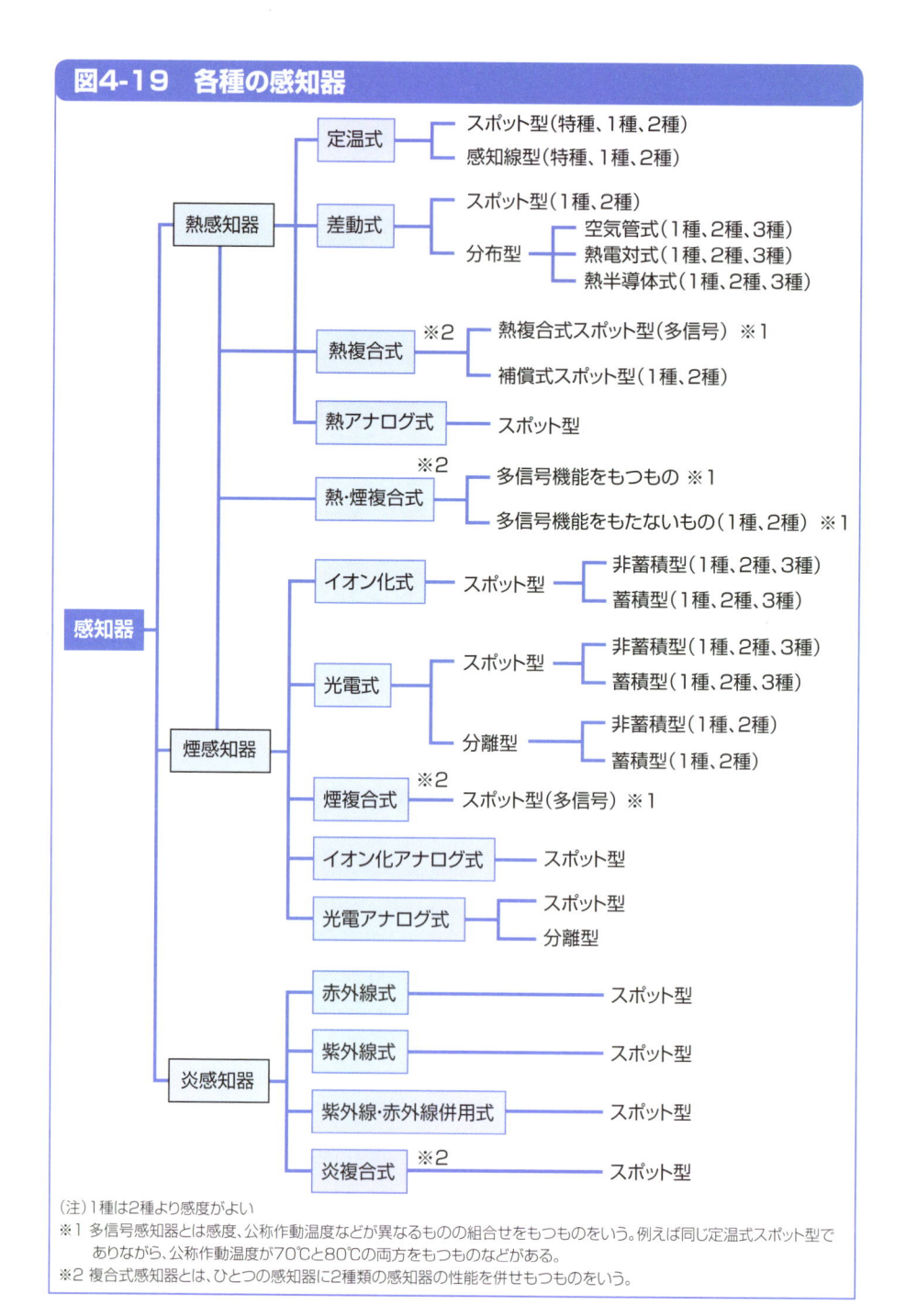

- 感知器
  - 熱感知器
    - 定温式
      - スポット型（特種、1種、2種）
      - 感知線型（特種、1種、2種）
    - 差動式
      - スポット型（1種、2種）
      - 分布型
        - 空気管式（1種、2種、3種）
        - 熱電対式（1種、2種、3種）
        - 熱半導体式（1種、2種、3種）
    - 熱複合式 ※2
      - 熱複合式スポット型（多信号）※1
      - 補償式スポット型（1種、2種）
    - 熱アナログ式
      - スポット型
    - 熱・煙複合式 ※2
      - 多信号機能をもつもの ※1
      - 多信号機能をもたないもの（1種、2種）※1
  - 煙感知器
    - イオン化式
      - スポット型
        - 非蓄積型（1種、2種、3種）
        - 蓄積型（1種、2種、3種）
    - 光電式
      - スポット型
        - 非蓄積型（1種、2種、3種）
        - 蓄積型（1種、2種、3種）
      - 分離型
        - 非蓄積型（1種、2種）
        - 蓄積型（1種、2種）
    - 煙複合式 ※2
      - スポット型（多信号）※1
    - イオン化アナログ式
      - スポット型
    - 光電アナログ式
      - スポット型
      - 分離型
  - 炎感知器
    - 赤外線式 ── スポット型
    - 紫外線式 ── スポット型
    - 紫外線・赤外線併用式 ── スポット型
    - 炎複合式 ※2 ── スポット型

（注）1種は2種より感度がよい
※1 多信号感知器とは感度、公称作動温度などが異なるものの組合せをもつものをいう。例えば同じ定温式スポット型でありながら、公称作動温度が70℃と80℃の両方をもつものなどがある。
※2 複合式感知器とは、ひとつの感知器に2種類の感知器の性能を併せもつものをいう。

ミニ知識 感知器のいろいろな区分の③(b)にある非火災報については、4章P.206を参照すること。

6 各種の感知器の作動する原理

自動火災報知設備に使われる各種の感知器は、それぞれ作動する原理が異なる。ここでは、それらの感知器の作動する原理を説明する。

1 定温式スポット型感知器

① 感知器の周囲の温度が一定の温度（公称作動温度）以上になったときに火災信号を発信するもので、外観が電線状以外のものをいいます。公称作動温度は60℃～150℃までの範囲であり、60℃～80℃までは5℃刻みになり、80℃を超えるものは10℃刻みになります。

② 定温式スポット型感知器は、正常時での最高周囲温度が公称作動温度より20℃以上低い場所に設置するものとされています。

③ 定温式は温度が上昇するにつれて、**バイメタル**が熱で湾曲して接点を閉じることで作動する原理になっています。バイメタルとは、黄銅とインバールなど熱膨張率の著しく異なる2種類の金属を張り合わせたものをいい、温度上昇により湾曲が大きくなります。

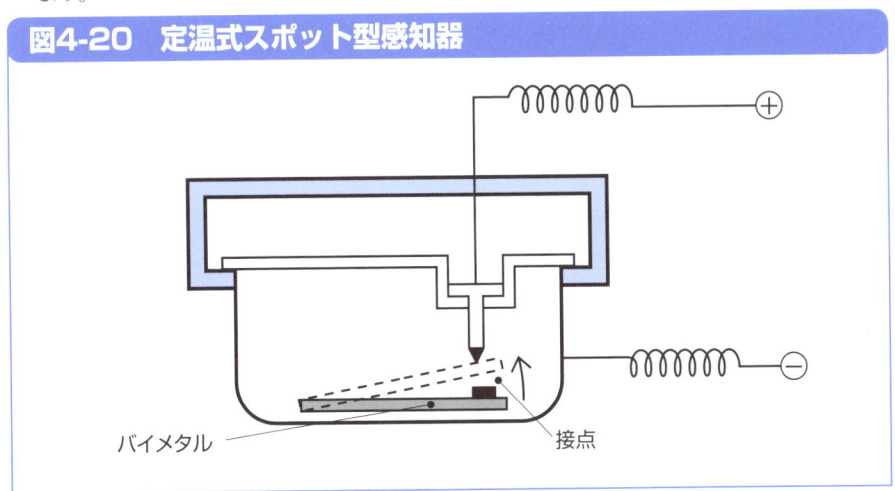

図4-20　定温式スポット型感知器

2 定温式感知線型感知器

外観が電線状になっていて、そのなかに2本のピアノ線をそれぞれ可溶絶縁物で包んだものをいいます。火災時に、高熱により可溶絶縁物が溶け、2本のピアノ線が接触することで火災信号を発信します。

ミニ知識　自動火災報知設備が有効に働くには感知器の性能が優れていなければならず、感知器は自動火災報知設備の重要な部分といえる。そのため感知器はすべて検定対象となっていて、それに合格したものでなければ使用することはできない。

図4-21　定温式感知線型感知器

（綿糸または合成繊維糸編組み／テープ／ピアノ線／可溶絶縁物）

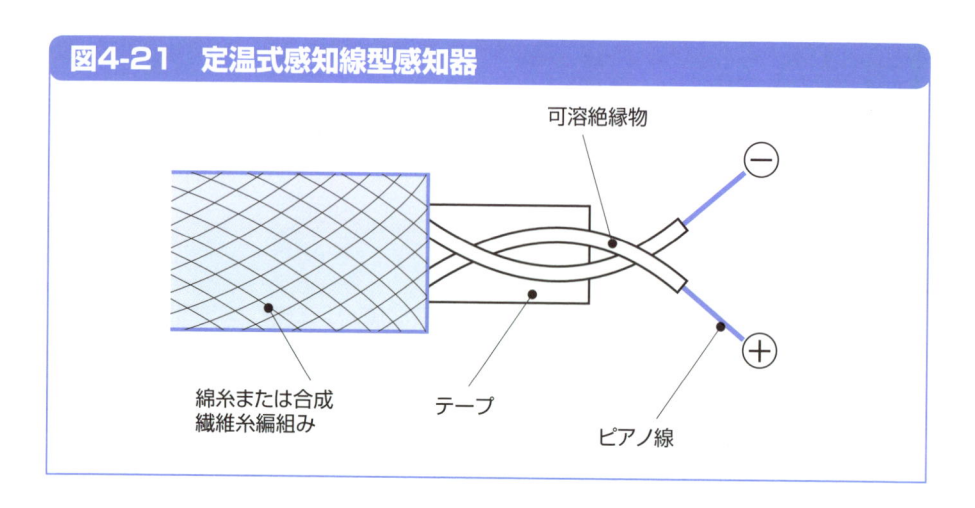

3　差動式スポット型感知器

① **感知器の周囲の温度の上昇率が一定の値以上**になったときに火災信号を発信するもので、一局所の熱効果により作動するものをいいます。ただし、通常の空気の温度変化に対しては、リーク孔を通じて膨張した空気が逃げるので、作動することはありません。

図4-22　差動式スポット型感知器

（リーク孔／接点／感熱室／ダイヤフラム）

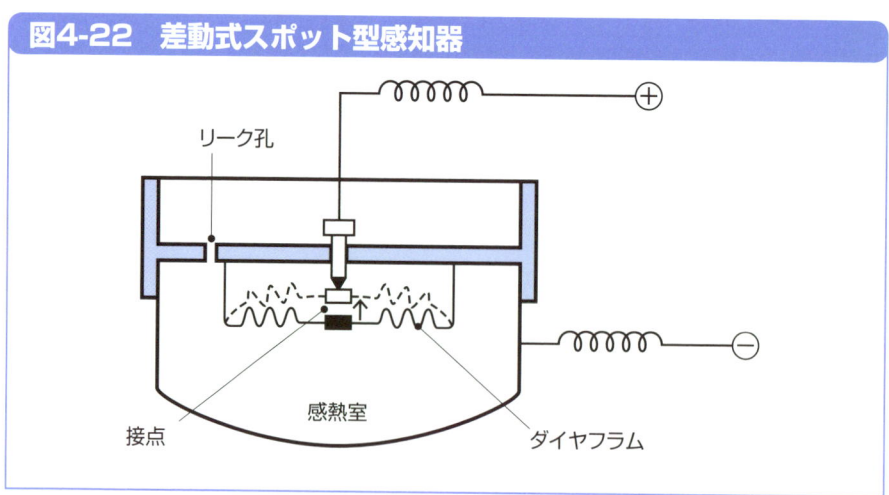

② 空気の膨張を利用して感知するもので、火災時の温度で熱せられた空気が**ダイヤフラム**を膨張させ、それにより接点が閉じるとともに電流が流れ、非常ベルが鳴ります。ダイヤフラムとは、1mmAq程度の気圧差で凹凸状に膨張収縮するひだの付いた袋状の薄い金属をいいます。

> **ミニ知識**　定温式感知線型感知器は一度作動すると感知器の再使用ができず、新しい感知器に取り替えなければならない非再生型なので、現在ではほとんど使われていない。

4 補償式スポット型感知器

　定温式スポット型感知器と差動式スポット型感知器の性能における両方の長所を併せもつもので、ひとつの火災信号を発信するものをいいます。火災発生時には、バイメタルの湾曲とダイヤフラムの膨張との相乗効果により接点が閉じます。

図4-23　補償式スポット型感知器

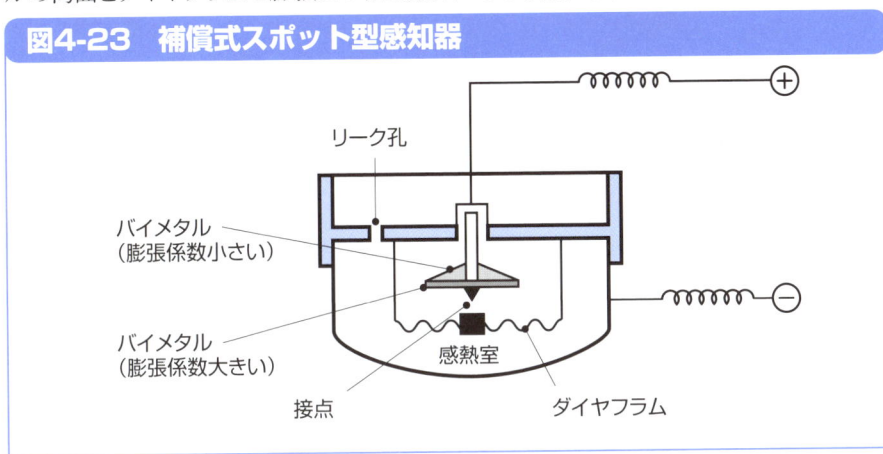

5 差動式分布型感知器

① 感知器の周囲の温度の上昇率が一定の値以上になったときに火災信号を発信するもので、広範囲の熱効果の累積により作動します。
② 差動式分布型感知器は感熱部と検出部から構成されていて、感熱部を天井に張り、それを壁に設けた検出部と接続します。

図4-24　差動式分布型感知器のしくみ

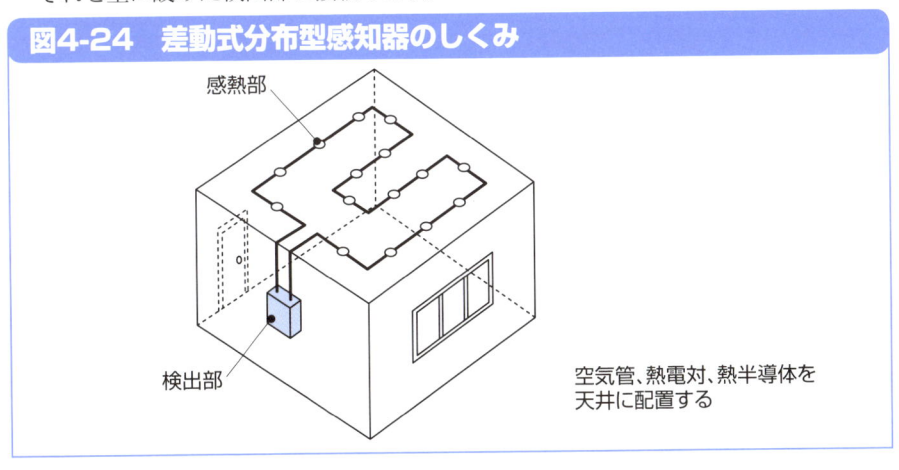

空気管、熱電対、熱半導体を天井に配置する

ミニ知識　スポット型が一局所の熱効果により作動するのに対して、分布型は広範囲の熱効果の蓄積により作動するところが、大きな相違点といえる。

❸ 差動式分布型感知器には、次に示す3種類があります。
　(a)空気管式
　　・天井に張った感熱する空気管と検出部から構成されています。非常に細い銅パイプである空気管を、部屋の天井の周囲、または広い天井では一定の間隔で蛇行して張りめぐらし、空気管の両端を検出部に接続します。
　　・火災時に、空気管が熱せられて、空気管内の空気が膨張することで、検出部のダイヤフラムを膨張させて接点を閉じ、火災の発生を感知します。
　(b)熱電対式
　　・鉄とコンスタンタンという金属の接点に温度差を与えると起電力を生じる熱電対を利用した方式です。熱電対を一定面積ごとに直列に接合し、それを20個以下ごとに検出部に接続します。
　　・火災時の温度上昇により各熱電対に流れる熱電流を検出部で検知し、火災の発生を感知します。
　(c)熱半導体式
　　・熱半導体素子などがある感熱部と検出部で構成されています。温度が上昇すると電気抵抗が小さくなり、熱エネルギーを電気エネルギーに変える物質である熱半導体の特性を利用して、火災を感知する方式です。
　　・感熱部は火災による急激な温度上昇では、熱起電力の発生が大きくなり、検出部が作動して火災信号を発信します。しかし、緩やかな温度上昇では、熱起電力の発生が小さく、検出部を作動することはできません。ダイヤフラムのような可動部分はありません。

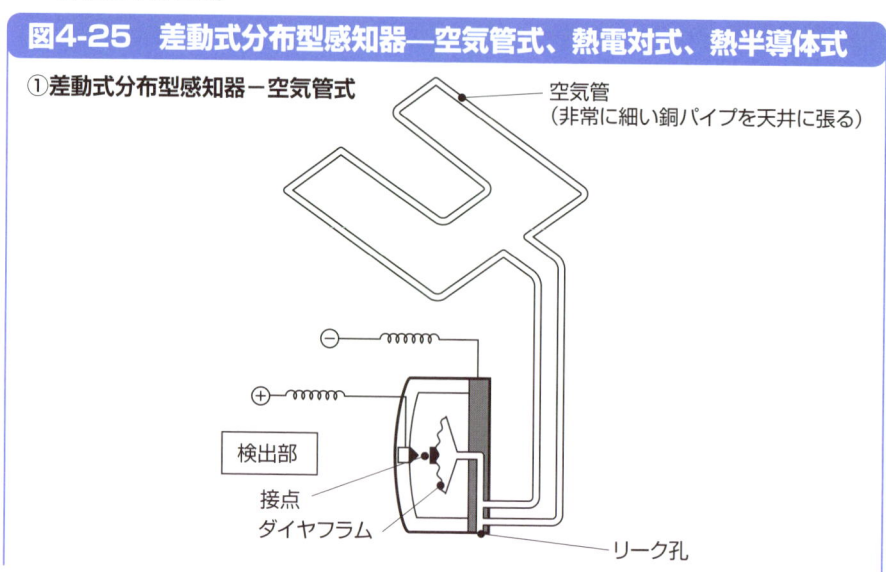

図4-25　差動式分布型感知器—空気管式、熱電対式、熱半導体式

①差動式分布型感知器－空気管式

空気管
（非常に細い銅パイプを天井に張る）

検出部
接点
ダイヤフラム
リーク孔

ミニ知識　空気管の外径は、2㎜程度である。

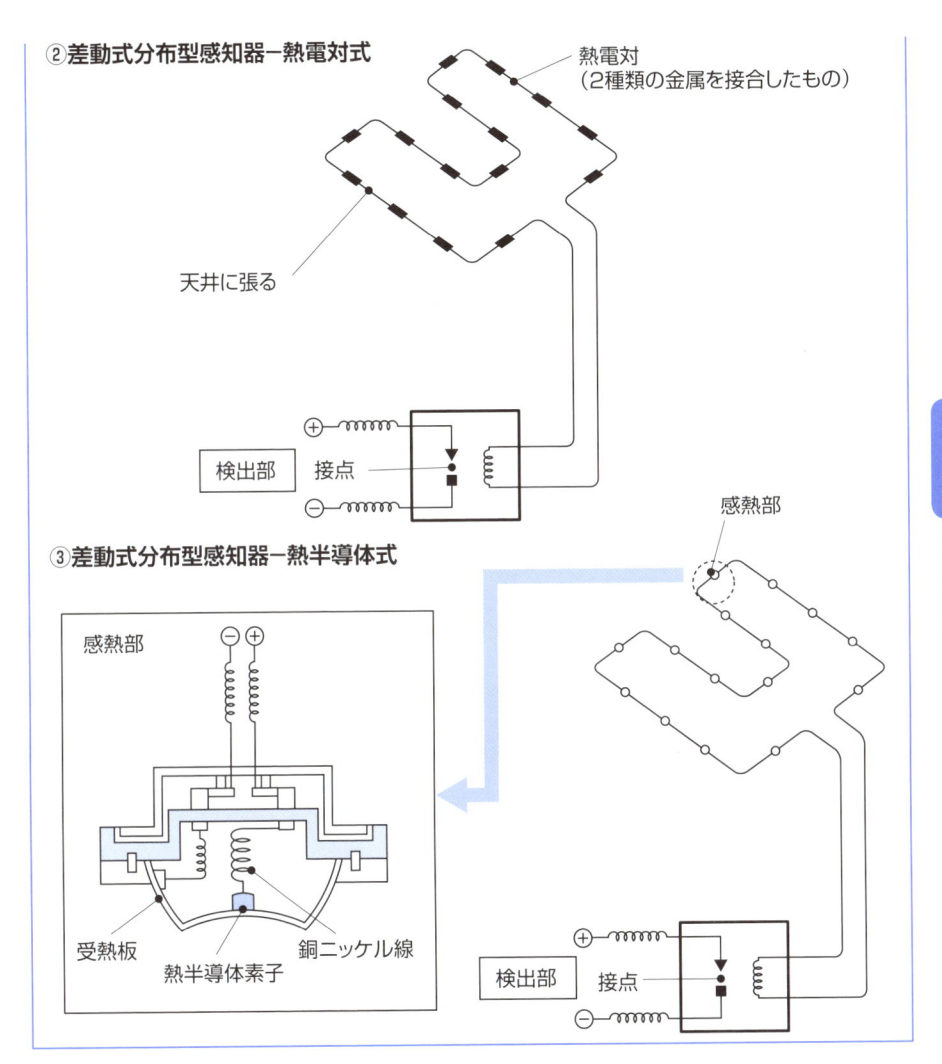

②差動式分布型感知器－熱電対式

熱電対（2種類の金属を接合したもの）

天井に張る

検出部　接点

③差動式分布型感知器－熱半導体式

感熱部

受熱板　熱半導体素子　銅ニッケル線

感熱部

検出部　接点

6 イオン化式スポット型感知器

① イオン化式スポット型感知器は、イオン化式煙感知器ともいい、火災時に感知器の検知部に一定の濃度以上の煙が入ると、イオン電流が減少することを検知し、ある一定以上減少すると作動して火災信号を発信するものです。
② 非蓄積型と蓄積型があり、非蓄積型は煙の瞬間的な濃度を検知して作動するもので、蓄積型は一定濃度以上の煙が一定時間（20～30秒間）継続したことを検知して作動するものです。

ミニ知識 蓄積型は、たばこの煙などによる非火災報を防止するために工夫されたものである。

7 光電式スポット型感知器

　光電式にはスポット型と次に述べる分離型があります。光電式スポット型感知器には、検知部に煙が入ると光が煙により散乱を受け、その散乱光を検知する散乱光式と、煙により光の強さが減少することを検知する減光式があります。また非蓄積型と蓄積型があります。

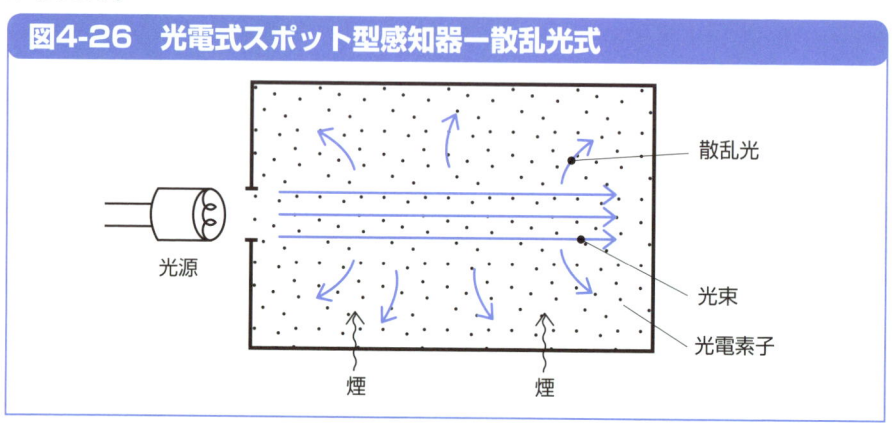

図4-26　光電式スポット型感知器－散乱光式

（光源、散乱光、光束、光電素子、煙）

8 光電式分離型感知器

① 光電式分離型感知器は、たばこの煙のような一局所の煙による非火災報を防止して、大空間での広く拡散した煙を感知するようにした煙感知器です。
② 送光部と受光部からなり、感知区域の両端に相対して設置され、送光部から受光部につねに光を出していて、この間に煙が発生すると送光部からの煙が遮られ、受光部に到達する光量が減少することを検知して、火災信号を発信するものです。
③ 広範囲で感知することができる点が特徴で、**公称監視距離**は5m～100mまであります。体育館のような大空間や長い廊下など、見通しのいい場所に設置すれば、スポット型のように数多く設置する必要はありません。
④ 非蓄積型と蓄積型があります。

9 複合式スポット型感知器と多信号感知器

① 複合式スポット型感知器と多信号感知器の両方とも、感度のよい感知器と感度のあまりよくない感知器を併用しています。
② 感度のよい感知器により、第1報として防災センターにある主ベルのみが鳴動し、次に感度のあまりよくない感知器により、第2報として警戒区域にある地区ベルが鳴動

　　ミニ知識　光電式スポット型感知器は、ほとんど散乱光式が採用されている。

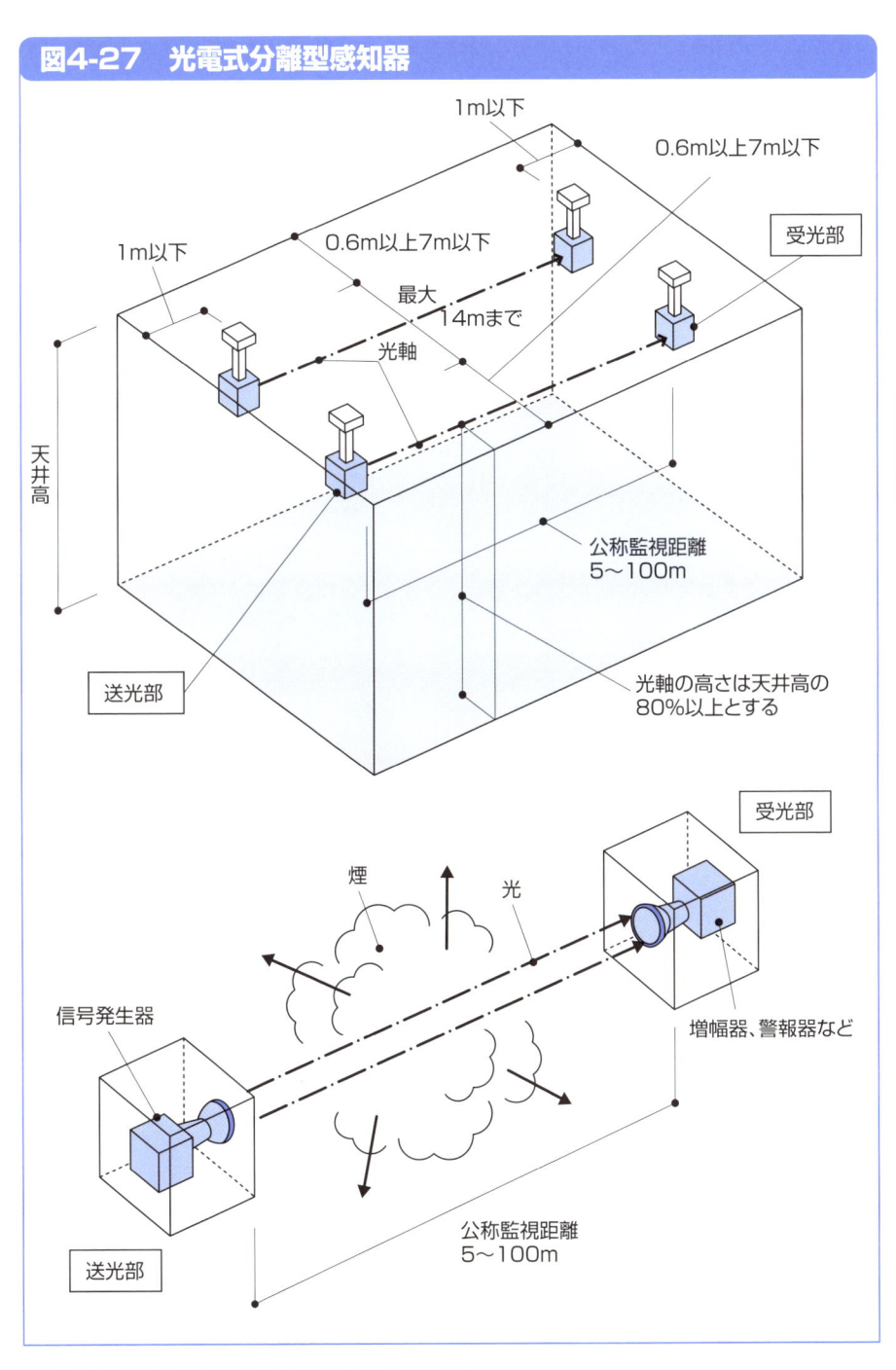

図4-27　光電式分離型感知器

- 1m以下
- 0.6m以上7m以下
- 受光部
- 0.6m以上7m以下
- 最大14mまで
- 光軸
- 1m以下
- 天井高
- 公称監視距離 5～100m
- 光軸の高さは天井高の80%以上とする
- 送光部

- 受光部
- 煙
- 光
- 信号発生器
- 増幅器、警報器など
- 送光部
- 公称監視距離 5～100m

用語　公称監視距離　送光部と受光部の間隔をいう。

します。このように、2段階に分けて鳴動することで**非火災報を防止**し、火災発生を感知する確かさを求めるようにしました。

③ 複合式スポット型感知器と多信号感知器はひとつの感知器のなかに、この2種類の感知器を納めています。

④ 複合式スポット型感知器と多信号感知器の例を図4-28に示します。

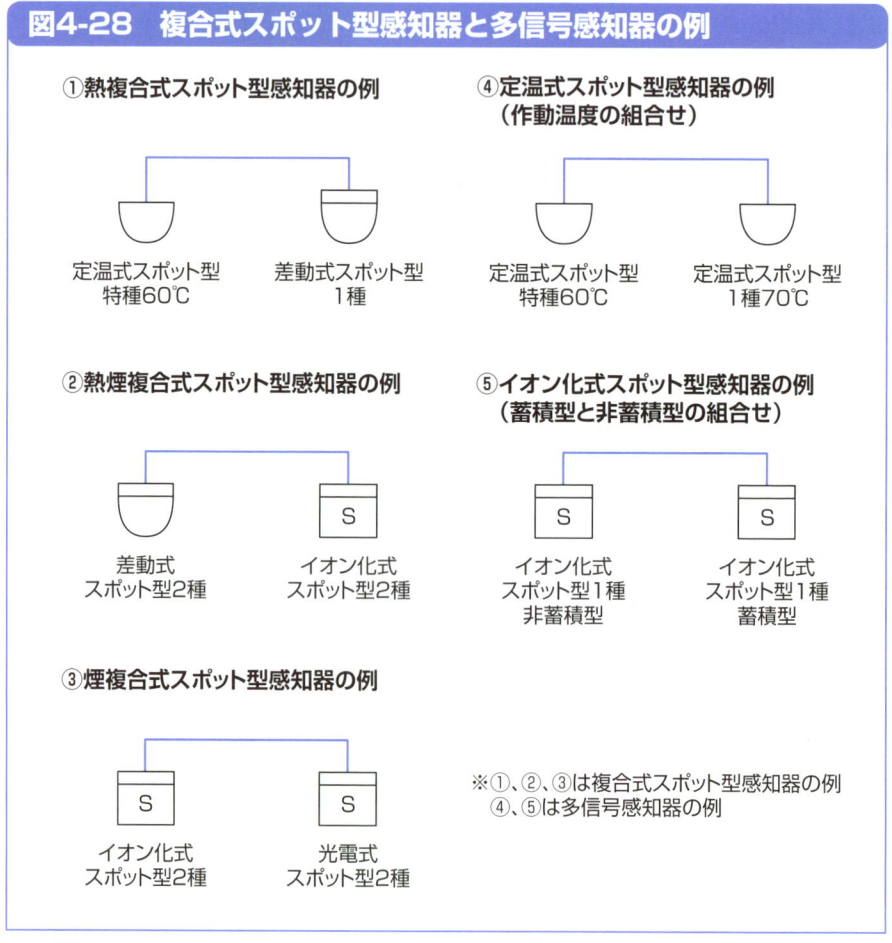

図4-28　複合式スポット型感知器と多信号感知器の例

①熱複合式スポット型感知器の例

- 定温式スポット型 特種60℃
- 差動式スポット型 1種

④定温式スポット型感知器の例
（作動温度の組合せ）

- 定温式スポット型 特種60℃
- 定温式スポット型 1種70℃

②熱煙複合式スポット型感知器の例

- 差動式スポット型2種
- イオン化式スポット型2種

⑤イオン化式スポット型感知器の例
（蓄積型と非蓄積型の組合せ）

- イオン化式スポット型1種 非蓄積型
- イオン化式スポット型1種 蓄積型

③煙複合式スポット型感知器の例

- イオン化式スポット型2種
- 光電式スポット型2種

※①、②、③は複合式スポット型感知器の例
　④、⑤は多信号感知器の例

複合式スポット型感知器と多信号感知器は、非火災報の防止に有効です。

ミニ知識　複合式スポット型感知器と多信号感知器は、外観上ひとつの感知器となっている。

7 感知器の設置場所

感知器は、原則として、天井、天井裏、天井がない場合は屋根裏に設置するよう定められている。

1 感知器の設置場所

感知器の設置場所を図4-29に示します。

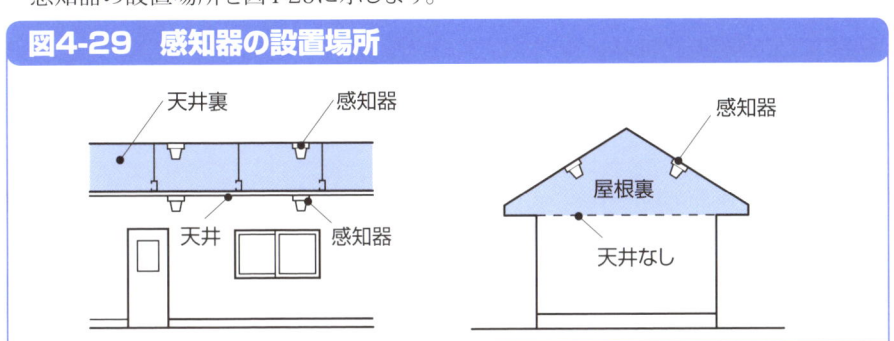

図4-29 感知器の設置場所

2 各種の感知器の設置場所に対する選択基準
（H.6・2・15消防予35別表1、別表2）

各種の感知器の設置場所に対する選択基準を表4-3と表4-4に示します。

● 表4-3 熱感知器、炎感知器の選択基準、別表1

設置場所の状態	適応熱感知器								炎感知器
	差動式スポット		差動式分布型		補償式スポット型		定温式		
	1種	2種	1種	2種	1種	2種	特種	1種	
じんあい、微粉などが多量に滞留する場所（ごみ集積所、荷捌き室、塗料室など）	○	○	○	○	○	○	○	○	○
水蒸気が多量に滞留する場所（蒸気洗浄室、脱衣室、湯沸室）	×	×	×	○	×	○	○	○	×
腐食性ガスが発生するおそれのある場所（メッキ工場、バッテリー室、汚水処理場など）	×	×	○	○	○	○	○	○	×

ミニ知識 荷捌き室（にさばきしつ）は、荷解き室（にときしつ）ともいう。

設置場所の状態	差動式スポット	差動式分布型	補償式スポット型	定温式	イオン化式スポット型 非蓄積型	イオン化式スポット型 蓄積型	光電式スポット型 非蓄積型	光電式スポット型 蓄積型	光電式分離型 非蓄積型	光電式分離型 蓄積型	炎感知器
厨房など正常時に煙が滞留する場所(厨房室、調理室、溶接作業場など)	×	×	×	×	×	×	×	×	○	○	×
著しく高温になる場所(乾燥室、殺菌室、ボイラー室など)	×	×	×	○	×	×	×	×	×	×	×
排気ガスが多量に滞留する場所(駐車場、車庫、荷物取扱所など)	○	○	○	×	○	○	○	○	×	×	○
煙が多量に流入するおそれのある場所(配膳室、ダムウェーター、食堂など)	○	○	○	○	×	×	×	×	○	○	×
結露が発生する場所(スレートまたは鉄板で葺いた屋根の倉庫・工場、パッケージ型冷却機専用の収納室、密閉された地下倉庫など)	×	○	○	○	×	×	×	×	○	○	×
火を使用する設備で、火炎が露出するものが設けられている場所(ガラス工場、溶接作業所、厨房など)	×	×	×	×	×	×	×	×	×	×	○

※1 ○印はその設置場所に適応することを示し、×印はその設置場所に適応しないことを示す。
※2 上記の設置場所は規則23条4項一号ニ(イ)〜(ト)に掲げる場所と同号ホ(ハ)に掲げる場所である。

●表4-4 熱感知器、煙感知器、炎感知器の選択基準、別表2

設置場所の状態	適応熱感知器				適応煙感知器						炎感知器
	差動式スポット	差動式分布型	補償式スポット型	定温式	イオン化式スポット型 非蓄積型	イオン化式スポット型 蓄積型	光電式スポット型 非蓄積型	光電式スポット型 蓄積型	光電式分離型※2 非蓄積型	光電式分離型※2 蓄積型	
喫煙による煙が滞留するような換気の悪い場所(会議室、応接室、喫茶室、集会場など)	○	○	○	×	×	○	×	○	○	○	×
就寝施設として使用する場所(ホテルの客室、宿泊室、仮眠室など)	×	×	×	×	×	○	×	○	○	○	×

用語 ダムウェーター 小荷物、料理、書類などの上下移動に使われる搬送機をいい、人間が乗ることは禁止されている。

設置場所											
煙以外の微粒子が浮遊してる場所(廊下、通路など)	×	×	×	×	×	○	×	○	○	○	○
風の影響を受けやすい場所(ロビー、礼拝堂、塔屋にある機械室など)	×	○	×	×	×	×	×	○	○	○	○
煙が長い距離を移動して感知器に到達する場所(階段、傾斜路、エレベーター昇降路など)	×	×	×	×	×	○	○	○	○	○	×
燻煙火災となるおそれのある場所(電話機械室、通信機室、コンピューター室、機械制御室など)	×	×	×	×	×	×	○	○	○	○	○
大空間でかつ天井が高いことなどにより熱と煙が拡散する場所(体育館、航空機の格納庫、高天井の倉庫・工場など)※3	×	○	×	×	×	×	×	×	○	○	○

※1 ○印はその設置場所に適応することを示し、×印はその設置場所に適応しないことを示す。
※2 光電式分離型感知器は、正常時に煙などの発生がある場所で、かつ空間が狭い場所には適応しない。
※3 大空間でかつ天井が高いことなどにより熱と煙が拡散する場所で、差動式分布型または光電式分離型2種を設置する場合では、15m未満の天井高に、光電式分離型1種を設置する場合では20m未満の天井高に設置する。

3 各種の感知器の設置に適さない場所（規則23条4項一号）

次の①～⑤の場所については、それぞれに掲げる感知器の設置に適しません。
① 感知器（炎感知器を除く）の取付面の高さが**20m以上**である場所
② 上屋など外部の気流が流通する場所で、感知器によってはその場所での火災の発生を有効に感知することができないもの
③ 天井裏で天井と上階の床との間の距離が**0.5m未満**のもの
④ 煙感知器と熱煙複合式スポット型感知器については、上記①～③の場所の他、次に示す(a)～(h)の場所
　(a)じんあい、微粉、水蒸気が多量に滞留する場所
　(b)腐食性ガスが発生するおそれのある場所
　(c)厨房など正常時に煙が滞留する場所

ミニ知識 熱感知器と煙感知器は、取付面の高さが20m以上の場所には適さない。ただし、炎感知器は20m以上でも適す。

(d)著しく高温となる場所
(e)排気ガスが多量に滞留する場所
(f)煙が多量に流入するおそれがある場所
(g)結露が発生する場所
(h)④の(a)～(g)の場所の他、感知器の機能に支障をおよぼすおそれのある場所
⑤ 炎感知器については、③の場所の他、次に掲げる場所
(a)④の(b)～(d)、(f)、(g)の場所
(b)水蒸気が多量に滞留する場所
(c)火を使用する設備で、火炎を露出するものが設置されている場所
(d)⑤の(a)～(c)の場所の他、感知器の機能に支障をおよぼすおそれのある場所

4 煙感知器などを設置しなければならない場所
（熱煙複合式スポット型感知器、炎感知器を含む）

●表4-5　煙感知器などを設置しなければならない場所

対象部分＼感知器の種類	煙感知器	熱煙複合式スポット型感知器	炎感知器
①階段、傾斜路	○	—	—
②廊下、通路〔令別表1(1)～(6)項、(9)項、(12)項、(15)項、(16)項イ、(16の2)項、(16の3)項の防火対象物の部分に限る〕	○	○	—
③エレベーターシャフト、リネンシュート、パイプダクトなど	○	—	—
④感知器を設置する区域の天井などの高さが15m以上20m未満の場所	○	—	○
⑤感知器を設置する区域の天井などの高さが20m以上の場所	—	—	○
⑥上記①～⑤の各場所以外の地階、無窓階、11階以上の部分〔令別表1(1)～(4)項、(5)項イ、(6)項、(9)項イ、(15)項、(16)項イ、(16の2)項、(16の3)項の防火対象物またはその部分に限る〕	○	○	○

※○印は設置する感知器を示す。

ミニ知識　感知器は取付面が高いと有効に機能しないものがある。

5 各種の感知器の取付面の高さ（規則23条4項二号）

感知器の取付面の高さに対して、使用できる感知器と使用できない感知器を表4-6に示します。

●表4-6　感知器の取付面の高さと感知器の種類

感知器の種類		取付面の高さ	4m未満	4m以上 8m未満	8m以上 15m未満	15m以上 20m未満
定温式	スポット型	特種	○	○	―	―
		1種	○	○	―	―
		2種	○	―	―	―
差動式	スポット型	1種	○	○	―	―
		2種	○	○	―	―
	分布型	1種	○	○	○	―
		2種	○	○	○	―
補償式	スポット型	1種	○	○	―	―
		2種	○	―	―	―
イオン化式 光電式	スポット型	1種	○	○	○	○
		2種	○	○	○	―
		3種	○	―	―	―
光電式	分離型	1種	○	○	○	○
		2種	○	○	○	―

※○印は使用できるものを示し、―印は使用できないものを示す。

ミニ知識　感知器の取付面の高さが4m未満のものは、各種の感知器が使用できる。

8 感知器の設置方法

各種の感知器は、それぞれ設置方法が異なる。ここでは、各種の感知器の設置方法を説明する。

1 熱感知器（定温式スポット型・差動式スポット型・補償式スポット型・熱複合式スポット型感知器）の感知面積と設置方法（規則23条4項）

①感知面積

定温式スポット型・差動式スポット型・補償式スポット型・熱複合式スポット型感知器の熱感知器は、取付面の高さ、防火対象物の構造、感知器の種類により、**表4-7に示す感知面積につきひとつ以上を設置**しなければなりません。なお、感知面積とは、スポット型感知器について、ひとつの感知器が有効に火災を感知できる面積のことをいいます。

●表4-7　熱感知器の感知面積

感知器の種類	取付面の高さ 構造	4m未満 耐火※1	4m未満 その他※2	4m以上8m未満 耐火※1	4m以上8m未満 その他※2
定温式スポット型	特種	70㎡	40㎡	35㎡	25㎡
定温式スポット型	1種	60㎡	30㎡	30㎡	15㎡
定温式スポット型	2種	20㎡	15㎡	—	—
差動式スポット型	1種	90㎡	50㎡	45㎡	30㎡
差動式スポット型	2種	70㎡	40㎡	35㎡	25㎡
補償式スポット型	1種	90㎡	50㎡	45㎡	30㎡
補償式スポット型	2種	70㎡	40㎡	35㎡	25㎡

※1耐火：主要構造部を耐火構造とした防火対象物またはその部分。
※2その他：その他の構造の防火対象物またはその部分。

② スポット型感知器の個数は感知区域ごとに設定され、その感知区域にある感知器の感知面積によって決められます。感知区域が、感知面積より小さければ、その感知区域には1個の感知器（スポット型）を設置すればよいのですが、感知区域が感知面積より大きい場合は、感知面積ごとにひとつ以上の感知器を設置しなければなりません。

③設置方法

(a)感知区域はそれぞれ壁または取付面から**0.4m以上**（差動式分布型または煙スポ

> **ミニ知識**　感知区域については、4章P.181を参照すること。

ット型感知器の場合は**0.6m以上**）突出した梁などによって区画された部分ごとに別の感知区域として設置します。
(b)感知器下端は、取付面（天井）から0.3m以内の位置に設置します。
(c)換気口などの空気吹出口から1.5m以上離れた位置に設置します。
(d)感知器は取付面に対して45°以上傾斜させないようにします。45°以上傾斜させる場合は、座板などを使います。
(e)補償式スポット型感知器は、正常時の最高周囲温度が公称作動温度より20℃以上低い場所に設置します。

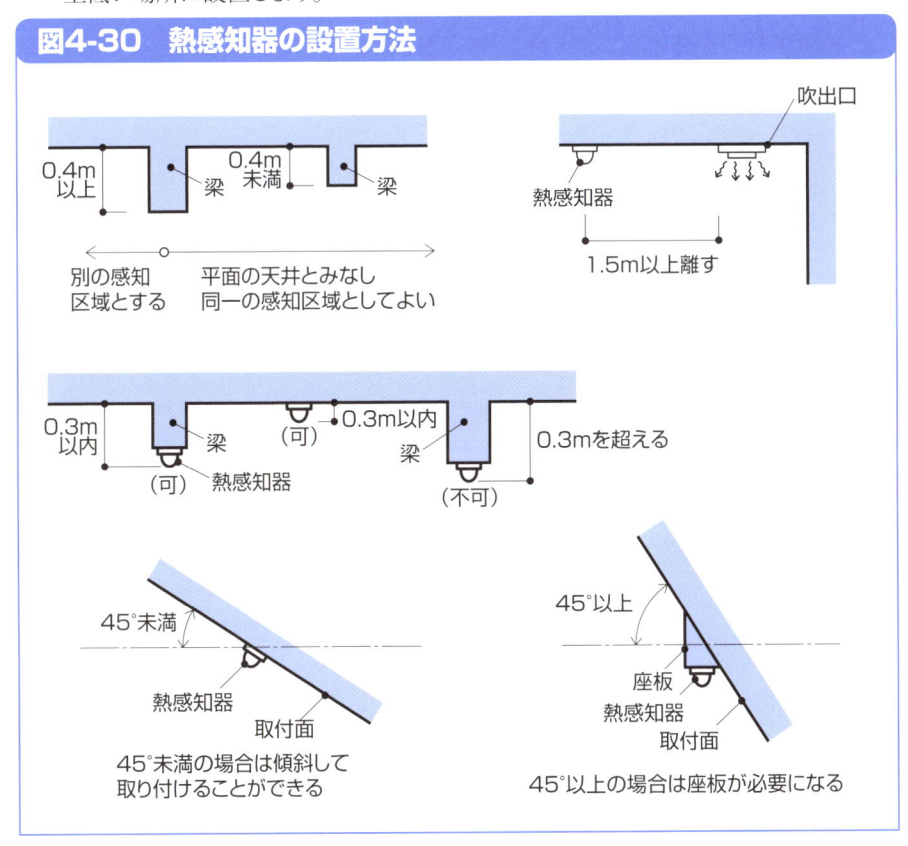

図4-30　熱感知器の設置方法

- 0.4m以上：別の感知区域とする
- 0.4m未満：平面の天井とみなし同一の感知区域としてよい
- 吹出口から1.5m以上離す
- 0.3m以内（可）
- 0.3m以内（可）
- 0.3mを超える（不可）
- 45°未満の場合は傾斜して取り付けることができる
- 45°以上の場合は座板が必要になる

2　差動式分布型感知器の設置方法（規則23条4項四号）

　差動式分布型感知器には、空気管式、熱電対式、熱半導体式のものがありますが、最もよく使われている空気管式の設置方法を、次に示します。
① 感知器の空気管は取付面の下方0.3m以内に設置し、かつ感知区域の取付面の各辺

ミニ知識　空気管式については、4章P.188を参照すること。

から1.5m以内の位置に設置します。
② 空気管と空気管の相互間隔は、主要構造部を耐火構造とした防火対象物またはその部分では9m以下、その他の構造では6m以下とします。
③ 空気管の露出部分（受熱部分）は、感知区域ごとに20m以上とします。直線状に張って20mにならないときは、コイル状に巻いて長さを取ります。
④ ひとつの検出部に接続する空気管の長さは100m以内とします。感知器の検出部は5°以上傾斜させないようにします。

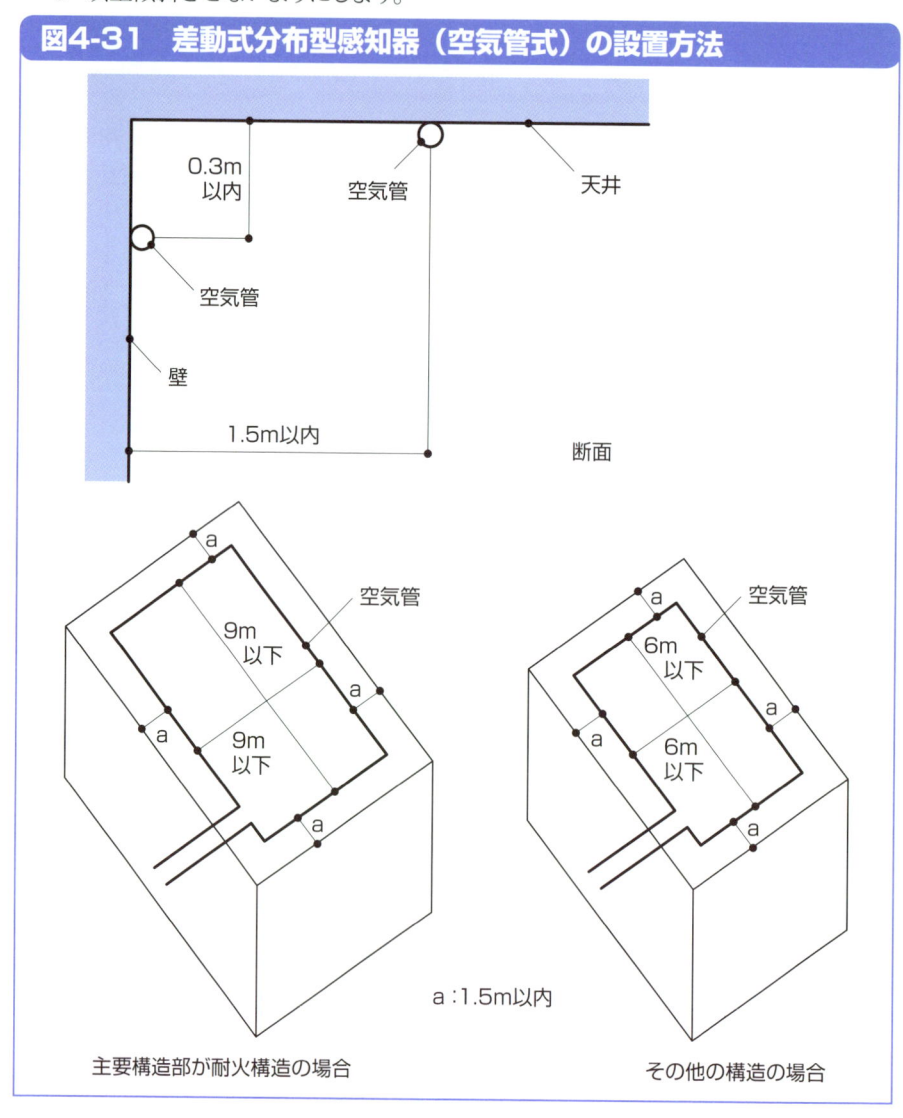

図4-31　差動式分布型感知器（空気管式）の設置方法

（図：断面図では天井から0.3m以内、壁から1.5m以内に空気管を設置）

主要構造部が耐火構造の場合：9m以下
その他の構造の場合：6m以下
a：1.5m以内

ミニ知識　主要構造部については、1章P.18、また耐火構造については、1章P.20を参照すること。

3 煙感知器（光電式分離型感知器を除く）の設置方法（規則23条4項七号）

① 梁が0.6m以上突出している場合は（廊下・通路に設置する場合を除く）、梁で囲まれた感知区域ごとに設置します。
② 感知器の下端は取付面の下方0.6m（熱電対の場合は0.3m）以内の位置に設置します。
③ 感知器は、壁または梁などから0.6m以上離れた位置に設置します。
④ 天井の低い居室（約2.3m以下）または狭い居室（約40㎡未満）では、出入口付近に設置します。
⑤ 天井付近に吸気口のある場合には、その吸気口付近に設置します。また換気口などの空気吹出口から1.5m以上離れた位置に設置します。
⑥ 廊下の幅が1.2m未満のため、壁から0.6m離れた位置に煙感知器を設置することができない場合は、廊下の幅の中心天井面に設置します。
⑦ 廊下・通路では、歩行距離30m（3種の感知器は20m）につき1個以上の個数を設置します。
⑧ 廊下・通路から階段に至るまでの歩行距離が10m以下の場合は、その廊下・通路の部分は感知器の設置を省略してもかまいません。ただし、**階段には感知器を設置しなければなりません。**
⑨ 階段と傾斜路では垂直距離15m（3種の感知器は10m）につき1個以上の個数を設置します。ただし、地階の階数がひとつの場合は、地上階に含めることができ、垂直距離15m（3種の感知器は10m）につき1個以上の個数を設置します。また地階の階数が2つ以上の場合は、地上階と地階を分けて、煙感知器を設置します。なお、特定一階段等防火対象物にある階段と傾斜路では、1種と2種の感知器を垂直距離7.5mにつき1個以上の個数を設置します。
⑩ 階段・傾斜路・通路・廊下以外の感知区域については、表4-8に示す床面積につき1個以上の個数を有効に設置します。

●表4-8　煙感知器の設置個数

取付面の高さ	煙感知器の種類	
	1種・2種	3種
4m未満	150㎡	50㎡
4m以上20m未満	75㎡	—

ミニ知識　表4-8において、取付面の高さが20m以上の場合は、煙感知器を設置してはならない。

図4-32　煙感知器の設置方法

断面図：
- 0.6m以上（梁）
- 梁・煙感知器
- 0.6m以上
- 0.6m以上

断面図：
- 0.6m以内（可）
- 煙感知器
- 0.6m以内（可）
- 0.6mを超える（不可）

断面図：
- 吸気口
- 煙感知器
- 1.5m以上
- 吹出口

天井付近に吸気口があればその付近に設置する

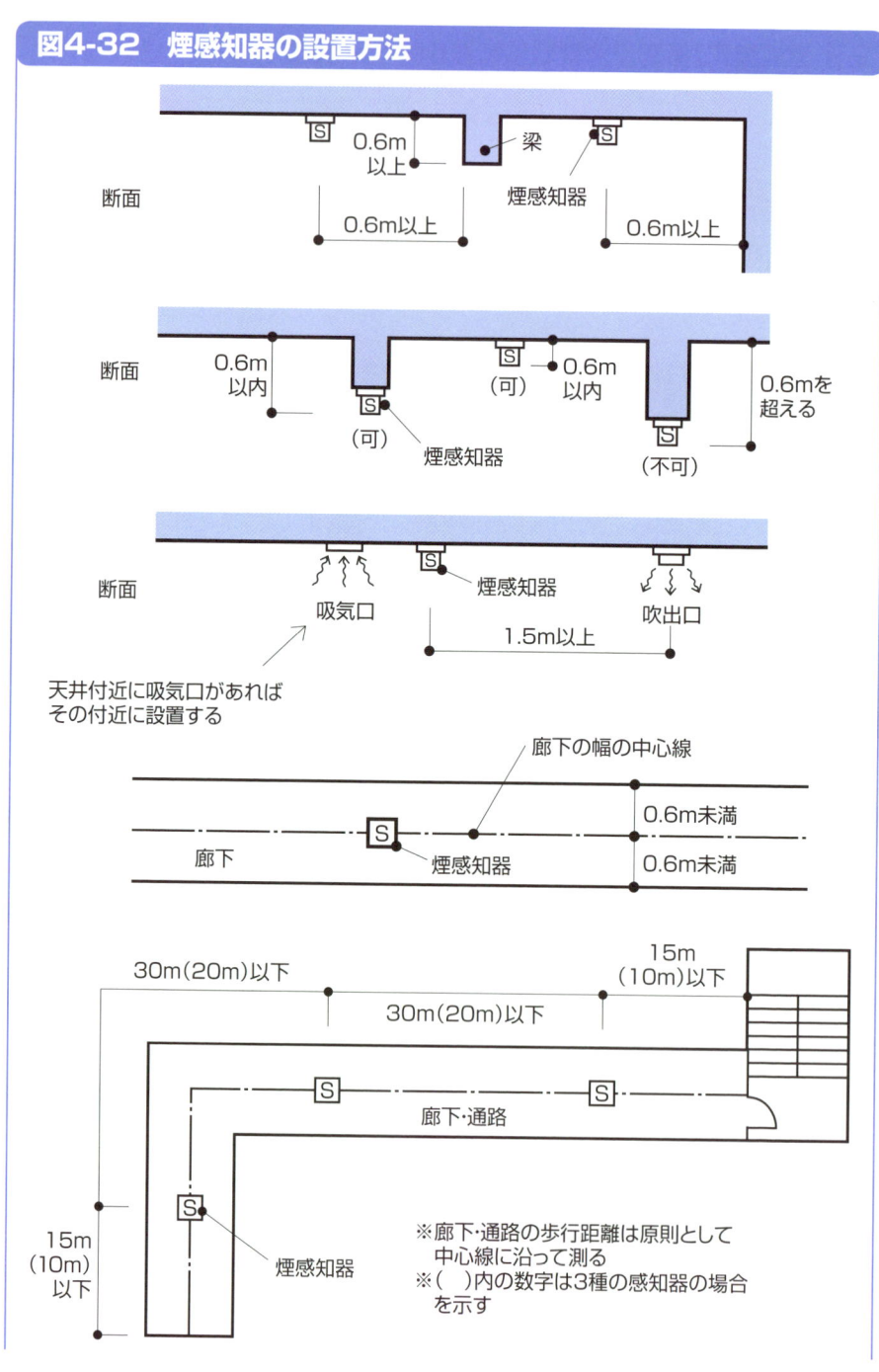

廊下：
- 廊下の幅の中心線
- 0.6m未満
- 煙感知器
- 0.6m未満

平面図：
- 30m（20m）以下
- 15m（10m）以下
- 30m（20m）以下
- 廊下・通路
- 煙感知器
- 15m（10m）以下

※廊下・通路の歩行距離は原則として中心線に沿って測る
※（　）内の数字は3種の感知器の場合を示す

ミニ知識　図4-32において、煙感知器は吸気口があればその付近に設置するものであり、逆に吹出口の付近には設置しないようにする。

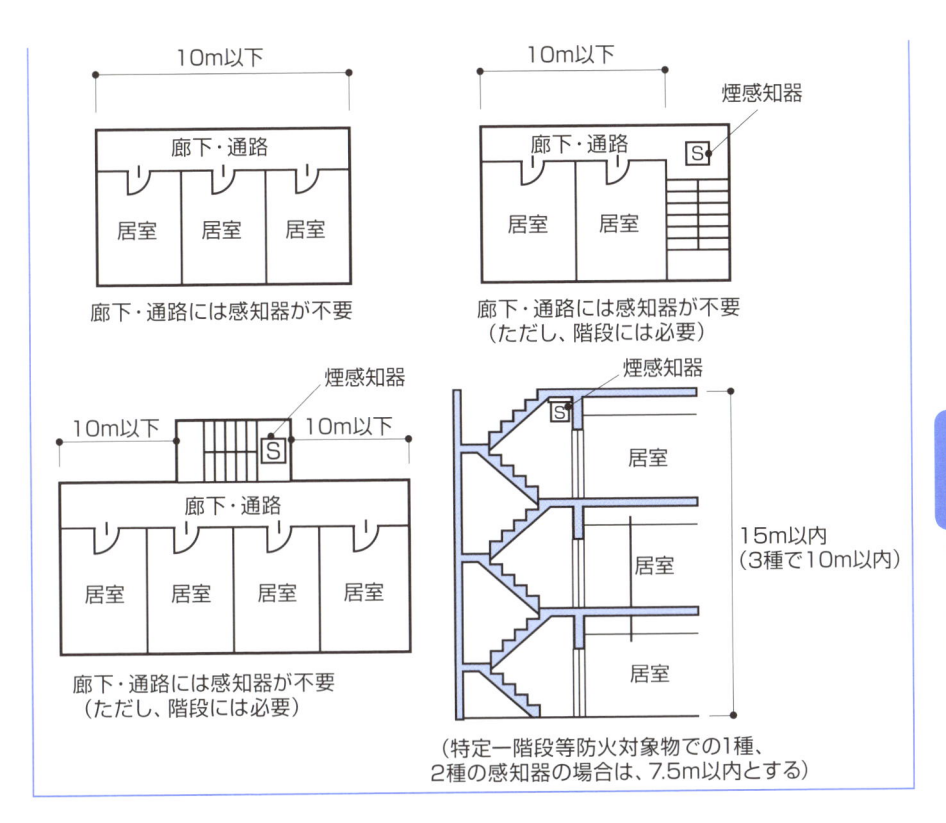

```
    10m以下                        10m以下
  ┌──────────┐                ┌──────────┐    煙感知器
  │ 廊下・通路 │                │ 廊下・通路 │S
  │居室│居室│居室│              │居室│居室│階段│
  └──────────┘                └──────────┘
  廊下・通路には感知器が不要      廊下・通路には感知器が不要
                                (ただし、階段には必要)
```

廊下・通路には感知器が不要
（ただし、階段には必要）

（特定一階段等防火対象物での1種、
2種の感知器の場合は、7.5m以内とする）

15m以内
（3種で10m以内）

4 炎感知器の設置方法（規則23条4項一号、規則23条4項七号の四、規則23条4項七号の五、規則23条5項）

①**道路用のものを除いたもの**
(a)天井などまたは壁に設置します。
(b)壁により区画された区域ごとに、その区域の監視空間の各部分から、その感知器までの距離が公称監視距離の範囲内とします。
(c)感知器は、障害物などにより有効に火災の発生を感知できないことがないように設置します。
(d)感知器は、日光を受けない位置に設置します。または、感知障害が生じないように遮光板などを設置します。

②**道路用のもの**
(a)道路の各部分からその感知器までの距離が公称監視距離の範囲内とします。
(b)感知器は、障害物などにより有効に火災の発生を感知できないことがないように設置します。

用語 監視空間　炎感知器の設置方法において、床面から高さ1.2mまでの空間をいう。

③ 次の場所内には、炎感知器を設置します。（規則23条5項）
　(a)感知器を設置する区域の天井などの高さが15m以上20m未満の場所
　(b)感知器を設置する区域の天井などの高さが20m以上の場所
　(c)特定防火対象物の地階、無窓階、11階以上の部分

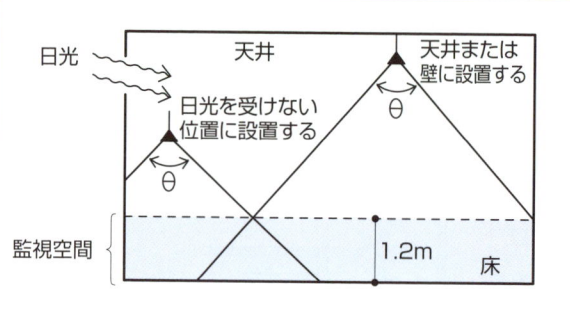

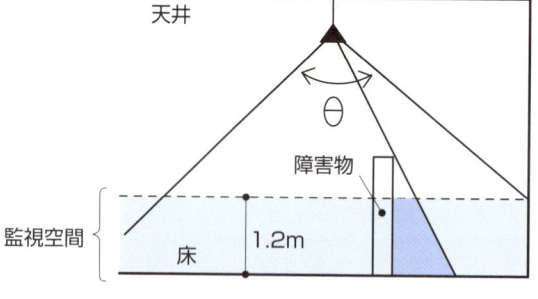

図4-33　炎感知器の設置方法

凡例：
- ▲：感知器
- θ：視野角
- ■：未警戒区域

（上図）日光／天井／日光を受けない位置に設置する／天井または壁に設置する／監視空間／1.2m／床

（中図）天井／障害物／監視空間／1.2m／床
監視空間を超える障害物などがある場合
（未警戒区域を警戒する感知器を別に設置する必要がある）

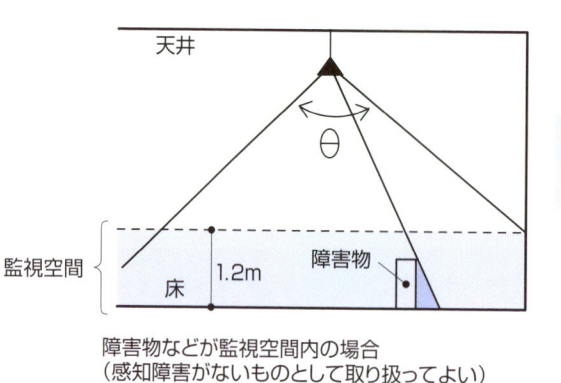

（下図）天井／障害物／監視空間／1.2m／床
障害物などが監視空間内の場合
（感知障害がないものとして取り扱ってよい）

> 炎感知器は、障害物などにより有効に火災発生を感知できないことがないように設置します。

用語　**視野角**　炎感知器が有効に感知することができる角度をいう。

❾ 自動火災報知設備の失報と非火災報

誤報には、失報と非火災報がある。失報とは火災が発生したにもかかわらず、火災信号を発信しないことをいい、非火災報とは火災でもないのに、火災信号を発信することをいう。

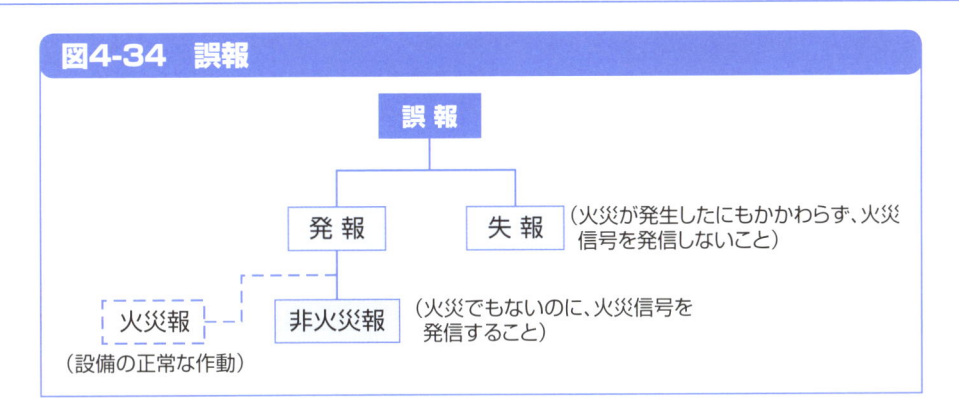

図4-34　誤報

```
              誤報
        ┌──────┼──────┐
       発報            失報　（火災が発生したにもかかわらず、火災
    ┌───┴───┐                信号を発信しないこと）
  火災報   非火災報　（火災でもないのに、火災信号を
（設備の正常な作動）        発信すること）
```

１　失報

① 失報の原因として、感知器の故障、感知器の種類の選択の誤り、感知器の設置場所の不適切、受信機の電源の入れ忘れ、感知器の配線の断線などがあり、実際の火災のときに初期対応が遅れて、惨事を大きくすることになります。
② 失報は、設備の日常的な点検と整備により防止します。

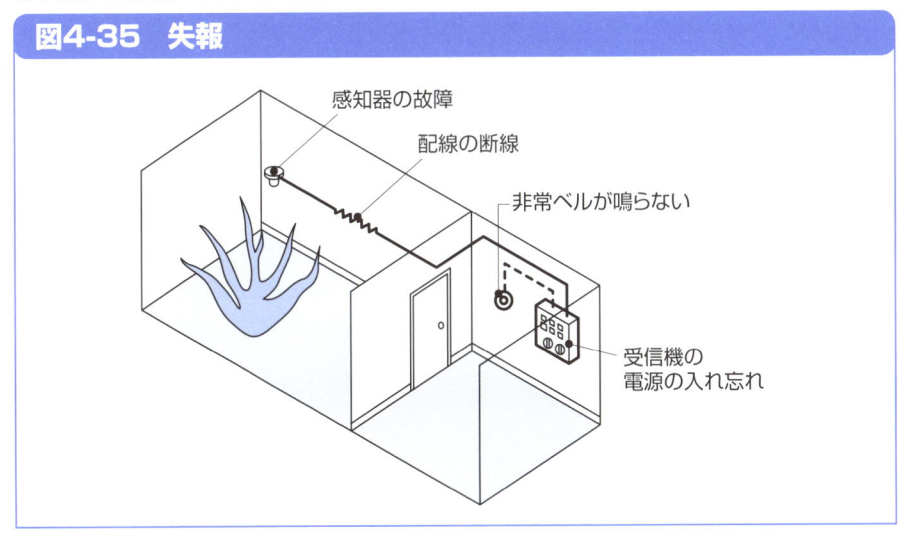

図4-35　失報

（感知器の故障／配線の断線／非常ベルが鳴らない／受信機の電源の入れ忘れ）

ミニ知識　誤報に対して、設備が正常に作動することを火災報という。

2 非火災報

① 非火災報の原因として、火災以外の熱やたばこなどの煙による感知器の作動、感知器の種類の選択の誤り、急な暖房による熱感知器の作動、いたずらなどによる発信機の操作などがあります。

② **自動火災報知設備では、非火災報の頻度が多く**、大きな問題になっています。火災でもないのに頻繁にベルが鳴れば、受信機のベルを止めたり、また実際の火災のときに非火災報のベルと勘違いして、対応が遅れることもあります。

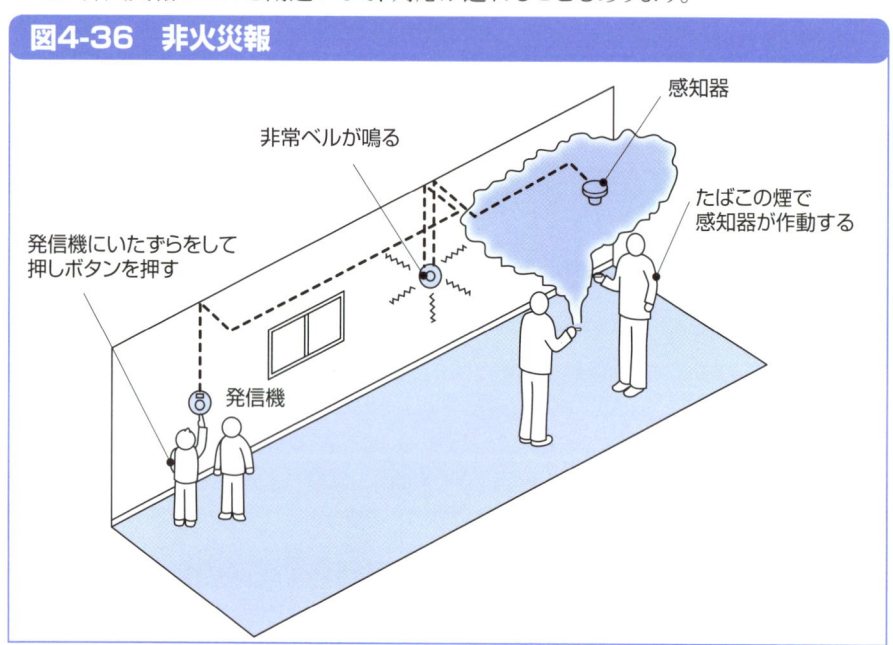

図4-36　非火災報

3 非火災報対策

① 非火災報は、自動火災報知設備の**蓄積機能**を高めることで防止します。現在では、非火災報を極力減らすために、感知器からの火災信号が送られてきても、直ちに警報を鳴らさない**蓄積型**の煙感知器や受信機が開発され、一過性の熱や煙による非火災報を防止しています。

② 感知器に蓄積機能をもたせた蓄積型感知器だけでなく、受信機にその機能をもたせた蓄積式受信機を採用します。

③ 熱と煙を同時に感知しなければ火災信号を発信しない熱煙複合式感知器や二信号受信機を採用します。

> **用語　蓄積機能**　感知器が作動しても、すぐに警報が鳴るのではなく、ある一定の時間火災信号が継続していることを確認してから、警報が鳴るようにした機能をいう。

10 ガス漏れ火災警報設備の構成と設置基準

ガス漏れ火災警報設備は、燃料用ガスなどが漏れて危険濃度になる前にガス漏れを検知し、関係者などに警報して、ガス火災やガス爆発を未然に防ぐための設備である。

1 ガス漏れ火災警報設備の構成

① ガス漏れ火災警報設備を構成するものとして、ガス漏れ検知器、中継器、受信機、警報装置などがありますが、システムや設備は自動火災警報設備の場合とほとんどかわりません。ただ検知するものが火災かガスかの違いがあるので、ガス漏れ検知器の機能についてはしっかり理解しなければなりません。

② ガス漏れ火災警報設備の構成と設置例を図4-37と図4-38に示します。

③ ガス設備にはガス漏れ、ガス爆発、一酸化炭素中毒を防止するため、ガス漏れ火災警報設備の他に、ガス遮断装置、自動ガス遮断装置、安全な接続具、ヒューズコックなどいろいろな安全装置が備わっています。またガス機器には、炎が消えたらガスが自動的に止まる立消え安全装置があります。

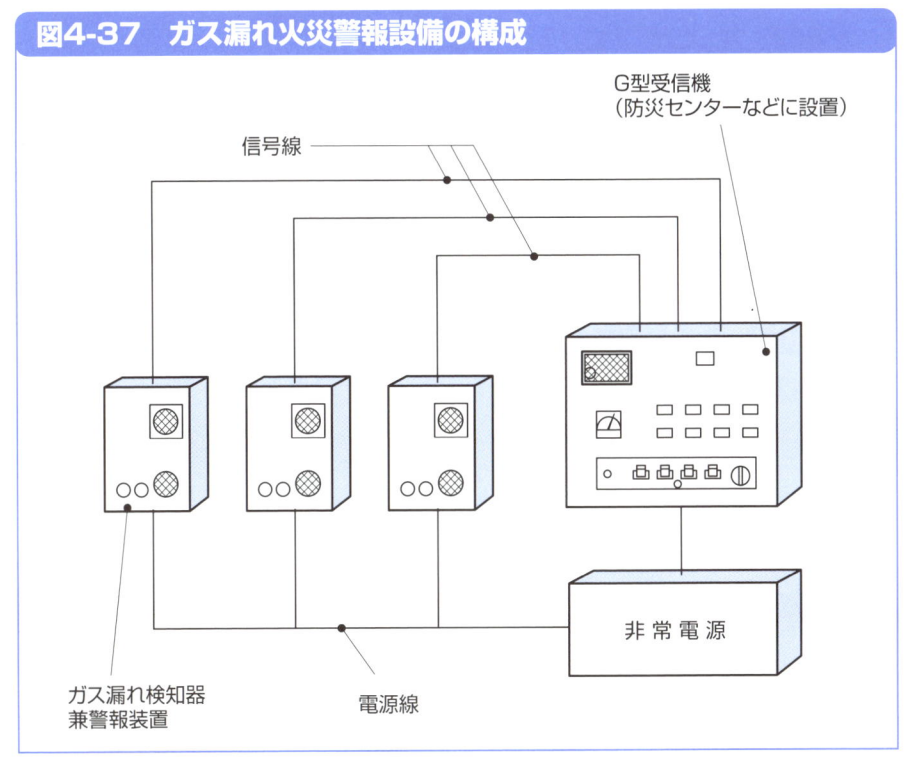

図4-37 ガス漏れ火災警報設備の構成

用語 ヒューズコック　ゴム管が外れた場合、ガスが自動的に止まるガスコックをいう。

図4-38 ガス漏れ火災警報設備の設置例

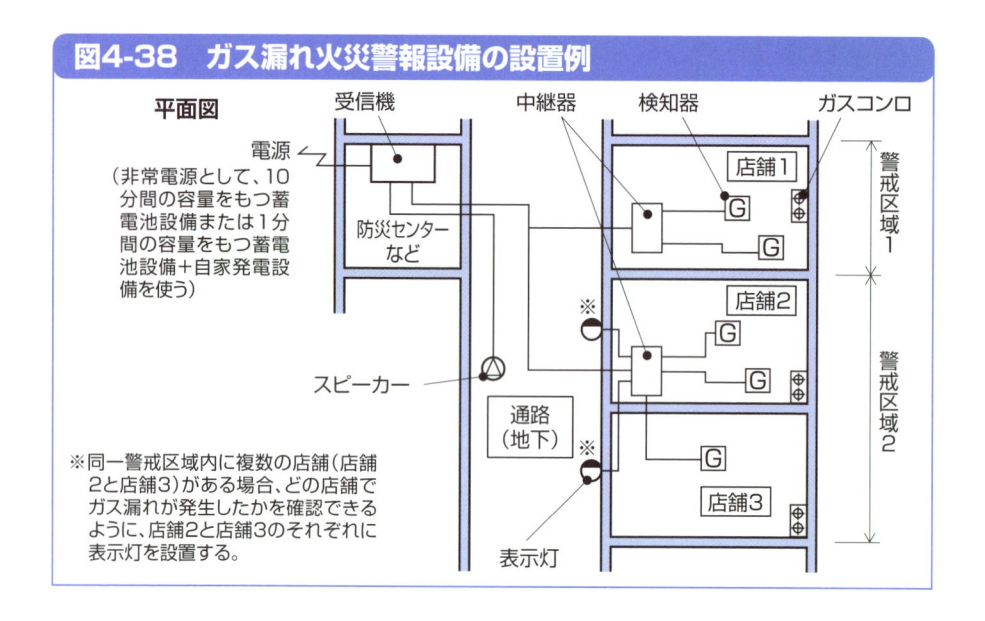

平面図

電源（非常電源として、10分間の容量をもつ蓄電池設備または1分間の容量をもつ蓄電池設備＋自家発電設備を使う）

受信機／中継器／検知器／ガスコンロ／防災センターなど／スピーカー／通路（地下）／表示灯／店舗1／店舗2／店舗3／警戒区域1／警戒区域2

※同一警戒区域内に複数の店舗（店舗2と店舗3）がある場合、どの店舗でガス漏れが発生したかを確認できるように、店舗2と店舗3のそれぞれに表示灯を設置する。

2 都市ガスとプロパンガス

① 現在、燃料用ガスとして主に使われているのは、大都市圏では**都市ガス**、それ以外の地域では**プロパンガス（LPG）**です。プロパンガスは、正式には**液化石油ガス**といいます。

② **都市ガスは空気より軽く**（標準比重が0.6～0.8）、**プロパンガスは空気より重い**（標準比重が1.5～2.0）ため、換気口は都市ガスでは天井に近いところに設置し、プロパンガスでは床に近い最下部に設置しなければなりません。

図4-39 都市ガスとプロパンガスの換気口の位置

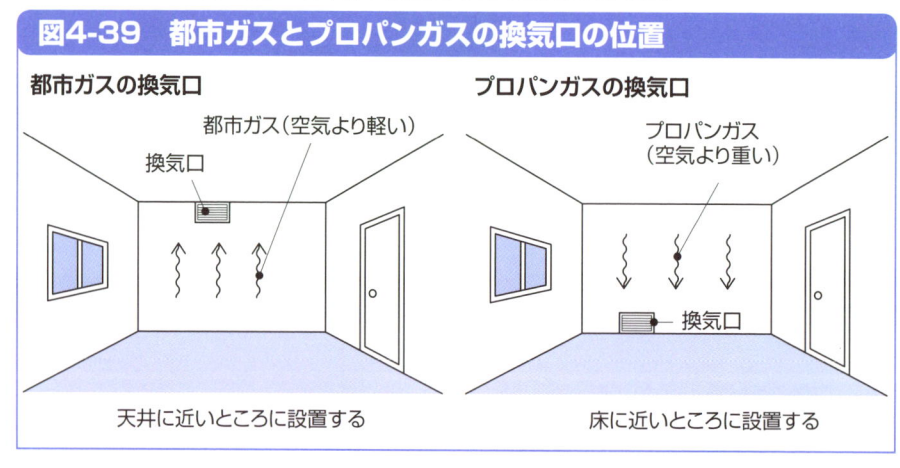

都市ガスの換気口
都市ガス（空気より軽い）／換気口
天井に近いところに設置する

プロパンガスの換気口
プロパンガス（空気より重い）／換気口
床に近いところに設置する

> **ミニ知識** 一般にガス漏れが生じた場合、ガス爆発は都市ガスよりもプロパンガスのほうが起こりやすく、危険性も高い。

3 ガス漏れ火災警報設備の設置基準（令21条の2）

① ガス漏れ火災警報設備を設置しなければならない防火対象物は、次の(a)～(c)などの理由により**地下に限られています。**
　(a)ガス漏れが発生した場合、地下ではガスが拡散されずに滞留しやすいため、ガス爆発が起こりやすいといえます。
　(b)地下の閉鎖された状態でガス爆発が起こるとガスによる圧力の逃げ場がないために、被害が著しく大きくなります。
　(c)地下では停電などにより、消火・救助活動がきわめて困難になります。
② ガス漏れ火災警報設備の設置基準を表4-9に示します。なお、表4-9の（1）項イの劇場グループから（5）項イの旅館グループまで、（6）項の病院・福祉施設・特殊学校グループ、（9）項イの蒸気浴場グループ、（16）イ、（16の2）項、（16の3）項を**特定用途防火対象物**といいます。

4 ガス漏れ火災警報設備の設置免除

① ガス漏れ火災警報設備の設置が義務付けられている防火対象物でも、その建築物内のいずれの部分にも設置しなければならないというものではなく、**燃料用ガスの設備がない部屋には、ガス漏れ火災警報設備を設置する必要はありません。**
② ガス漏れ火災警報設備の設置が義務付けられている防火対象物で、ガス燃焼器具はないがガス燃焼器具を接続するだけで使うことができるガス栓のある部屋は、ガス漏れ火災警報設備を設置しなければなりません。
③ 次の(a)と(b)に示すように、**可燃性ガスが自然発生**するおそれのあるものとして、消防長や消防署長が指定するものについては、ガス設備がまったくない建築物でも、ガス漏れ火災警報設備を設置しなければなりません。
　(a)天然ガスやメタンの発酵によりできた可燃性ガスが、地中から常時発生する地域にある防火対象物とその部分で、自然発生した可燃性ガスが、爆発する濃度に達するおそれがあるとして、消防長や消防署長が指定するもの
　(b)生活廃棄物や下水汚泥などが長時間滞留し、メタンの発酵により可燃性ガスが継続して発生するおそれがある防火対象物の部分で、発生した可燃性ガスが爆発する濃度に達するおそれがあるとして、消防長や消防署長が指定するもの

> ガス漏れ火災警報設備の設置義務のある防火対象物は、地下に限られています。

ミニ知識　燃料用ガスの設備とは、ガス燃焼器具やガス栓などをいう。

●表4-9　ガス漏れ火災警報設備の設置基準

令別表1の項目		防火対象物	下記の条件の場合に設置
(1)	イ	劇場グループ	rowspan
	ロ	集会場グループ	
(2)	イ	キャバレーグループ	地階の床面積の合計が1,000㎡以上
	ロ	遊技場グループ	
	ハ	性風俗関連特殊営業店舗グループ	
	ニ	カラオケボックスグループ	
(3)	イ	料理店グループ	
	ロ	飲食店	
(4)		百貨店グループ	
(5)	イ	旅館グループ	
	ロ	共同住宅グループ	
(6)	イ	病院グループ	地階の床面積の合計が1,000㎡以上
	ロ	老人短期入所施設グループ	
	ハ	老人デイサービスセンターグループ	
	ニ	特殊学校グループ	
(7)		学校グループ	
(8)		図書館グループ	
(9)	イ	蒸気浴場グループ	地階の床面積の合計が1,000㎡以上
	ロ	一般浴場	
(10)		車両停車場グループ	
(11)		神社グループ	
(12)	イ	工場グループ	
	ロ	スタジオグループ	
(13)	イ	車庫グループ	
	ロ	特殊格納庫	
(14)		倉庫	
(15)		前各項以外	
(16)	イ	特定用途の存する複合用途	地階の床面積の合計が1,000㎡以上で、特定用途部分の床面積が合計500㎡以上
	ロ	イ以外の複合用途	
(16の2)		地下街	延べ面積が1,000㎡以上
(16の3)		準地下街	延べ面積が1,000㎡以上で、特定用途部分の床面積が合計500㎡以上
(17)		文化財	
(18)		アーケード	

※　□　の部分は設置すべき条件、□　は必要なしを示す。

ミニ知識　ガス漏れ火災警報設備は、一定規模以上の地下街や準地下街にも設置する必要がある。

11 ガス漏れ火災警報設備の ガス漏れ検知器、受信機、警報装置

ガス漏れ検知器とは、ガス漏れを検知して受信機などにガス漏れが発生したことの信号（ガス漏れ信号）を発信するものをいう。

1 ガス漏れ検知器の種類

① 検知器には、ガス検知のセンサーやしくみによって、半導体式検知器、白金線式検知器に分けられます。さらに白金線式検知器には、接触燃焼式と気体熱伝導式があります。
② ガス漏れ検知器には、音響警報装置付きのものと音響警報装置が付いていないものがあります。

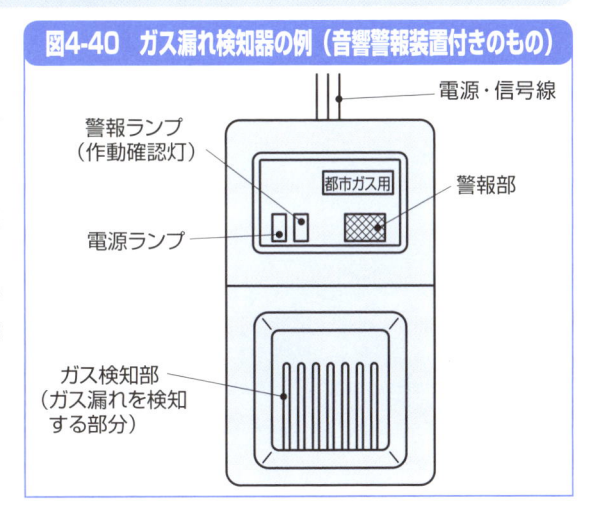

図4-40 ガス漏れ検知器の例（音響警報装置付きのもの）

2 ガス漏れ検知器の設置場所

ガス漏れ検知器は、次の①〜③の設置場所に、天井の室内に面する部分〔天井がない場所では、上階の床の下面（以下天井面などという）〕や壁面の点検に便利なところに設置します。
① ガス燃焼機器（湯沸器、ガスコンロなど）が使われている室内
② ガスを供給する導管が外壁を貫通する屋内側の付近
③ 可燃性ガスが自然発生するおそれがあるとして消防長などが指定した場所

3 ガス漏れ検知器の設置方法

①空気に対する比重が1未満のガスの場合（都市ガス）
　(a)ガス燃焼機器と検知器との水平距離を**8m以内**とします。

ミニ知識 検知器には、都市ガス用検知器の他にプロパンガス用検知器がある。

(b)天井面などが0.6m以上の梁などにより区画されている場合は、ガス燃焼機器の側に設置します。
(c)天井面など付近に吸気口のある居室は、検知器は吸気口付近に設置します。吸気口がいくつかある場合は、ガス機器に最も近い吸気口付近に設置します。ただし、ガス燃焼機器から8m以内に吸気口がある場合は、その吸気口付近に設置すれば、(a)の規定により重複して設置する必要はありません。
(d)検知器の下端は、**天井面などの下方0.3m以内**に取り付けます。

②**空気に対する比重が1を超えるガスの場合（プロパンガス）**

ガス燃焼機器と検知器との水平距離を**4m以内**とし、かつ検知器の上端は**床面から0.3m以内**のなるべく低い位置に設置します。

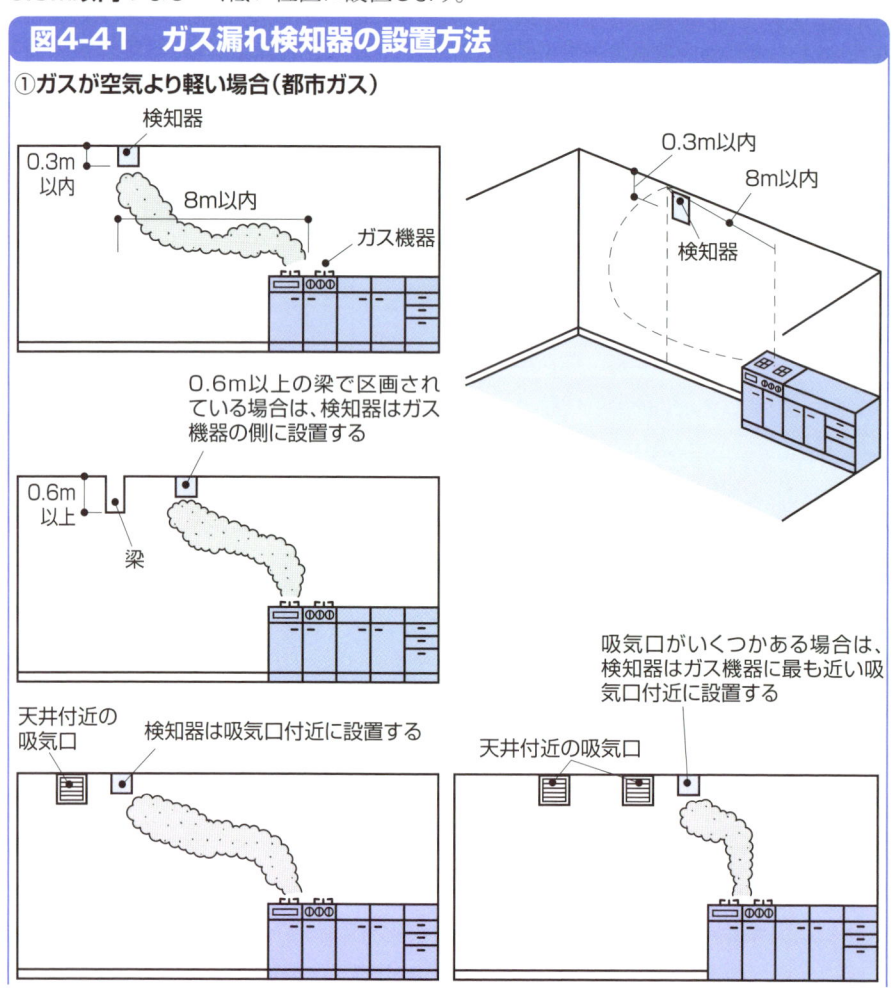

図4-41　ガス漏れ検知器の設置方法

①**ガスが空気より軽い場合（都市ガス）**

ミニ知識　漏れたガス（都市ガス）は天井付近の吸気口に吸い込まれるように流れるので、検知器は吸気口付近に設置する。

天井面　検知器

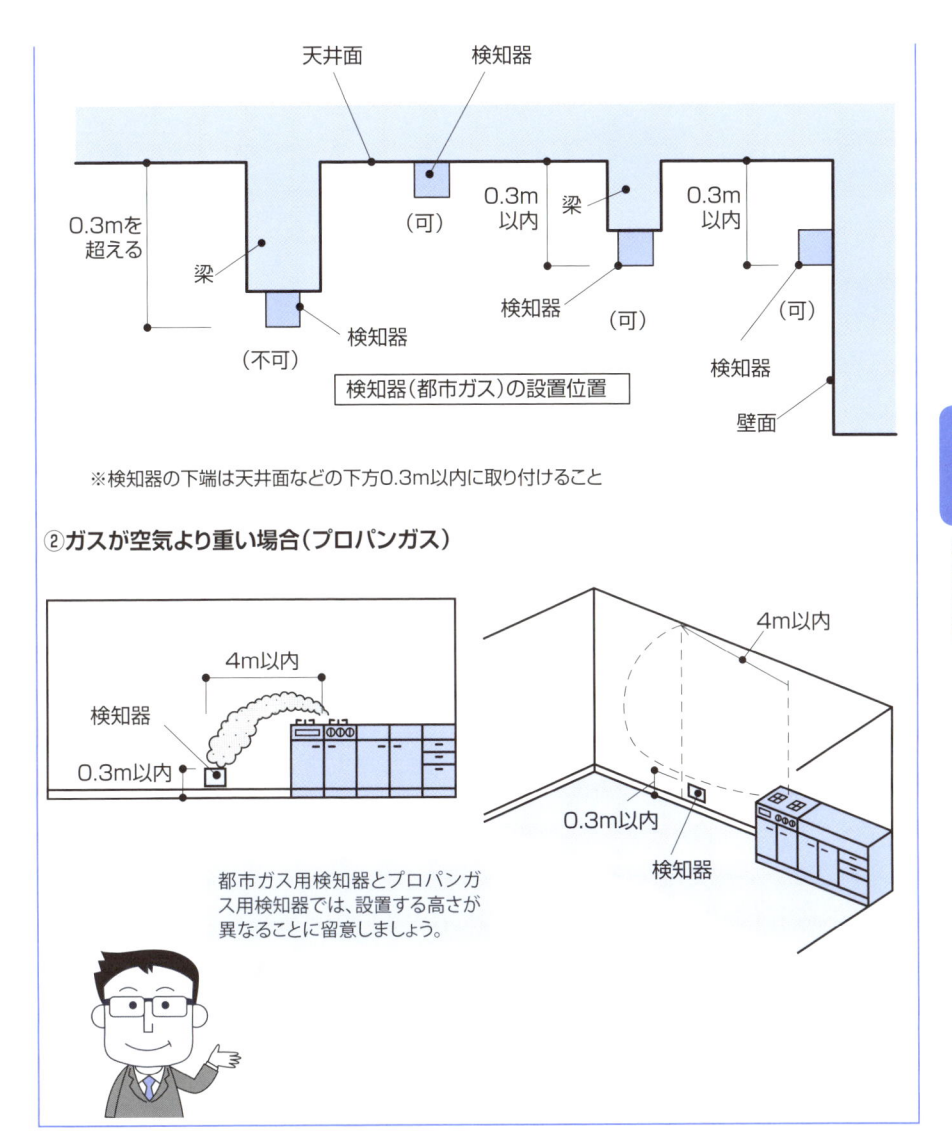

0.3mを超える　梁　（可）　0.3m以内　梁　0.3m以内

検知器（不可）　検知器（可）　検知器（可）　壁面

検知器（都市ガス）の設置位置

※検知器の下端は天井面などの下方0.3m以内に取り付けること

②ガスが空気より重い場合（プロパンガス）

4m以内　検知器　0.3m以内

4m以内　0.3m以内　検知器

都市ガス用検知器とプロパンガス用検知器では、設置する高さが異なることに留意しましょう。

4　ガス漏れ検知器を設置してはならない場所

① 出入口の付近で、外部の気流が頻繁に流通する場所
② 換気口の空気の吹出口から1.5m以内の場所
③ ガス燃焼機器の廃ガスに触れやすい場所
④ その他ガス漏れの発生を有効に検知することができない場所

ミニ知識　ガス漏れ検知器は、ガス燃焼機器の廃ガスに触れやすい場所に設置すると、誤報の原因になる。

図4-42 ガス漏れ検知器を設置してはならない場所

出入口付近で外気の気流がひんぱんに流れる場所

換気口の吹出口から1.5m以内の場所

換気口の吹出口

1.5m以内

家具の後ろの壁など、ガスが流通しにくい場所

5 受信機

① 受信機は、ガス漏れ信号を受信した場合、黄色の**ガス漏れ表示灯と主音響装置**により、ガス漏れの発生を自動的に報知します。それと同時に、**地区表示装置（警戒区域表示装置）** によりガス漏れが発生した**警戒区域**を表示し、かつ**地区音響装置**を鳴動させます。

② ガス漏れ火災警報装置の受信機には、ガス漏れ信号のみを受信する**G型受信機**と自動火災報知設備のP型受信機とR型受信機の機能を併せもつ**GP型受信機**や**GR型受信機**があります。

ミニ知識 G型受信機、GP型受信機、GR型受信機については、4章P.173を参照すること。

図4-43　G型受信機の例

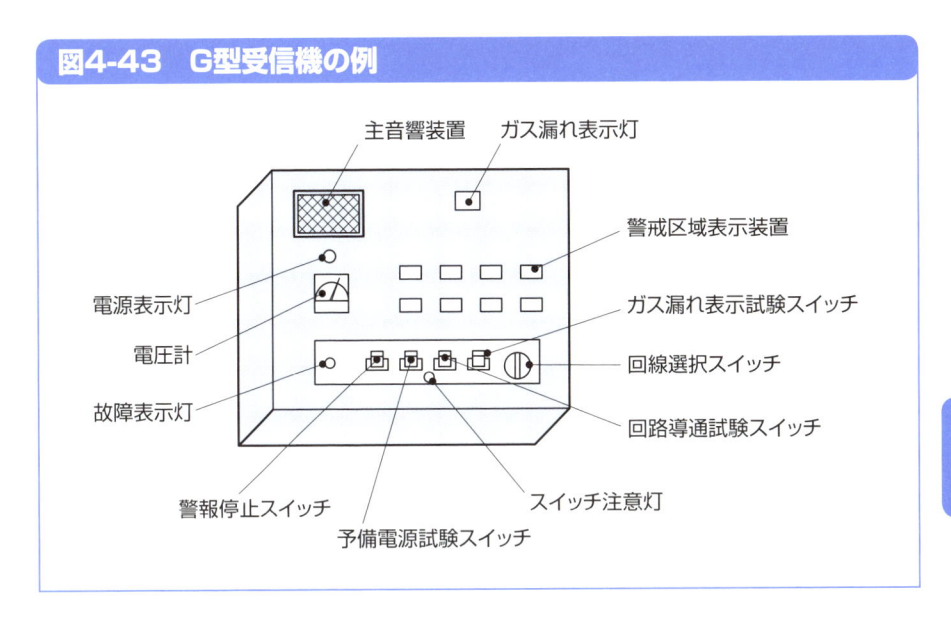

（図：G型受信機の外観図。主音響装置、ガス漏れ表示灯、警戒区域表示装置、ガス漏れ表示試験スイッチ、回線選択スイッチ、回路導通試験スイッチ、スイッチ注意灯、予備電源試験スイッチ、警報停止スイッチ、故障表示灯、電圧計、電源表示灯が示されている）

6　受信機の設置

受信機は次の①～④の規定により設置しなければなりません。
① 受信機は、**防災センターなどに設置**します。
② 貫通部に設ける検知器に係る警戒区域は、他の検知器の警戒区域と区別して表示します。
③ 操作スイッチは、床面からの高さ0.8m以上1.5m以下の位置に設置します。
④ ひとつの防火対象物に2つ以上の受信機を設置する場合は、これらの受信機がある場所相互の間で同時に通話することができる設備を設置します。

7　警報装置

警報装置には音声警報装置、ガス漏れ表示灯、検知区域警報装置があり、それぞれ次の①～③の規定により設置します。なお、音声警報装置は音声により、検知区域警報装置は音響により、ガス漏れを関係者に報知する装置です。

①音声警報装置
音声警報装置はガス漏れを確認した場合に、関係者に音声で火気の使用禁止や避難命令など、緊急を要する情報を伝える装置です。
(a)スピーカーは各階ごとに、その階の各部分からひとつのスピーカーまでの水平距離

> **ミニ知識**　検知区域警報装置は、装置より1m離れた位置で70dB以上の音圧とする。

が、25m以内ごとに設置します。
(b) ひとつの防火対象物に2つ以上の受信機を設置する場合は、これらの受信機があるいずれの場所からも作動可能にします。ただし、消防法令で定める基準により、放送設備が設置されている場合は、その有効範囲内の部分では、音声警報装置を省略することができます。

② **ガス漏れ表示灯**

ガス漏れ表示灯はガス漏れを確認した場合に、ランプで知らせる表示灯です。
(a) 検知器を設置する室が、通路に面している場合は、その通路に面する部分の出入口付近に設置します。
(b) 前方3m離れた地点で、点灯が明確に識別できるものとします。ただし、ひとつの警戒区域がひとつの室からなる場合は、ガス漏れ表示灯を設置しないことができます。

③ **検知区域警報装置**

検知区域警報装置は、ひとつの検知器が有効にガス漏れを検知できる区域である検知区域で、その検知器が作動した場合に、その検知区域内の関係者に音響で報知する装置です。
(a) 検知区域警報装置は、ガス漏れの発生を検知区域で関係者に警報できるものです。
(b) 警報機能のある検知器を設置する場所、機械室など常時人がいない場所、貫通部には、検知区域警報装置を設置しないことができます。

8 警戒区域

ガス漏れ火災警報設備の**警戒区域**とは、ガス漏れの発生した区域を他の区域と区別して識別することができる最小単位の区域をいい、次のように規定されています。

① 2つ以上の階にわたらないようにします。ただし、警戒区域の面積が500㎡以下であれば、2つの階にわたることができます。
② 警戒区域面積を600㎡以下とします。ただし、通路の中央から容易に警報装置を見通せる場合は、1000㎡以下とすることができます。

ガスは一歩間違えると大惨事を招くことがあるので、ガス漏れ火災警報設備の設置は重要となります。

ミニ知識　ガス漏れ表示灯は黄色のランプでガス漏れを表示する。

12 漏電火災警報器

漏電火災警報器とは、壁などの下地に鉄網を使った防火対象物で、鉄網などから一定量の地絡電流が流れた場合、これを自動的に検出して警報を発するものをいう。

1 ラスモルタル塗りの木造外壁の漏電

① 鉄網はラス（Lath）ともいい、メタルラスやワイヤラスなどがあります。このラスにモルタルを塗ったものを**ラスモルタル塗り**といい、延焼防止の効果が大きいために、木造建築物の外壁や軒裏の防火構造としてよく使われます。

② 木造建築物のラスモルタル塗りの外壁を貫通して屋内へ電線を引き込む部分で、金属製の**ラスへ漏電してラスが発熱し、火災が発生**することがあります。

③ ラスへ漏電して、火災が発生するのを防ぐために、次の(a)(b)の対策がとられます。
　(a) 外部からの引込線の段階で、漏電火災警報器による早期発見をします。
　(b) 外壁の電線貫通部分のまわりに支障のないようにラスを切り取り、電線貫通部分に合成樹脂管などを取り付けて、そのなかに電線を通して漏電を防ぎます。

図4-44　ラスモルタル塗り

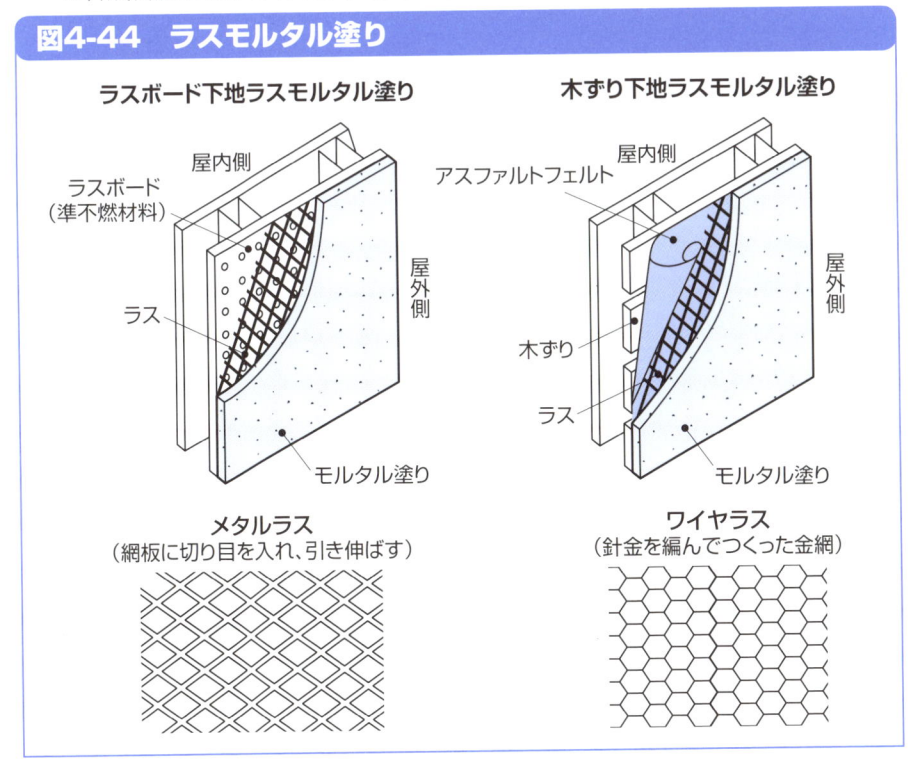

ラスボード下地ラスモルタル塗り　　　木ずり下地ラスモルタル塗り

メタルラス（網板に切り目を入れ、引き伸ばす）　　　ワイヤラス（針金を編んでつくった金網）

用語　地絡電流　漏電などにより接地（アース）線などを経て大地に流れる電流で、火災の発生または人体や機器に被害をおよぼすおそれのあるものをいう。

図4-45　ラスモルタル塗りの木造外壁の漏電

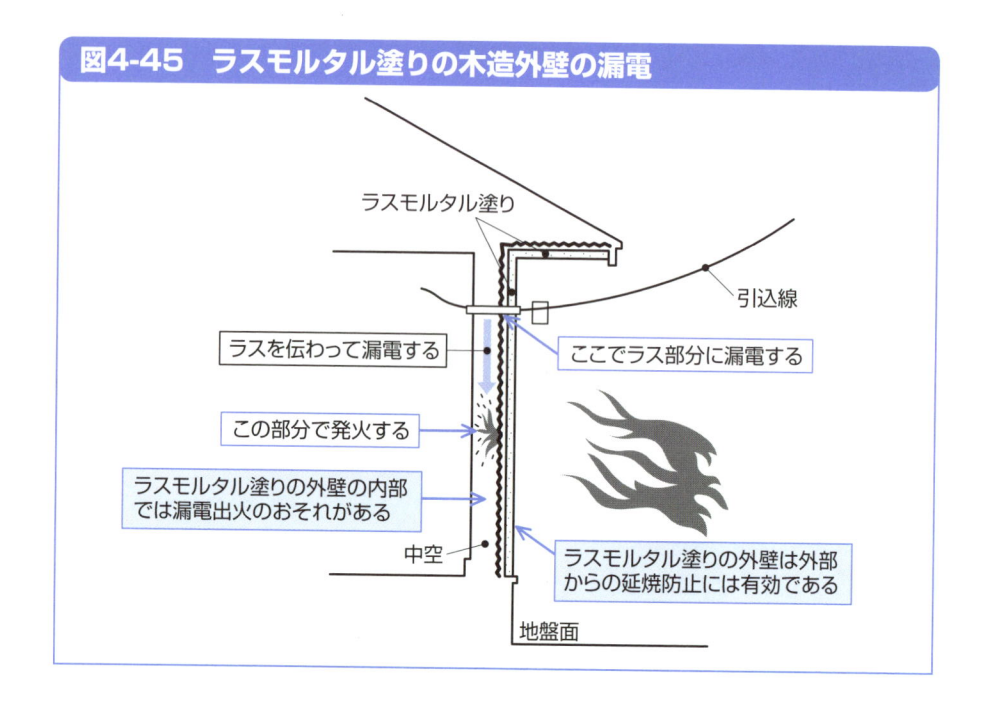

- ラスモルタル塗り
- 引込線
- ラスを伝わって漏電する
- ここでラス部分に漏電する
- この部分で発火する
- ラスモルタル塗りの外壁の内部では漏電出火のおそれがある
- 中空
- ラスモルタル塗りの外壁は外部からの延焼防止には有効である
- 地盤面

2 漏電火災警報器の構成

① 漏電火災警報器は、電圧600V以下の警戒電路の漏洩電流を検出し、防火対象物の関係者に報知する設備であり、変流器、受信機、音響装置、配線によって構成されています。

② 屋内配線が、その被覆の損傷などにより、接地している金属と接触すると、漏洩電流は漏電点、メタルラスなどを経て電路を流れ、この漏洩電流を変流器が検出して受信機に信号を発し、受信機がこれを受信して音響装置を鳴動させるようになっています。

③ 漏電火災警報器によっては、単に漏電を報知するだけでなく、直ちにその電路を遮断してしまう遮断機構のあるものもあります。

3 漏電火災警報器の設置基準（令22条）

① 漏電火災警報器は、**木造建築物の防火対象物の壁、床、天井を鉄網入り**としたものに限って設置します。ただし、壁の間柱または下地、床の根太または下地、天井の野縁または下地を**不燃材料か準不燃材料**とした場合は、設置する必要はありません。

> ミニ知識　引込み後の回路の漏電については、屋内分電盤にある漏電遮断機で対応することになっている。

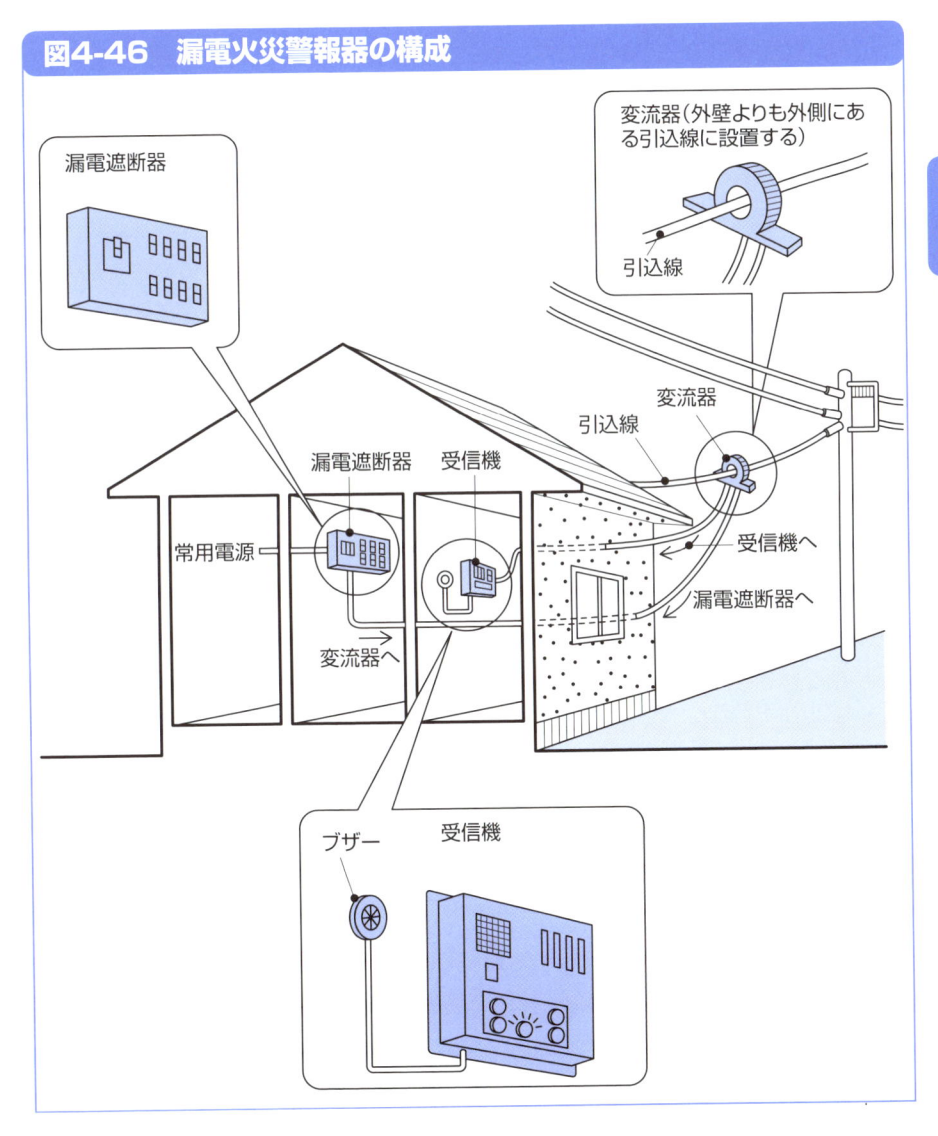

② 漏電火災警報器の設置基準は、表4-10のように建築物の延べ面積と契約電流容量の2つの基準からなっています。例えば、防火構造の木造建築物である劇場、キャバレー、料理店、百貨店では、延べ面積が300㎡以上が設置対象になりますが、契約電流容量が50A（アンペア）を超えるものは、延べ面積が300㎡未満でも設置しなければなりません。

図4-46　漏電火災警報器の構成

ミニ知識　図4-46において、受信機にはブザー内蔵のものもある。

●表4-10　漏電火災警報器の設置基準

令別表1の項目		防火対象物	下記の構造の防火対象物（●間柱または下地を準不燃以外の材料でつくった鉄網入りの壁　●根太　〃　の床　●野縁　〃　の天井）	
			一般基準（延べ面積）	契約電流容量基準
(1)	イ	劇場グループ	300㎡以上	契約電流容量が50Aを超えるもの
	ロ	集会場グループ		
(2)	イ	キャバレーグループ	300㎡以上	
	ロ	遊技場グループ		
	ハ	性風俗関連特殊営業店舗グループ		
	ニ	カラオケボックスグループ		
(3)	イ	料理店グループ	300㎡以上	
	ロ	飲食店		
(4)		百貨店グループ	300㎡以上	
(5)	イ	旅館グループ	150㎡以上	
	ロ	共同住宅グループ		
(6)	イ	病院グループ	300㎡以上	
	ロ	老人短期入所施設グループ		
	ハ	老人デイサービスセンターグループ		
	ニ	特殊学校グループ		
(7)		学校グループ	500㎡以上	
(8)		図書館グループ	500㎡以上	
(9)	イ	蒸気浴場グループ	150㎡以上	
	ロ	一般浴場		
(10)		車両停車場グループ	500㎡以上	
(11)		神社グループ	500㎡以上	
(12)	イ	工場グループ	300㎡以上	
	ロ	スタジオグループ		
(13)	イ	車庫グループ		
	ロ	特殊格納庫		
(14)		倉庫	1,000㎡以上	
(15)		前各項以外	1,000㎡以上	
(16)	イ	特定用途の存する複合用途	延べ面積が500㎡以上で、かつ(1)～(4)項、(5)項イ、(6)項、(9)項イの用途部分の床面積の合計が300㎡以上	契約電流容量が50Aを超えるもの
	ロ	イ以外の複合用途	各用途部分の設置基準に従って設置する	
(16の2)		地下街	300㎡以上	
(16の3)		準地下街		
(17)		文化財	全部	
(18)		アーケード		

※　□の部分は設置すべき条件、□は必要なしを示す。

> **ミニ知識**　漏電火災警報器の設置基準としては、延べ面積の他に契約電流容量による基準があることに留意すること。

4 漏電火災警報器の級別

① 漏電火災警報器には、**1級漏電火災警報器**と**2級漏電火災警報器**があります。1級漏電火災警報器は、警戒電路の定格電流が60Aを超える場合に1級受信機を使うものをいい、2級漏電火災警報器は、警戒電路の定格電流が60A以下の場合に2級受信機を使うものをいいます。
② ただし、警戒電路が分岐してそれぞれの分岐回路の定格電流が60A以下であれば、その分岐回路ごとに2級漏電火災警報器を設置すればよいことになっています。

5 変流器

① **変流器**は、漏洩電流を検出するもので、環状の鉄心に検出用の巻線を施したものです。その環状の中心部の穴に警戒電路を貫通させて、それに漏洩電流が生じると検出用の巻線に誘起電圧が発生して、受信機に信号を発信します。
② 変流器は、警戒電路の定格電流以上の電流値をもつものを設置します。
③ 変流器の設置位置は、**外壁よりも外側の引込線**（ただし建築構造上困難な場合は、電路の引込口に近接した屋内の電路）などとします。

6 受信機と音響装置

① 受信機は変流器からの漏電信号を受信すると、これを増幅して音響装置を鳴動させます。
② 音響装置は、自動火災報知設備、非常警報設備などのベル音と区別することができるように、ブザー音を使うことが多いといえます。
③ 音響装置は受信機に内蔵されたものや受信機の外部に別個に取り付けたものがあります。

変流器は、外壁よりも外側の引込線に設置します。

用語 警戒電路の定格電流　警戒電路とは漏電火災警報器によって、地絡による漏電を検出することができる電気回路をいう。この警戒電路で使用できる電流値の最高限度を警戒電路の定格電流という。

13 消防機関へ通報する火災報知設備

消防機関へ通報する火災報知設備とは、火災発生時に、発信機の押しボタンを押すと、消防機関が直ちに押しボタンを押した相手方を知るようになっている設備をいう。

1 消防機関へ通報する火災報知設備

① 消防機関へ通報する火災報知設備は、防火対象物に設置してあるM型発信機と消防機関に設置してあるM型受信機とを**直通専用回線**で結んでいます。
② 消防機関へ通報する火災報知設備については、「防火対象物に消防機関へ常時通報することができる電話を設置したときは、消防機関へ通報する火災報知設備を設置しないことができる」(令23条3項)という**免除規定があるために**、電話を利用することがごく当たり前の近年では、消防機関へ通報する火災報知設備の設置台数が著しく減り、**ほとんど使われなくなりました**。

2 火災通報装置

① 消防機関へ通報する火災報知設備の代わりに使うことができる電話による119番通報をした人のなかには気が動転して、沈着冷静な対応ができないなどの問題点があるため、**旅館やホテル、病院や診療所、老人福祉施設などの出火時に在館者の避難誘導をまず最優先させるような防火対象物**では、電話の代わりに消防機関へ通報する非常通報装置である**火災通報装置**を設置しなければならないという規定があります。
② 火災通報装置は、火災発生時に、消防署への直通専用回線でなく、**既存の電話回線を利用**して、ひとつの押しボタンを押すことにより、蓄積音声情報(あらかじめ録音したメッセージにより伝えられる通報施設の名前や住所など)を消防機関へ通報することができる装置です。
③ 令別表1の(6)項ロの老人短期入所施設グループでは、火災通報装置は自動火災報知設備の感知器の作動と連動して起動することが義務付けられています。

3 消防機関へ通報する火災報知設備の構成

　消防機関へ通報する火災報知設備は、防火対象物に設置してあるM型発信機の押しボタンを押して、消防機関に設置してあるM型受信機に信号を送り、火災の発生を消防機関に知らせるものです。

ミニ知識 M型発信機とM型受信機とは専用回線で結ばれているために、この設備はMM式ともいう。

図4-47　消防機関へ通報する火災報知設備の構成

4　火災通報装置の構成

① 火災通報装置は押しボタンの操作により、簡単に蓄積音声情報を消防機関に通報するとともに、通話することができるもので、さらに自動火災報知設備と連動すれば、自動通報もできるようになっています。
② 火災通報装置は、図4-48のように建築物内にある交換機などと電話局の間の電話回線に設置しますが、これは交換機を通さずに直接電話局に通じるようにするためです。

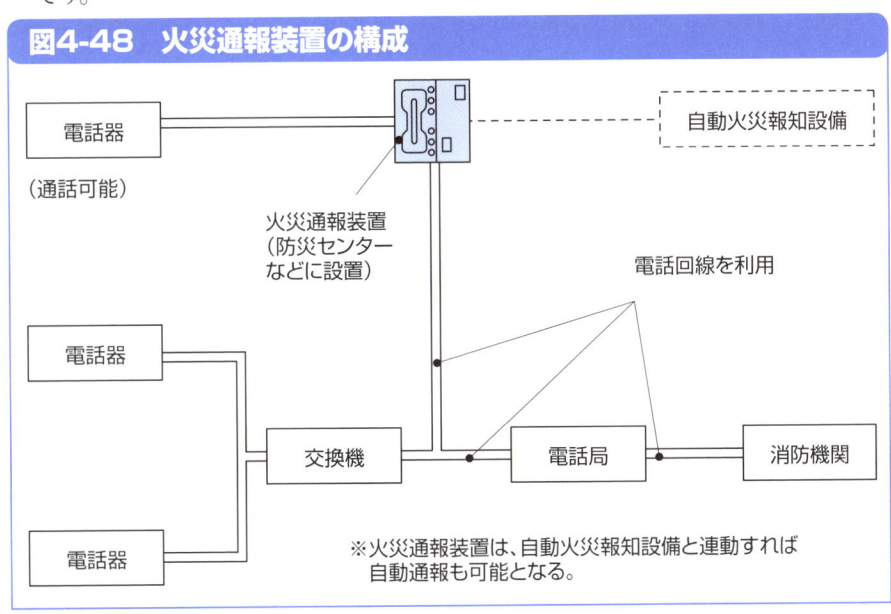

図4-48　火災通報装置の構成

※火災通報装置は、自動火災報知設備と連動すれば自動通報も可能となる。

ミニ知識　図4-48において、火災通報装置の設置場所は防災センターなどであるが、設置する際には消防機関と十分な打合せをしなければならない。

5 消防機関へ通報する火災報知設備の設置基準（令23条）

① 消防機関へ通報する火災報知設備の設置基準は表4-11のようになっていますが、実際には、建築物内には電話が置かれているので設置免除になっています。
② ただし、次に示す(a)〜(d)の防火対象物は設置免除とならず、**火災通報装置の設置が必要**となります。（消防機関へ通報する火災報知設備でもかまいませんが、直通専用回線のために設置維持に費用がかかり、実際には使われていません）
(a) 令別表1の(5)項イの防火対象物（旅館、ホテル、宿泊所など）
(b) 令別表1の(6)項イの防火対象物（病院、診療所、助産所）
(c) 令別表1の(6)項ロの防火対象物（老人福祉施設、児童福祉施設などの福祉施設）
(d) 令別表1の(6)項ハの防火対象物（老人デイサービスセンター、保育所など）

6 消防機関へ通報する火災報知設備の設置免除

次に示す場合には、消防機関へ通報する火災報知設備の設置が免除されます。
① 消防機関から著しく離れた場所にあるもの（運用上約10km以上あるもの）
② 消防機関からの距離が500m以下のごく近い場所にあるもの
（ただし、令別表1(6)項イの病院グループのうち、避難のために患者の介助が必要な病院と避難のために患者の介助が必要な有床診療所並びに(16)項イの特定用途の存する複合用途、(16の2)項の地下街、(16の3)項の準地下街〔(6)項イの上記の病院、有床診療所の用途の部分があるものに限る〕については、消防機関が建築物内にあるものを除き、消防機関からの距離が500m以下の場所にあるものについても、消防機関へ通報する火災報知設備の設置が義務づけられる）
③ 消防機関へ常時通報することができる**電話を設置したもの**〔ただし、令別表1の(5)項イの旅館、ホテル、宿泊所など、(6)項イの病院、診療所、助産所、(6)項ロの老人福祉施設、児童福祉施設などの福祉施設は除きます〕

> 火災発生時に119番通報をした人のなかには、気が動転するなど問題点があるため、旅館やホテル、病院や診療所、老人福祉施設などについては、電話の代わりに消防機関へ通報する非常装置である火災通報装置を設置する必要があります。

ミニ知識 火災通報装置は、消防機関への通報のみならず、通話することもできる。

●表4-11　消防機関へ通報する火災報知設備の設置基準

令別表1の項目		防火対象物	下記の条件の場合に設置(延べ面積)
(1)	イ	劇場グループ	500㎡以上
	ロ	集会場グループ	
(2)	イ	キャバレーグループ	500㎡以上
	ロ	遊技場グループ	
	ハ	性風俗関連特殊営業店舗グループ	
	ニ	カラオケボックスグループ	
(3)	イ	料理店グループ	1,000㎡以上
	ロ	飲食店	
(4)		百貨店グループ	500㎡以上
(5)	イ	旅館グループ	500㎡以上
	ロ	共同住宅グループ	1,000㎡以上
(6)	イ	病院グループ ★	全部または500㎡以上
	ロ	老人短期入所施設グループ	全部
	ハ	老人デイサービスセンターグループ	500㎡以上
	ニ	特殊学校グループ	
(7)		学校グループ	1,000㎡以上
(8)		図書館グループ	1,000㎡以上
(9)	イ	蒸気浴場グループ	1,000㎡以上
	ロ	一般浴場	
(10)		車両停車場グループ	1,000㎡以上
(11)		神社グループ	1,000㎡以上
(12)	イ	工場グループ	500㎡以上
	ロ	スタジオグループ	
(13)	イ	車庫グループ	1,000㎡以上
	ロ	特殊格納庫	
(14)		倉庫	1,000㎡以上
(15)		前各項以外	1,000㎡以上
(16)	イ	特定用途の存する複合用途	各用途部分の設置基準に従って設置する
	ロ	イ以外の複合用途	
(16の2)		地下街	全部
(16の3)		準地下街	全部
(17)		文化財	500㎡以上
(18)		アーケード	

☐ の部分は設置すべき条件、☐ は必要なしを表す。
★　(6)項イの病院グループの「下記条件の場合に設置」の項は次のようになる。

令別表1の項目		防火対象物	下記の条件の場合に設置
(6)	イ(病院グループ)	①避難のために患者の介助が必要な病院	全部 ★1
		②避難のために患者の介助が必要な有床診療所	
		③病院(①を除く)、有床診療所(②を除く)、有床助産所	
		④無床診療所、無床助産所	500㎡以上

★1　平成28年4月1日の施行の際に、現に存するもの並びに現に新築、増築、改築、移転、修繕、模様替えの工事中のものについては、平成31年3月31日までの間は従前の例による。

ミニ知識　消防機関へ通報する火災報知設備のM型発信機やM型受信機は現在ほとんど製造されていない。

14 非常警報器具と非常警報設備の設置基準

非常警報器具と非常警報設備とは、火災発生時に、防火対象物にいる人に警報音や音声で火災の発生を知らせるものをいう。

1 非常警報器具と非常警報設備

① 非常警報器具は持ち運びができるもの、非常警報設備は建築物に固定されて一体化しているものをいいます。
② 非常警報器具は、**警鐘**、**携帯用拡声器**、**手動式サイレン**などの警報音や拡声音などにより、火災の発生を知らせるものです。
③ 非常警報設備は、**非常ベル**、**自動式サイレン**、**放送設備**の警報音（ベル、サイレン）や音声（放送）により、火災の発生を知らせるものです。

図4-49　警鐘、携帯用拡声器、手動式サイレン、自動式サイレン

警鐘　　　　　　　　　　　携帯用拡声器

手動式サイレン　　　　　　自動式サイレン

ハンドルを回転してサイレンを発する

ミニ知識　非常警報器具と非常警報設備は、国家検定の対象品目とされていない。しかし、消防庁長官の定める基準（(S.48消告6)、(S.48・5・16消防予76)）に詳細に定められている。

2 非常警報器具と非常警報設備の設置基準（令24条）

①非常警報器具の設置基準
　令別表1の(4)項の百貨店グループ、(6)項ロ、ハの福祉施設グループ、(6)項ニの特殊学校グループ、(9)項ロの一般浴場、(12)項の工場・スタジオグループの防火対象物で、**収容人員が20人以上50人未満**の場合に設置しなければなりません。

②非常警報設備の設置基準
　非常警報設備の設置を義務付けている防火対象物には、非常ベル、自動式サイレン、放送設備のうち、いずれかひとつを選んで設置しなければならない場合と、非常ベルと放送設備または自動式サイレンと放送設備のいずれかの組合せを選んで設置しなければならない場合があります。

③ 非常警報器具と非常警報設備は、防火対象物内にいる人に火災が発生したことを知らせるものであり、多数の人がいる防火対象物などに設置が義務付けられています。また収容人員が多くなれば、音響のみで火災が発生したことを知らせたのでは、混乱をまねいたりパニックになるおそれがあるので、放送設備の設置が義務付けられています。

④ 非常警報器具と非常警報設備の設置基準を表4-12に示します。

3 非常警報器具と非常警報設備の設置免除、緩和

①非常警報器具が免除される場合（令24条1項）
　自動火災報知設備または非常警報設備が設置されている場合は、その有効範囲内の部分には、非常警報器具を設置しないことができます。

②非常警報設備が免除される場合（令24条2項）
　自動火災報知設備が設置されている場合は、その有効範囲内の部分には、非常警報設備を設置しないことができます。

③非常警報設備が一部省略される場合
　次に示す(a)、(b)の場合には、その有効範囲内の部分には、非常ベルまたは自動式サイレンを併置しないことができます。（S.50・7・10消防安77）
　(a)非常ベルまたは自動式サイレンと併せて放送設備の併設が義務付けられている防火対象物に、自動火災報知設備が設置されている場合
　(b)放送設備に非常ベルまたは自動式サイレンと同等以上の音響を発する装置が付加されている場合

ミニ知識　非常警報器具と非常警報設備を重ねて設置する必要はない。

●表4-12　非常警報器具と非常警報設備の設置基準

令別表1の項目		防火対象物	器具 下記の条件の場合に備考欄の器具が必要となる	設備 下記の条件の場合に備考欄の設備が必要となる		下記の条件の場合に備考欄の設備が必要となる
(1)	イ	劇場グループ			1) 収容人員が50人以上	収容人員が300人以上
	ロ	集会場グループ				
(2)	イ	キャバレーグループ				
	ロ	遊技場グループ				
	ハ	性風俗関連特殊営業店舗グループ				
	ニ	カラオケボックスグループ				
(3)	イ	料理店グループ				
	ロ	飲食店				
(4)		百貨店グループ	収容人員が20人以上50人未満			
(5)	イ	旅館グループ		収容人員が20人以上		収容人員が300人以上
	ロ	共同住宅グループ				収容人員が800人以上
(6)	イ	病院グループ		収容人員が20人以上		収容人員が300人以上	1) 地階を除く階数が11以上
	ロ	老人短期入所施設グループ			2) 地階、無窓階で、収容人員が20人以上		
	ハ	老人デイサービスセンターグループ	収容人員が20人以上50人未満				
	ニ	特殊学校グループ					
(7)		学校グループ				収容人員が800人以上	
(8)		図書館グループ				収容人員が800人以上	
(9)	イ	蒸気浴場グループ		収容人員が20人以上		収容人員が300人以上	2) 地階の階数が3以上
	ロ	一般浴場	収容人員が20人以上50人未満				
(10)		車両停車場グループ					
(11)		神社グループ					
(12)	イ	工場グループ	収容人員が20人以上50人未満				
	ロ	スタジオグループ					
(13)	イ	車庫グループ					
	ロ	特殊格納庫					
(14)		倉庫					
(15)		前各項以外					
(16)	イ	特定用途の存する複合用途	※1	※1		収容人員が500人以上	
	ロ	イ以外の複合用途					
(16の2)		地下街				全　部	
(16の3)		準地下街				全　部	
(17)		文化財					
(18)		アーケード					
備考			当てはまる防火対象物には警鐘、携帯用拡声器、手動式サイレンなどの非常警報器具	当てはまる防火対象物には非常ベル、自動式サイレン、放送設備のうち、いずれかを設置する		当てはまる防火対象物には必ず放送設備を設置したうえで、非常ベルまたは自動式サイレンを併置する	

※　□の部分は設置すべき条件、□は必要なしを表す。
※1　各用途部分の設置基準に従って設置する。

ミニ知識　非常警報器具と非常警報設備の設置基準は各用途の延べ面積や床面積ではなく、収容人員による。

15 非常ベルと自動式サイレン

非常ベルと自動式サイレンは、火災発見者が起動装置を操作し、ベルまたはサイレンの音響装置を鳴動させることにより火災の発生を知らせるものである。

1 非常ベルと自動式サイレン

① 警報音の音響装置として非常ベルはベルを、自動式サイレンはサイレンを使います。
② 非常ベルは、起動装置、音響装置（ベル）、表示灯などにより構成されています。
③ 自動式サイレンは、起動装置、音響装置（サイレン）、表示灯などにより構成されています。
④ 非常ベルと自動式サイレンの相違は、音響装置がベルかサイレンかの違いだけで、構成はまったく同じです。ただ実際には、ほとんど非常ベルが使われています。
⑤ 非常ベルと自動式サイレンの両方とも、火災発見者が手動で起動装置を操作する（押しボタンスイッチを押す）ことで鳴動するようになっています。

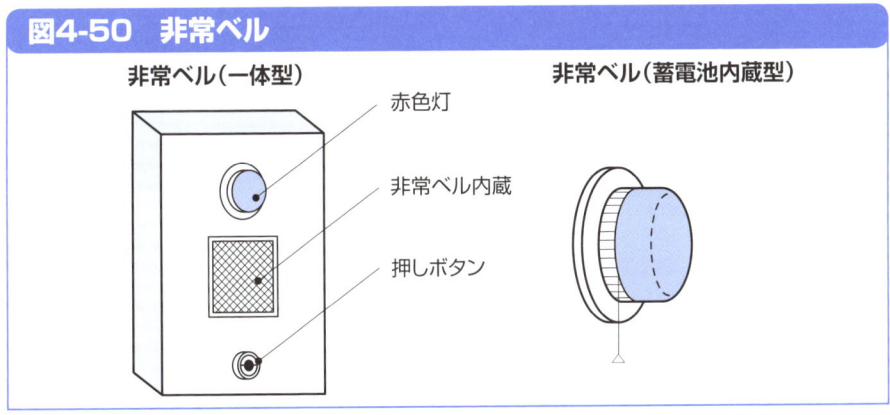

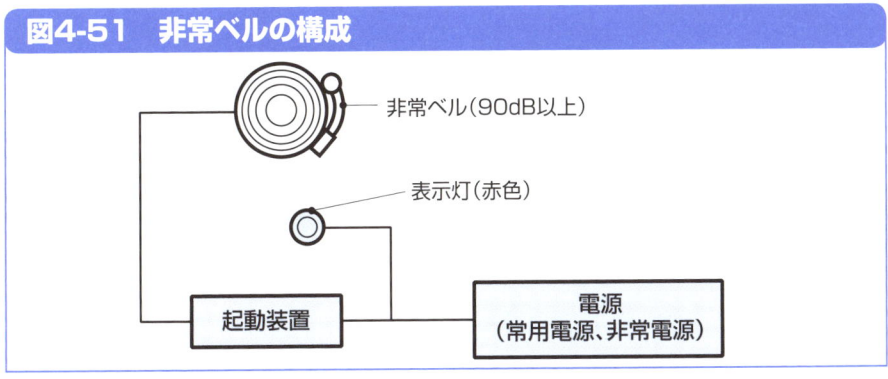

図4-50　非常ベル

非常ベル（一体型）
- 赤色灯
- 非常ベル内蔵
- 押しボタン

非常ベル（蓄電池内蔵型）

図4-51　非常ベルの構成

- 非常ベル（90dB以上）
- 表示灯（赤色）
- 起動装置
- 電源（常用電源、非常電源）

ミニ知識　非常ベルは、自動火災報知設備の感知器から受信機までの感知部門を除いたシステムと同じ構成になっている。

図4-52　自動式サイレンの構成

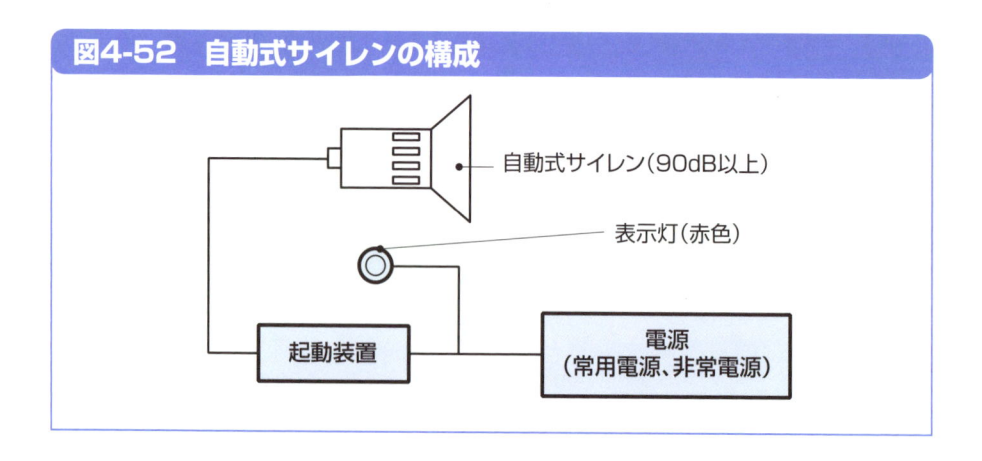

- 自動式サイレン（90dB以上）
- 表示灯（赤色）
- 起動装置
- 電源（常用電源、非常電源）

2　非常ベルと自動式サイレンの音響装置の性能と設置方法（規則25条の2、2項一号）

① 音圧は音響装置の中心より1m離れた位置で、**90dB以上**とします。
② 音色は、特定一階段等防火対象物のうち、ダンスホール、カラオケボックスなどで、室内または室外の音響が聞き取りにくい場所にあるものには、その場所で他の音響音や騒音と明らかに区別して聞き取ることができるものとします。
③ 各階ごとに、その階の各部分からひとつの音響装置までの**水平距離が25m以下**となるように配置します。

図4-53　非常ベルまたは自動式サイレンの音響装置の設置方法

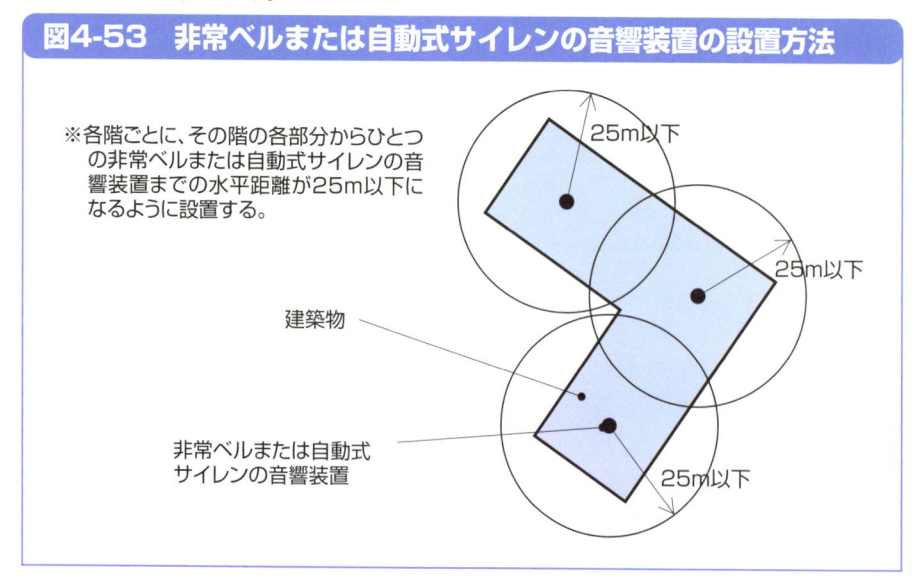

※各階ごとに、その階の各部分からひとつの非常ベルまたは自動式サイレンの音響装置までの水平距離が25m以下になるように設置する。

- 25m以下
- 25m以下
- 25m以下
- 建築物
- 非常ベルまたは自動式サイレンの音響装置

ミニ知識　水平距離とは、図面上の直線距離をいう。

④ 地上5階建以上で延べ面積3,000㎡を超える大規模な防火対象物は、**一斉鳴動の他、区分鳴動もできるもの**とします。ただし、一定の時間が経過した場合や新たな火災信号を受信した場合には、全区域に自動的に警報を発するように措置されている必要があります。

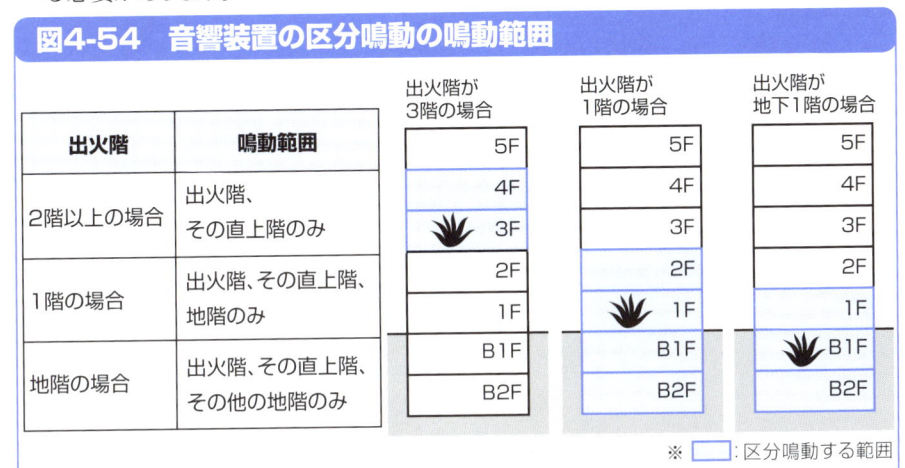

図4-54　音響装置の区分鳴動の鳴動範囲

出火階	鳴動範囲
2階以上の場合	出火階、その直上階のみ
1階の場合	出火階、その直上階、地階のみ
地階の場合	出火階、その直上階、その他の地階のみ

※ □：区分鳴動する範囲

3　非常ベルと自動式サイレンの起動装置の設置方法
（規則25条の2、2項二号の二）

① 各階ごとに、その階の各部分からひとつの起動装置までの**歩行距離が50m以下**となるように配置します。

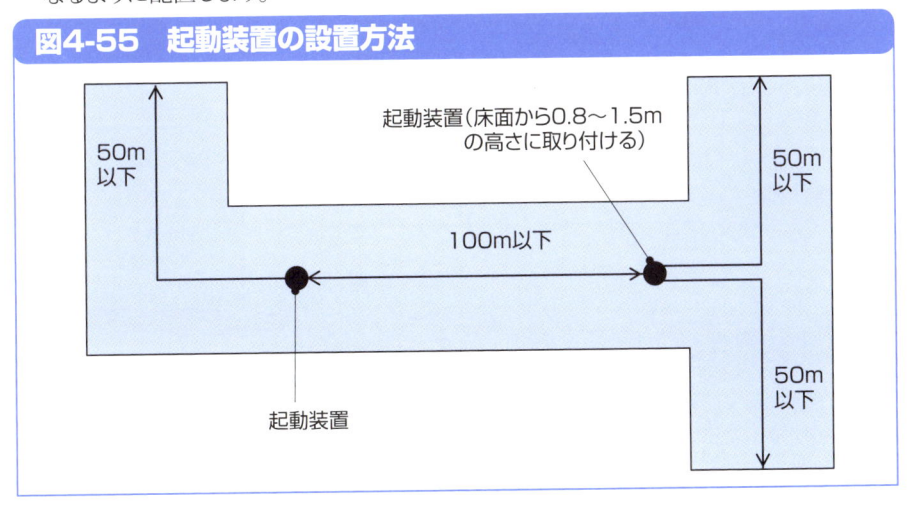

図4-55　起動装置の設置方法

起動装置（床面から0.8～1.5mの高さに取り付ける）

50m以下　　100m以下　　50m以下　　50m以下

起動装置

ミニ知識　区分鳴動の目的は、一斉鳴動では混乱やパニックを起こすおそれがあり、それを防止するためである。

②床面からの高さが0.8m以上1.5m以下の箇所に設置します。
③起動装置の上方に表示灯を設置し、表示灯は赤色の灯火で、取付面と15°以上の角度となる方向に沿って、10m離れたところから点灯していることを容易に識別できるものとします。

図4-56 起動装置の表示灯

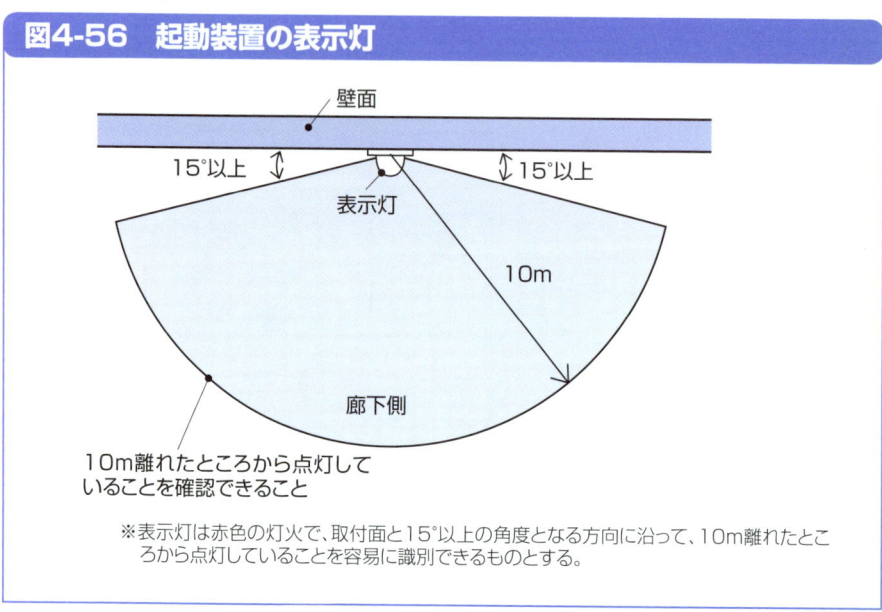

- 壁面
- 15°以上
- 表示灯
- 10m
- 廊下側
- 10m離れたところから点灯していることを確認できること

※表示灯は赤色の灯火で、取付面と15°以上の角度となる方向に沿って、10m離れたところから点灯していることを容易に識別できるものとする。

図4-57 非常ベルの構成と設置方法など

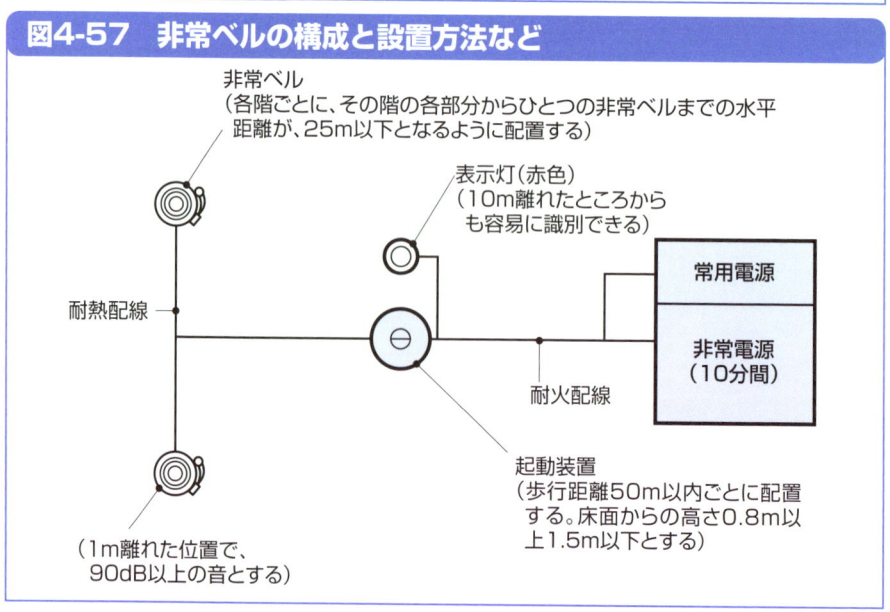

- 非常ベル（各階ごとに、その階の各部分からひとつの非常ベルまでの水平距離が、25m以下となるように配置する）
- 表示灯（赤色）（10m離れたところからも容易に識別できる）
- 常用電源
- 非常電源（10分間）
- 耐熱配線
- 耐火配線
- 起動装置（歩行距離50m以内ごとに配置する。床面からの高さ0.8m以上1.5m以下とする）
- （1m離れた位置で、90dB以上の音とする）

ミニ知識 起動装置のプラスチック板を押し破り、押しボタンを押すと非常ベルが鳴動する。

16 放送設備

放送設備とは、火災発見者が起動装置を操作するなどして、自動的に増幅器の電源を入れることにより、非常警報の放送を行うものをいう。

1 放送設備の機能

① 不特定多数を収容する防火対象物などで、人々が混乱したりパニックにならずに安全に避難させるためには、防火対象物の関係者による直接の避難誘導が最も有効ですが、関係者がつねにいるとは限りません。
② そのために、ベルやサイレンの警報音を発して注意を喚起するとともに、非常放送による音声で誘導指示することが、大変有効な方法となります。

2 放送設備の起動フロー

① 放送設備は、火災発見者が起動装置を操作する（押しボタンスイッチを押す）場合の他にも、自動火災報知設備によって非常警報の放送を行うことができます。
② 自動火災報知設備による非常警報の放送は、自動火災報知設備の感知器が作動して受信機に火災信号を送ることにより自動的にまたは手動により放送を行うものです。
③ 放送設備の起動フローを図4-58に示します。

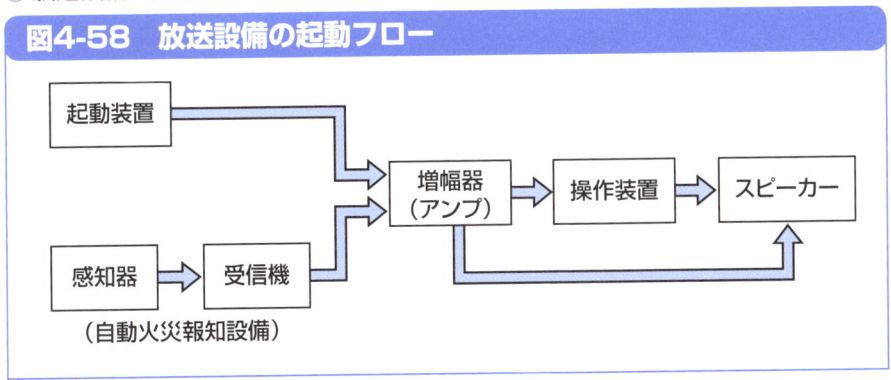

図4-58　放送設備の起動フロー

起動装置 → 増幅器（アンプ） → 操作装置 → スピーカー
感知器 → 受信機 →（自動火災報知設備）→ 増幅器（アンプ）

3 地下街などに設置する放送設備の起動装置

① 地下街、準地下街、地下3階以下の階、地上11階以上の階では、パニックを防止するため、または火災の発生場所や状態の詳しい情報を得るために、放送設備の起動装

ミニ知識　放送設備は、非常用放送設備ともいう。

置は**自動火災報知設備の非常電話（T型発信機）**としなければならない規定があります。

② 非常電話は放送設備の操作装置との間で相互に通話することができる専用電話で、非常電話を操作することにより放送設備の放送ができる状態になるものです。

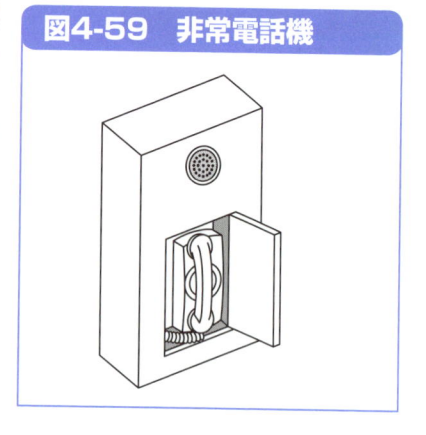

図4-59　非常電話機

4 非常放送の内容

① 放送は、**シグナル音と音声メッセージの組合せ**になっています。シグナル音は、音声放送の前に、ピンポンという音で人々に注意を喚起します。音声メッセージはあらかじめテープに取っておき、火災感知後に自動的に放送するものです。

② 音声メッセージには内容により、図4-60に示す**感知器発報放送**、**火災放送**、**非火災放送**があります。

図4-60　非常放送の内容

感知器発報放送：感知器により火災を感知した場合に放送する（女声）
火　災　放　送：火災を確認した場合、複数の感知器が作動した場合、感知器発報放送が起動してから一定時間後解除されなかった場合などに放送する（男声）
非 火 災 放 送：火災の発生がないことを確認した場合に、異常がなく安心するようにと放送する（女声）

感知器発報放送
ただいま○階の火災感知器が作動しました。係員が確認しておりますので、次の放送にご注意ください。

火災放送
火事です。火事です。○階で火災が発生しました。落ち着いて避難してください。

非火災放送
さきほどの火災感知器の作動は、確認の結果、異常がありませんでした。ご安心ください。

ミニ知識　感知器発報放送、火災放送、非火災放送のいずれの放送の前にも、ピンポンというシグナル音を発して注意を喚起する。またシグナル音と音声メッセージは、2回以上繰返して放送しなければならない。

5 放送設備の構成

① 放送設備は、起動装置、表示灯、スピーカー、操作部、増幅器（アンプ）などにより構成されています。
② 放送設備の構成を図4-61に示します。また放送設備の操作部と増幅器の例を図4-62に示します。

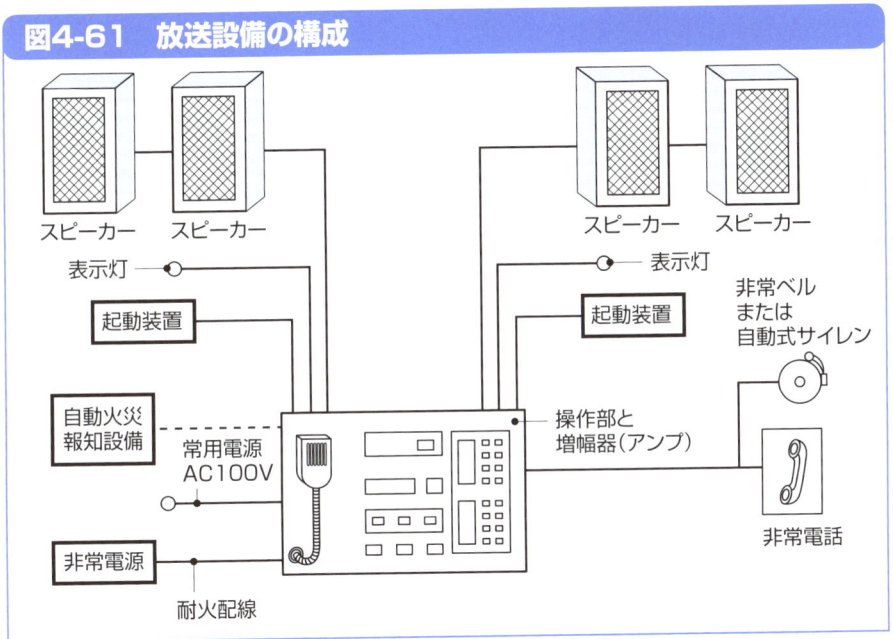

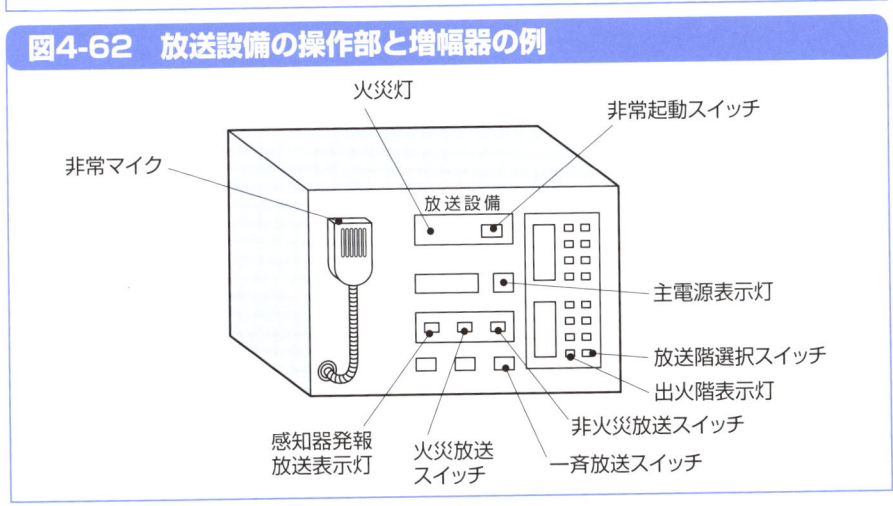

図4-61 放送設備の構成

- スピーカー
- 表示灯
- 起動装置
- 自動火災報知設備
- 常用電源 AC100V
- 非常電源
- 耐火配線
- 操作部と増幅器（アンプ）
- 非常ベルまたは自動式サイレン
- 非常電話

図4-62 放送設備の操作部と増幅器の例

- 非常マイク
- 火災灯
- 非常起動スイッチ
- 放送設備
- 主電源表示灯
- 放送階選択スイッチ
- 出火階表示灯
- 非火災放送スイッチ
- 一斉放送スイッチ
- 火災放送スイッチ
- 感知器発報放送表示灯

ミニ知識 放送設備の構成において、自動火災報知設備と連動するものや自動火災報知設備の受信機と併設されるものは、表示灯を省略される場合もある。

6 スピーカー（規則25の2、2項三号）

スピーカーの基準を次の①～⑥に示します。

①スピーカーの種類と音圧の大きさ

スピーカーは、取り付けられた位置から1m離れた箇所の音圧により、表4-13のように分類されます。

● 表4-13　スピーカーの種類と音圧の大きさ

スピーカーの種類	音圧の大きさ
L級	92dB以上
M級	87dB以上92dB未満
S級	84dB以上87dB未満

② 階段、傾斜路以外のスピーカーの設置単位は、**放送区域**ごととします。

③階段、傾斜路以外の放送区域の大きさによるスピーカーの種類
　(a)100㎡を超える放送区域：L級
　(b)50㎡を超え100㎡以下の放送区域：L級またはM級
　(c)50㎡以下の放送区域：L級、M級またはS級

④スピーカーの設置間隔
　(a)スピーカーが設置された放送区域（階段、傾斜路以外）では、放送区域の各部分からスピーカーまでの水平距離を10m以下とします。
　(b)スピーカーの設置が免除される放送区域では、その各部分から隣接の放送区域のスピーカーまでの水平距離を8m以下とします。
　(c)階段、傾斜路では、スピーカーはL級とし、垂直距離15mごとにひとつ設置します。

⑤スピーカーの設置が免除される放送区域
　(a)居室と居室から地上に通じる主な廊下などの通路で、6㎡以下の放送区域
　(b)上記以外で、30㎡以下の放送区域

⑥スピーカーの音圧
スピーカーは、階段または傾斜路以外の場所に設置する場合、放送区域ごとの音圧レベルが、その放送区域の床面からの高さが1mの箇所で、75dB以上となるように設置します。

7 操作部と遠隔操作器

① 操作部と遠隔操作器のスイッチの高さは、床面から0.8m以上1.5m以下とします。ただし、いすに座って操作する場合は0.6m以上1.5m以下とします。
② 操作部と遠隔操作器は起動装置や自動火災報知設備の作動と連動して、起動装置や自動火災報知設備が作動した階や区域を表示するものとします。
③ 鳴動範囲は、一斉鳴動の他に**区分鳴動**もできるものとします。

> **ミニ知識**　放送区域は、防火対象物の2つ以上の階にわたらず、かつ床、壁、戸などで区画する。ただし、ふすま、障子を除く。

第5章

避難設備

- ❶ 避難器具の種類と設置基準 ……………………… 238
- ❷ 避難器具の個数減と設置方法 …………………… 243
- ❸ 滑り棒 ……………………………………………… 245
- ❹ 避難ロープ ………………………………………… 246
- ❺ 避難はしご ………………………………………… 247
- ❻ 避難用タラップ …………………………………… 251
- ❼ 滑り台 ……………………………………………… 253
- ❽ 緩降機 ……………………………………………… 255
- ❾ 避難橋 ……………………………………………… 257
- ❿ 救助袋 ……………………………………………… 259
- ⓫ 誘導灯・誘導標識の設置基準 …………………… 263
- ⓬ 誘導灯の種類 ……………………………………… 269
- ⓭ 誘導灯のシンボル、文字、色彩 ………………… 271
- ⓮ 避難口誘導灯・通路誘導灯の性能と設置箇所など …… 272
- ⓯ 避難口誘導灯・通路誘導灯の点灯と消灯など ……… 277
- ⓰ 誘導標識 …………………………………………… 279

1 避難器具の種類と設置基準

避難器具とは、火災時に、通常の避難経路を利用して避難できなくなった場合、避難階以外の階にいる人が、建築物の窓やバルコニーなどから地上などに避難する器具をいう。

1 避難器具の機能

① 避難器具は火災発生時に、階段などの通常の避難経路が利用できなくなった場合に使う**緊急時の補助的な器具**であり、人命にかかわるものであるから、なによりも**使いやすく、確実に使え、安全性が高い**ものでなければなりません。
② 避難器具は緊急時に使うものであるから、日頃から取付け場所の確認をしたり、取扱い方法を知るために訓練しなければなりません。

2 避難器具の種類

① 消防法における避難器具には、図5-1に示す8種類があります。

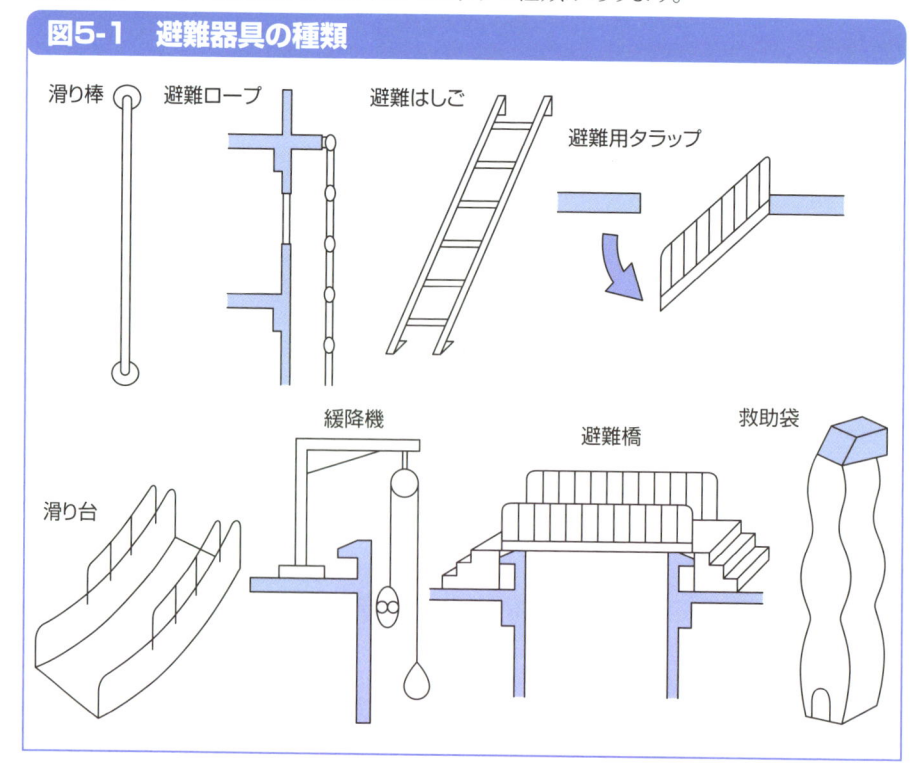

図5-1　避難器具の種類

（滑り棒、避難ロープ、避難はしご、避難用タラップ、滑り台、緩降機、避難橋、救助袋）

ミニ知識　避難器具はメーカーによりいろいろな種類があり、どの避難器具を採用するかについては、その器具の取付け場所、取付け方法、大きさ、操作する場所の周囲のクリアランス、安全性などについてメーカーとよく打合せをしなければならない。

② 避難器具は、その構造により常時使用できる状態にしておくものと、使用時に使用できる状態にするものがあります。
③ 避難器具は、その種類により表5-1のように指定または適合するように定められています。

● **表5-1　避難器具に対する指定または適合**

金属性の避難はしごと緩降機	国家検定品目に指定
その他の避難器具	消防庁長官の定める基準（S.53消告1）に適合

3 避難器具の設置基準（令25条）

① **避難器具の設置単位は階単位**ですが、防火対象物の用途、階、構造、収容人員の条件によって、適用する避難器具が定められています。ただし、**避難階と11階以上の階については、設置の必要はありません**。
② 11階以上の高層階については、安全に降下できる適切な避難器具がないことと非常用エレベーターの設置などの措置が講じられているため、避難器具の設置が不要となっています。
③ 避難器具の設置基準を図5-2と表5-2に示します。

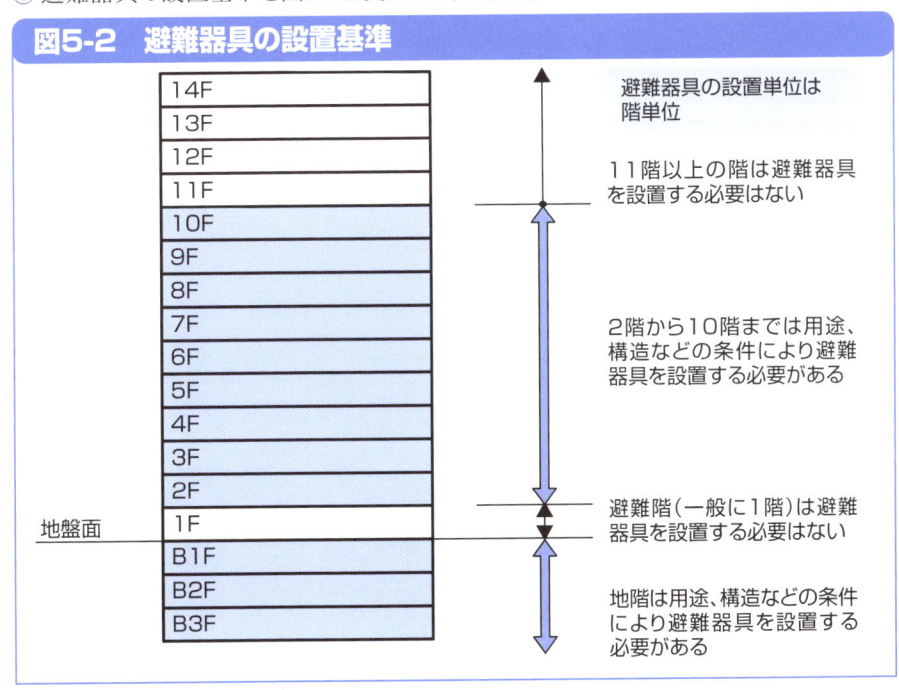

図5-2　避難器具の設置基準

14F〜11F	避難器具の設置単位は階単位 11階以上の階は避難器具を設置する必要はない
10F〜2F	2階から10階までは用途、構造などの条件により避難器具を設置する必要がある
1F（地盤面）	避難階（一般に1階）は避難器具を設置する必要はない
B1F〜B3F	地階は用途、構造などの条件により避難器具を設置する必要がある

ミニ知識　非常用エレベーターは、高さ31mを超える建築物に設置する。

●表5-2 避難器具の設置基準

防火建築物(令別表1)		1.避難器具を必要とする場合			2.必要個数	3.適応避難器具				
		必要とする階と建築物の構造条件		その階の収容人員	算定基準（　）内※1	地階	2階	3階	4・5階	6階以上
(6)イ (6)ロ (6)ハ (6)ニ	病院グループ 老人短期入所施設グループ もくていサービスセンターグループ 特殊学校グループ	2階以上の階または地階		20人以上	100(200)人以下の場合では1個 100(200)人増すごとに1個	C D	C D	E F G H	E F G H	E G H
		下階に令別表1の(1)～(4)項、(9)項、(12)項イ、(13)項イ、(14)項、(15)項の防火対象物のあるもの		10人以上			C D E F G H	E F G H	E F G H	E G H
(5)イ	旅館グループ	2階以上の階または地階		30人以上	100(200)人以下の場合では1個 100(200)人増すごとに1個	C D	A B C D E F G H	C D E F G H	C E F G H	C E F G H
(5)ロ	共同住宅グループ	下階に令別表1の(1)～(4)項、(9)項、(12)項イ、(13)項イ、(14)項、(15)項の防火対象物のあるもの		10人以上			C D E F G H	C D E F G H	C E F G H	C E F G H
(1)イ、ロ (2)イ、ロ、ハ、ニ (3)イ、ロ (4) (7) (8) (9) (10) (11)	劇場・集会場グループ キャバレー・遊技場グループ 料理店・飲食店グループ 百貨店グループ 学校グループ 図書館グループ 公衆浴場グループ 車両停車場グループ 神社グループ	2階以上の階または地階 ［ただし、主要構造物を耐火構造とした建築物の2階を除く］		50人以上	200(400)人以下の場合では1個 200(400)人増すごとに1個	C D	A B C D E F G H	C D E F G H	C E F G H	C E F G H
(12)イ (12)ロ (15)	工場グループ スタジオグループ 事務所グループ	3階以上の階または地階	3階以上の無窓階または地階	100人以上	300(600)人以下の場合では1個 300(600)人増すごとに1個	C D	(不要)	C D E F G H	C E F G H	C E F G H
			その他の階	150人以上						
令別表1	全対象物	3階(ただし、キャバレー、飲食店などと特定複合用途防火対象物で、2階に、キャバレー・飲食店などの用途部分があるものは2階)以上の階のうち、その階(避難上有効な開口部(※2)をもたない壁で区画されている部分がある場合は、その部分)から避難階または地上に通じる階段が2以上設けられていない階		10人以上	100(200)人以下の場合では1個 100(200)人増すごとに1個	(不要)	A B C D E F G H	C D E F G H	C E F G H	C E F G H

●上表の適応避難器具
A：滑り棒　　　　B：避難ロープ　　　C：避難はしご　　　D：避難用タラップ
E：滑り台　　　　F：緩降機　　　　　G：避難橋　　　　　H：救助袋

ミニ知識 避難器具の設置基準には、地階も対象となることに留意すること。

(注) ① ※1主要構造部が耐火構造であり、かつ、避難階段または特別避難階段が2以上ある
　　　ものは（　）内の数字に読みかえる。
　　　※2直径1m以上の円が内接可能な開口部またはその幅、高さがそれぞれ75cm以上、
　　　1.2m以上の開口部で、次の①～③に適合するもの（規則4の2の2）。
　　　　①床面から開口部の下端までの高さが、15cm以内のもの。
　　　　②格子など、容易に避難することを妨げる構造をもたないもの。
　　　　③開口のため、常時良好な状態に維持されているもの。
② 避難器具は防火対象物の種類ごとに設置する階に適応したものを設置する（表の
　「3.適応避難器具」を参照）。
③ 避難器具につき各階ごとに必要個数が決まれば、表の「3.適応避難器具」よりそれぞ
　れの階で規定されたもののうちからいずれかを選ぶ。
④ 避難階（1階）と11階以上の階は避難器具は不要。
⑤ 避難器具の設置個数は表に記載された個数以上とする。

4 避難器具の設置が不要な階（規則26条5項、6項）

　次の①～④の場合に当てはまれば、その階には避難器具を設置する必要はありません。なお、①～④のいずれの場合も、主要構造部が耐火構造であることが要件になることに留意してください。

① 階の用途が次のものに当てはまる場合は、その階には避難器具を設置する必要はありません。

- 令別表1の(1)項の劇場・集会場グループから(8)項の図書館グループまでは、以下の(a)～(f)に当てはまる場合
- (9)項の公衆浴場グループから(11)項の神社グループまでは、以下の(a)と(d)～(f)に当てはまる場合
- (12)項の工場・スタジオグループと(15)項の事務所グループは、以下の(a)、(e)、(f)に当てはまる場合

(a)主要構造部が耐火構造であること
(b)耐火構造の床、壁で区画され、開口部には特定防火設備である防火戸または鉄製網入りガラス戸を設置すること
(c)上記の区画内の収容人員が、令25条による避難器具の設置を必要とする最低収容人員以内にあること
(d)壁、天井が準不燃材料か、またはスプリンクラー設備が設置されていること
(e)直通階段は、避難階段または特別避難階段であること
(f)バルコニーなどが有効に設置されて、二方向避難が可能であること

用語	
直通階段	階段のみを通って避難階（通常は1階）または直接地上に到達できる階段をいう。
避難階段	直通階段のうち、避難しやすくて、燃えにくくするための構造上の基準を満たした階段をいう。5階以上の階または地下2階以下の階に通じる直通階段は、避難階段または特別避難階段としなければならないという規定が建築基準法に定められている。
特別避難階段	直通階段のうち、避難しやすくて、燃えにくくするための構造上の基準を満たした階段をいう。15階以上の階または地下3階以下の階に通じる直通階段は、特別避難階段としなければならないという規定が建築基準法に定められている。特別避難階段は、避難上や防火上、避難階段より厳しい基準の構造となっている。

第5章 避難設備

② 主要構造部が耐火構造で、居室は外気に面する避難上有効なバルコニーなどがあり、かつバルコニーなどから地上に通じる階段、その他避難のための設備や器具が設置され、または他の建築物に通じる設備や器具が設置されている階には、避難器具を設置する必要はありません。
③ 主要構造部が耐火構造で、その階の収容人員が30人未満である場合で、居室または住戸から直通階段に直接通じていて、直通階段に面する開口部には特定防火設備である防火戸（防火シャッターを除く）を設置している階には、避難器具を設置する必要はありません。
④ 主要構造部が耐火構造で、令別表1の（2）項のキャバレー・遊戯場グループ、（3）項の料理店・飲食店グループ、（7）項の学校グループから（12）項の工場・スタジオグループ、（15）項の事務所グループの用途の階で、面積が1,500㎡以上の避難上安全な屋上広場の直下階で、その階から屋上広場と避難階（地上）に通じる避難階段または特別避難階段が2つ以上設置されている場合は、その階には避難器具を設置する必要はありません。

> 避難器具の設置単位は階単位です。ただし、避難階と11階以上の階については、設置の必要はありません。

Point! 避難器具の役割

　火災発生時に、早期発見や早期避難をすれば、通常使っている屋内階段や屋外階段を利用して避難することができます。しかし、早期発見しても、建築物内に多数の人がいる場合は、心理的不安などからパニック状態になることもあり、安全に避難することが困難になります。まして早期発見できない場合は、通常使っている屋内階段などの避難経路に煙が充満して、避難することが著しく困難になります。そのような場合に、避難器具を使って、建築物の窓やバルコニーなどから地上や隣の建築物に避難できるようにし、人命の安全をはかります。

ミニ知識 上記②の場合において、令別表1の（5）項の就寝を伴う旅館・共同住宅グループと（6）項の容易に避難することが困難な人のいる病院・福祉施設・特殊学校グループの防火対象物では、必ずバルコニーが設置されていて、そこから地上に通じる階段が設置されている階に限って、避難器具を設置する必要はないという厳しい規定になっている。

2 避難器具の個数減と設置方法

避難階段、特別避難階段、渡り廊下、避難橋を所定の条件で設置した場合、避難器具の個数を減らすことができる。また避難器具は、その設置方法が定められている。

1 避難器具の個数減（規則26条1項〜4項）

次の①〜④の場合に当てはまれば、避難器具の個数を減らすことができます。

①主要構造部が耐火構造で、避難階段または特別避難階段を2以上設置した場合

避難器具の設置対象物の階の主要構造部が耐火構造で、避難階段または特別避難階段を2以上設置した場合

▼

避難器具の設置個数を求めるための人数の算出を2倍に読みかえて（倍読みという）算定することができる

②避難階段または特別避難階段を設置した場合

建築基準法施行令120条〜122条の規定により必要とされる直通階段を特別避難階段、屋外避難階段、所定の条件の屋内避難階段とした場合

▼

必要とされる避難器具の数から、これらの階段の数を引いた数とすることができる

（屋内避難階段については条件があり、階段の各階または各階の中間部ごとに、直接外気に開放された2㎡以上の排煙上有効な開口部があり、かつ開口部の上端はその階段の天井の高さにあることとします。ただし、最上階の天井に500㎠以上の外気に面した排煙上有効な換気口がある場合は、最上階の開口部上端は天井の高さでなくてもかまいません）

③耐火建築物間に渡り廊下を設置した場合

耐火建築物相互間に、耐火構造または鉄骨造の渡り廊下が設置され、かつ渡り廊下の両端の出入口に自閉式の特定防火設備である防火戸（防火シャッターを除く）が設置されていて、その用途が避難、通行、運搬以外の用途でない場合

▼

渡り廊下が設置されている階の避難器具の設置個数は、渡り廊下の数の2倍の数だけ減らすことができる

④屋上に避難橋を設置した場合

耐火建築物の有効面積が100㎡以上の屋上広場相互間に避難橋が設置され、その

ミニ知識 上記の②において、引いた数が1に満たない場合は、その階に避難器具を設置しないことができる。また上記の③において、例えば、渡り廊下がひとつ設置されている階の避難器具は、必要個数より2個引いた数になる。

屋上広場へは避難階段または特別避難階段が2つ以上設置されているなどの場合

▼

その屋上広場の直下階に限り、必要とされる避難器具の個数から、避難橋の数の2倍の数だけ減らすことができる

〔④の場合のその他の条件としては、屋上広場に面する窓、出入口には、特定防火設備である防火戸（または鉄製網入りガラス戸）が設置されていて、出入口から避難橋へ至る経路は避難上支障がなく、かつ経路に設置されている扉などは、避難のときに容易に開閉できることがあります〕

2 避難器具の設置方法

　避難器具は、安全、かつ容易に避難することができるように、その設置方法が定められています。避難器具の設置方法を次の①～④に示します。

① 避難器具は避難するときに、容易に接近することができ、階段、避難口などの避難施設から適当な距離にあり、かつその器具を使うときには安全な構造をもつ開口部に設置します。また避難器具はこの開口部に常時取り付けておくか、または必要に応じて速やかにその開口部に取り付けられる状態にしておきます。

② 特定一階段等防火対象物に設ける避難器具は、次のいずれかに適合するものであることとします。
　(a)安全、かつ容易に避難することができる構造のバルコニーなどに設置するもの
　(b)常時、容易かつ確実に使用できる状態で設置されているもの
　(c)一動作（開口部を開口する動作と保安装置を解除する動作を除く）で、容易かつ確実に使うことができるもの

③ **開口部の位置と標識**
　避難器具（滑り棒、避難ロープ、避難橋、避難タラップを除く）を設置する開口部は、**相互に同一垂直線上にない位置**にあることとします。ただし、避難上支障のないものについては、相互に同一垂直線上にある位置でもかまいません。

④ **特定一階段等防火対象物の避難器具設置等場所**
　(a)避難器具設置等場所の出入口の上部またはすぐ近くに避難器具設置等場所などであることが容易に識別できるような措置をします。
　(b)避難器具設置等場所には、見やすい位置に避難器具であることと、その使用方法を表示する標識を設置します。
　(c)特定一階段等防火対象物では、避難器具設置等場所がある階のエレベーターホールまたは階段室の出入口付近の見やすい位置に、避難器具設置等場所を明示した標識を設置します。

　　用語　避難器具設置等場所　特定一階段等防火対象物での避難器具を設置や格納をする場所をいう。

3 滑り棒

避難器具のうち、滑り棒とは垂直に固定した棒を滑り降りるものをいい、その上部と下部を取付け具で固定できるようにする。

1 滑り棒

　滑り棒は降りるスピードが速いので、迅速に避難することができますが、危険を伴うので、**2階からの避難のみ**に使うことができます。

2 滑り棒の設置方法

① 滑り棒の外径は35mm以上60mm以下で円形とし、鋼材または同等以上の材質で、耐久性のあるものとします。
② 滑り棒は3.9kN（キロニュートン）の圧縮荷重に耐えることができるものとします。
③ 取付け部の開口部の大きさは、壁面の場合は高さ0.8m以上、幅0.5m以上または高さ1m以上、幅0.45m以上とし、床面の場合は直径0.5m以上の円が内接する大きさとします。
④ 降下空間は器具を中心とした半径0.5mの円柱形の範囲とします。
⑤ 避難空地は避難上支障のない広さとします。

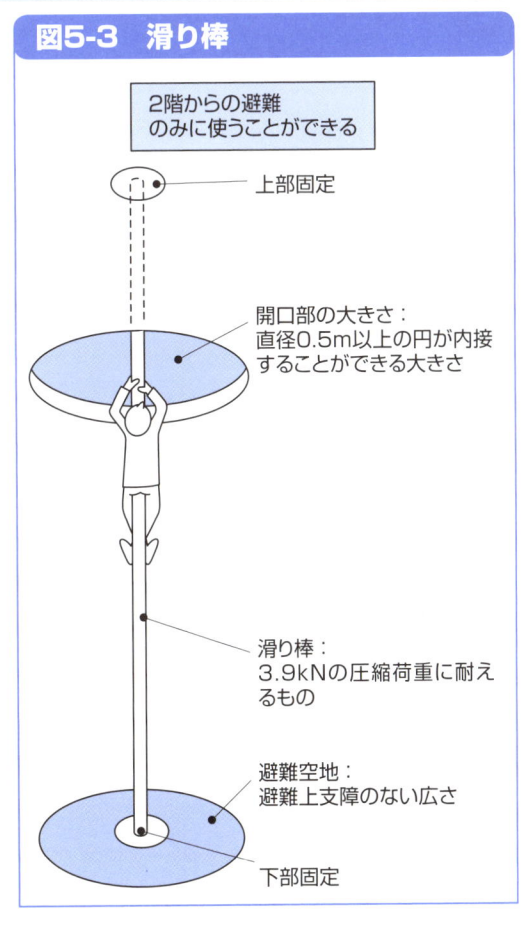

図5-3　滑り棒

- 2階からの避難のみに使うことができる
- 上部固定
- 開口部の大きさ：直径0.5m以上の円が内接することができる大きさ
- 滑り棒：3.9kNの圧縮荷重に耐えるもの
- 避難空地：避難上支障のない広さ
- 下部固定

ミニ知識　滑り棒は、令別表1の(6)項の病院・福祉施設・特殊学校グループの防火対象物には使えない。

4 避難ロープ

避難器具のうち、避難ロープとは上端部を固定して、吊り下げたロープを使って降下するものをいう。

1 避難ロープ

① 避難ロープは、使用時の急激な降下を防止するために、ロープの一部に滑り止めの工夫が施されています。
② 避難ロープは、滑り棒と同様に、**2階からの避難のみ**に使うことができます。

2 避難ロープの性能

避難ロープの性能などを次に示しますが、避難ロープの開口部、降下空間、避難空地は、滑り棒の基準と同じです。

① 避難ロープの太さは直径12mm以上とし、ロープは耐久性に富んだ繊維性のものとします。
② 避難ロープは、6.5kN（キロニュートン）の引張荷重に耐えることができるものとします。
③ 避難ロープの一端に、防火対象物に固定するための吊り下げ具を装着します。

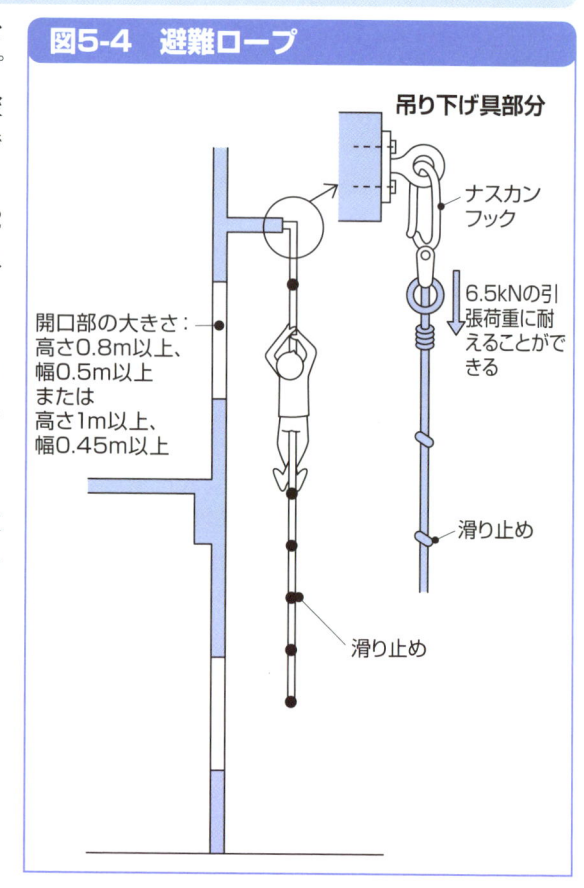

図5-4　避難ロープ

吊り下げ具部分
ナスカンフック
6.5kNの引張荷重に耐えることができる
開口部の大きさ：
高さ0.8m以上、
幅0.5m以上
または
高さ1m以上、
幅0.45m以上
滑り止め
滑り止め

> **ミニ知識**　避難ロープは、令別表1の(6)項の病院・福祉施設・特殊学校グループの防火対象物には使えない。

5 避難はしご

避難はしごは避難のためのはしごをいい、避難器具として基本的なものであり、避難器具の設置対象となっている防火対象物のほとんどの階に使うことができる。

1 避難はしご

避難はしごを4階以上に設置する場合は、バルコニーに設置し、金属製の固定はしごまたは金属製の吊り下げはしごを使わなければなりません。そして**降下口が直下階の降下口と同一垂線上にならないように千鳥配置**などにしなければなりません。

2 避難はしごの種類

① 避難はしごは、使用方法により、**固定はしご**、**立てかけはしご**、**吊り下げはしご**の3種類に分けられます。また材料により、金属製はしごと金属製以外のはしごに分けられ、金属製はしごは国家検定品目になっています。

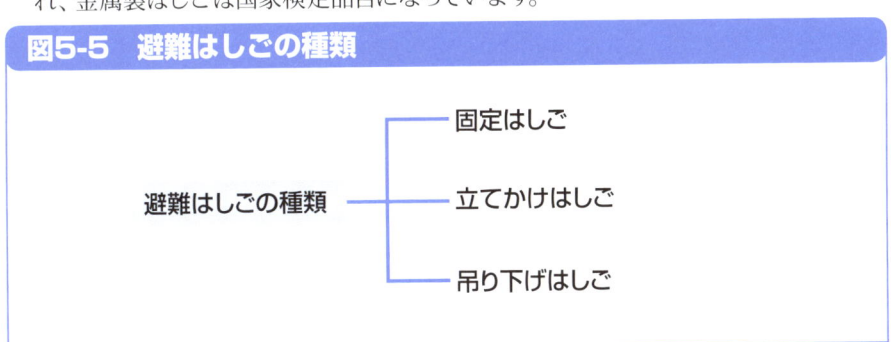

図5-5 避難はしごの種類

避難はしごの種類
- 固定はしご
- 立てかけはしご
- 吊り下げはしご

② 固定はしごは構造が簡単で設置しやすいですが、泥棒などがそれを使って侵入するおそれがあるので、外部の人が簡単に固定はしごのところに行けないようにするなどの**防犯対策を考えながら設置**します。
③ 固定はしご、立てかけはしご、吊り下げはしごの設置方法など
　(a) 固定はしご
　　・固定はしごは、防火対象物の柱、床、梁など構造上堅固な部分または堅固に補強された部分に、ボルト締め、埋込み、溶接などの方法で堅固に取り付けます。
　　・固定はしごの横さんと防火対象物の距離は、10cm以上とします。
　　・固定はしごの降下口は、直径50cm以上の円が内接する大きさとします。
　(b) 立てかけはしご
　　立てかけはしごの上部、下部には滑り止めを付けます。

ミニ知識 避難はしごは、令別表1の(6)項の病院・福祉施設・特殊学校グループの防火対象物には使えない。ただし、地階と2階については使うことができる。

図5-6　固定はしご（4階以上の階）

- 金属製はしご
- 30〜50cm
- 25〜35cm
- 手すり
- 降下口
- バルコニー
- 窓
- 降下口
- 10cm以上
- バルコニー
- 90cm以上
- 50cm以上
- 手すり
- バルコニーは2㎡以上の広さとする
- 縦棒間隔（内のり寸法）
- 10cm以上（横さんと防火対象物との距離）
- 横さん間隔（中心間隔）
- 縦棒
- 横さん

図5-7　立てかけはしご

- 滑り止め
- 二連立てかけはしご
- 立てかけはしごの上部と下部には滑り止めを取り付ける。
- 滑り止め

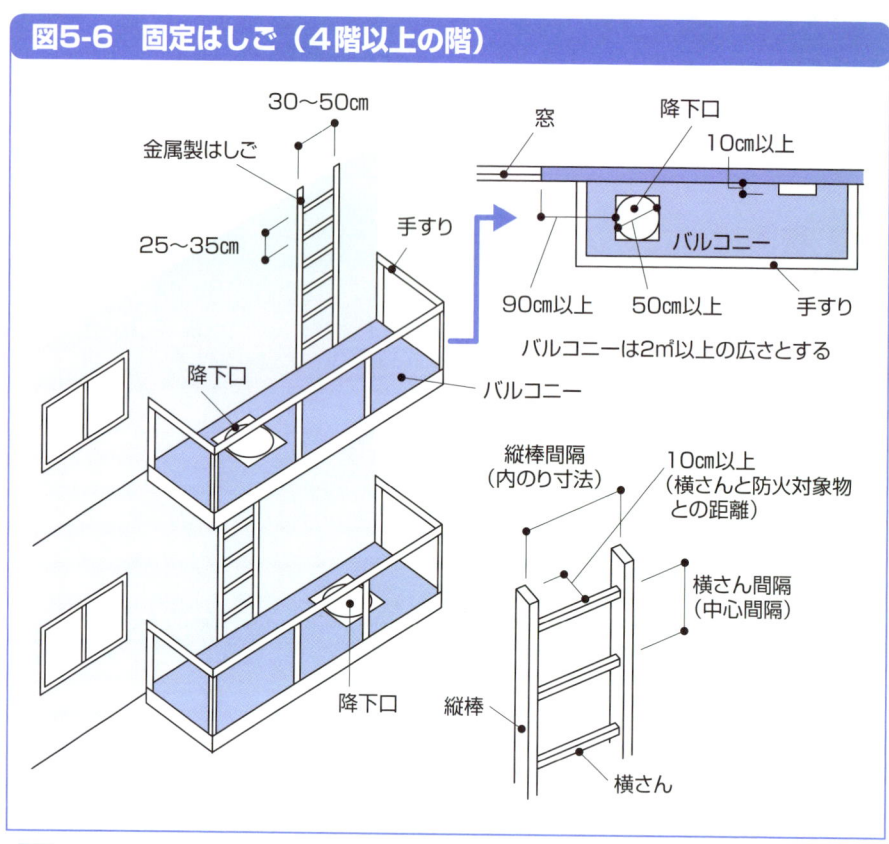

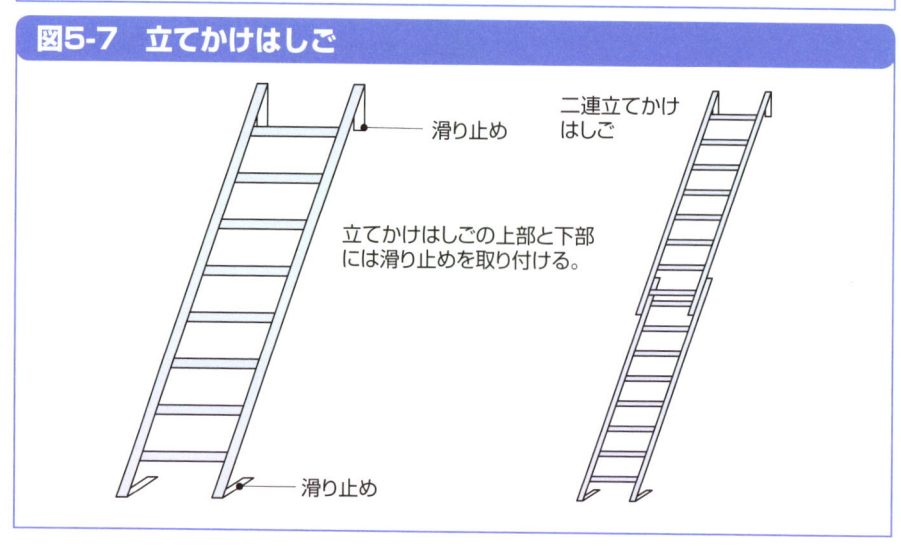

ミニ知識　図5-6に示すように、降下口は千鳥配置とする。

(c) 吊り下げはしご

- 吊り下げはしごの取付け具は、防火対象物の柱、床、梁など構造上堅固な部分または堅固に補強された部分に、吊り下げはしごを容易に取り付けることができるように設置します。ただし、堅固な窓台などに直接吊り下げはしごを吊り下げる場合には、取付け具を設置する必要はありません。
- 取付け具（避難器具用ハッチを除く）に使う材料は、JIS G3101やJIS G3444に適合するもの、またはこれらと同等以上の強度や耐久性があり、かつ耐食性のない材質のものは耐食加工を施したものとします。
- 使用のときの吊り下げはしごの横さんと防火対象物の距離は、10cm以上とします。

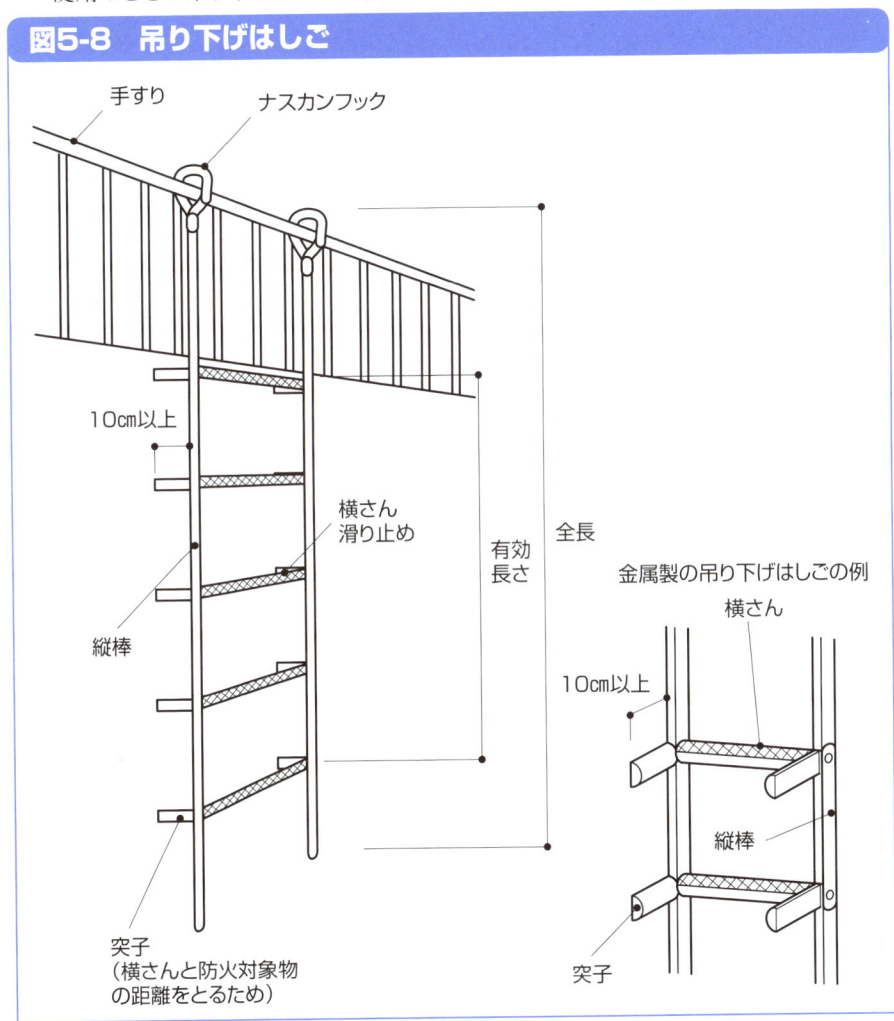

図5-8　吊り下げはしご

ミニ知識　図5-8において、全長と有効長さの違いに留意すること。

3 避難はしごの降下空間

　避難はしごの降下空間は、縦棒の中心からそれぞれ外方向に20cm以上と器具の前面から奥行65cm以上で、地盤面などの降下面までの角柱形内とし、避難空地は降下空間の投影面積とします。

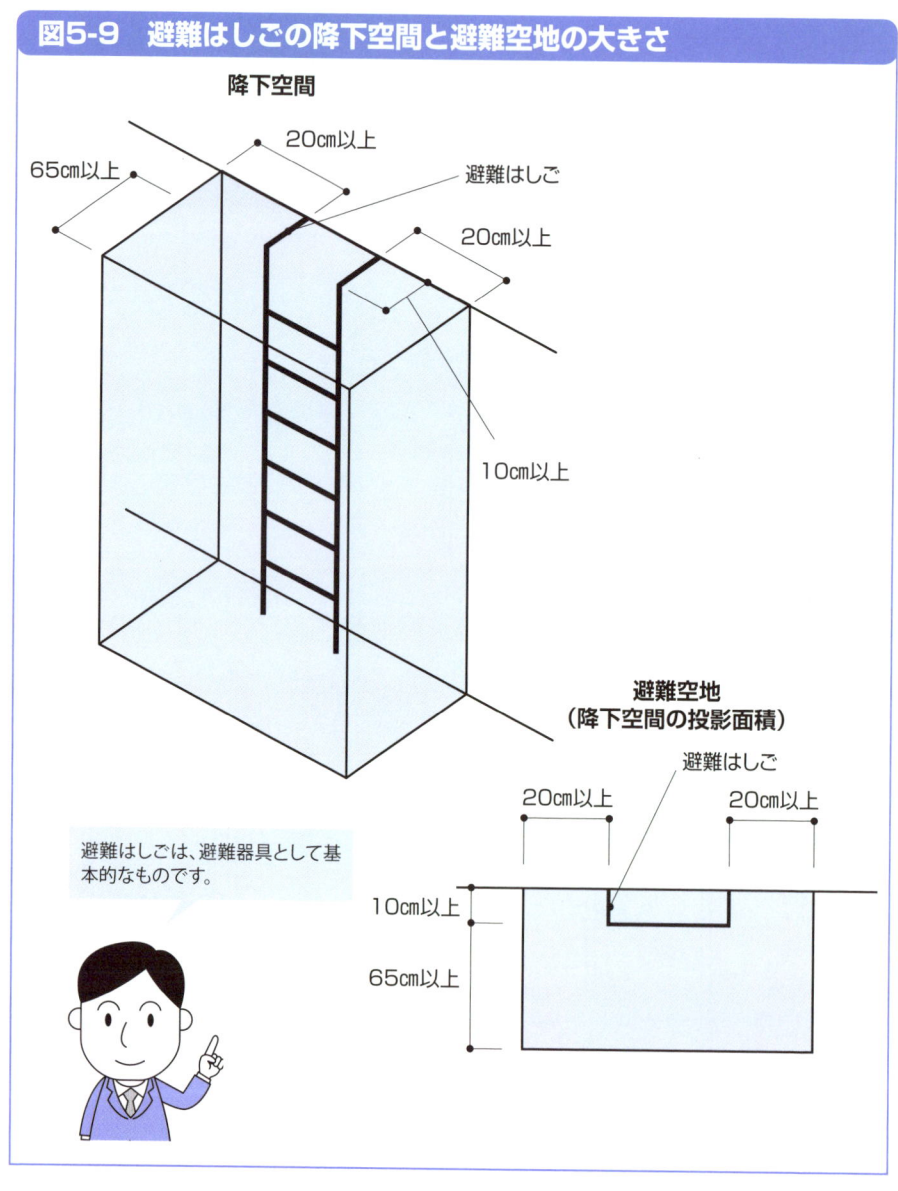

図5-9　避難はしごの降下空間と避難空地の大きさ

降下空間
- 20cm以上
- 65cm以上
- 避難はしご
- 20cm以上
- 10cm以上

避難空地（降下空間の投影面積）
- 20cm以上
- 避難はしご
- 20cm以上
- 10cm以上
- 65cm以上

避難はしごは、避難器具として基本的なものです。

ミニ知識　避難はしごの横さんは、使用の際に回転や離脱しないこととする。

6 避難用タラップ

避難器具のうち、避難用タラップとは階段状のもので、使用するときに手すりを使うものをいう。

1 避難用タラップ

① 避難用タラップは、**3階、2階、地階に限ってのみ設置**することができます。
② 避難用タラップは、使用するとき以外は、タラップの下端を持ち上げておく**半固定式避難用タラップ**のものが多く使われます。

2 避難用タラップの設置方法など

① 避難用タラップは、防火対象物の柱、床、梁など構造上堅固な部分または堅固に補強された部分に取り付けます。
② 避難用タラップは、一端をボルト締め、溶接などの方法で堅固に取り付けます。
③ 手すり間の有効幅は50cm以上60cm以下とし、手すりの高さは70cm以上とします。
④ 手すり子の間隔は、18cm以下とします。
⑤ 踏面には滑り止めがあるようにし、踏面は20cm以上、蹴上げは30cm以下とします。
⑥ 高さ4m以内ごとに踊場を設置し、踊場の踏幅は1.2m以上とします。
⑦ 降下空間はタラップの踏面から上方2m以上で、タラップの最大幅員の範囲内とし、避難空地は避難上支障のない広さとします。

Point! 避難用タラップとは？

　避難用タラップとは、踏板、手すりなどによって構成される階段状のもので、利用するときに手すりを使うものをいいます。主に使われるものは、半固定式避難用タラップという可動式のもので、平常時はタラップの下端を持ち上げておき、避難時にはタラップの下端をおろして使うものです。
　避難用タラップは、3階、2階、地階に限ってのみ設置できますが、主に使われるのは2階から1階や地上へ避難する場合です。

ミニ知識 踊場の踏幅とは、踊場においてタラップを上下に移動する方向の長さをいう。

図5-10　避難用タラップ（半固定式）

（平常時）

（避難時）

ピン

手すり子の間隔18cm以下

手すりの高さ70cm以上

踏面20cm以上

踏板

蹴上げ30cm以下

強度は踏板ごとに0.65kN以上

手すり

手すり子の間隔18cm以下

手すりの高さ70cm以上

けた

重量を軽くするための穴

50cm以上60cm以下

ミニ知識　踏面20cm、蹴上げ30cmの場合は、比較的急な勾配のタラップになる。

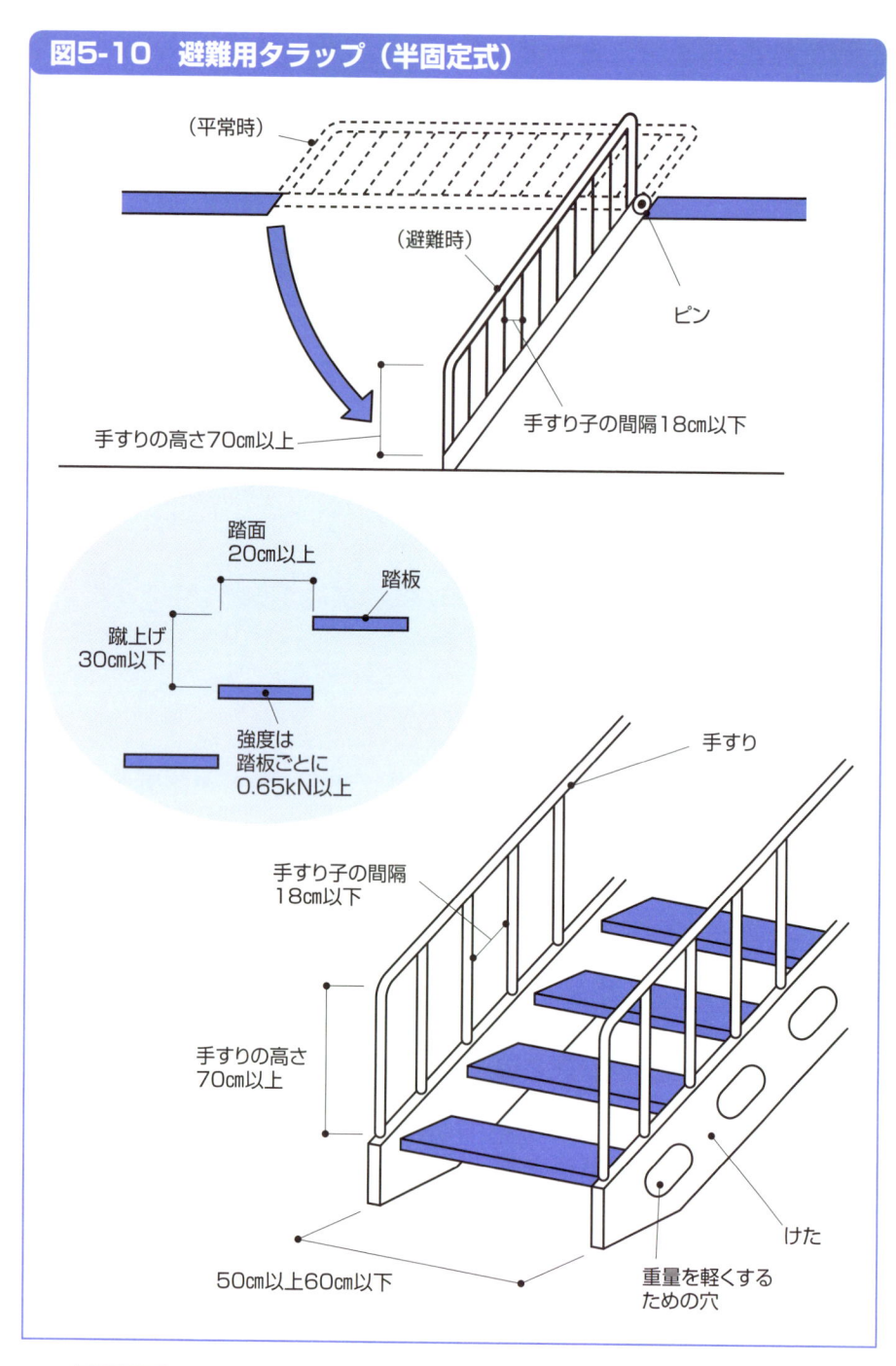

7 滑り台

避難器具のうち、滑り台とは、防火対象物の窓やバルコニーなどと地上の間を鋼板製などの台で連絡し、これを避難する人が滑り降りることによって地上に避難するものをいう。

1 滑り台

① 滑り台には、直線状のもの、らせん状のもの、曲線状のものなどがあります。
② 滑り台は建築物に固定されて安全性が高いので、2階から10階までの各階の上下間に利用することができます。例えば10階からの避難についていえば、10階から地上まで一気に滑り降りるのではなく、10階から9階へ、9階から8階へと順番に降りていきます。

2 滑り台の設置方法など

① 滑り台は、ボルト締め、埋込み、溶接などの方法で堅固に取り付けます。
② 滑り台は、底板、側板、手すりなどで構成します。
③ 底板の勾配は25～35°とします。
④ 底板の有効幅は40cm以上、側板の高さは40cm以上、手すりの高さは60cm以上とします。
⑤ 滑り台の開口部の高さは80cm以上、開口部の幅は滑り台の最大幅以上とし、避難空地は滑り台の中心から外方向にそれぞれ50cm以上、減速面端部から1.5m以上とします。
⑥ 降下空間は滑り台の幅の外方向に20cm以上、滑り面から上方に1m以上とします。

滑り台により短時間で多くの人が避難することができ、避難の確実性が高いため、幼稚園や病院などでよく使われています。

ミニ知識 滑り台には、鉄製、ステンレス製、鉄筋コンクリート製がある。

図5-11　滑り台

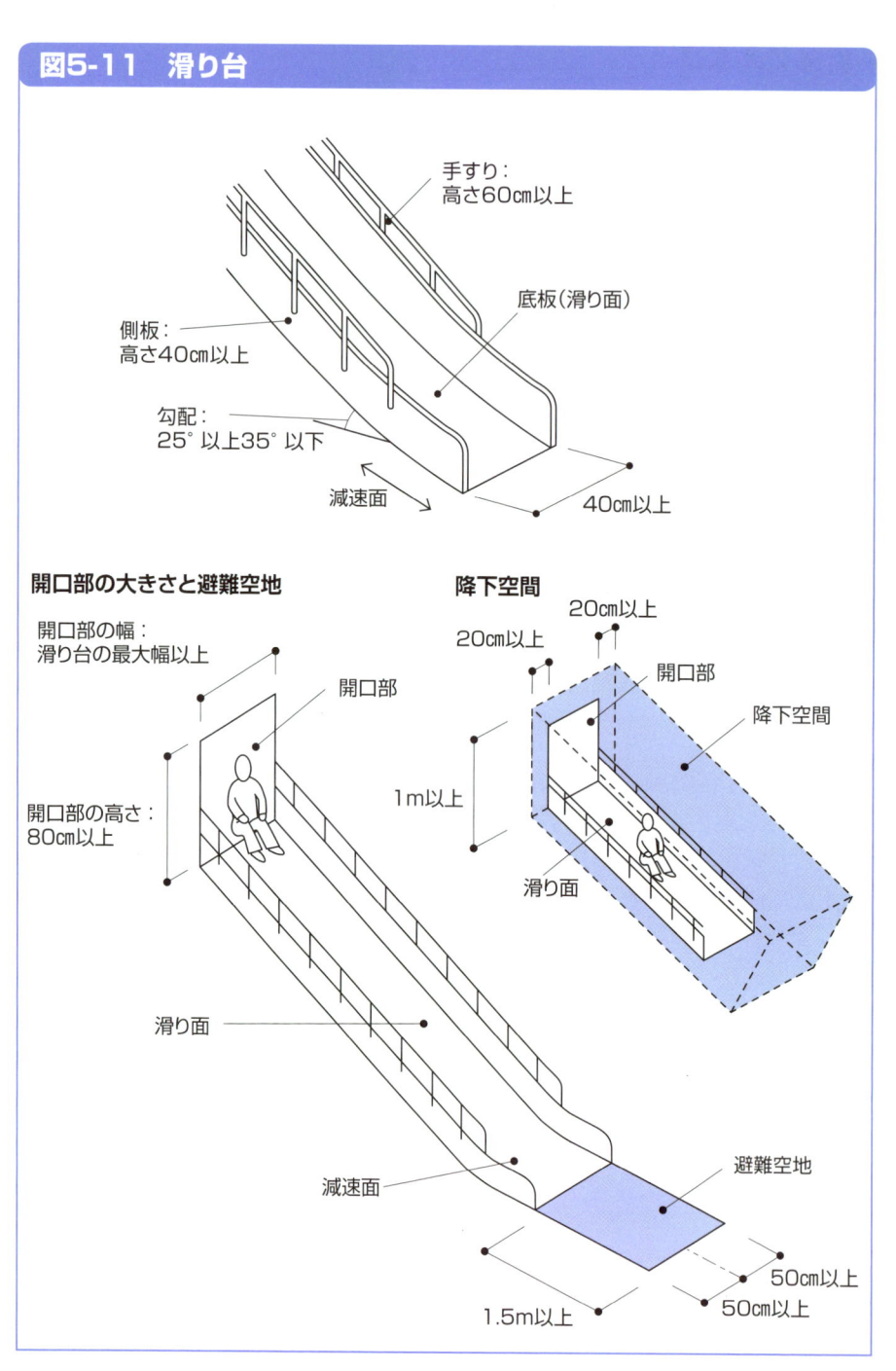

手すり：高さ60cm以上
底板（滑り面）
側板：高さ40cm以上
勾配：25°以上35°以下
減速面
40cm以上

開口部の大きさと避難空地

開口部の幅：滑り台の最大幅以上
開口部
開口部の高さ：80cm以上
滑り面
減速面
避難空地
1.5m以上
50cm以上
50cm以上

降下空間

20cm以上
20cm以上
開口部
降下空間
1m以上
滑り面

ミニ知識　図5-11において、底板の下端は減速面とする。

8 緩降機

避難器具のうち、緩降機とは使用者がベルトを身体に巻き付け、自重により自動的に降下することができる器具で、降下スピードを調節しながら1人ずつ降下するものをいう。

1 緩降機

① 緩降機には固定式と可搬式の2種類があり、固定式は常時取付け具に固定され使うもの、可搬式は使用時に取付け具を取り付けて使うものをいいます。
② 緩降機は、取付け具、調速器、ベルト、ロープ、リールで構成されています。
③ 調速器の降下速度を調整する方式には、スピードが出ると遠心力でブレーキがきくようにしたブレーキライニング方式と回転スピードを一定に保つために外歯車と内歯車の間に数個の遊びギアを入れた遊星ギア方式などがあります。
④ 使うときには、最初にリールを投げ降ろすことが大切であり、これを間違えると誤操作による事故を起こすことがあります。
⑤ 降下するときには、胴をベルトに通してリングでしっかり締め付けます。

2 緩降機の設置方法など

① 取付け具は、防火対象物の柱、床、梁など構造上堅固な部分または堅固に補強された部分に緩降機を容易に取り付けられるようにします。
② 取付け具は、ボルト締め、溶接などの方法で堅固に取り付けます。
③ 取付け具に使う材料は、JIS G3101やJIS G3444または同等以上とし、耐久性、耐食性のあるものとします。ただし、耐食加工してあるものでもかまいません。
④ 降下のときに、ロープが防火対象物と接触して損傷しないように設置します。
⑤ ロープの長さは、取付け位置から地盤面までの長さとします。
⑥ 降下空間は、器具を中心とした半径50cmの円柱形の範囲内とします。ただし、10cm以内の避難上支障のない突起物または10cmを超える場合でも、ロープを損傷しない措置を講じてあるものは、降下空間内に含めてさしつかえありません（多人数用を除きます）。
⑦ 避難空地は、降下空間の投影面積とします（多人数用を除く）。

> 緩降機は調速器というブレーキ装置を設けて、ゆっくり降下するようにしてあります。

ミニ知識 法令上は10階でも設置することができるが、実際には高い階になると恐怖感により使うことが困難になるために、一般に2〜5階に設置する。

図5-12　緩降機

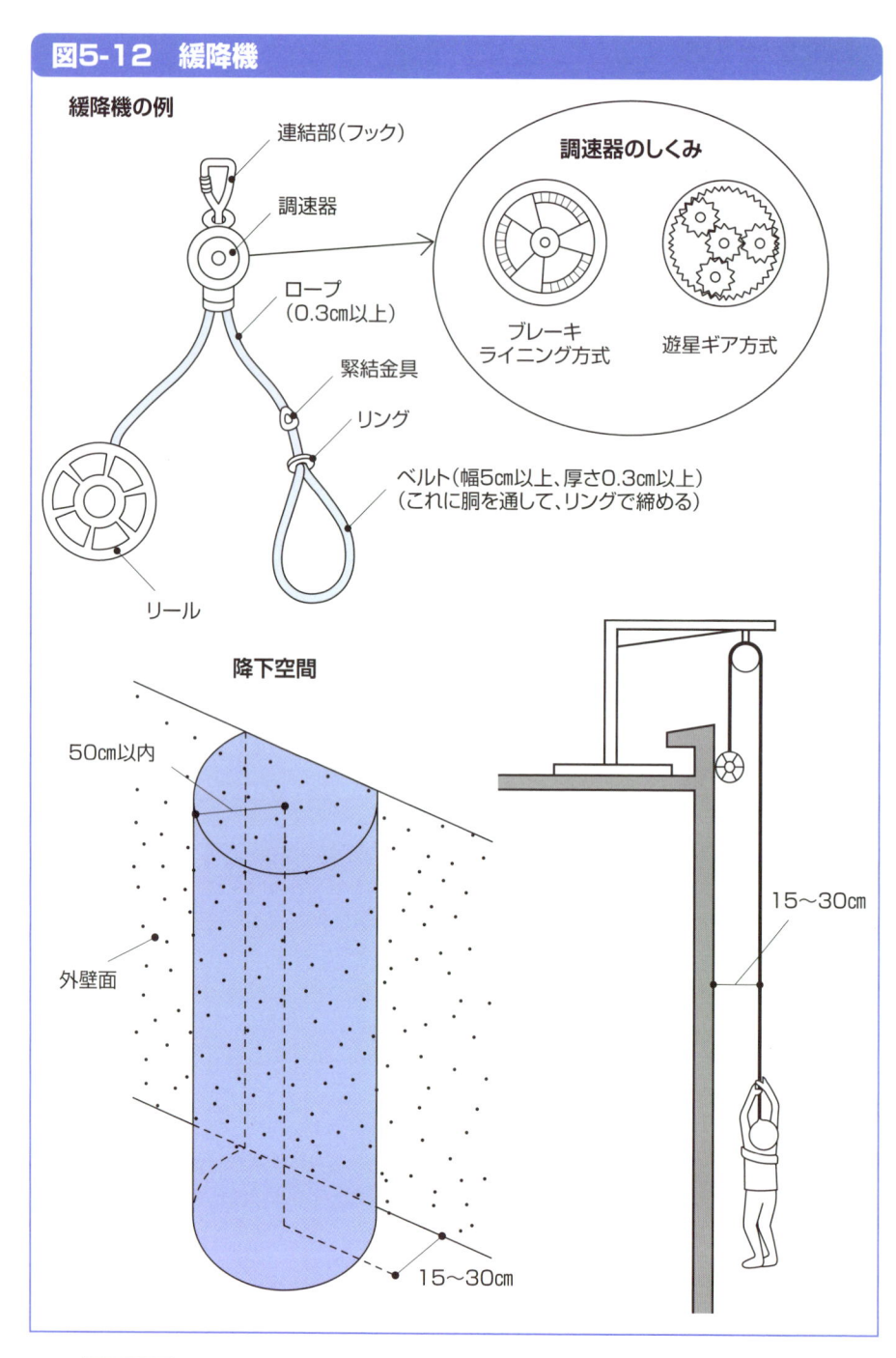

緩降機の例

- 連結部（フック）
- 調速器
- ロープ（0.3cm以上）
- 緊結金具
- リング
- ベルト（幅5cm以上、厚さ0.3cm以上）（これに胴を通して、リングで締める）
- リール

調速器のしくみ
- ブレーキライニング方式
- 遊星ギア方式

降下空間
- 50cm以内
- 外壁面
- 15～30cm
- 15～30cm

> **ミニ知識**　緩降機は、外壁沿いに降下するために、外壁には降下を妨げるようなものがあってはならない。

9 避難橋

避難器具のうち、避難橋とは、火災時に、屋上や途中階から他の建築物へ避難するため、建築物相互を連結する橋状のものをいう。

1 避難橋

① 避難橋は橋げた、床板、巾木、手すりなどから構成されています。
② 避難橋には、次の種類があります。
　・**固定式避難橋**：両端を固定して常時使うことができる避難橋をいいます。
　・**移動式避難橋**：使用するときのみ架設できる避難橋をいいます。移動式のものは、一般に公共用道路上空に架設する場合に採用されます。
③ 避難橋は、建築物の所有者などのお互いの協力や建築物の構造などの条件にも左右されるため、いろいろな条件が適合する場合に限って採用されます。

2 避難橋の設置方法など

① 避難橋は、防火対象物の柱、床、梁など構造上堅固な部分または堅固に補強された部分に取り付けます。
② 避難橋は、一端をボルト締め、溶接などの方法で堅固に取り付けます。
③ 不燃材料でつくり、構造耐力上主要な部材は鋼材など耐久性のある材料を使い、必要に応じて防錆処理をします。
④ 避難橋の幅は60cm以上とし、床板には滑り止めがあるようにします。また、床面の勾配は5分の1未満とします。
⑤ 手すりの高さは1.1m以上、手すり子の間隔は18cm以下、巾木の高さは10cm以上とします。
⑥ 積載荷重は3.3kN/m²、たわみは支点間隔の300分の1を超えないようにします。

火災発生時には、避難橋を通って、隣のビルなどに避難する方法もあります。

ミニ知識 避難器具は、防火対象物の各階から避難階や地上へ安全に避難するためのものであるが、避難橋に限り、隣のビルへ一度避難してから、その階段を利用して避難階や地上へ避難するようになっている。

図5-13　避難橋

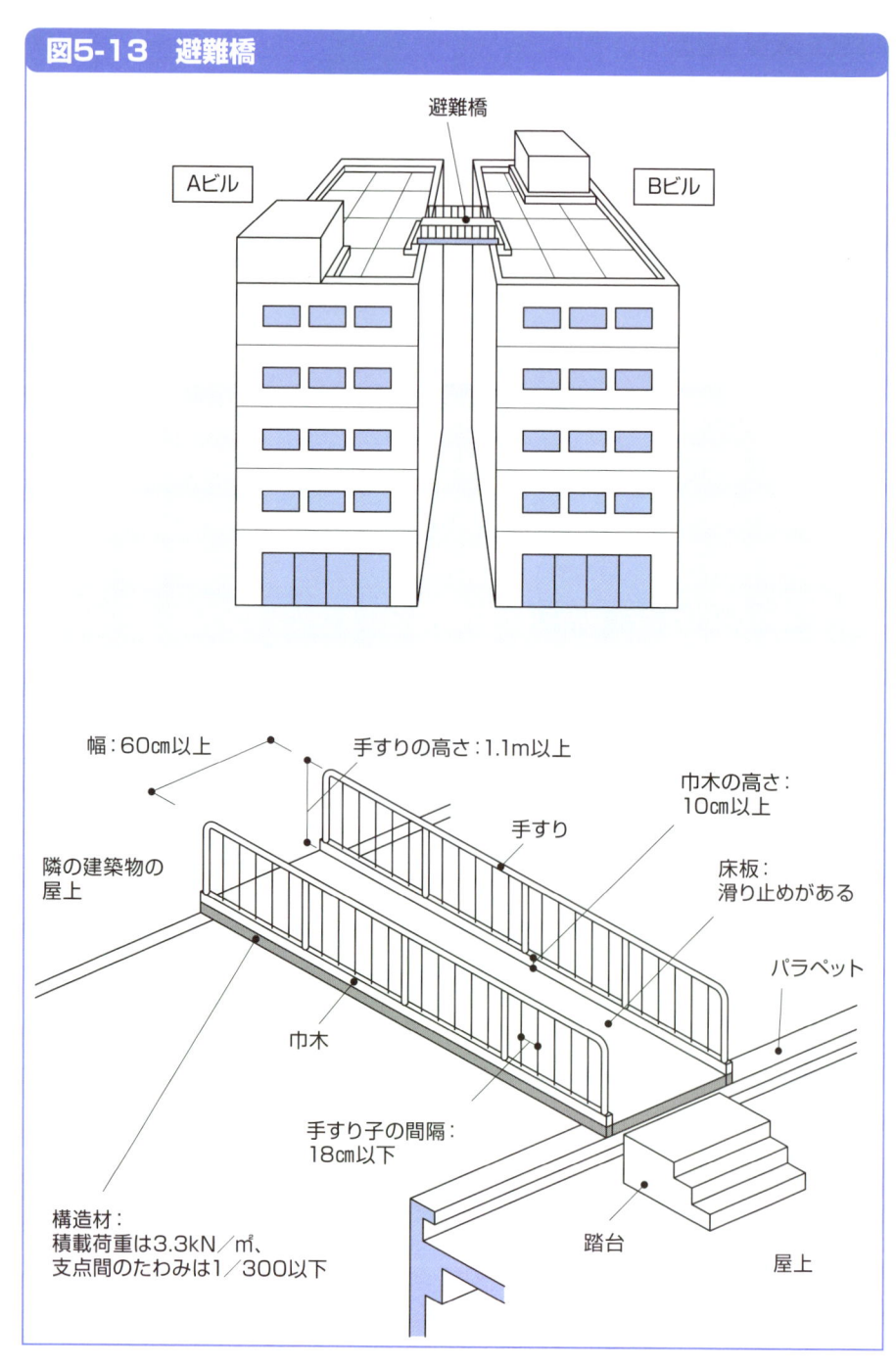

- Aビル
- Bビル
- 避難橋

- 幅：60cm以上
- 手すりの高さ：1.1m以上
- 巾木の高さ：10cm以上
- 手すり
- 床板：滑り止めがある
- 隣の建築物の屋上
- パラペット
- 巾木
- 手すり子の間隔：18cm以下
- 踏台
- 屋上
- 構造材：積載荷重は3.3kN/㎡、支点間のたわみは1/300以下

ミニ知識　避難橋の床面の勾配は5分の1未満とするが、階段式のものは5分の1未満でなくてもよい。

10 救助袋

避難器具のうち、救助袋とは、あらかじめ窓近くの床や壁に救助袋用の枠を固定しておき、避難時に窓から救助袋を降下させて、布状の袋本体の内部を滑り降りるものをいう。

1 救助袋

① 救助袋は、垂直に滑り降りる**垂直式救助袋**と、ほぼ45°の角度で張り渡してその内部を斜めに滑り降りる**斜降式救助袋**があります。
② 垂直式救助袋、斜降式救助袋の長所と短所を表5-3に示します。

●表5-3　垂直式救助袋、斜降式救助袋の長所と短所

	長所	短所
垂直式救助袋	斜降式に比べて、場所をとらずに迅速に避難できる	垂直降下するので、先の人が滑り降りて袋から出てからでないと次の人が降りてはならず、連続降下することができない
斜降式救助袋	斜めに滑り降りるので、連続降下することができる	降下空間や避難空地を広くとらなければならず、降下開始までの準備に時間がかかる

③ 垂直式救助袋、斜降式救助袋の降下速度を次に示します。

・垂直式救助袋の降下速度→平均4m/秒程度
・斜降式救助袋の降下速度→平均7m/秒程度

④ 垂直式救助袋について、図5-14に示します。

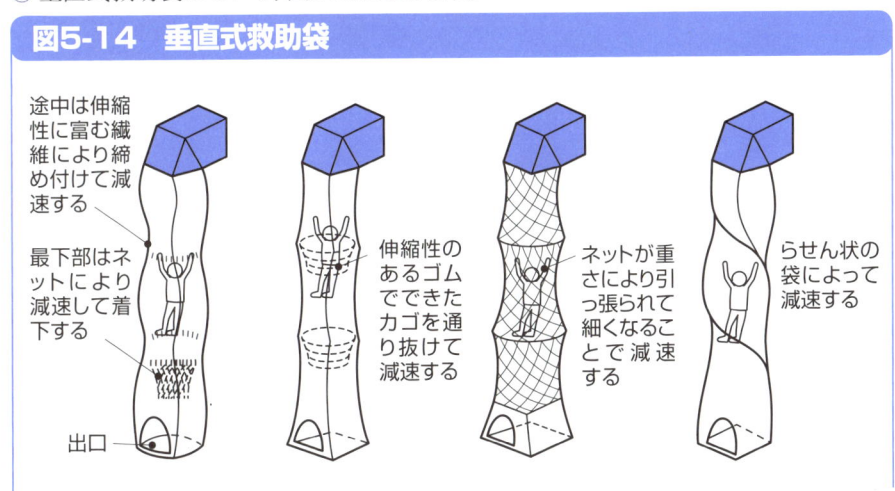

図5-14　垂直式救助袋

- 途中は伸縮性に富む繊維により締め付けて減速する
- 最下部はネットにより減速して着下する
- 出口
- 伸縮性のあるゴムでできたカゴを通り抜けて減速する
- ネットが重さにより引っ張られて細くなることで減速する
- らせん状の袋によって減速する

ミニ知識　垂直式救助袋は、図5-14に示すように滑り降りるスピードが出すぎないように、いろいろな工夫がされている。

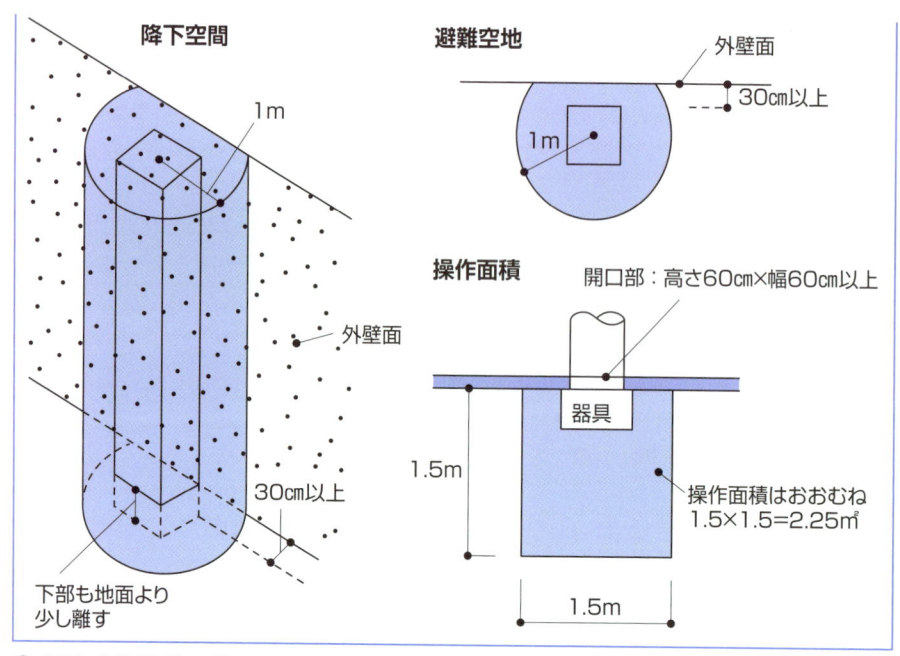

⑤ 斜降式救助袋の袋の形状には、角形と丸形があります。

図5-15　斜降式救助袋

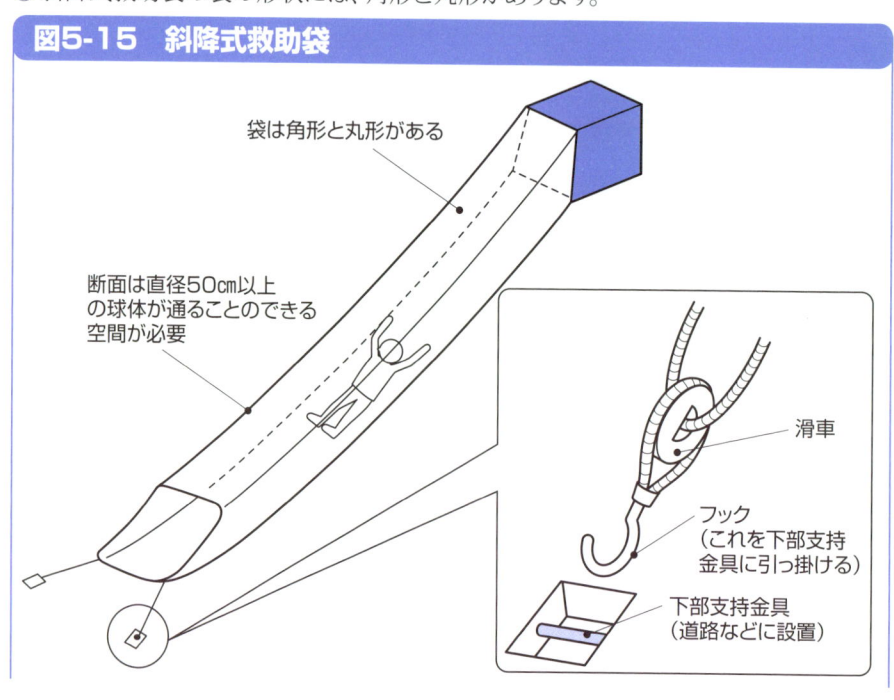

> **ミニ知識**　図5-14の垂直式救助袋の操作面積は、操作に支障のない範囲（2.25㎡）内で形状を変えることができる。

降下空間

断面図

H×0.2, 25°, 35°, H

平面図

25°, 25°, 1m, 1m, 袋の幅, 35°, 35°

避難空地

袋

2.5m

1m以上　1m以上

操作面積

開口部：高さ60cm×幅60cm以上

器具

1.5m

1.5m

操作面積はおおむね 1.5×1.5=2.25㎡

ミニ知識 図5-15の斜降式救助袋の操作面積についても、操作に支障のない範囲（2.25㎡）内で形状を変えることができる。

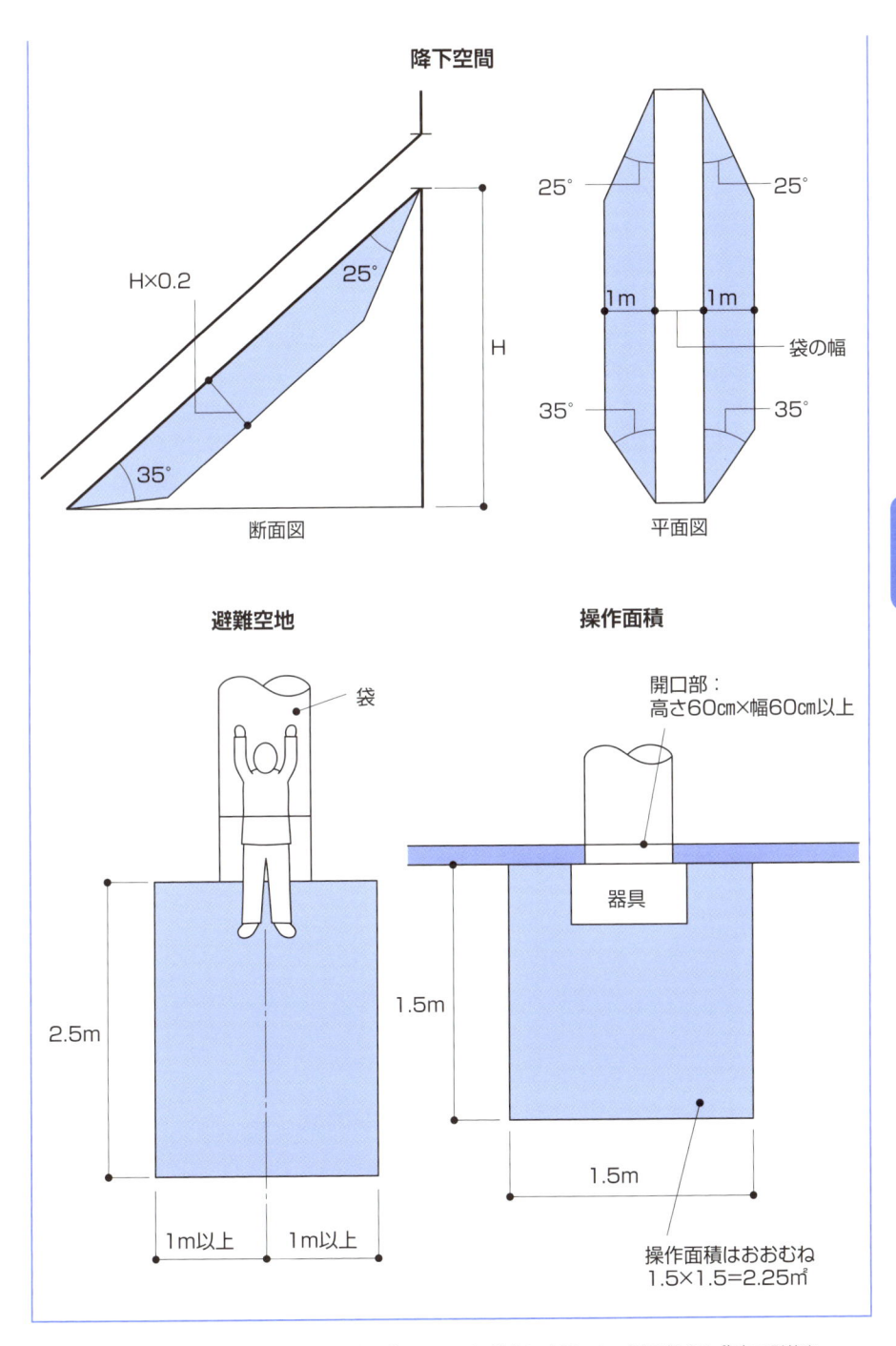

2 救助袋の設置方法など

　次に示すもののうち、①~④は垂直式救助袋と斜降式救助袋に共通の設置方法です。

① 救助袋は防火対象物の柱、床、梁など構造上堅固な部分や堅固に補強された部分に取付け具を、ボルト締めや溶接などの方法で堅固に取り付けます。
② 取付け具に使う材料は、JIS G3101やJIS G3444または同等以上の強度、耐久性があり、かつ耐食加工したものとします。
③ 取付け部の開口部の大きさは、高さと幅がそれぞれ60㎝以上とします。
④ 操作面積は、おおむね幅1.5m、奥行1.5mです。
⑤ 垂直式救助袋では、救助袋と壁との間隔は30㎝以上であり、救助袋を中心とした半径1mの円柱形の範囲内を降下空間とします。また斜降式救助袋の降下空間は、救助袋の下方と側面の方向に対し、上部では25°、下部では35°の範囲内です。
⑥ 垂直式救助袋の避難空地は、降下空間の投影面積とします。また斜降式救助袋の避難空地は、展張した袋本体の最下端から前方2.5mと袋の中心線から左右1m以上の幅の範囲です。

> 垂直式救助袋は、避難する人が勢いよく落下しないように、平均4m/秒程度のスピードでスムーズに降りられるようになっています。

Point! 垂直式救助袋と斜降式救助袋の構成

　垂直式救助袋は、直径50㎝以上の球体が通過できる大きさをもち、入口金具、袋本体、緩衝装置、取っ手などから構成されています。
　また、斜降式救助袋は、直径50㎝以上の球体が通過できる大きさをもち、入口金具、袋本体、緩衝装置、取っ手、下部支持金具などから構成されています。

ミニ知識　垂直式救助袋、斜降式救助袋ともに操作面積(2.25㎡内)には、器具の設置部分も含む。

11 誘導灯・誘導標識の設置基準

誘導灯と誘導標識とは、火災時に屋外まで安全に避難できるよう経路の目印となるものをいう。

1 誘導灯と誘導標識

　誘導灯は**緑色の灯火（照明器具）**を使うものであり、誘導標識は灯火がなく**標識のみ**のものです。したがって、誘導標識は自然採光をすることのできない無窓階や地階、あるいは夜間で照明がないところでは、効果はありません。

2 誘導灯と誘導標識の設置基準（令26条）

① 誘導灯と誘導標識の設置基準を表5-4に示します。この設置基準からわかるように、基本的に不特定多数の人が利用する防火対象物になるほど、A級の大型で表示面の明るい誘導灯を設置しなければなりません。
② 特定防火対象物か非特定防火対象物かによって設置基準が異なり、図5-16のようなことがいえます。

図5-16　誘導灯と誘導標識を設置する防火対象物

- **特定防火対象物** → 誘導灯・誘導標識とも各階に設置しなければならない。ただし誘導標識については、避難口誘導灯や通路誘導灯を設置した場合は、設置免除される。
- **非特定防火対象物** → 誘導灯は地階、無窓階、11階以上の階に設置し、誘導標識は各階に設置しなければならない。ただし、誘導標識については、避難口誘導灯や通路誘導灯を設置した場合は、設置免除される。

3 誘導灯と誘導標識の設置免除・緩和

①避難口誘導灯の設置免除

　令別表1の（1）項から（16）項までの防火対象物の階のうち、居室の各部分から主要な避難口を容易に見通すことができ、かつ識別することができる階で、その避難口までの歩行距離が**避難階では20m以下、避難階以外の階では10m以下**のものは、避難口誘導灯の設置が免除されます。

　ミニ知識　図5-16において、特定防火対象物、非特定防火対象物については、1章P.12を参照すること。

●表5-4　誘導灯と誘導標識の設置基準

防火対象物 令別表1		種類 設置対象	避難口誘導灯 その階の床面積 1,000㎡以上	避難口誘導灯 その階の床面積 1,000㎡未満	通路誘導灯（居室に設けるもの）その階の床面積 1,000㎡以上	通路誘導灯（居室に設けるもの）その階の床面積 1,000㎡未満	通路誘導灯（廊下に設けるもの）	通路誘導灯（階段または傾斜路に設けるもの）	客席誘導灯	誘導標識
(1)	イ	劇場グループ								ただし、避難口誘導灯または通路誘導灯を設置したときは、その有効範囲内には誘導標識を設置しないことができる
	ロ	集会場グループ								
(2)	イ	キャバレーグループ	※1	※3	※2	※4	※4			
	ロ	遊技場グループ								
	ハ	性風俗関連特殊営業店舗グループ								
	ニ	カラオケボックスグループ								
(3)	イ	料理店グループ								
	ロ	飲食店								
(4)		百貨店グループ								
(5)	イ	旅館グループ								
	ロ	共同住宅グループ	※3		※4		※4			
(6)	イ	病院グループ	※3		※4		※4			
	ロ	老人短期入所施設グループ								
	ハ	老人デイサービスセンターグループ								
	ニ	特殊学校グループ								
(7)		学校グループ	※3		※4		※4			
(8)		図書館グループ								
(9)	イ	蒸気浴場グループ	※1		※2		※4			
	ロ	一般浴場	※3		※4					
(10)		車両停車場グループ	※1		※2					
(11)		神社グループ								
(12)	イ	工場グループ								
	ロ	スタジオグループ								
(13)	イ	車庫グループ	※3		※4		※4			
	ロ	特殊格納庫								
(14)		倉庫								
(15)		前各項以外								
(16)	イ	特定用途の存する複合用途	※1	※3	※2	※4	※4		(1)項用途部分	
	ロ	イ以外の複合用途	※3		※4		※4			
(16の2)		地下街	※1		※2		※4		(1)項用途部分	
(16の3)		準地下街								

(注)①　□ の対象物では、その建物のどの階にあっても設置する。
　　　■ の対象物では、その建物の地階、無窓階、11階以上の部分に設置する。
　　　■ の対象物では、その用途の建物に設置する。
②※1 A級またはB級で表示面の明るさが20カンデラ以上または点滅機能をもつもの。　※2 A級またはB級で表示面の明るさが25カンデラ以上のもの。　※3 C級以上（矢印付きはB級以上）　※4 C級以上。
③点滅機能をもつ誘導灯は、規則28条の3、3項一号イまたはロに掲げる避難口についてのみ設置可能である。
④※3、※4の防火対象物またはその部分についても、背景輝度の高い場所や光ノイズの多い場所、催し物の行われる大空間の場所などでは、同様の措置を講じることが望ましい。

ミニ知識　誘導灯は、大きさによりA級（大型）、B級（中型）、C級（小型）に分かれる。

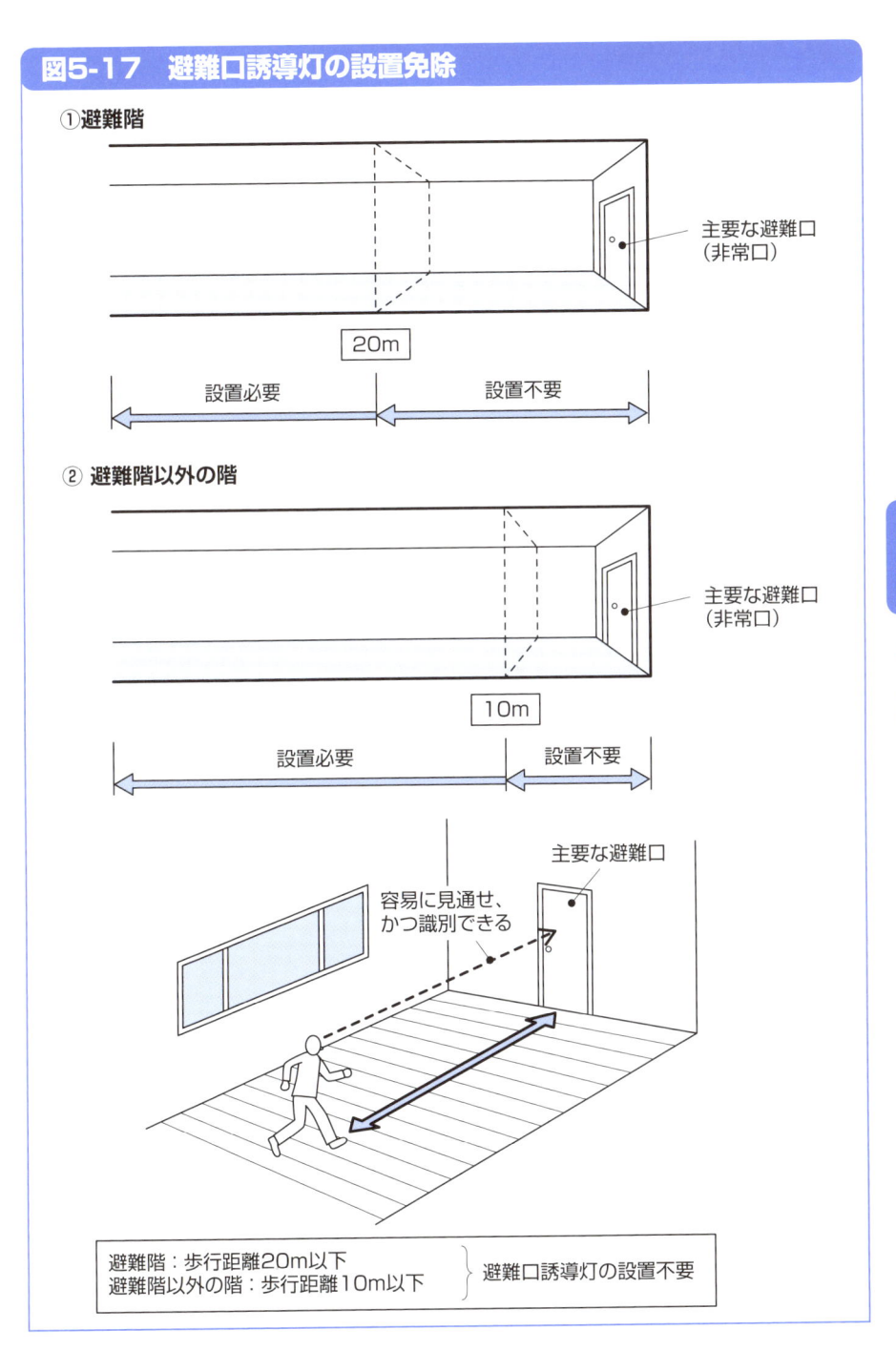

図5-17 避難口誘導灯の設置免除

① 避難階

主要な避難口（非常口）

20m

設置必要　設置不要

② 避難階以外の階

主要な避難口（非常口）

10m

設置必要　設置不要

主要な避難口
容易に見通せ、かつ識別できる

避難階：歩行距離20m以下
避難階以外の階：歩行距離10m以下
｝避難口誘導灯の設置不要

ミニ知識　主要な避難口とは、避難階（無窓階を除く）では、規則28条の3、3項一号イの屋内から直接地上へ通じる出入口のことをいい、避難階以外の階（地階、無窓階を除く）では同号ロの直通階段の出入口のことをいう。

②通路誘導灯の設置免除
(a)令別表1の(1)項から(16)項までの防火対象物の階のうち、居室の各部分から主要な避難口またはこれに設置する避難口誘導灯を容易に見通すことができかつ識別することができる階で、その避難口までの歩行距離が**避難階では40m以下、避難階以外の階では30m以下**のものは、通路誘導灯の設置が免除されます。

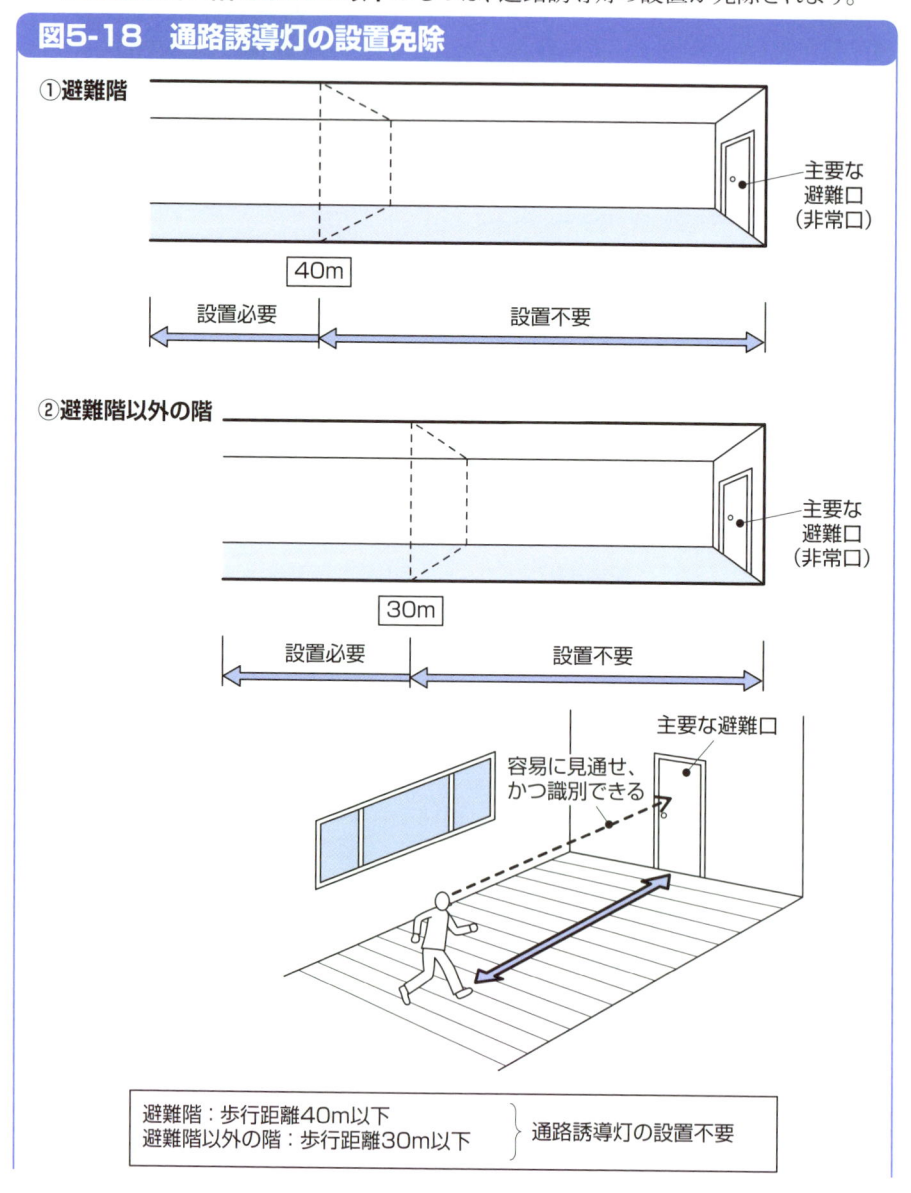

図5-18　通路誘導灯の設置免除

①避難階

40m
設置必要　設置不要
主要な避難口（非常口）

②避難階以外の階

30m
設置必要　設置不要
主要な避難口（非常口）

主要な避難口
容易に見通せ、かつ識別できる

避難階：歩行距離40m以下
避難階以外の階：歩行距離30m以下
｝通路誘導灯の設置不要

ミニ知識　避難口誘導灯、通路誘導灯、誘導標識の設置免除には、「容易に見通せかつ識別できる」という要件が必要となる。

●通路誘導灯の設置免除の例

下の図に示すように、規則28条の2、1項に揚げる通路誘導灯の設置免除の規定に適合しない防火対象物でも、廊下や通路の各部分が避難口誘導灯の有効範囲(避難階においては20m以下、避難階以外の階においては10m以下)に含まれる場合は、通路誘導灯の設置は不要となる。

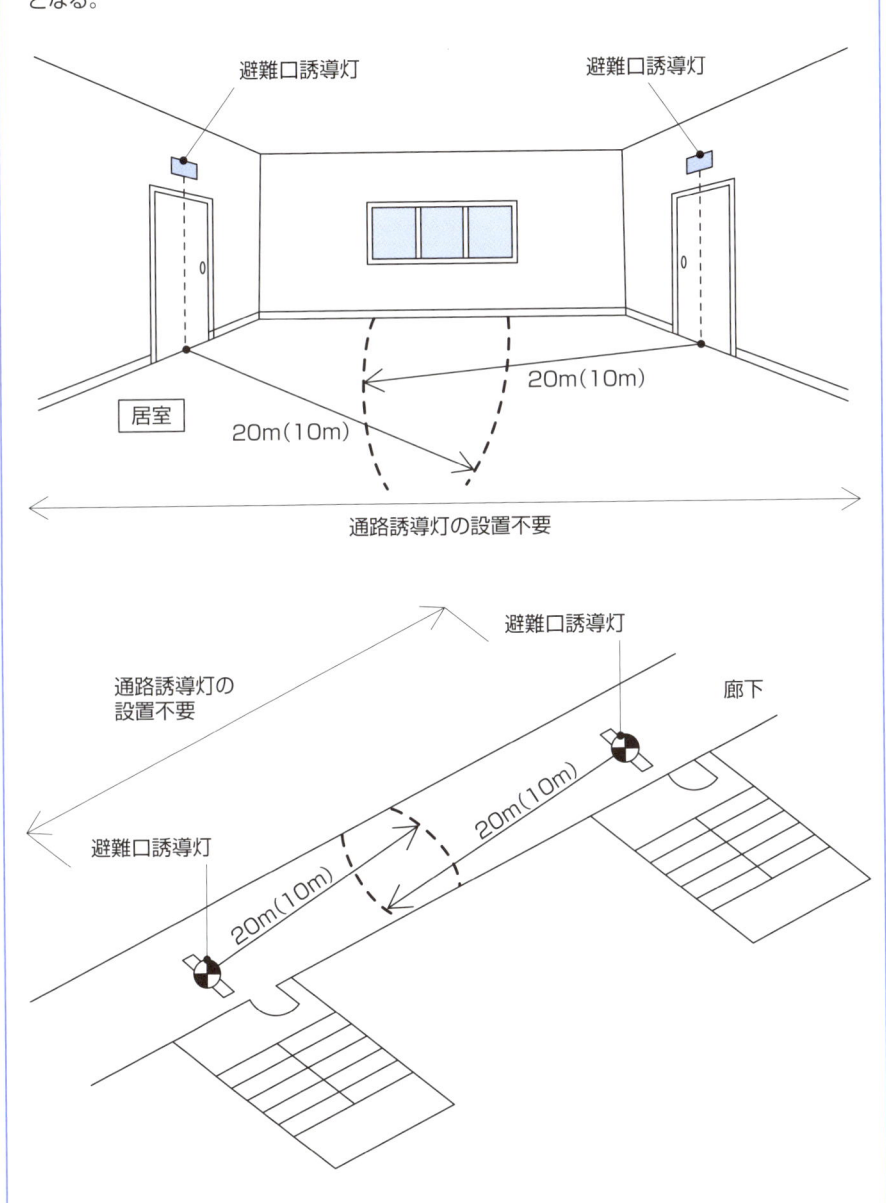

避難口誘導灯

避難口誘導灯

居室

20m(10m)

20m(10m)

通路誘導灯の設置不要

避難口誘導灯

廊下

通路誘導灯の設置不要

避難口誘導灯

20m(10m)

20m(10m)

第5章 避難設備

> **ミニ知識** 避難口誘導灯、通路誘導灯、誘導標識のいずれにおいても、設置免除の単位が基本的に「階」であることに留意する。

(b)令別表の(1)項から(16の3)項までの防火対象物の階段または傾斜路のうち、非常用の照明装置が設置されているものは、通路誘導灯の設置が免除されます。

③**誘導標識の設置免除**

(a)令別表1の(1)項から(16)項までの防火対象物の階のうち、居室の各部分から主要な避難口を容易に見通すことができ、かつ識別することができる階で、その避難口までの歩行距離が**30m以下**のものは、誘導標識の設置が免除されます。

(b)誘導灯を設置すべき防火対象物またはその部分に避難口誘導灯または通路誘導灯を設置した場合は、これらの誘導灯の有効範囲内の部分については誘導標識を設置しないことができます。

4 誘導灯と非常用の照明装置

① 防災用照明として誘導灯とよく混同される照明として、「**非常用の照明装置(非常照明)**」(建築基準法施行令126条の4、126条の5)がありますが、これは平常時は一般に消灯していて、停電になった場合に自動的に30分以上点灯するものです。

② 誘導灯は平常時は常用電源により点灯していますが、停電すると非常電源に自動的に切り替わり、瞬時に点灯します。

③ 誘導灯は消防法により規定され、非常用の照明装置は建築基準法により規定されます。

④ 非常用の照明装置は、床面で1ルクス以上確保して避難を円滑にするためのもので、誘導灯や誘導標識のように避難方向を示すものではありません。

●誘導灯
　平常時は点灯
　停電時には非常電源により直ちに点灯(20分間以上点灯)
●非常用の照明装置
　平常時は消灯
　停電時には非常電源により直ちに点灯(30分間以上点灯)

誘導灯と非常用の照明装置との違いをしっかり理解してください。

ミニ知識　非常用の照明装置は、平常時は消灯しているのが原則であるが、点灯していてもさしつかえない。

12 誘導灯の種類

誘導灯は設置する場所によって、避難口誘導灯、通路誘導灯、客席誘導灯の3種類がある。

1 誘導灯の種類

誘導灯の種類を図5-19に示します。

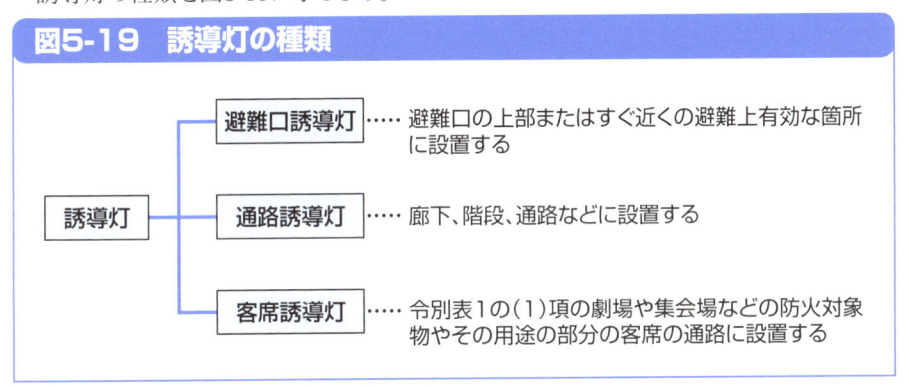

図5-19 誘導灯の種類

- 誘導灯
  - 避難口誘導灯 …… 避難口の上部またはすぐ近くの避難上有効な箇所に設置する
  - 通路誘導灯 …… 廊下、階段、通路などに設置する
  - 客席誘導灯 …… 令別表1の(1)項の劇場や集会場などの防火対象物やその用途の部分の客席の通路に設置する

2 避難口誘導灯

① 避難口誘導灯とは、火災が生じた場合に安全に避難できるよう直通階段の出入口などに、その出入口が有効に避難できるものであることを表示した緑色の灯火をいいます。
② 避難口誘導灯は表示面の大きさや明るさにより、A級（大型）、B級（中型）、C級（小型）に分かれます。

3 通路誘導灯

① 通路誘導灯とは、火災が生じた場合に安全に避難できるように、防火対象物またはその部分の廊下、階段、通路などに設置する避難の方向を明示した緑色の灯火をいいます。
② 通路誘導灯も表示面の大きさや明るさにより、A級、B級、C級に分かれます。
③ 通路誘導灯は、設置する場所によって**室内通路誘導灯**、**廊下通路誘導灯**、**階段通路誘導灯**があります。
④ 通路誘導灯の種類を表5-5に示します。

> ミニ知識　避難口誘導灯は、直通階段に附室が設けられている場合は、その附室の出入口に設置する。

●表5-5　通路誘導灯の種類

室内通路誘導灯	居室内の避難経路や展開した場所に設置する誘導灯で、非常口までの避難の方向を明示するものをいう。
廊下通路誘導灯	避難経路の廊下に設置する誘導灯で、非常口までの避難の方向を明示するものをいう。
階段通路誘導灯	避難経路の階段や傾斜路の天井や壁に設置する誘導灯で階数を表示するとともに、階段の踏面や踊場を避難上有効な照度にするためのものをいう。

4　客席誘導灯

　客席誘導灯とは、令別表1の(1)項の劇場、映画館、集会場などで火災が生じた場合に、観客などが混乱を起こさないように、客席の通路の床面を避難上有効な照度にするため、客席の通路部分に設置するものをいいます。

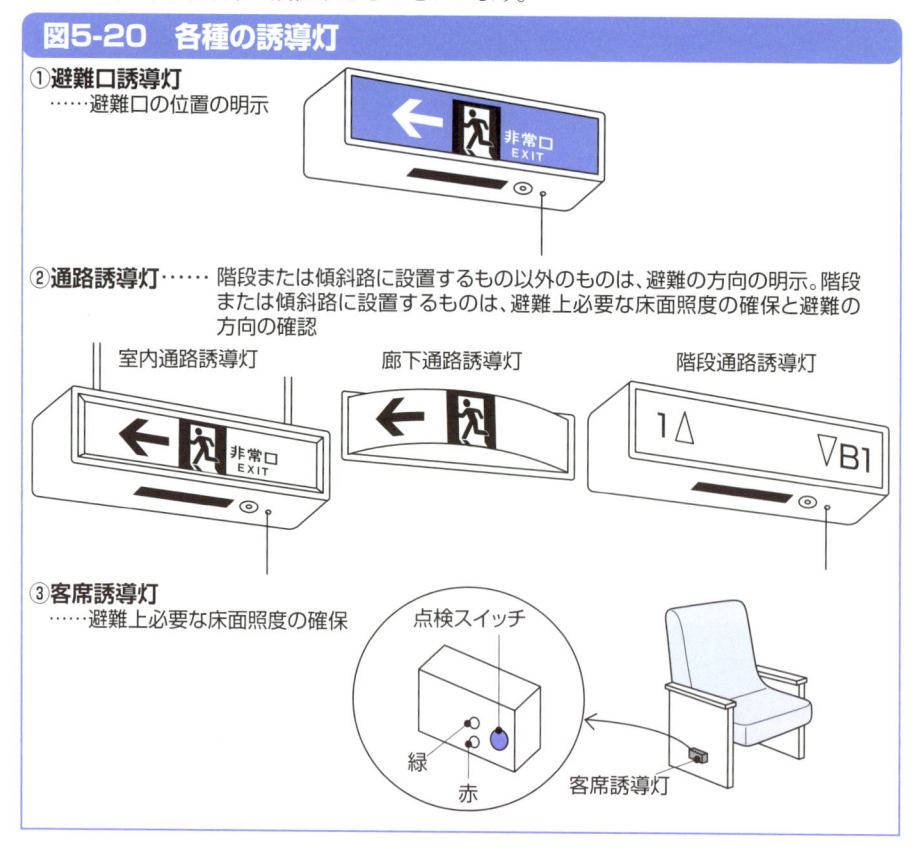

図5-20　各種の誘導灯

① **避難口誘導灯**
　……避難口の位置の明示

② **通路誘導灯**……階段または傾斜路に設置するもの以外のものは、避難の方向の明示。階段または傾斜路に設置するものは、避難上必要な床面照度の確保と避難の方向の確認

室内通路誘導灯　　廊下通路誘導灯　　階段通路誘導灯

③ **客席誘導灯**
　……避難上必要な床面照度の確保

点検スイッチ
緑
赤
客席誘導灯

ミニ知識　客室誘導灯は、客席の通路床面で0.2ルクス以上の照度を確保する。

13 誘導灯のシンボル、文字、色彩

誘導灯のシンボル、文字、色彩は、避難時に有効に識別できるように、統一された規格になっている。

1 避難口誘導灯のシンボル、文字、色彩

避難口誘導灯では、緑色の地に避難口であることを表す図5-21のⒶのシンボル（避難方向を表すⒷのシンボルまたはⒸの文字を併記したものを含む）とします。

2 通路誘導灯のシンボル、文字、色彩

通路誘導灯（階段に設置するものを除く）では、白色の地に避難の方向を表す図5-21のⒷのシンボル（避難口であることを表すⒶのシンボルまたはⒸの文字を併記したものを含む）とします。

図5-21 誘導灯のシンボル、文字、色彩

Ⓐ避難口であることを表すシンボル

備考：シンボルの色彩は緑色とし、シンボルの地の色彩は白色とする。

Ⓑ避難の方向を表すシンボル

(a) 避難口誘導灯、避難口誘導標識
　備考：シンボルの色彩は白色とする

(b) 通路誘導灯、通路誘導標識
　備考：シンボルの色彩は緑色とする

Ⓒ避難口であることを表すシンボル

(a) 避難口誘導灯、避難口誘導標識
　備考：文字の色彩は白色とする

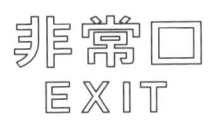

非常口 EXIT

(b) 通路誘導灯、通路誘導標識
　備考：文字の色彩は緑色とする

非常口 EXIT

ミニ知識 C級の避難口誘導灯については、避難の方向を表すⒷのシンボルを併記してはならない。

14 避難口誘導灯・通路誘導灯の性能と設置箇所など

避難する人が容易に避難できるように、避難口誘導灯は屋内から直接地上に通じる出入口や直通階段の出入口などに設置し、通路誘導灯は廊下などの曲がり角などに設置する。

1 避難口誘導灯と通路誘導灯の性能

① 避難口誘導灯と通路誘導灯（階段または傾斜路に設置するものを除く）は、その視認性に関して、表示面の縦寸法と表示面の明るさにより、**A級**、**B級**、**C級**に細分化されます。

② A級またはB級の誘導灯を設置すべき箇所は次の(a)と(b)です。（規則28条の3、4項三号）

(a) 令別表1の(10)項の車両停車場グループ、(16の2)項の地下街、(16の3)項の準地下街

(b) 令別表1の(1)項の劇場・集会場グループから(4)項の百貨店グループまで、(9)項イの蒸気浴場グループ、これらの用途の部分がある(16)項イの複合建築物の階で、その階の床面積が1,000㎡以上のもの（ただし、その表示面の明るさは避難口誘導灯では20カンデラ以上、通路誘導灯では25カンデラ以上のものに限ります）

図5-22　避難口誘導灯と通路誘導灯の表示面の縦寸法と明るさによる級別

①避難口誘導灯

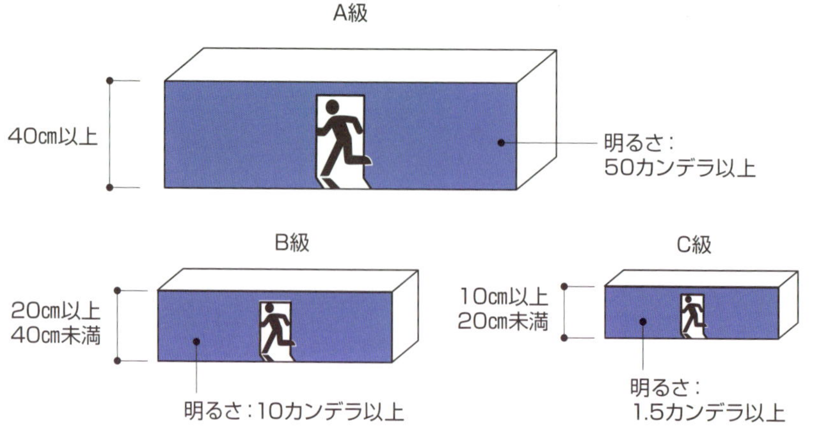

A級：40cm以上、明るさ：50カンデラ以上
B級：20cm以上40cm未満、明るさ：10カンデラ以上
C級：10cm以上20cm未満、明るさ：1.5カンデラ以上

ミニ知識　C級の避難口誘導灯については、避難の方向を表すBのシンボルを併記してはならない。

②通路誘導灯

- A級：40cm以上、明るさ：60カンデラ以上
- B級：20cm以上40cm未満、明るさ：13カンデラ以上
- C級：10cm以上20cm未満、明るさ：5カンデラ以上

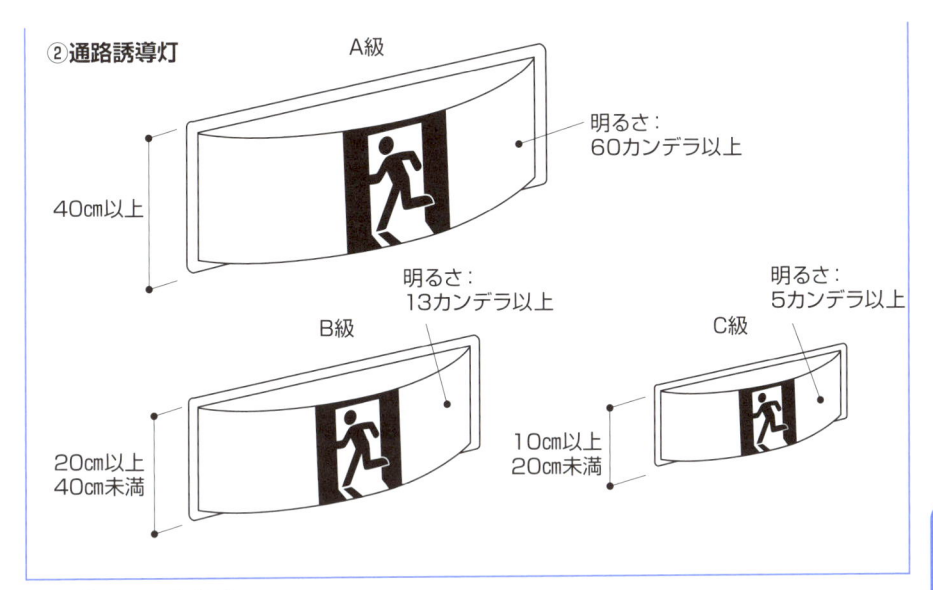

③**誘導灯の平均輝度**

誘導灯の誘目性、表示面のシンボルや文字などの見やすさを確保する観点から、表5-6のように誘導灯の区分に応じた平均輝度の範囲が規定されています。

●表5-6　誘導灯の平均輝度

電源の種類	区分		平均輝度
常用電源	避難口誘導灯	A級	350カンデラ/㎡以上 800カンデラ/㎡未満
		B級	250カンデラ/㎡以上 800カンデラ/㎡未満
		C級	150カンデラ/㎡以上 800カンデラ/㎡未満
	通路誘導灯	A級	400カンデラ/㎡以上 1,000カンデラ/㎡未満
		B級	350カンデラ/㎡以上 1,000カンデラ/㎡未満
		C級	300カンデラ/㎡以上 1,000カンデラ/㎡未満
非常電源	避難口誘導灯		100カンデラ/㎡以上 300カンデラ/㎡未満
	通路誘導灯		150カンデラ/㎡以上 400カンデラ/㎡未満

④**誘導灯の有効範囲**

誘導灯の有効範囲は、原則として、その誘導灯までの歩行距離が、表5-7のⅠまたはⅡに規定する距離のうちのいずれかの距離以下となる範囲です。

用語　視認性　見通しや表示内容の認知のしやすさなどをいう。

第5章　避難設備

●表5-7　誘導灯の有効範囲

区分				距離
Ⅰ	避難口誘導灯	A級	避難方向を表すシンボルのないもの	60m
			避難方向を表すシンボルのあるもの	40m
		B級	避難方向を表すシンボルのないもの	30m
			避難方向を表すシンボルのあるもの	20m
		C級		15m
	通路誘導灯	A級		20m
		B級		15m
		C級		10m

Ⅱ　D＝kh　　D：歩行距離（m）
　　　　　　k：下記の値
　　　　　　h：避難口誘導灯または通路誘導灯の表示面の縦寸法（m）

区分		kの値
避難口誘導灯	避難方向を表すシンボルのないもの	150
	避難方向を表すシンボルのあるもの	100
通路誘導灯		50

（Ⅱの値を求める計算例）
1. 避難口誘導灯A級（避難方向を表すシンボルのあるもの）
　　表示面の縦寸法　h＝0.5m、k＝100
　　D＝100×0.5＝50m
2. 通路誘導灯B級
　　表示面の縦寸法　h＝0.4m、k＝50
　　D＝50×0.4＝20m

2　避難口誘導灯と通路誘導灯の設置箇所

①避難口誘導灯の設置箇所

次の(a)～(d)の箇所には、避難口誘導灯を設置しなければなりません。
(a)屋内から直接地上に通じる出入口（附室がある場合は、その附室の出入口）
(b)直通階段の出入口（附室がある場合は、その附室の出入口）

用語　**誘目性**　気づきやすさをいう。

(c) (a)または(b)の避難口に通じる廊下や通路に通じる出入口。ただし、次の要件に適合する居室の出入口は、設置する必要はありません。
- 室内の各部分からその居室の出入口を容易に見通し、かつ識別することができる場合
- その居室の床面積が100㎡以下の場合（ただし、主として防火対象物の関係者と関係者に雇用されている者に使用されている場合は400㎡以下とします）

(d) (a)または(b)の避難口に通じる廊下または通路に設ける防火戸で、直接手で開くことができるものがある場合。ただし、自動火災報知設備の感知器の作動と連動して閉鎖する防火戸に誘導標識が設置され、かつその誘導標識を識別することができる照度が確保されるように非常用の照明装置が設置されている場合は、設置する必要はありません。

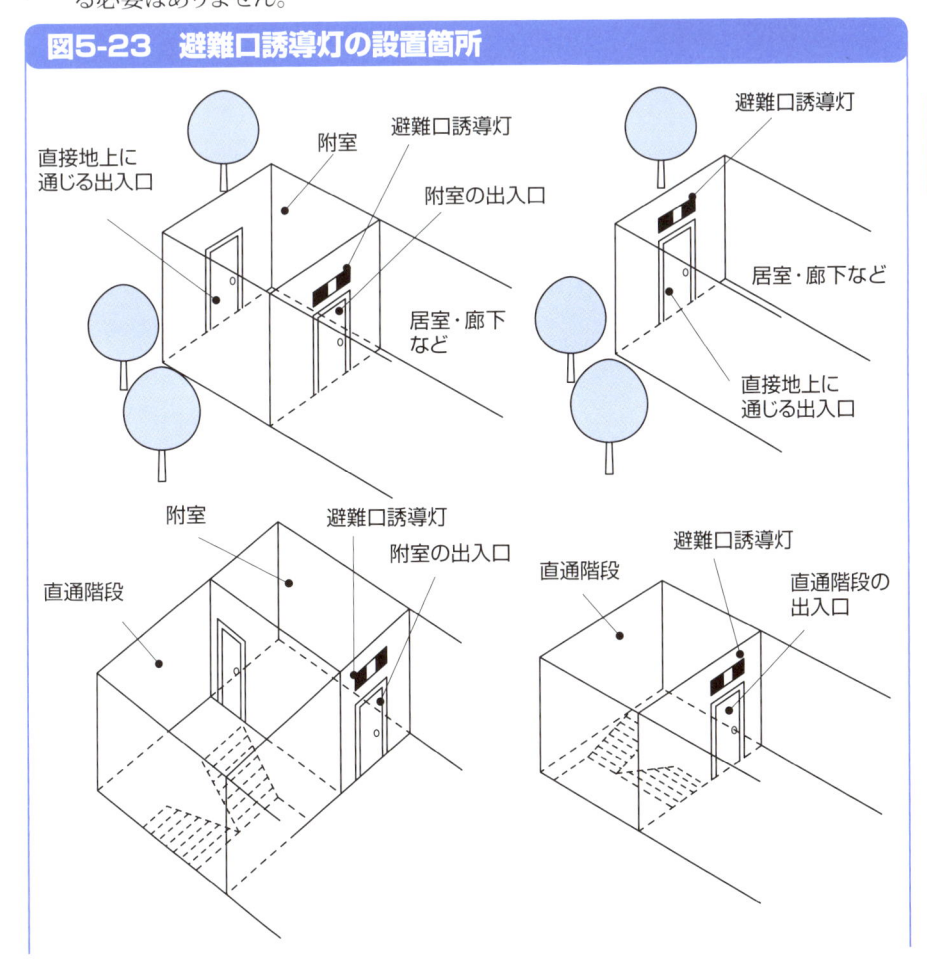

図5-23 避難口誘導灯の設置箇所

ミニ知識 上記の①避難口誘導灯の設置箇所の(d)において、防火戸にはくぐり戸付きの防火シャッターを含む。

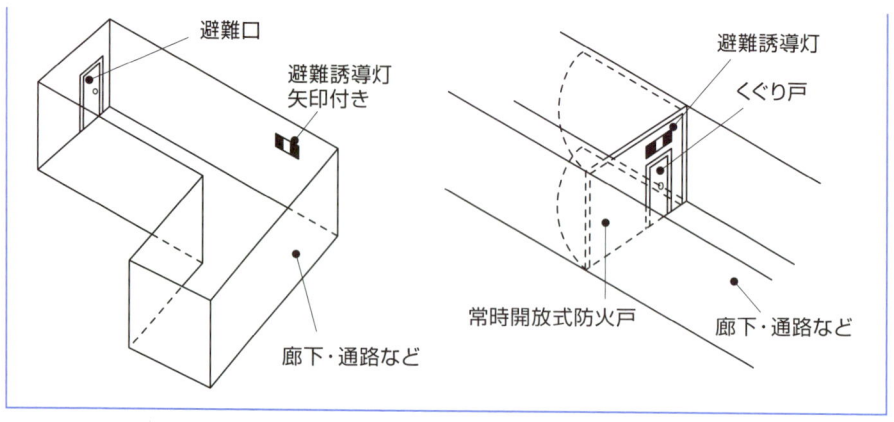

②**通路誘導灯の設置箇所**

次の(a)～(c)の箇所には、通路誘導灯を設置しなければなりません。
(a)曲がり角
(b)前記①の(a)と(b)の避難口に設置される避難口誘導灯の有効範囲内の箇所
(c)②の(a)と(b)の他、廊下や通路の各部分（避難口誘導灯の有効範囲内の部分を除く）を通路誘導灯の有効範囲内に包含するために必要な箇所

図5-24は、A級（歩行距離が20m）の通路誘導灯の設置箇所です。

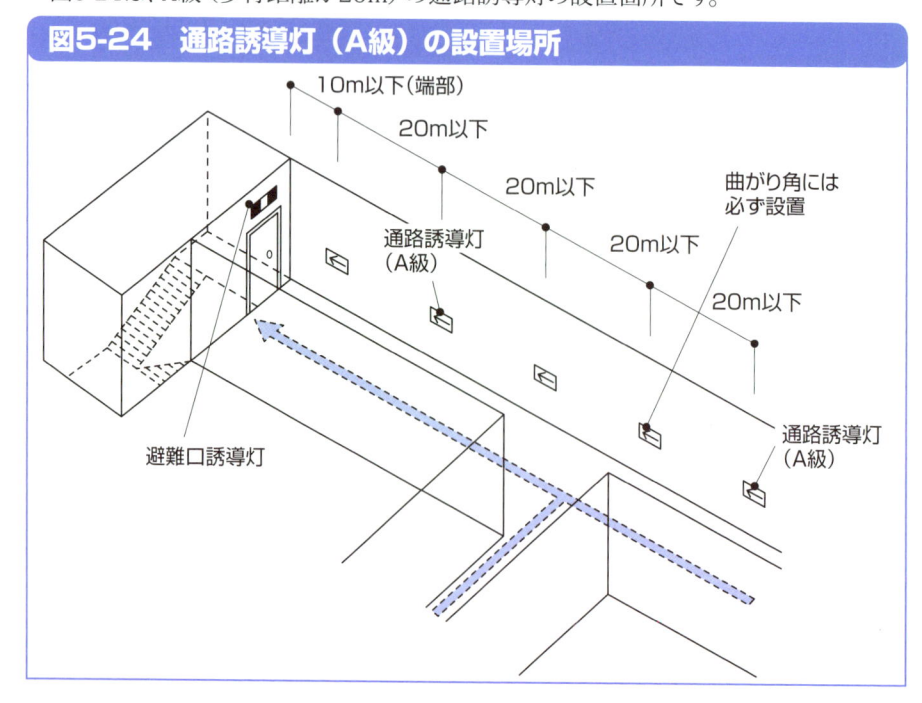

図5-24　通路誘導灯（A級）の設置場所

ミニ知識　図5-24において、廊下の端部は10m以下でよいことに留意すること。

15 避難口誘導灯・通路誘導灯の点灯と消灯など

避難口誘導灯と通路誘導灯は、常時点灯していなければならないが、所定の条件を満たす場合は消灯することができる。

1 避難口誘導灯・通路誘導灯の点灯と消灯

　避難口誘導灯と通路誘導灯は常時点灯していなければならないが、図5-25の①〜④のいずれかの場合であって、**自動火災報知設備の感知器の作動と連動して点灯**し、かつその場所の利用形態に応じて点灯するようになっている場合は、消灯することができます。

図5-25　一定の条件で消灯できる避難口誘導灯と通路誘導灯

一定の条件で消灯できる避難口誘導灯と通路誘導灯

① その防火対象物が無人である場合

　「無人」とは休業、休日、夜間などで定期的に人がいない状態が繰返し継続されていることをいう。防災センター要員、警備員などによって管理を行っている場合も「無人」とする。

② 外光により避難口または避難の方向が識別できる場所に設置する場合

　「外光」とは自然光のことであり、採光のための十分な開口部があること。消灯対象になるのは、外光により避難口などを識別できる間に限られる。

③ 利用形態により特に暗さが必要である場所に設置する場合

　「特に暗さが必要な場所」としては、劇場、映画館などがある。

④ 主としてその防火対象物の関係者と関係者に雇用されている者に使用されている場所に設置する場合

　「関係者と関係者に雇用されている者」とは、その防火対象物（特に避難経路）について熟知している者であり、通常出入りしていないなど内部の状態にうとい者は含まれない。

2 誘導灯の点滅機能と音声誘導機能

① 誘導灯の点滅機能とは、自動火災報知設備からの火災信号を受信した場合に、誘導灯が点滅を繰返す機能をいいます。

　ミニ知識　階段通路誘導灯は、図5-25の①と②の場合については、消灯することができる。

② 誘導灯の音声誘導機能とは、自動火災報知設備からの火災信号を受信した場合に、誘導灯が音声によるメッセージを繰返して発する機能をいいます。

③ 誘導灯の点滅機能と音声誘導機能は、その階での避難口のうち、避難上特に重要となる最終の避難口の位置を明確に表すために設置します。誘導灯に付加する点滅機能と音声誘導機能は、原則として、任意になっていますが、設置することが望ましい防火対象物とその部分は、次の(a)〜(c)のものです。

(a) 令別表1の(6)項ロ、ハの福祉施設グループとニの特殊学校グループのうち、視力または聴力の弱い者が出入りするもので、これらの者の避難経路となる部分

(b) 百貨店、旅館、病院、地下街など不特定多数の者が出入りする防火対象物で、雑踏、照明、看板などにより誘導灯の視認性が低下するおそれのある部分

(c) その他、これらの機能により積極的に避難誘導する必要性が高い部分

3 誘導灯の非常電源

① 誘導灯の非常電源は、誘導灯内に蓄電池を内蔵したものが多く、その充電方式には定期的に自動充電が行われる**時限充電**と一定の放電があると自動的に充電する**自動充電**があります。

② 誘導灯の非常電源の容量

(a) 誘導灯の非常電源の容量は、誘導灯を**20分間以上作動**できる容量としなければなりません。

(b) 屋外へ避難完了するまでに長時間を必要とする大規模または高層などの防火対象物で、**主要な避難経路**に設置するものについては、**60分間以上作動**できる容量としなければなりません。「大規模または高層などの防火対象物」とは、次のものをいいます。

・令別表1の(1)項の劇場・集会場グループから(16)項の複合防火対象物までの防火対象物で、延べ面積が50,000㎡以上のものまたは地階を除く階数が15以上でかつ延べ面積が30,000㎡以上のもの

・令別表1の(16の2)項の地下街で、延べ面積が1,000㎡以上のもの

> 一般の誘導灯の非常電源の容量：誘導灯を20分間以上作動できる容量
> 大規模または高層などの防火対象物で、主要な避難経路に設置する誘導灯：
> 　誘導灯を60分間以上作動できる容量

ミニ知識 誘導灯の非常電源は、原則として蓄電池設備によるものであるが、自家発電設備によることもできる。

「主要な避難経路」とは、次のものをいう。
・屋内から直接地上に通じる出入口(附室が設置されている場合は、その附室の出入口)
・直通階段の出入口(附室が設置されている場合は、その附室の出入口)
・避難階の廊下と通路(ひとつの避難口に通じるものに限る)
・直通階段

16 誘導標識

誘導標識には、その目的、用途により避難口に設置する誘導標識（避難口誘導標識）と廊下や通路に設置する誘導標識（通路誘導標識）がある。

1 誘導標識の設置

① 誘導標識は避難口であることや避難の方向を明示した標識とし、多数の者の目にふれやすい箇所に設置します。
② 誘導標識は採光が識別上十分である場所に設置し、誘導標識の周囲には誘導標識とまぎらわしいまたは誘導標識をさえぎる広告物、掲示物などを設置しないこととされています。
③ 誘導標識は灯火がないので、夜間で照明がない場所ではまったく効果がありません。この点が誘導灯との大きな相違点です。
④ 誘導標識のシンボル、文字、色彩については、図5-21の誘導灯のシンボル、文字、色彩と同じです。

2 避難口誘導標識

避難口誘導標識は、避難口（非常口）に設置するものです。

3 通路誘導標識

通路誘導標識は、各階ごとに、その廊下と通路の各部分からひとつの誘導標識までの**歩行距離が7.5m以下**となる箇所と曲がり角に設置します。

> 誘導標識は灯火がないので、採光が十分である場所に設置します。また、夜間で照明がない場所ではまったく効果がありません。

ミニ知識 蓄積式（蓄光式）誘導標識というものがあるが、これは太陽、蛍光灯などの光線を吸収蓄積し、光を取り除いても一定時間発光する性質のあるものをいう。

図5-26 誘導標識

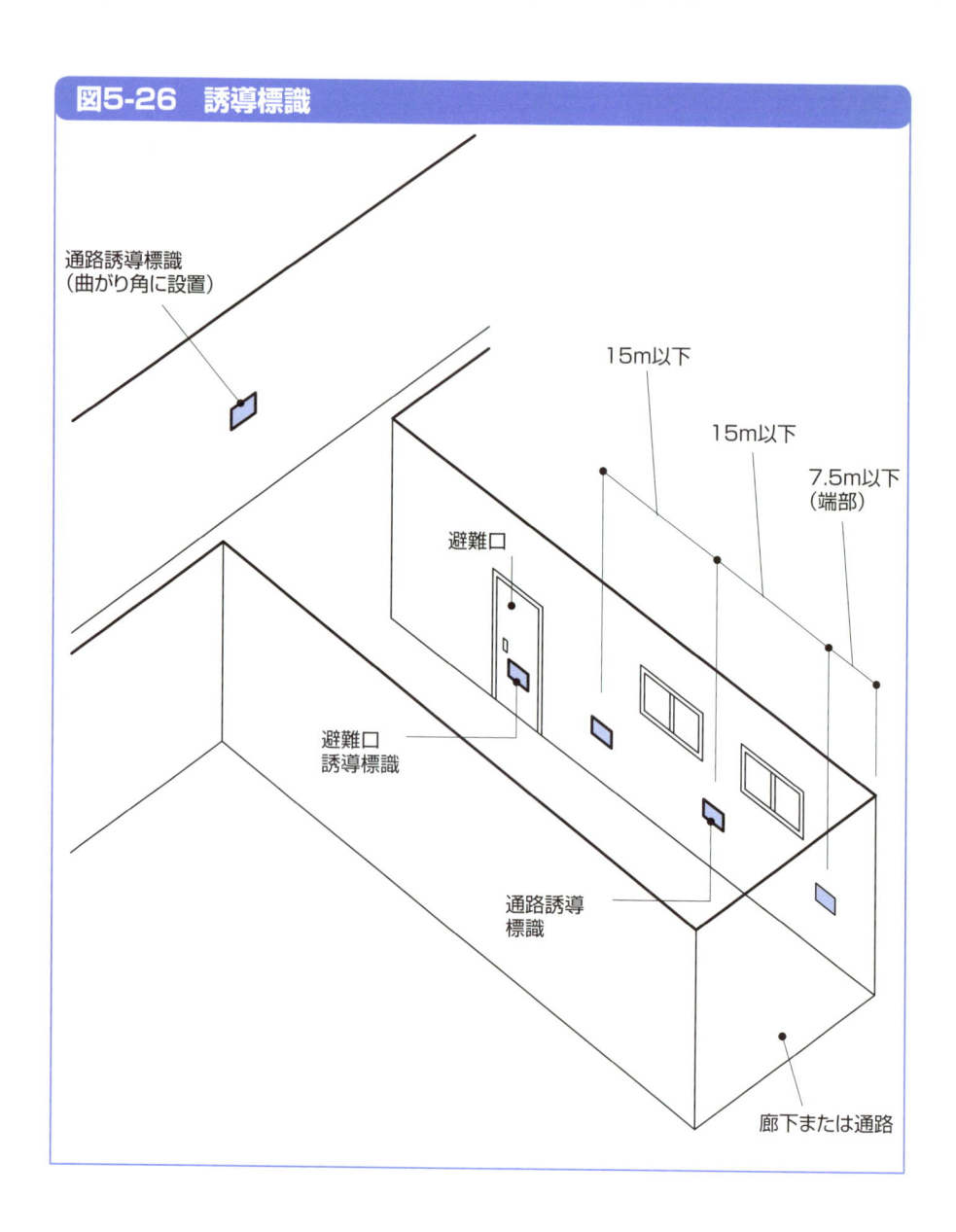

通路誘導標識
（曲がり角に設置）

15m以下

15m以下

7.5m以下
（端部）

避難口

避難口
誘導標識

通路誘導
標識

廊下または通路

ミニ知識 誘導標識は、昼間しか使わない学校や事務所などに採用される。

第6章

消防用水、消火活動上必要な施設など

❶消防用水……………………………………………… 282
❷消防排煙の基本的な考え方と排煙設備の設置基準など… 288
❸排煙口・給気口の設置方法、排煙設備の性能など……… 292
❹連結散水設備の構成と設置基準……………………… 296
❺連結散水設備の散水ヘッドと送水口………………… 300
❻連結送水管の構成と設置基準………………………… 302
❼連結送水管の放水口と送水口………………………… 307
❽非常コンセント設備の構成と設置基準……………… 309
❾無線通信補助設備……………………………………… 312
❿総合操作盤……………………………………………… 315
⓫非常電源………………………………………………… 318

1 消防用水

火災はいつどこで発生するかわからず、その消火には大量の水を必要とする。そのため消火用の水である消防用水は、いつでもどこでも大量に確保する必要がある。

1 消火用水の種類

① 消火用水には、**消防水利（公設消防水利）**、**指定消防水利**、**消防用水**があります。
② いずれも消防隊が消火活動に使うものですが、消防水利や指定消防水利が周辺地区での消防活動を目的とするものであるのに対して、消防用水はその防火対象物に義務付けられるものです。
③ 消防水利（公設消防水利）
　(a) 消防水利は、消防隊の消火活動に必要な大量の水を供給するために、自治体が設置して維持管理するものです。
　(b) 一般に、道路に埋設されている水道の配水管が利用され、適当な長さごとに**地上式や地下式の消火栓**が設置されます。また必要に応じて**消防用の貯水施設**も設置されます。
④ 指定消防水利
　(a) 公設消防水利だけでは不十分な場合に、**私有の池**、**泉水**、**井戸**、**水槽**などを、その所有者などの承諾を得て、消防長や消防署長が消防水利として指定するものです。
　(b) 指定消防水利は常時使用可能な状態に維持され、**「消防水利」の標識**を掲げます。
⑤ 消防用水
　(a) 消防用水は、以前に大規模建築物の火災時に、公設消防水利の水圧の低下や断水により、消火活動が有効に行えなかった経験から、大規模建築物や高層建築物での消火を目的として、消防用設備などのひとつとして設置が義務付けられたものです。
　(b) 消防用水は、**防火水槽**、**プール**、**池**、**湖**、**河川**、**沼**など常時規定水量以上の水量が得られるものとされています。

2 消防用水の設置基準（令27条）

① 消防用水の設置義務がある防火対象物を図6-2に示します。
② 消防用水の設置基準を表6-1に示します。

> **ミニ知識**　消火用水の確保については、消防法の他にも都市計画法などで規定されている。

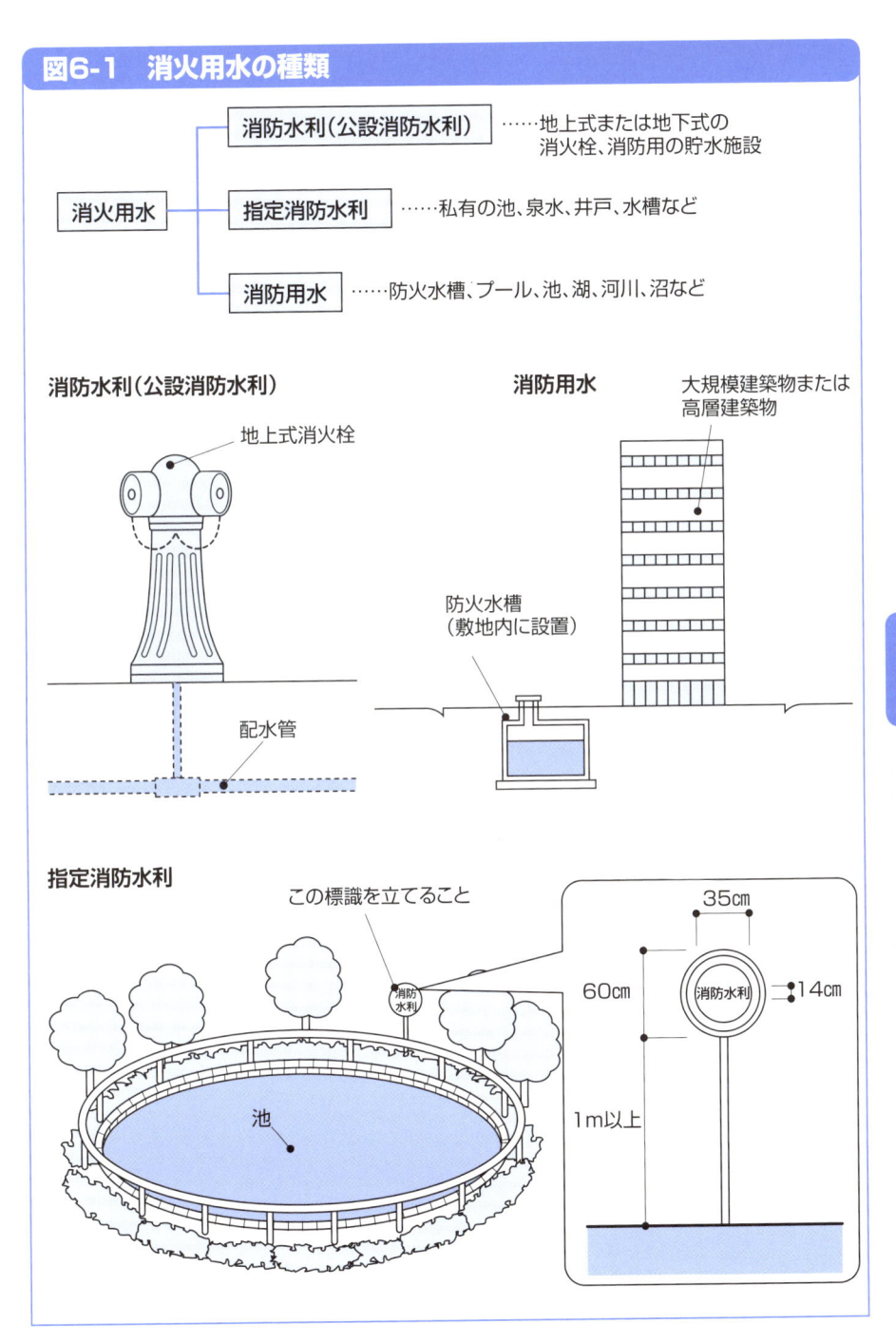

図6-1 消火用水の種類

- 消火用水
  - 消防水利（公設消防水利）……地上式または地下式の消火栓、消防用の貯水施設
  - 指定消防水利……私有の池、泉水、井戸、水槽など
  - 消防用水……防火水槽、プール、池、湖、河川、沼など

消防水利（公設消防水利）
- 地上式消火栓
- 配水管

消防用水
- 大規模建築物または高層建築物
- 防火水槽（敷地内に設置）

指定消防水利
- この標識を立てること
- 池
- 35cm
- 60cm
- 14cm
- 1m以上

第6章 消防用水、消火活動上必要な施設など

ミニ知識 水道設備のないところなどでは、池などを消防用水として確保することがある。

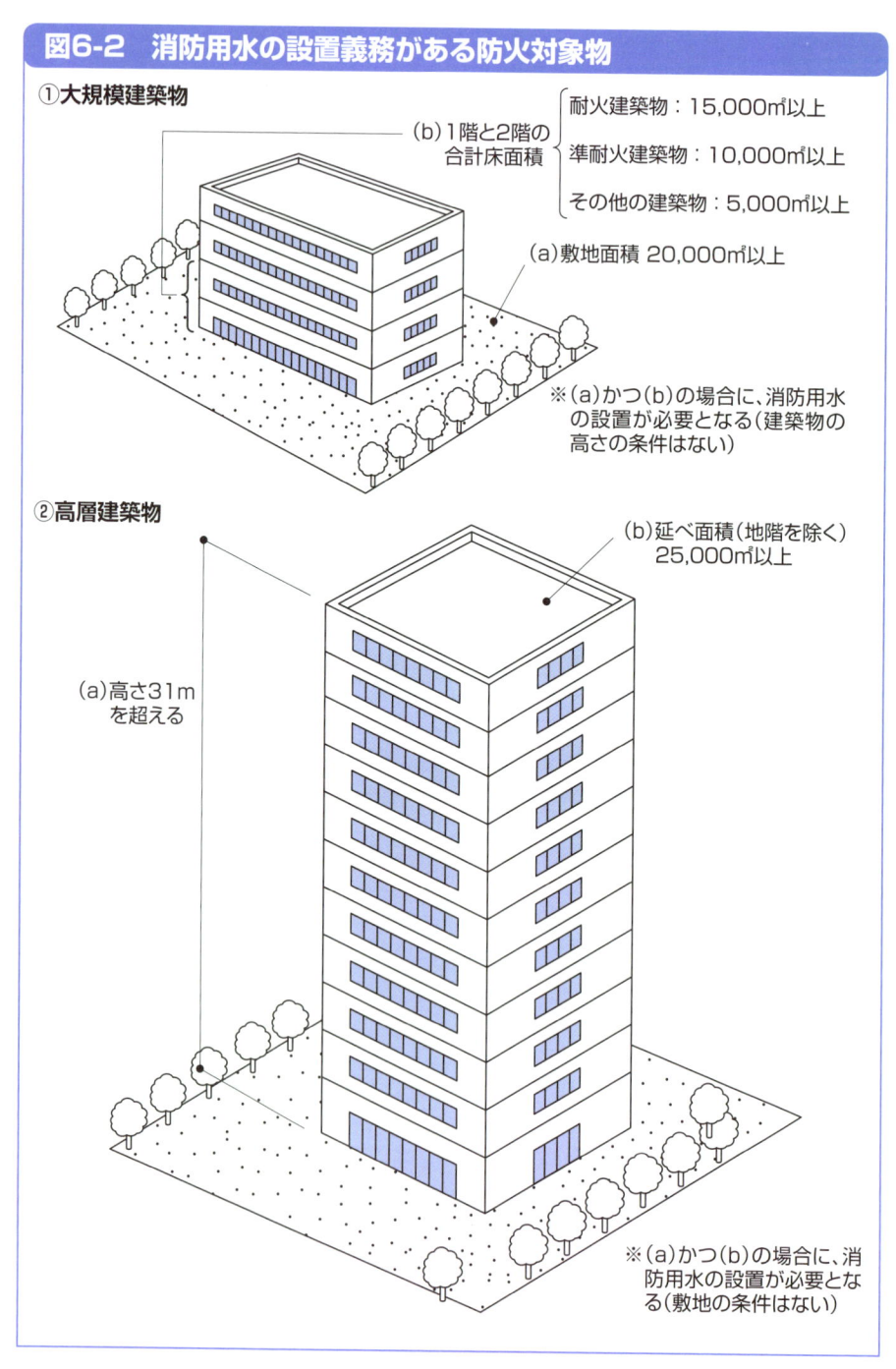

図6-2　消防用水の設置義務がある防火対象物

①大規模建築物

(b) 1階と2階の合計床面積

耐火建築物：15,000㎡以上
準耐火建築物：10,000㎡以上
その他の建築物：5,000㎡以上

(a) 敷地面積 20,000㎡以上

※(a)かつ(b)の場合に、消防用水の設置が必要となる（建築物の高さの条件はない）

②高層建築物

(b) 延べ面積（地階を除く）25,000㎡以上

(a) 高さ31mを超える

※(a)かつ(b)の場合に、消防用水の設置が必要となる（敷地の条件はない）

ミニ知識　図6-2の①に示す「その他の建築物」とは、木造建築物などをいう。

●表6-1　消防用水の設置基準

令別表1の項目		防火対象物	下記の条件(①〜③のそれぞれ)に当てはまる場合は設置		
			①	②	③
(1)	イ	劇場グループ	敷地面積が20,000㎡以上、かつ、建築物の地上1階と2階の床面積の合計(平屋建ての場合は1階の床面積)が 耐火建築物： 　　15,000㎡以上 準耐火建築物： 　　10,000㎡以上 その他の建築物： 　　5,000㎡以上	建築物の高さが31mを超え、かつ、建築物の延べ面積(ただし、地階を除く)が25,000㎡以上	敷地面積が20,000㎡以上、かつ、同一敷地内に2以上の建築物がある場合(ただし、左欄の②の建築物は除く)で、これらの建築物相互の外壁間の中心線からの水平距離が 1階：3m以下 2階：5m以下 の部分があり、かつ、建築物の地上1階と2階の床面積の合計(平屋建ての場合は1階の床面積)を 耐火建築物： 　　15,000㎡以上 準耐火建築物： 　　10,000㎡以上 その他の建築物： 　　5,000㎡以上 で、それぞれ割った商の和が1以上となる場合
	ロ	集会場グループ			
(2)	イ	キャバレーグループ			
	ロ	遊技場グループ			
	ハ	性風俗関連特殊営業店舗グループ			
	ニ	カラオケボックスグループ			
(3)	イ	料理店グループ			
	ロ	飲食店			
(4)		百貨店グループ			
(5)	イ	旅館グループ			
	ロ	共同住宅グループ			
(6)	イ	病院グループ			
	ロ	老人短期入所施設グループ			
	ハ	老人デイサービスセンターグループ			
	ニ	特殊学校グループ			
(7)		学校グループ			
(8)		図書館グループ			
(9)	イ	蒸気浴場グループ			
	ロ	一般浴場			
(10)		車両停車場グループ			
(11)		神社グループ			
(12)	イ	工場グループ			
	ロ	スタジオグループ			
(13)	イ	車庫グループ			
	ロ	特殊格納庫			
(14)		倉庫			
(15)		前各項以外			
(16)	イ	特定用途の存する複合用途	※1		※1
	ロ	イ以外の複合用途			
(16の2)		地下街			
(16の3)		準地下街			
(17)		文化財	上記の条件と同じ	上記の条件と同じ	上記の条件と同じ
(18)		アーケード			

※　□の部分は設置すべき条件、□は必要なしを表す。
※1　(16)項イまたはロの防火対象物は、令9条の規定により、(1)項〜(15)項のいずれかの用途が含まれているので(1)項〜(15)項と同じとしてとらえ、上記の条件に当てはまるものは設置が必要である。

ミニ知識　表6-1の①の要件のひとつは、1階と2階の床面積の合計が所定の規模以上であり、それに対して②の要件のひとつは建築物の延べ面積(地階を除く)が所定の規模以上であることに留意すること。

3 消防用水の水量

① 消防用水の有効水量は建築物の耐火性と規模などに応じて、表6-2により計算で求めることができます。また求めた有効水量は、図6-3に示すように分散して配置することができます。

●表6-2 消防用水の有効水量

消防用水を必要とする建築物		有効水量
敷地面積が20,000㎡以上	耐火建築物：1、2階の合計床面積が15,000㎡以上	1階と2階の床面積について、7,500㎡またはその端数ごとに20㎥
	準耐火建築物：1、2階の合計床面積が10,000㎡以上	1階と2階の床面積について、5,000㎡またはその端数ごとに20㎥
	その他の建築物：1、2階の合計床面積が5,000㎡以上	1階と2階の床面積について、2,500㎡またはその端数ごとに20㎥
高さ31mを超え、かつ延べ面積（地階を除く部分）が25,000㎡以上		床面積12,500㎡またはその端数ごとに20㎥

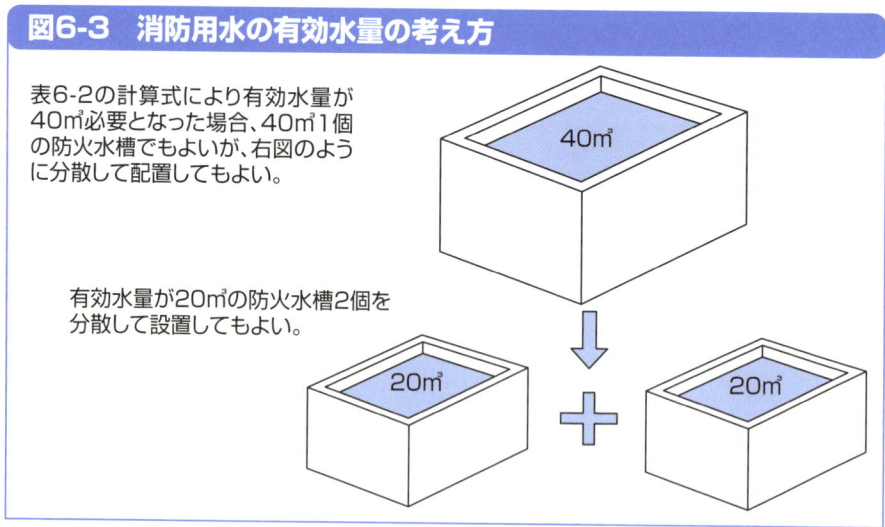

図6-3 消防用水の有効水量の考え方

表6-2の計算式により有効水量が40㎥必要となった場合、40㎥1個の防火水槽でもよいが、右図のように分散して配置してもよい。

有効水量が20㎥の防火水槽2個を分散して設置してもよい。

② 有効水量とは、地盤面下に設置した場合には、**地盤面下4.5m以内**の水量を指します。これは消防ポンプ自動車に搭載されている吸管が防火水槽内の水を吸い上げて消火活動上有効に利用できるのは、防火水槽の地盤面から4.5m以内の部分に限られるためです。

③ 消防用水としては、防火水槽の他に、**河川や小川のような流水**も認められ、流水を消防用水とする場合は、図6-4に示すように換算します。

ミニ知識 1個の防火水槽の有効水量は最低でも20㎥以上としなければならない。

図6-4 消防用水の有効水量

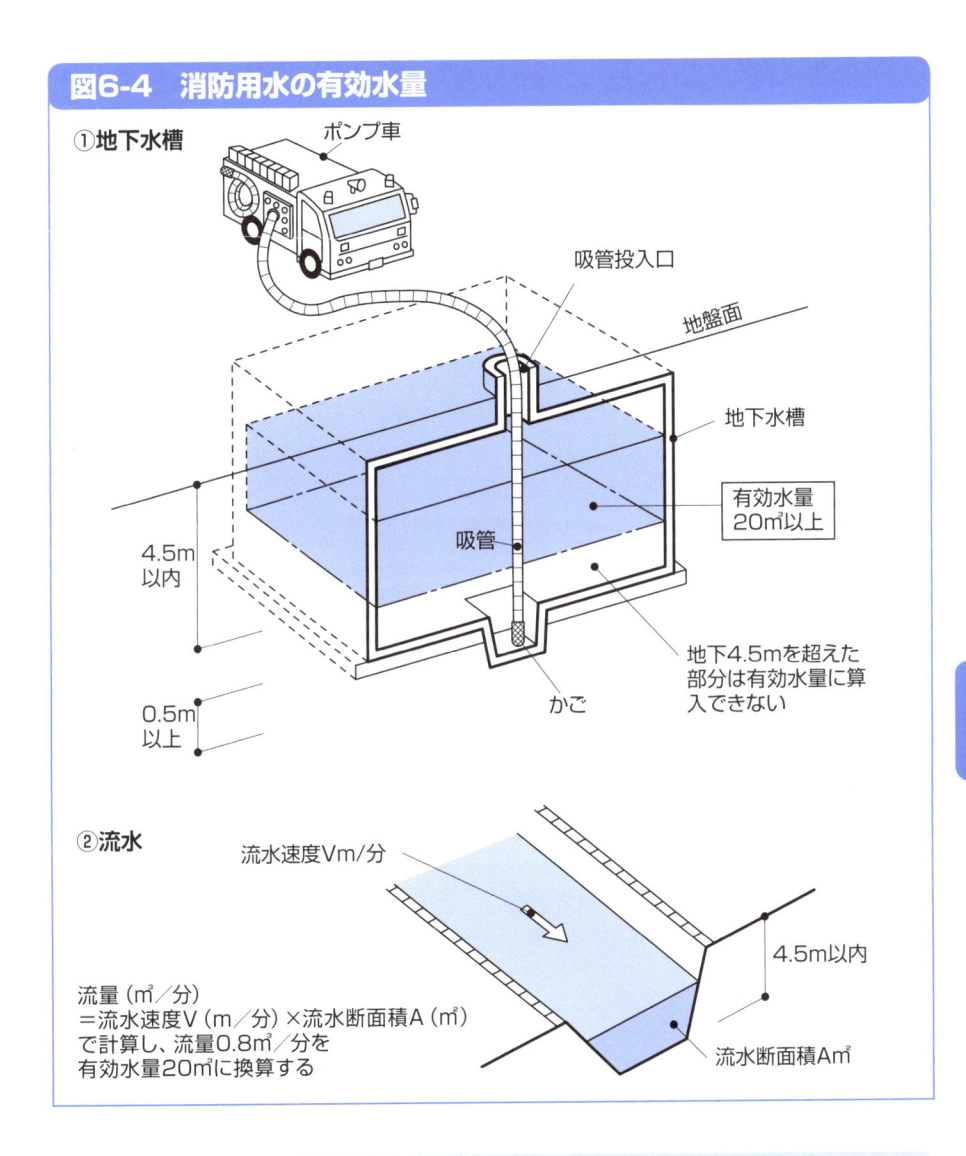

①地下水槽

ポンプ車
吸管投入口
地盤面
地下水槽
有効水量20㎥以上
4.5m以内
吸管
地下4.5mを超えた部分は有効水量に算入できない
0.5m以上
かご

②流水

流水速度Vm/分
4.5m以内
流水断面積Am㎡

流量（㎥/分）
＝流水速度V（m/分）×流水断面積A（㎡）
で計算し、流量0.8㎥/分を
有効水量20㎥に換算する

4 消防用水の設置位置など

① 消防用水の設置位置は、**消防用水を中心とした水平距離100mの半径内**に、建築物の各部分を覆うことができるように配置し、かつ消防ポンプ自動車が2m以内に接近できる場所とします。
② 蓋付きの防火水槽では、消防ポンプ自動車の吸管を投入するための直径60cm以上の円形や60cm角以上の正方形の吸管投入口を設置します。

ミニ知識 図6-4の②の流水の場合も、地盤面から4.5m以内の水量を有効水量とする。

❷ 消防排煙の基本的な考え方と排煙設備の設置基準など

火災により発生する煙は視界をさえぎり、高熱で有毒であるために、消火活動や避難に大きな障害になる。排煙設備は、このような危険な煙を外部に排出するための設備である。

1 消防法における排煙設備と建築基準法における排煙設備

① 消防法では、令28条に排煙設備についての規定がありますが、建築基準法にも同様の規定があります。
② 消防法により設置する排煙設備を**消防排煙**といいます。この消防排煙は、若干の相違点はあるものの、**基本的には建築基準法における排煙設備との整合化がはかられています**。
③ 消防法では、排煙設備は**消火活動上支障となる煙の排出**を目的としているのに対して、建築基準法では火災の初期段階での**避難上支障となる煙の排出**を目的としています。

2 消防排煙の基本的な考え方

① 消防法による排煙設備は、火災が発生した場合に、防火対象物の内部に充満する煙を屋外に排出させて、消火活動を容易にすることが目的です。このため令7条6項で、排煙設備は**消火活動上必要な施設**として位置付けられています。
② 特別避難階段の附室、非常用エレベーターの乗降ロビー、階段室などの消火活動拠点に重点を置いた基準
  (a) 消防排煙は、消火活動上の必要性が特に高い地階や無窓階について設置が義務付けられていて、外部からの進入経路と活動拠点となる**特別避難階段の附室**、**非常用エレベーターの乗降ロビー**、**階段室**などを中心として活動範囲を広げていくことができるように設置することが必要であり、また合理的であることから**消火活動拠点に重点を置いた基準**となっています。
  (b) **消火活動拠点の防煙区画**の基準は、消火活動拠点以外の防煙区画の基準より強化されています。なお消火活動拠点以外の防煙区画の基準は、建築基準法の防煙

> **ミニ知識** 消防法上の排煙設備と建築基準法上の排煙設備は、基本的に整合化がはかられているため、これらを別々に設置する必要はない。
>
> **用語** 消火活動拠点(規則30条1項二号のイ) 特別避難階段の附室、非常用エレベーターの乗降ロビーなどの場所で、消防隊の消火活動の拠点となる防煙区画をいう。
> 防煙区画(建築基準法施行令126条の3) 煙の拡散を防止し、速やかに煙を排出することを目的として、建築物の高さが31m以下の部分にある居室で、床面積500㎡以下ごとに防煙壁で区画されたものをいう。なお防煙壁とは、間仕切壁や天井面から50cm以上下方に突出した垂れ壁(防煙垂れ壁)などで、不燃材料でつくられるかまたは覆われたものをいう。

区画の基準と同じになっています。
③ 煙の拡散を防止して有効に排煙を行うため、一定面積以下ごとに**防煙区画**を行うとともに、防煙区画ごとに排煙口を設置します。
④ 排煙方式については、機械排煙と自然排煙の2種類が主に想定されていますが、いずれの排煙方式についても、防火対象物の外部へ排煙するためには、防火対象物の内部へ給気しなければなりません。
⑤ 給気方式については、機械給気と自然給気の2種類が想定されています。特に消火活動拠点については、ここを中心として活動範囲を広げる必要があるため、給気口を設置して積極的に給気を行うようにします。
⑥ 消防排煙は、消火活動が困難な**地階と無窓階についての設置基準が強化**されています。

3 排煙設備の設置基準（令28条）

① 排煙設備の設置基準を表6-3に示します。
② 消防排煙は、基本的に建築基準法における排煙設備との整合性がはかられていますが、表6-4に示すように若干の相違点があります。

4 排煙設備の設置免除

消火活動上支障がない次の①〜③のものと既存防火対象物については、排煙設備の設置が免除されます。
① 直接外気に開放されている部分で、一定の条件を満たす場合
② 駐車場、特殊格納庫、通信機器室、ボイラー室などで、固定式の特殊消火設備が設置されている部分（移動式のものを除きます）
③ 煙の熱と成分により、消防隊の消火活動上支障を生じるおそれがないものとして、消防庁長官が定める部分

> **Point！ 煙の流動速度は？**
>
> 煙の流動速度は、部屋や廊下などの水平方向では、0.5〜1.0m/秒程度ですが、階段やダクトなどの垂直方向になると3.0〜5.0m/秒程度となります。そのため、階段などの避難経路に煙が入ると、1秒で1階分以上の高さに上昇します。したがって4〜5階のビルなら数秒で最上階まで煙が上昇してしまいます。

ミニ知識 自然排煙は対流により窓などから排煙し、機械排煙は機械による強制的な吸引により排煙口から排煙する。

●表6-3 排煙設備の設置基準

令別表1の項目		防火対象物	下記の条件の場合に設置
(1)	イ	劇場グループ	舞台部の床面積が500㎡以上
	ロ	集会場グループ	
(2)	イ	キャバレーグループ	地階または無窓階の床面積が1,000㎡以上
	ロ	遊技場グループ	
	ハ	性風俗関連特殊営業店舗グループ	
	ニ	カラオケボックスグループ	
(3)	イ	料理店グループ	
	ロ	飲食店	
(4)		百貨店グループ	地階または無窓階の床面積が1,000㎡以上
(5)	イ	旅館グループ	
	ロ	共同住宅グループ	
(6)	イ	病院グループ	
	ロ	老人短期入所施設グループ	
	ハ	老人デイサービスセンターグループ	
	ニ	特殊学校グループ	
(7)		学校グループ	
(8)		図書館グループ	
(9)	イ	蒸気浴場グループ	
	ロ	一般浴場	
(10)		車両停車場グループ	地階または無窓階の床面積が1,000㎡以上
(11)		神社グループ	
(12)	イ	工場グループ	
	ロ	スタジオグループ	
(13)	イ	車庫グループ	地階または無窓階の床面積が1,000㎡以上
	ロ	特殊格納庫	
(14)		倉庫	
(15)		前各項以外	
(16)	イ	特定用途の存する複合用途	※1
	ロ	イ以外の複合用途	
(16の2)		地下街	延べ面積が1,000㎡以上
(16の3)		準地下街	
(17)		文化財	
(18)		アーケード	

※ ▨の部分は設置すべき条件、☐は必要なしを表す。
※1 各用途部分の設置基準に従って設置する。

> **ミニ知識** 前ページの排煙設備の設置免除において、建築基準法では一定の区画、内装制限を行った部分については排煙設備の設置が免除されるが、消防法では煙が滞留しやすい地階、無窓階では盛期火災での安全で円滑な消火活動を確保するため、排煙設備の設置免除はないことに留意する。

● 表6-4　排煙設備の設置が必要な場合などに関しての消防法と建築基準法の相違点

	消防法（令28条1項、規則29条）	建築基準法（建基令126条の2）
排煙設備の必要な場合	・令別表1の(1)項の劇場・集会場グループの舞台部の床面積が500㎡以上 ・令別表1の(2)項のキャバレー・遊技場グループの地階または無窓階の床面積が1,000㎡以上 ・令別表1の(4)項の百貨店グループの地階または無窓階の床面積が1,000㎡以上 ・令別表1の(10)項の車両停車場グループの地階または無窓階の床面積が1,000㎡以上 ・令別表1の(13)項の車庫・特殊格納庫グループの地階または無窓階の床面積が1,000㎡以上 ・令別表1の(16の2)項の地下街の延べ面積が1,000㎡以上	・不特定多数の人が利用する建基法別表1の(い)欄(1)項～(4)項の特殊建築物で、延べ面積が500㎡を超えるもの ・階数が3以上で、延べ面積が500㎡を超えるもの（防煙区画を認める） ・天井または天井から下方80cm以内に、居室の床面積の1/50以上の開口部のない排煙上の無窓の居室 ・延べ面積が1,000㎡を超える建築物の居室で、その床面積が200㎡を超えるもの（防煙区画を認める）
排煙設備の不要な部分	・直接外気に開放されている部分 ・固定式の特殊消火設備が設置されている部分 ・消火活動上支障を生じるおそれがないものとして、消防庁長官が定める部分	高さ31m以下の部分にある居室で、床面積100㎡以内ごとに防煙区画された部分（上記の階数が3以上で延べ面積が500㎡を超える建築物と延べ面積が1,000㎡を超える建築物の居室で、その床面積が200㎡を超えるものに限る）

備考（1）表6-4からわかるように、劇場・集会場について、消防法が舞台部の床面積（500㎡以上）を対象にしているのに対して、建築基準法では延べ面積（500㎡を超える）を対象にしている。

備考（2）表6-4からわかるように、消防法では、令別表1の(2)項、(4)項、(10)項、(13)項では、地階または無窓階の床面積が1,000㎡以上のものが排煙設備の設置が必要であるというように、地階または無窓階の床面積（1,000㎡以上）を対象としているのに対して、建築基準法では階数が3以上で延べ面積が500㎡を超えるものというように階数と延べ面積（500㎡）を対象にしている。

消防排煙は、消火活動が困難な地階と無窓階についての設置基準が強化されています。

ミニ知識　防煙区画については、6章P.288にある注釈の用語を参照すること。

3 排煙口・給気口の設置方法、排煙設備の性能など

消防法では、500㎡以下ごとに、天井面から50cm以上下方に突出した防煙垂れ壁などで、防煙区画する必要があるとされている。

1 防煙区画

防煙区画ごとに、煙を排出するための**排煙口**を設置し、また有効に排煙するためには**給気口**が必要になります。

2 排煙口の設置方法

① 防煙区画の各部分から最も近い排煙口までの**水平距離が30m以下**となるように設置します。
② 天井または壁（床面からの高さが天井の高さの2分の1以上であり、防煙垂れ壁の下端より上部の部分に限る）に設置します。
③ 自然排煙では直接外気に接して、機械排煙では排煙風道に接続します。
④ 自然排煙の排煙口は、排煙に伴って生じる気流により閉鎖するおそれのないものとし、機械排煙では排煙口から排煙しているとき以外は閉鎖状態にあり、排煙上と保安上必要な気密性を保持できるものとします。

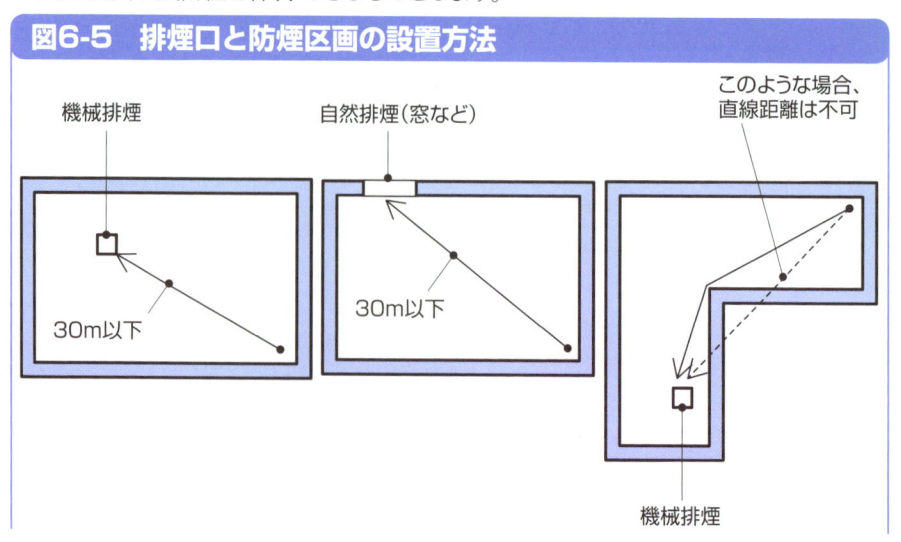

図6-5 排煙口と防煙区画の設置方法

ミニ知識 地下街では厳しく規定され、300㎡以下ごとに、天井面から80cm以上下方に突出した防煙垂れ壁などで、防煙区画する必要がある。

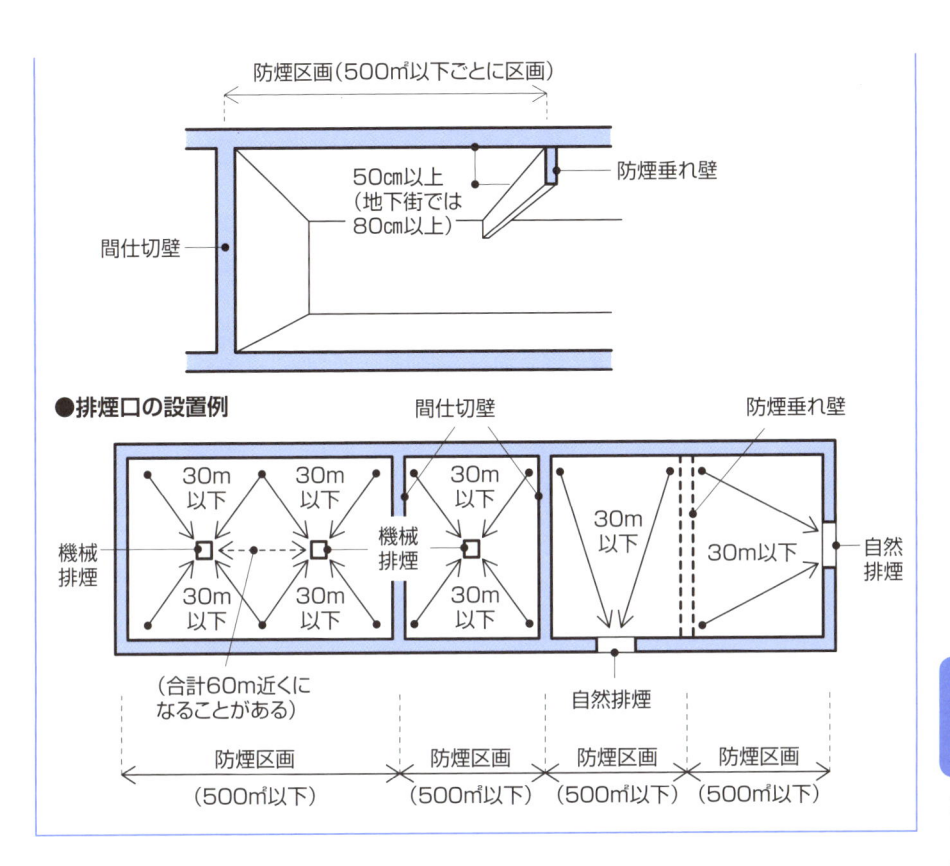

3 給気口の設置方法

① 自然排煙と機械排煙のいずれも、有効に排煙するためには給気口が必要になります。給気口は直接外気に接しているか、または給気風道に接続して、取付け高さは床面から天井までの高さの2分の1未満の位置とします。
② 消火活動拠点となる特別避難階段の附室と非常用エレベーターの乗降ロビーなどは消火活動をするための重要な拠点であるため、給気口の設置が消防法で義務付けられています。

4 消防法と建築基準法の排煙設備の技術基準の相違点

① 建築基準法では、排煙機または給気機と接続していない煙突状の風道も認められますが、消防法では消火活動上必要な風量を確実に得るために、風道は排煙機または給気機と接続する必要があるとされています。

ミニ知識 防煙垂れ壁は、不燃材料でつくられるか、または覆われたものとする。

② 消防法では、排煙設備の機能を確保するため、消火活動拠点の風道には、自動閉鎖装置のあるダンパーの設置を禁止しています。
③ 消防法では、風道などの耐震措置、排煙機や給気機の被災防止などの規定を定めています。

5 排煙設備の性能（規則30条6項）

① 機械排煙方式では、排煙機により煙を強制的に吸引して屋外に排出します。排煙機の性能は、消火活動拠点と消火活動拠点以外の部分では異なります。
  (a)消火活動拠点
   ・特別避難階段の附室、非常用エレベーターの乗降ロビー：240㎥/分以上
   ・特別避難階段の附室と非常用エレベーターの乗降ロビーを兼用するもの：360㎥/分以上
  (b)消火活動拠点以外の部分は、次のいずれか大きい数値とする。
   ・120㎥/分以上
   ・その防煙区画の床面積に1㎥/分を掛けて得た数値（ひとつの排煙機が2つ以上の防煙区画に接続されている場合は、その防煙区画の床面積に2㎥/分を掛けて得た数値）
  (c)地下街
   300㎥/分以上（ひとつの排煙機が2つ以上の防煙区画に接続されている場合は600㎥/分以上）

② **自然排煙口の面積**
  (a)消火活動拠点
   ・特別避難階段の附室、非常用エレベーターの乗降ロビー：2㎡以上
   ・特別避難階段の附室と非常用エレベーターの乗降ロビーを兼用するもの：3㎡以上
  (b)消火活動拠点以外の部分
   その防煙区画の床面積の50分の1以上

③ 消火活動拠点の給気は、消火活動上必要な空気量を供給することができる性能の給気機または面積の合計が1㎡以上の直接外気に接する給気口により行います。
  （ただし、特別避難階段の附室と非常用エレベーターの乗降ロビーを兼用するものについては、1.5㎡以上とします）

6 起動装置

① 排煙の起動装置には、**手動起動装置**と**自動起動装置**の2種類があります。起動装置は原則として、手動式とします。なお自動式を設置した場合でも、必ず手動式を併設

> ミニ知識　機械排煙の排煙機の性能は、消火活動拠点では消火活動の妨げになる煙を強力に屋外に排出するため、240㎥/分以上の性能になることが定められ、消火活動拠点以外の部分の数値（120㎥/分以上）の2倍の数値になっている。また地下街では外気に接する開口部がなく、不特定多数の人がいるため、さらに厳しく規定されて300㎥/分以上の数値になっている。

しなければなりません。

② **手動起動装置の設置方法**
(a) ひとつの防煙区画ごとに設置します。
(b) その防煙区画内を見通すことができ、かつ火災時に容易に接近することができる箇所に設置します。
(c) 操作部は、壁に設置するものでは床面からの高さが0.8m以上1.5m以下の箇所であり、天井から吊り下げるものでは床面からの高さがおおむね1.8mの箇所に設置します。
(d) 操作部のすぐ近くの見やすい箇所に、排煙設備の起動装置であることとその使用方法を表示します。

③ **自動起動装置の設置方法**
(a) 自動火災報知設備の感知器の作動、閉鎖型スプリンクラーヘッドの開放、火災感知用ヘッドの作動や開放と連動して起動します。
(b) 防災センターなどに自動手動切替装置を設置します。この場合、手動起動装置は②の規定に適合することとします。

7 機械排煙設備のしくみ

機械排煙設備のしくみを図6-6に示します。

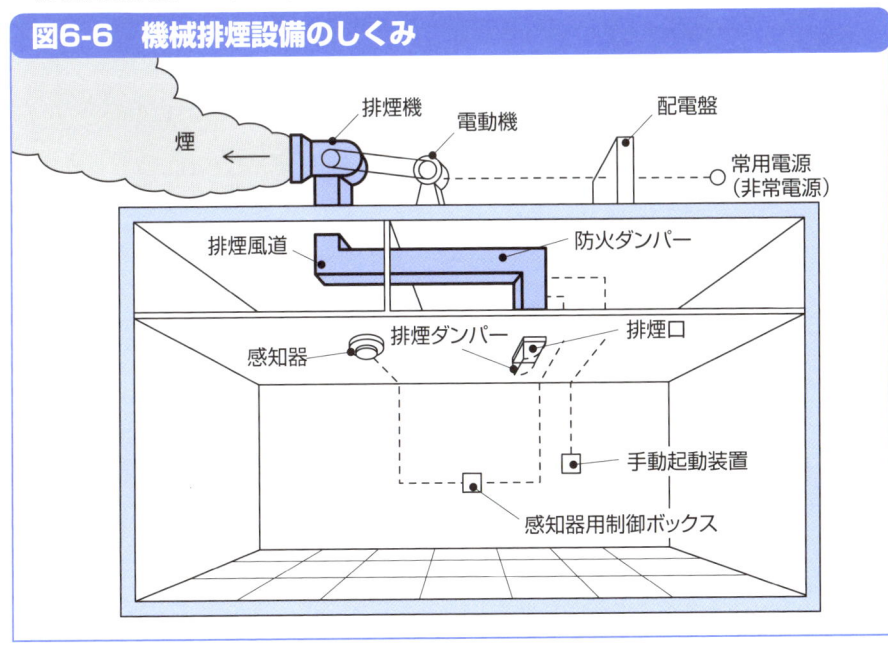

図6-6　機械排煙設備のしくみ

ミニ知識　風道は、ダクトともいう。

④ 連結散水設備の構成と設置基準

連結散水設備は、防火対象物の地階や地下街の火災の本格消火に使う設備であり、火災時には散水ヘッドから勢いのよい水を放射して消火する。

1 連結散水設備の機能

地階や地下街が火災になったときは、熱や煙が滞留して消火活動が著しく困難になるため、**消防ポンプ自動車が外部から送水口を通して送水**して、地階や地下街の天井などに設置してある**散水ヘッド**から勢いのよいシャワー状の水を放射して消火します。それにより、たとえ消防隊が地下に進入できなくても、消火活動が可能となります。

2 連結散水設備の構成

① 連結散水設備はスプリンクラー設備とよく似ていますが、スプリンクラー設備には水源、加圧送水装置があり、自動的に火災を感知して消火しますが、連結散水設備には水源、加圧送水装置がなく、自動的に火災を感知して消火する機能はありません。

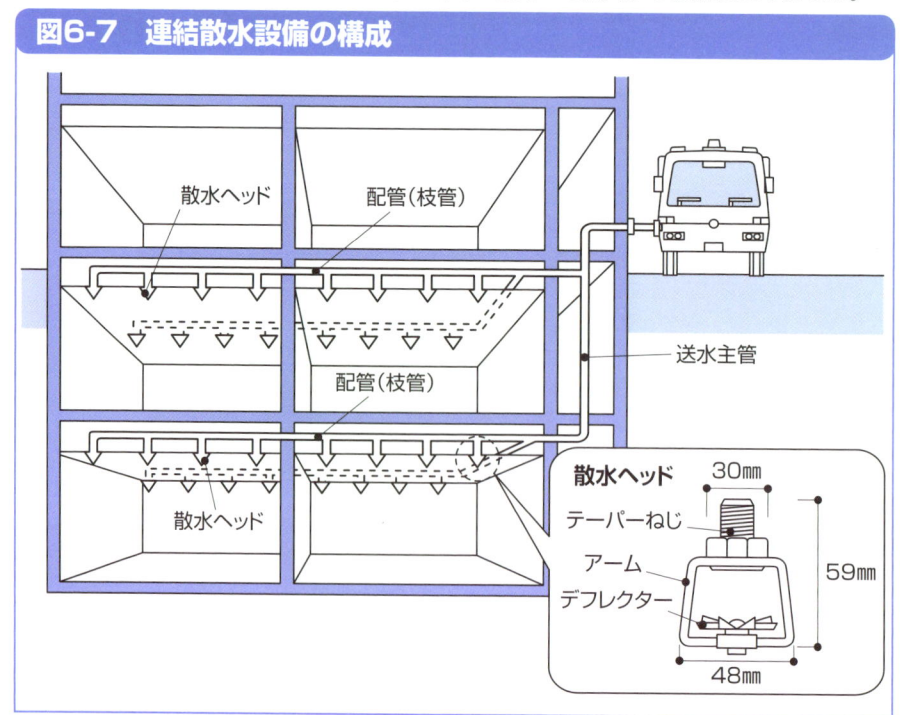

図6-7 連結散水設備の構成

ミニ知識　散水ヘッドについては、6章P.300を参照すること。

② 連結散水設備の送水口は、**消防ポンプ自動車が容易に接近できる位置**に設置しなければなりません。
③ 連結散水設備には、図6-8に示すように①〜③の3種類のものがあります。

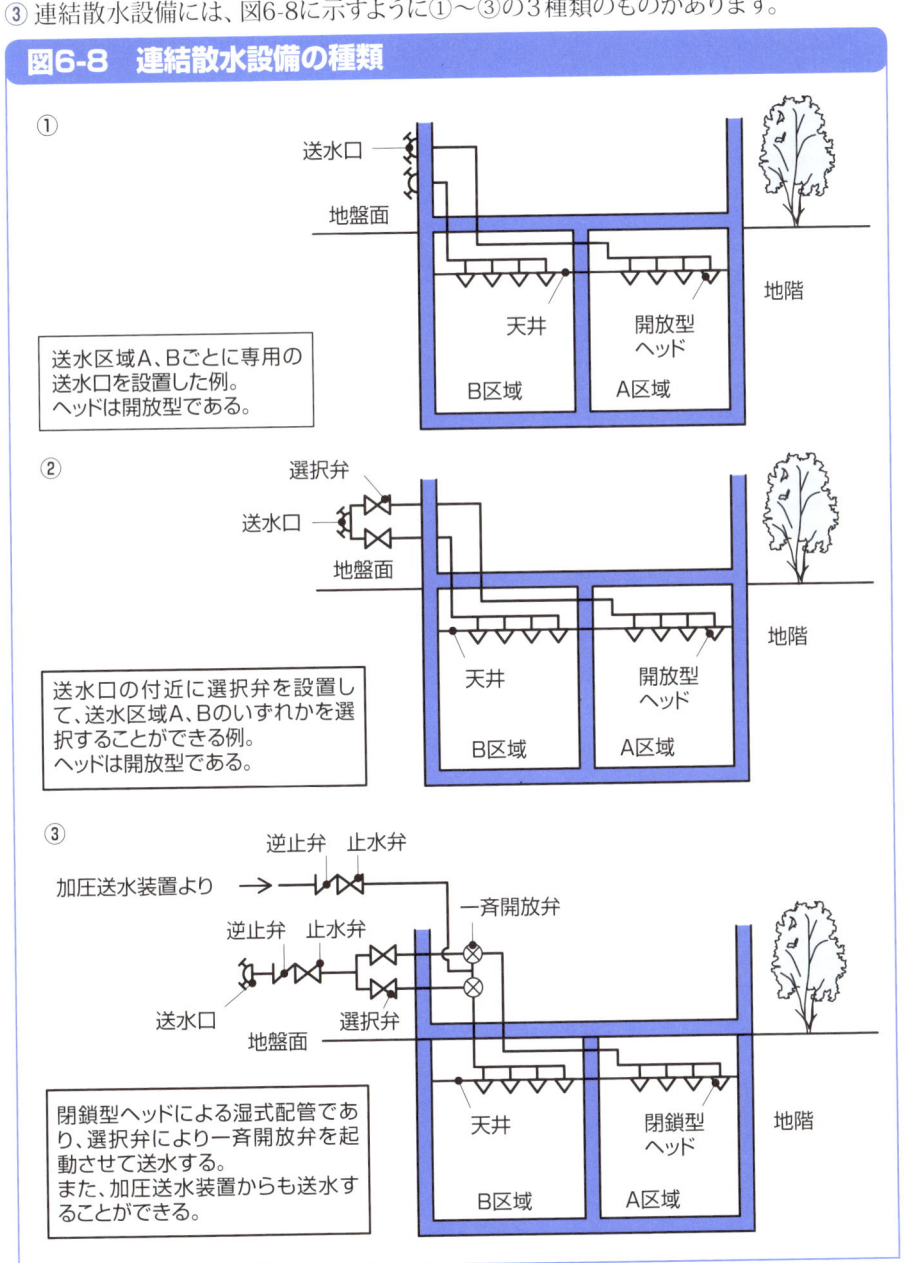

図6-8　連結散水設備の種類

①
送水口／地盤面／天井／開放型ヘッド／B区域／A区域／地階

送水区域A、Bごとに専用の送水口を設置した例。
ヘッドは開放型である。

②
選択弁／送水口／地盤面／天井／開放型ヘッド／B区域／A区域／地階

送水口の付近に選択弁を設置して、送水区域A、Bのいずれかを選択することができる例。
ヘッドは開放型である。

③
加圧送水装置より／逆止弁／止水弁／一斉開放弁／逆止弁／止水弁／送水口／選択弁／地盤面／天井／閉鎖型ヘッド／B区域／A区域／地階

閉鎖型ヘッドによる湿式配管であり、選択弁により一斉開放弁を起動させて送水する。
また、加圧送水装置からも送水することができる。

> **ミニ知識**　連結散水設備の送水口は、防火対象物の前面道路側など、消防ポンプ自動車が容易に接近できる位置に設置する。

3 連結散水設備の設置基準（令28条の2）

① 連結散水設備は、**用途に関係なく地階の床面積が700㎡以上**の場合に設置する義務があります。
② 連結散水設備の設置基準を表6-5に示します。

●表6-5　連結散水設備の設置基準

令別表1の項目		防火対象物	下記の条件の場合に設置
(1)	イ	劇場グループ	地階の床面積の合計が700㎡以上
	ロ	集会場グループ	
(2)	イ	キャバレーグループ	
	ロ	遊技場グループ	
	ハ	性風俗関連特殊営業店舗グループ	
	ニ	カラオケボックスグループ	
(3)	イ	料理店グループ	
	ロ	飲食店	
(4)		百貨店グループ	
(5)	イ	旅館グループ	
	ロ	共同住宅グループ	
(6)	イ	病院グループ	
	ロ	老人短期入所施設グループ	
	ハ	老人デイサービスセンターグループ	
	ニ	特殊学校グループ	
(7)		学校グループ	
(8)		図書館グループ	
(9)	イ	蒸気浴場グループ	
	ロ	一般浴場	
(10)		車両停車場グループ	
(11)		神社グループ	
(12)	イ	工場グループ	
	ロ	スタジオグループ	
(13)	イ	車庫グループ	
	ロ	特殊格納庫	
(14)		倉庫	
(15)		前各項以外	
(16)	イ	特定用途の存する複合用途	※1
	ロ	イ以外の複合用途	
(16の2)		地下街	延べ面積が700㎡以上
(16の3)		準地下街	
(17)		文化財	地階の床面積の合計が700㎡以上
(18)		アーケード	

※　□の部分は設置すべき条件、□は必要なしを表す。
※1　(16)項イまたはロの防火対象物は、令9条の規定により、(1)項～(15)項のいずれかの用途が含まれているので、(1)項～(15)項と同じとして考え、上記の条件に当てはまるものは設置が必要である。

> **ミニ知識**　連結散水設備の設置基準は、用途に関係なく規模（地階の床面積）によって決まることに留意すること。

4 連結散水設備の設置免除

① 送水口を併設したスプリンクラー設備、水噴霧消火設備、泡消火設備、不活性ガス消火設備、ハロゲン化物消火設備、粉末消火設備を設置した場合は、それらの有効範囲内の部分には、**連結散水設備を設置しないことができます**。
② 連結送水管を令29条により設置した場合で、かつ排煙設備を令28条により設置した部分または規則29条（排煙設備の設置を要しない防火対象物の部分）に適合する部分については、連結散水設備を設置しないことができます。

5 連結散水設備の散水ヘッドの設置を要しない部分（規則30条の2）

次の①～⑤の部分には、連結散水設備の散水ヘッドを設置する必要はありません。
① 浴室、便所など
② エレベーターの昇降路、リネンシュート、パイプダクトなど
③ 発電機、変圧器などの電気設備が設置されている場所
④ 主要構造部を耐火構造とした防火対象物のうち、耐火構造の壁、床、自動閉鎖の防火設備である防火戸で区画された床面積50㎡以下の部分
⑤ 主要構造部を耐火構造とした防火対象物のうち、耐火構造の壁、床、自動閉鎖の特定防火設備である防火戸で区画された部分で、エレベーター機械室、機械換気設備の機械室、通信機器室、電子計算機室などの用途の部分

Point! 連結散水設備は地階や地下街の消火を容易にする

地階や地下街で発生する火災は、著しく充満する煙で消防隊の消火活動が困難となり、火源部分に有効な注水を行うことが不可能になります。そのため消防ホースによる注水よりも、スプリンクラー設備のように天井からシャワー状の水を噴射するほうが有効となります。

しかし、スプリンクラー設備は設置や維持にかなりのコストがかかります。そこで、送水口、配管、散水ヘッドなどから構成される連結散水設備を地階部分などに設け、火災時に消防ポンプ自動車から加圧送水することにより、容易に消火します。

ミニ知識　防火設備、特定防火設備については1章P.23を参照すること。

5 連結散水設備の散水ヘッドと送水口

散水ヘッドには、開放型と閉鎖型の2種類があるが、送水区域内の散水ヘッドから一斉に散水する開放型が一般的である。

1 散水ヘッドの種類

① 開放型は、送水区域内の散水ヘッドから一斉に散水するものです。
② 閉鎖型は火災の加熱を受けた部分の散水ヘッドだけが開放されるので、散水も火災部分に限られ、他への水損も少なくてすみます。

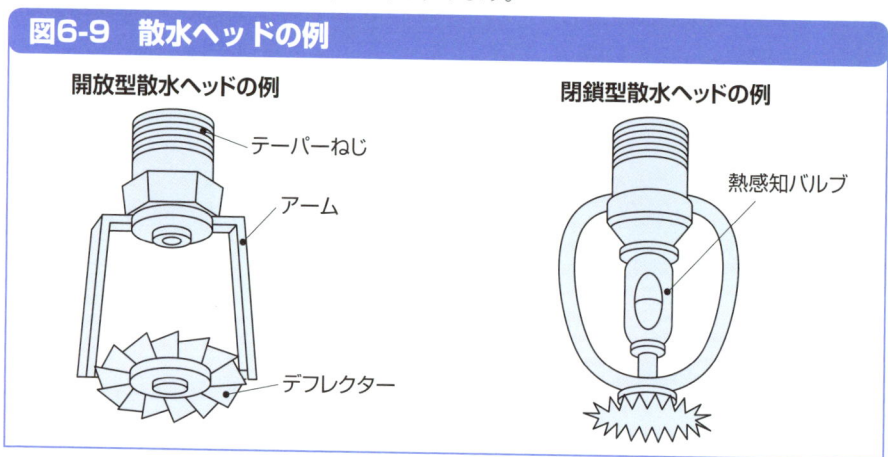

図6-9　散水ヘッドの例

開放型散水ヘッドの例
- テーパーねじ
- アーム
- デフレクター

閉鎖型散水ヘッドの例
- 熱感知バルブ

2 散水ヘッドの規定

連結散水設備の散水ヘッドは、次の①～⑤の規定によります。
① ひとつの送水区域の散水ヘッドは、開放型散水ヘッド、閉鎖型散水ヘッド、閉鎖型スプリンクラーヘッドのいずれか1種類とします。
② 開放型ヘッドを放水圧力0.5MPaで放水した場合の全放水量は、169ℓ～194ℓの範囲とされています。
③ 散水ヘッドは、一般に天井の室内面に設置しますが、天井裏の高さが0.5m以上あり、かつ天井の内装が不燃化されていない場合は、天井裏にも重ねて設置します。
④ 散水ヘッドを傾斜した天井や屋根の下面に取り付ける場合、ヘッドの軸心が取付け面に対して直角になるようにします。
⑤ 散水ヘッドの配置は、ヘッドを中心に**半径3.7m**の円で地階の各部分が覆われるようにします。散水ヘッドの配置方法を表6-6に示します。

用語　デフレクター　ヘッドにおいて、水を散布するための反射板をいう。

● 表6-6　散水ヘッドの配置方法

ヘッドの種類	半径	1つの送水区域のヘッド数
開放型散水ヘッド 閉鎖型散水ヘッド	3.7m	10個以下
閉鎖型スプリンクラーヘッド	耐火構造：2.3m	20個以下
	地下街：2.1m	

3 送水口

連結散水設備の送水口は、次の①～⑤の規定によります。

① 双口型送水口とします。ただし、ひとつの送水区域に設置する散水ヘッドの数が4個以下の場合は、単口型送水口とすることができます。
② 送水口は、地盤面からの高さが0.5m以上1.0m以下の箇所または地盤面からの深さが0.3m以内の箇所に設置する地盤面下の埋込式とします。
③ 送水口は見やすい箇所に連結散水設備の送水口であることを表示した標識を設置して、送水区域、選択弁、送水口を明示した系統図を設置します。
④ 選択弁を設置する場合には、送水口の付近に設置します。
⑤ 送水口に使用する差込式またはねじ式結合金具（連結金具）は、呼称65のものとします。

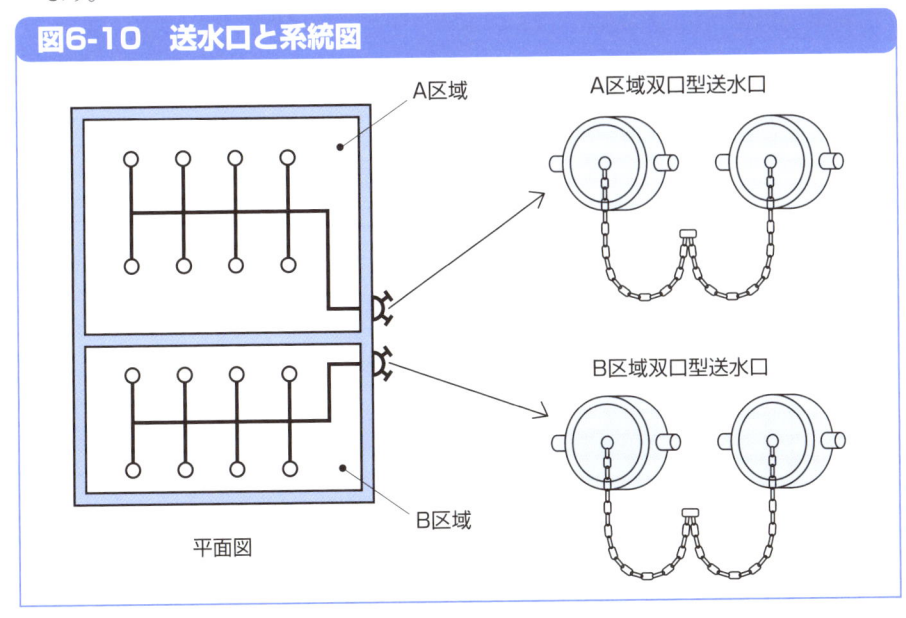

図6-10　送水口と系統図

6 連結送水管の構成と設置基準

連結送水管とは、送水管を設置した建築物内に、外部からの消防ポンプ自動車により圧力水を送水し、消防隊が建築物内の消火活動を容易に行うための設備をいう。

1 連結送水管の構成

① 連結送水管は主に**送水口**、**送水管**、**放水口**により構成され、消防隊が初期消火活動を迅速に行い、大火災にならないようにするため設置されます。
② 連結送水管は、建築物の居住者や関係者が消火活動に利用するためのものではなく、**消防隊専用の設備**です。また連結送水管は、主として地上階の**高層部分を対象**にしています。
③ 高層建築物の火災では、ハシゴ付き消防自動車により外部から注水して消火活動が行われることがありますが、これでは建築物内部の消火活動が不十分になります。
④ 高層建築物内部での消火活動の効果を上げるには、地上より火災階までホースを延伸することが考えられますが、このことは消防隊員がホースをかついで、階段を高層階まで駆け上がるという大変な労力と時間を要することになり、一刻を争う消火活動に支障をきたします。
⑤ 大変な労力と時間を要する消防ホースの代わりに、**建築物内に送水管を設置**しておき、消防隊が火災階に到着後、ただちに注水できるようにしておけば、消火活動を有効に行えます。

2 連結送水管の種類

① 連結送水管には、送水管に水を充満させておく**湿式連結送水管**と充満させない**乾式連結送水管**（いわゆるカラ配管）の2種類があります。乾式の場合は、実際に放水ができるまでに一定の時間が必要となる欠点があるので、凍結のおそれのある寒冷地を除いては、湿式が推奨されています。
② 高さ70m以上の高層建築物の場合には、湿式しか認められていないのと、高さ70m未満の場合でも、消防署などの指導により、湿式としなければならない場合もあります。
③ 放水口の高さが31m以下の建築物では、湿式の立管や高架水槽は、屋内消火栓設備の立管や高架水槽と共用することができます。この場合、立管の径は計算上必要な径以上としなければなりません。
④ 屋内消火栓箱に連結送水管の放水口も設置するので、箱の扉には「屋内消火栓」の標識とともに、「連結送水管放水口」の標識も設置します。

> **ミニ知識** 連結送水管は、別称としてサイアミューズ・コネクションともいい、これは「双口型の接続口」という意味である。

図6-11　乾式連結送水管

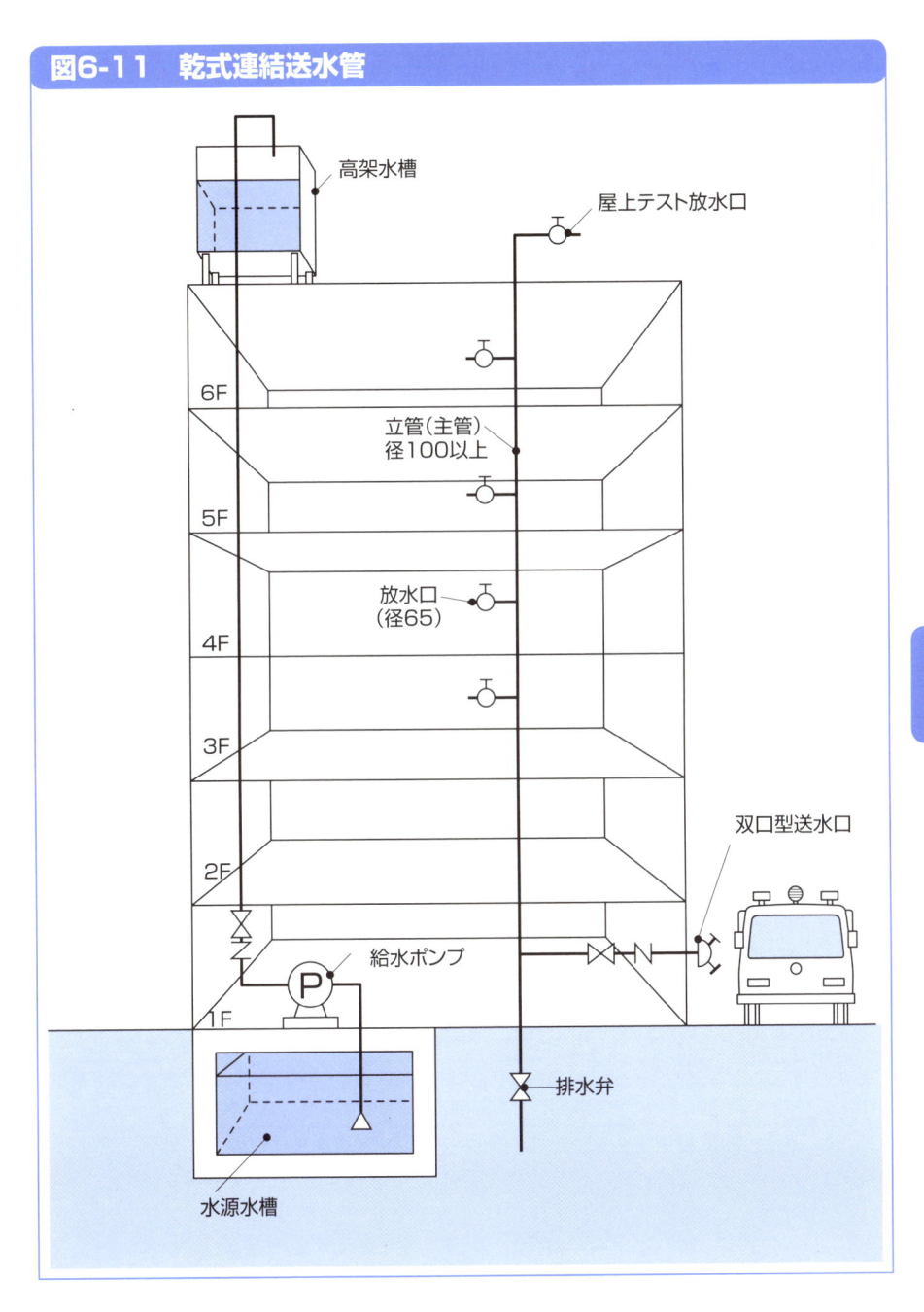

図中ラベル：
- 高架水槽
- 屋上テスト放水口
- 立管（主管）径100以上
- 放水口（径65）
- 双口型送水口
- 給水ポンプ
- 排水弁
- 水源水槽
- 1F, 2F, 3F, 4F, 5F, 6F

第6章　消防用水、消火活動上必要な施設など

ミニ知識　図6-11の乾式連結送水管において、1、2階には放水口を設置する必要はない。

図6-12 湿式連結送水管

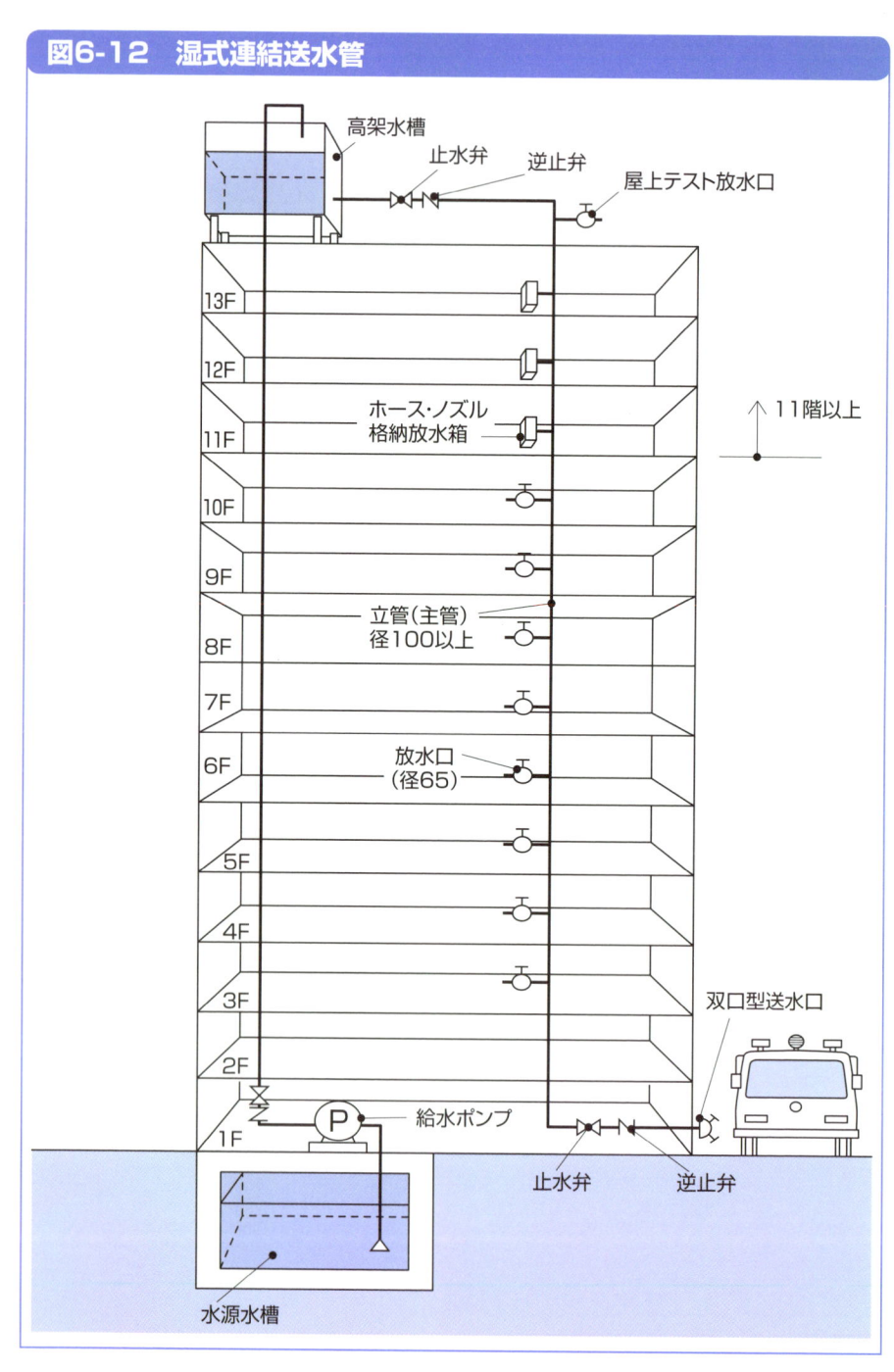

高架水槽
止水弁
逆止弁
屋上テスト放水口
13F
12F
11F　ホース・ノズル格納放水箱
11階以上
10F
9F
8F　立管（主管）径100以上
7F
6F　放水口（径65）
5F
4F
3F
2F
双口型送水口
1F　給水ポンプ
止水弁　逆止弁
水源水槽

ミニ知識　図6-12の湿式連結送水管において、1、2階には放水口を設置する必要はない。

図6-13 屋内消火栓設備と兼用する湿式連結送水管

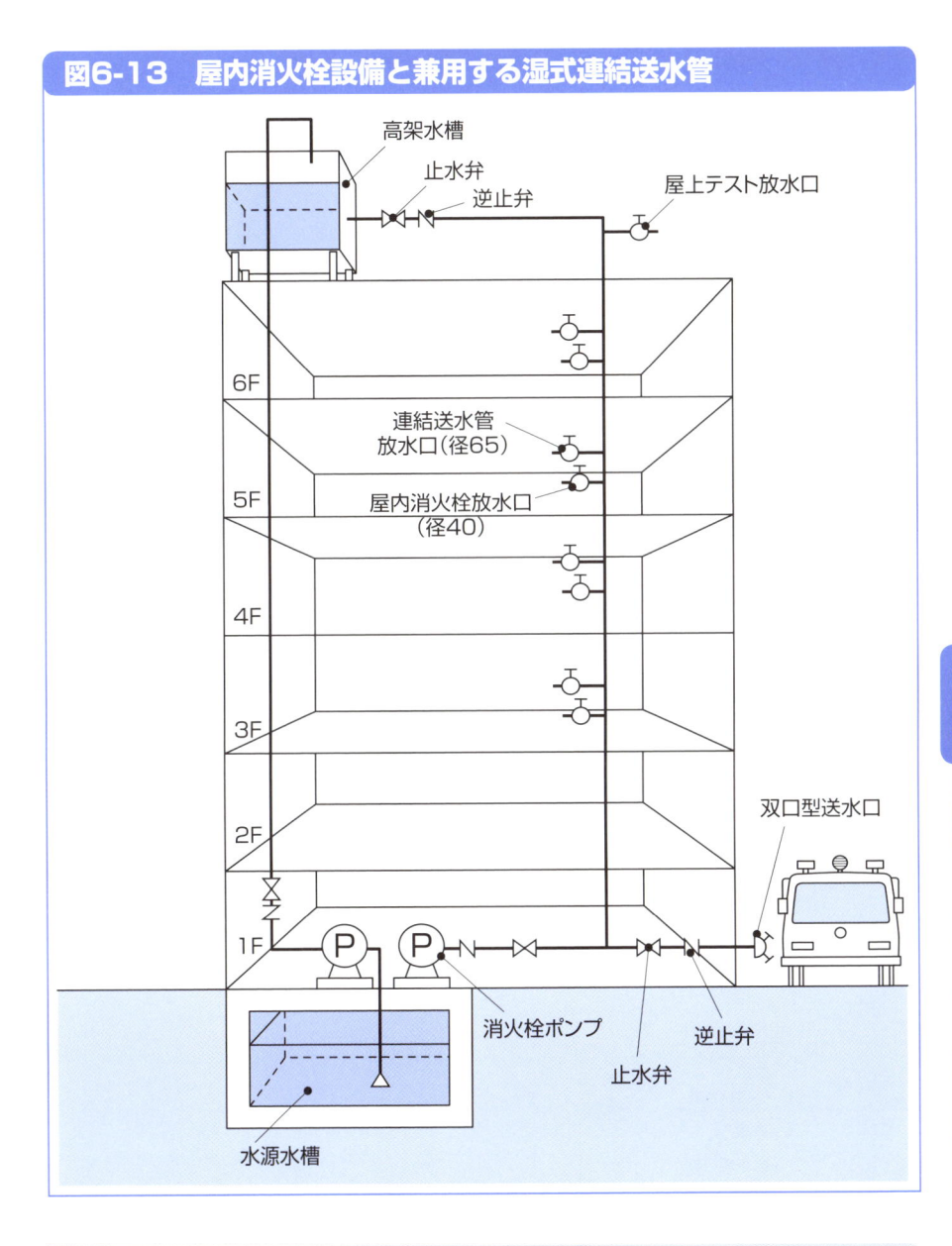

3 連結送水管の設置基準（令29条）

　連結送水管を設置しなければならない防火対象物は、次の①〜⑤のものです。
① 地上階数が**7階以上**の建築物

ミニ知識　図6-13の屋内消火栓設備と兼用する湿式連結送水管において、1、2階には放水口を設置する必要はない。

② 地上階数が**5階以上**で、かつ延べ面積が**6,000㎡以上**の建築物
③ 延べ面積が1,000㎡以上の地下街
④ 延長が50m以上のアーケード
⑤ 道路の部分をもつ防火対象物

●表6-7　連結送水管の設置基準

令別表1の項目		防火対象物	下記の条件に当てはまる場合に設置
(1)	イ	劇場グループ	
	ロ	集会場グループ	
(2)	イ	キャバレーグループ	
	ロ	遊技場グループ	
	ハ	性風俗関連特殊営業店舗グループ	
	ニ	カラオケボックスグループ	
(3)	イ	料理店グループ	
	ロ	飲食店	
(4)		百貨店グループ	
(5)	イ	旅館グループ	
	ロ	共同住宅グループ	① 地階を除く階数が7階以上のもの
(6)	イ	病院グループ	
	ロ	老人短期入所施設グループ	
	ハ	老人デイサービスセンターグループ	② 地階を除く階数が5階以上で、かつ延べ面積が6,000㎡以上のもの
	ニ	特殊学校グループ	
(7)		学校グループ	
(8)		図書館グループ	③ 地下街の延べ面積が1,000㎡以上のもの
(9)	イ	蒸気浴場グループ	
	ロ	一般浴場	④ 道路の用途の部分をもつもの
(10)		車両停車場グループ	
(11)		神社グループ	
(12)	イ	工場グループ	
	ロ	スタジオグループ	
(13)	イ	車庫グループ	
	ロ	特殊格納庫	
(14)		倉庫	
(15)		前各項以外	
(16)	イ	特定用途の存する複合用途	
	ロ	イ以外の複合用途	
(16の2)		地下街	
(16の3)		準地下街	
(17)		文化財	
(18)		アーケード	全部

ミニ知識　連結散水設備が地階を対象とした設備なのに対して、連結送水管は主として地上階の高層部分を対象にしている。

7 連結送水管の放水口と送水口

放水口とは消防隊がこれに消防用ホースを連結し、消火活動を行うものをいい、送水口とは消防ポンプ自動車がポンプで水を送り込むためのホースの受け口をいう。

1 放水口の設置条件など

① 放水口の設置場所は、**階段室、非常用エレベーターの乗降ロビー**などの消防隊が有効に消火活動できる場所とします。
② 放水口を中心として、原則として**半径50m**の円で、建築物または道路の各部分が覆われるように配置します。このように放水口を設置すれば、建築物のどの部分で火災が発生しても、消防隊がそれに消防用ホースを直ちに連結して、円滑な消火活動ができます。

●表6-8　放水口の設置距離

連結送水管の設置を必要とする防火対象物の放水口設置階	放水口の設置距離 (その階の各部分から1個の放水口までの水平距離)
地上階数が7階以上の建築物の3階以上の階	50m
地上階数が5階以上で、かつ延べ面積が6,000㎡以上の建築物の3階以上の階	50m
延べ面積が1,000㎡以上の地下街の各階	50m
アーケード（延長50m以上）	25m
道路の用途の部分をもつ防火対象物	25m

③ 設置階は、**3階以上の各階と地下街では地下の各階**とします。

図6-14　単口型放水口の例

球形止水栓を1個設置した放水口を単口型放水口といい、10階以下の階の放水口として使う。

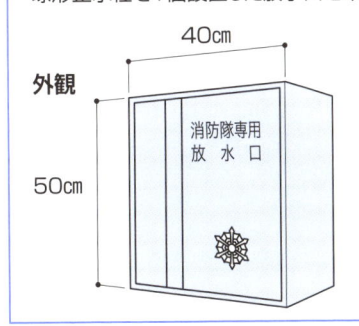

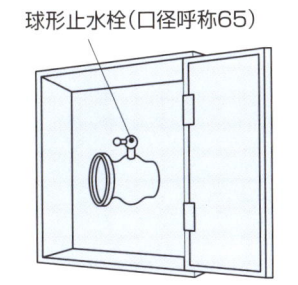

外観　40㎝　50㎝　消防隊専用放水口

内部　球形止水栓（口径呼称65）

ミニ知識　放水口の設置距離は、延長50m以上のアーケードと道路の用途の部分をもつ防火対象物では25mと厳しく規定される。

④ 地上11階以上、かつ高さが70mを超える建築物の連結送水管は湿式とし、加圧送水装置（ブースターポンプ）を設置します。
⑤ 放水口は、一般に幅40cm、高さ50cmの放水箱に納め、その扉に放水口の標識を設置します。また11階以上の階の放水口は双口型（横80cm×縦50cm）とし、10階以下の階は単口型（横40cm×縦50cm）とします。
⑥ 放水口は、床面からの高さが0.5m以上1m以下の位置に設置します。
⑦ 放水口の結合金具（口金）の口径は、送水口のものと同様に「呼称65」（呼び径65A）で、差込式やねじ式とします。これは消防隊の使うホースの接続金具の径65mm（2in1/2）に合わせるためです。

2 送水口の設置条件など

① 送水口は、消防ポンプ自動車が容易に接近できる位置とします。一般に、建築物の**1階の道路側に設置**します。
② 地盤面からの高さが0.5m以上1m以下の位置に設置し、見やすい箇所に「送水口」という標識を設置します。
③ 送水口は送水管の立管の本数以上を設置します。例えば、立管が3本であれば、3本以上の送水口を設置します。
④ 送水口は立管ごとの専用ではなく、どの送水口から送水しても各放水口で使うことができるように、相互に配管で連絡しておきます。
⑤ 送水口には建築物の外壁に埋め込んで設置する**外壁埋込型**と地上に送水管を独立して立たせて設置する**スタンド型**がありますが、どちらも双口型とします。双口型とするのは、火災の勢いが強くて多量の水を必要とする場合、2台の消防ポンプ自動車から送水することができるようにするためです。

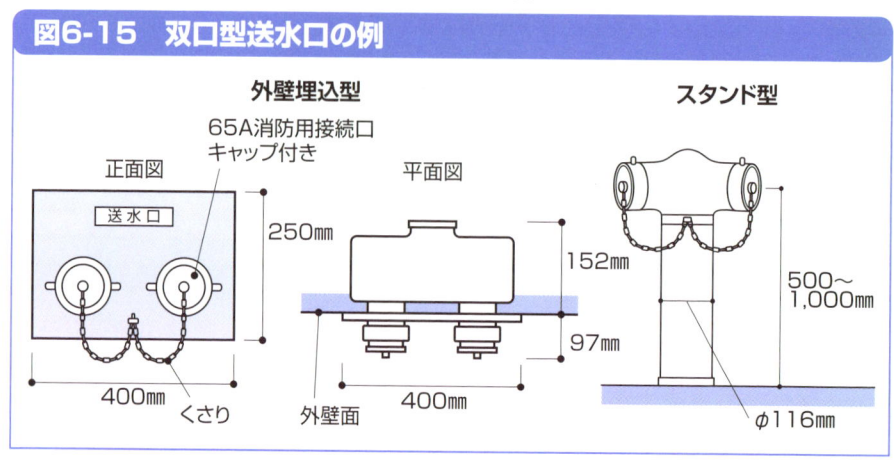

図6-15　双口型送水口の例

ミニ知識　放水口と送水口を混同しないこと。

8 非常コンセント設備の構成と設置基準

非常コンセント設備とは、高層建築物や地階で消防隊が消火活動を行う際に、必要となる電源を供給するための設備をいう。

1 非常コンセント設備の機能

　非常コンセント設備は、照明器具（サーチライト）や排煙機の電源、あるいは窓やドアを破壊するためのドリルやカッターなどの電動工具を使うのに必要となる電源を供給するための設備です。

2 非常コンセント設備の構成

① 非常コンセント設備は、非常コンセント、保護箱、表示灯、電源（非常電源を含む）などで構成されています。
② 保護箱の内部には、照明器具などのコードを接続する**非常コンセント**（差込接続器）が1個または2個収納されています。

3 非常コンセント設備の設置基準（令29条の2）

① 非常コンセント設備は、次に示す防火対象物やその階に設置しなければなりません。
　(a)地階を除く階数が11以上の建築物の11階以上の階
　(b)延べ面積が1,000㎡以上の地下街（地下街の他、地下道部分の面積を含む）
② 非常コンセント設備を設置する場所は、階段室、非常用エレベーターの乗降ロビーなどで、消防隊が有効に消火活動を行うことができる位置とし、床面から1.0〜1.5mの位置に設置します。
③ 非常コンセント設備を中心とした半径50mの円内で、防火対象物の各部分が覆われるように設置します。

非常コンセント設備の保護箱の扉の表面には「非常コンセント」と表示され、保護箱の上部には赤色の表示灯が設けられます。

ミニ知識　非常コンセントは、非常電話などと併置することもできる。

図6-16　非常コンセント設備

保護箱外観
（保護箱は埋込式）

表示灯（赤色）

非常コンセント

接地型2極差込みプラグを2極コンセントに差し込む

床面より1.0〜1.5mの位置に設置する

保護箱内部

非常コンセント（2極コンセント、単相交流125V・15A）

分岐開閉器および自動遮断器

2極コンセント

表示灯

分岐開閉器および自動遮断器

保護箱

幹線の開閉器および自動遮断器

常用電源 ─ 非常電源（容量30分以上）

図6-17　非常コンセント設備の設置が必要な防火対象物

| 13F |
| 12F |
| 11F |
| 10F |
| 9F |
| 8F |
| 7F |
| 6F |
| 5F |
| 4F |
| 3F |
| 2F |
| 1F |

↑11階以上の階

延べ面積が1,000㎡以上の地下街

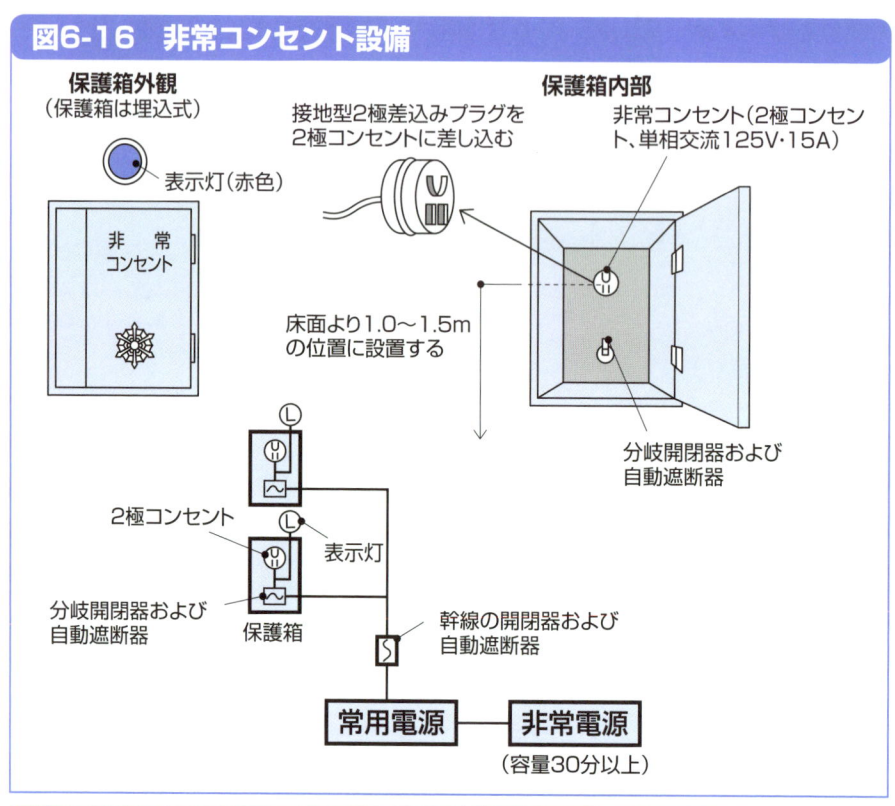

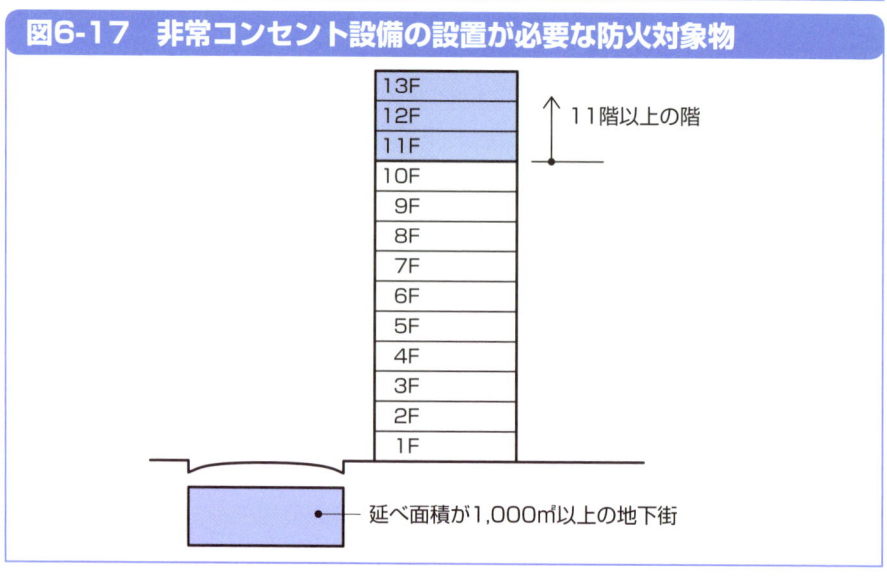

ミニ知識　地下道は、地下工作物内の一般の公共の歩行のための道である。それに対して地下街は、地下道とこれに面して設けられた事務所、店舗などの一団をいう。

●表6-9 非常コンセント設備の設置基準

令別表1の項目		防火対象物	下記の条件に当てはまる場合に設置
(1)	イ	劇場グループ	
	ロ	集会場グループ	
(2)	イ	キャバレーグループ	
	ロ	遊技場グループ	
	ハ	性風俗関連特殊営業店舗グループ	
	ニ	カラオケボックスグループ	
(3)	イ	料理店グループ	
	ロ	飲食店	
(4)		百貨店グループ	① 地階を除く階数が11以上
(5)	イ	旅館グループ	
	ロ	共同住宅グループ	② 延べ面積が1,000㎡以上の地下街
(6)	イ	病院グループ	
	ロ	老人短期入所施設グループ	
	ハ	老人デイサービスセンターグループ	
	ニ	特殊学校グループ	
(7)		学校グループ	
(8)		図書館グループ	
(9)	イ	蒸気浴場グループ	
	ロ	一般浴場	
(10)		車両停車場グループ	
(11)		神社グループ	
(12)	イ	工場グループ	
	ロ	スタジオグループ	
(13)	イ	車庫グループ	
	ロ	特殊格納庫	
(14)		倉庫	
(15)		前各項以外	
(16)	イ	特定用途の存する複合用途	
	ロ	イ以外の複合用途	
(16の2)		地下街	
(16の3)		準地下街	
(17)		文化財	

ミニ知識 非常コンセント設備は、用途に関係なく、地階を除く階数が11以上の防火対象物と延べ面積が1,000㎡以上の地下街に設置する。

9 無線通信補助設備

無線通信補助設備とは、地下街などの電波の特性が弱い場所で、消防隊が消火活動を有効に行うために、無線機を使って交信できるようにするための設備をいう。

1 無線通信補助設備の機能

地下街の火災現場で消火活動する消防隊と地上の消防隊とが効果的に無線交信できるように、防災センターなどには消防専用の端子を設置し、地下街に漏洩同軸ケーブルなどやアンテナを設置します。

2 無線通信補助設備の構成

① 無線通信補助設備は、漏洩同軸ケーブル、漏洩同軸ケーブルとアンテナ（または同軸ケーブルとアンテナ）、分配器、無線機接続端子などで構成されています。
② 地上に設置する接続端子を地上端子といいますが、これは保護箱に収納され、消防隊が有効に活動できる場所に設置します。

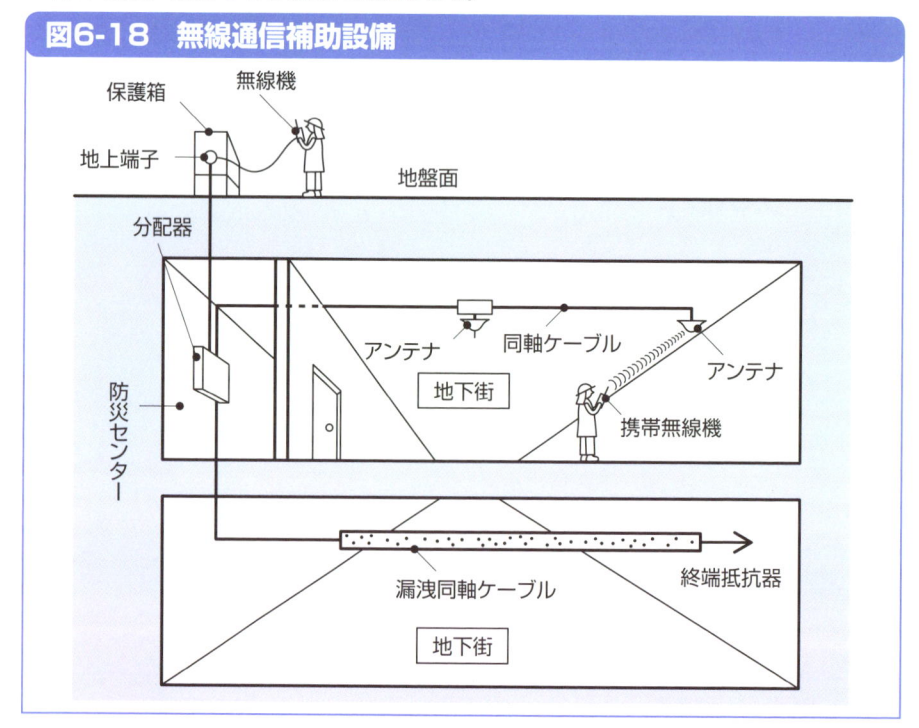

図6-18　無線通信補助設備

用語　同軸ケーブル　マンションなどの共同アンテナからの引込みにも使われる丸断面のケーブル線のことをいう。ケーブルの内部にはアルミ管があり、その中に絶縁体に取り巻かれた銅線が入り、外側は難燃性のポリエチレンシースで覆われている。

図6-19 同軸ケーブルと漏洩同軸ケーブル

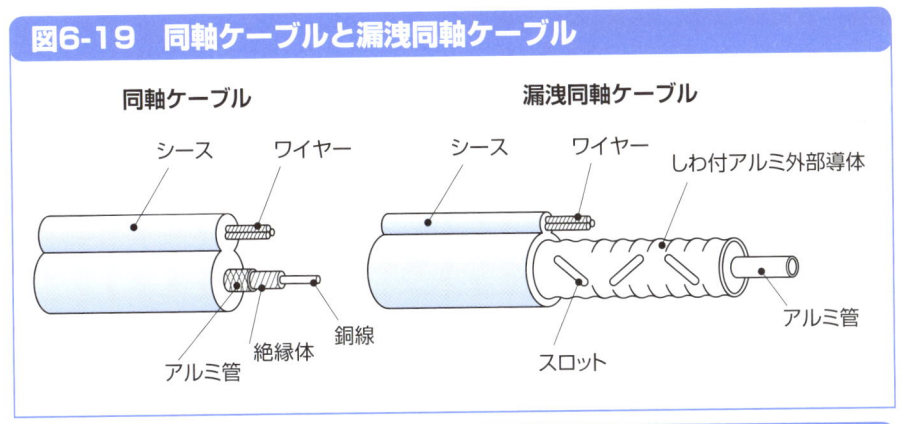

同軸ケーブル
- シース
- ワイヤー
- アルミ管
- 絶縁体
- 銅線

漏洩同軸ケーブル
- シース
- ワイヤー
- しわ付アルミ外部導体
- アルミ管
- スロット

図6-20 保護箱の例

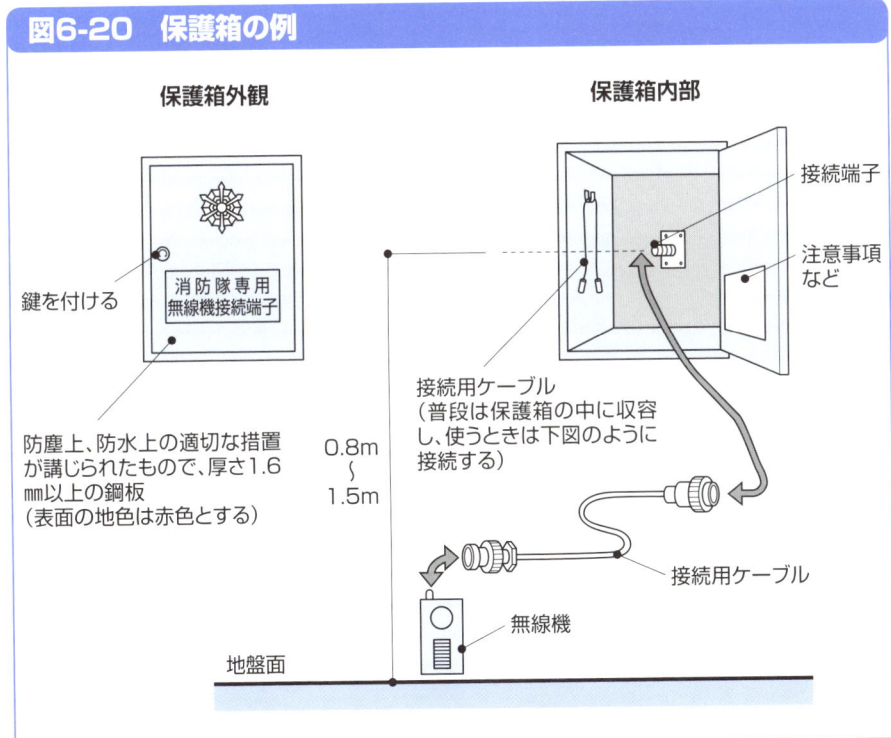

保護箱外観
- 鍵を付ける
- 消防隊専用無線機接続端子
- 防塵上、防水上の適切な措置が講じられたもので、厚さ1.6mm以上の鋼板（表面の地色は赤色とする）

保護箱内部
- 接続端子
- 注意事項など
- 接続用ケーブル（普段は保護箱の中に収容し、使うときは下図のように接続する）
- 0.8m〜1.5m
- 接続用ケーブル
- 無線機
- 地盤面

3 無線通信補助設備の設置基準（令29条の3）

無線通信補助設備は、延べ面積が1,000㎡以上の地下街に設置します。

用語 漏洩同軸ケーブル　同軸ケーブルのしわの付いたアルミ外部導体にスロットを入れることにより、そのスロットを通して電波を外部に放射したり外部の電波を吸収することができるものをいう。

● 表6-10　無線通信補助設備の設置基準

令別表1の項目		防火対象物	下記の条件に当てはまる場合に設置
(1)	イ	劇場グループ	
	ロ	集会場グループ	
(2)	イ	キャバレーグループ	
	ロ	遊技場グループ	
	ハ	性風俗関連特殊営業店舗グループ	
	ニ	カラオケボックスグループ	
(3)	イ	料理店グループ	
	ロ	飲食店	
(4)		百貨店グループ	
(5)	イ	旅館グループ	
	ロ	共同住宅グループ	
(6)	イ	病院グループ	
	ロ	老人短期入所施設グループ	
	ハ	老人デイサービスセンターグループ	
	ニ	特殊学校グループ	
(7)		学校グループ	
(8)		図書館グループ	
(9)	イ	蒸気浴場グループ	
	ロ	一般浴場	
(10)		車両停車場グループ	
(11)		神社グループ	
(12)	イ	工場グループ	
	ロ	スタジオグループ	
(13)	イ	車庫グループ	
	ロ	特殊格納庫	
(14)		倉庫	
(15)		前各項以外	
(16)	イ	特定用途の存する複合用途	
	ロ	イ以外の複合用途	
(16の2)		地下街	延べ面積が1,000m²以上のもの
(16の3)		準地下街	
(17)		文化財	
(18)		アーケード	

□の部分は設置すべき条件、□は必要なしを表す。

ミニ知識 延べ面積が1,000m²以上の地下街には、店舗などの他に地下道部分の面積も含む。

10 総合操作盤

総合操作盤とは、複数の消防用設備などの監視や操作により、火災の発生や拡大などの状況を把握できる機能をはじめ、総合的な管理機能をもつために設置する盤をいう。

1 総合操作盤の機能

① 規則12条1項八号では、総合操作盤は「消防用設備などまたは特殊消防用設備の監視、操作を行うために必要な機能を有する設備」と定義されています。

② 大規模建築物や高層建築物では、多くの消防用設備などが設置され、その監視や防護すべき範囲も広範囲で多岐にわたり、火災発生時に迅速で的確な対応が必要となります。これに対処するため、常時は消防用設備などの監視や操作などを行い、火災発生時にはそれらが連携して、有効に働き合うように操作する総合操作盤を**防災センターなどに設置**することになっています。

2 総合操作盤の設置基準（規則12条1項八号など）

総合操作盤の設置基準を表6-11に示します。

3 総合操作盤に必要とされる機能

総合操作盤に必要とされる機能を次に示します。

① 維持管理機能
② 防災設備などまたは一般設備にかかる監視を行う設備とを兼用する場合の機能
③ 表示機能
④ 警報機能
⑤ 操作機能
⑥ 防災設備などにかかる表示・警報機能
⑦ 情報伝達機能
⑧ 制御機能
⑨ 記録機能
⑩ 消防活動支援機能
⑪ 運用管理支援機能（シミュレーション機能、ガイダンス機能、履歴機能、自己診断機能）

用語 　**防災センター**　総合操作盤などの設備により、その防火対象物の消防用設備など、または特殊消防用設備などの防災のための設備を管理する場所をいう。(規則12条1項八号)
　　　防災センターなど　防火対象物の防災センター、中央管理室（建築基準法施行令20条の2、1項二号に規定するもの）などの場所をいう。ただし、常時人がいる場所に限る。

●表6-11　総合操作盤の設置基準

令別表1の項目		防火対象物	一般	下記のうち消防長または消防署長が必要と認めるもの		
(1)	イ	劇場グループ	次のいずれかを満たすもの ①延べ面積が50,000㎡以上のもの ②地階を除く階数が15以上かつ延べ面積が30,000㎡以上のもの	地階を除く階数が11以上かつ延べ面積が10,000㎡以上のもの	地階の床面積の合計が5,000㎡以上のもの	※欄で、地階を除く階数が5以上かつ延べ面積が20,000㎡以上のもの
	ロ	集会場グループ				
(2)	イ	キャバレーグループ				
	ロ	遊技場グループ				
	ハ	性風俗関連特殊営業店舗グループ				
	ニ	カラオケボックスグループ				
(3)	イ	料理店グループ				
	ロ	飲食店				
(4)		百貨店グループ				
(5)	イ	旅館グループ				
	ロ	共同住宅グループ				
(6)	イ	病院グループ				※
	ロ	老人短期入所施設グループ				
	ハ	老人デイサービスセンターグループ				
	ニ	特殊学校グループ				
(7)		学校グループ				
(8)		図書館グループ				
(9)	イ	蒸気浴場グループ				※
	ロ	一般浴場				
(10)		車両停車場グループ				
(11)		神社グループ				
(12)	イ	工場グループ				
	ロ	スタジオグループ				
(13)	イ	車庫グループ				
	ロ	特殊格納庫				
(14)		倉庫				
(15)		前各項以外				
(16)	イ	特定用途の存する複合用途				※
	ロ	イ以外の複合用途				
(16の2)		地下街	延べ面積が1,000㎡以上のもの			
(16の3)		準地下街				
(17)		文化財				
(18)		アーケード				

☐の部分は設置すべき条件、☐は必要なしを表す。

用語　**中央管理室**　建築物、同一敷地内の他の建築物または一団地内の他の建築物の内にある管理事務所、守衛室など常時その建築物を管理する者が勤務する場所で、避難階またはその直上階や直下階に設けたものをいう。(建築基準法施行令20条の2、1項二号)

4 総合操作盤の設置が義務付けられる消防用設備など

防災センターなどで、総合操作盤において集中監視や操作などを行わなければならない消防用設備などを次に示します。

●表6-12 総合操作盤の設置が義務付けられる消防用設備など

消火設備	(1) 屋内消火栓設備　　(3) 特殊消火設備（移動式は除く） (2) スプリンクラー設備　(4) 屋外消火栓設備
警報設備	(1) 自動火災報知設備 (2) ガス漏れ火災報知設備 (3) 非常警報設備（放送設備に限る）
避難設備	誘導灯（自動火災報知設備からの信号を受信して作動するものに限る）
消火活動上必要な施設	(1) 排煙設備 (2) 連結散水設備（選択弁を設置する場合に限る） (3) 非常コンセント設備 (4) 無線通信補助設備（増幅器を設置する場合に限る） (5) 連結送水管（加圧送水装置を設置する場合に限る）

5 総合操作盤の設置にかかわる用語の定義

総合操作盤の設置にかかわる用語の定義を次に示します。

防災監視場所	防火対象物内の防災センター、中央管理室、守衛室などで、総合操作盤が設置されているものをいう。
副防災監視場所	防火対象物内の防災監視場所のうち、防火対象物の部分に設置されている消防用設備などにかかる総合操作盤が設置されている場所をいう。（防災管理をするために、一定の時間帯のみ人が常駐するものを含む）
監視場所	防火対象物に設置されている消防用設備などにかかる監視などを行うことのできる場所のうち、その防火対象物と同一敷地内にある場所をいう。
遠隔監視場所	防火対象物に設置されている消防用設備などにかかる監視などを行うことのできる場所のうち、その防火対象物の敷地外にある場所をいう。
監視対象物	監視場所で、監視などを行う防火対象物をいう。
防災要員	防災監視場所で、総合操作盤により、消防用設備などの監視、操作などに従事する者をいう。
防災設備など	主として建築基準法で規定される防災設備で、消防用設備など以外の非常用の照明装置、排煙設備、非常用エレベーターなどをいう。

ミニ知識 遠隔監視場所には、警備会社などの場所を含む。また、防災要員には、警備業者などの委託を受けた者を含む。

11 非常電源

非常電源（予備電源）とは、常用電源が遮断された場合に、消防用設備などが効果的に作動するように設置が義務付けられた非常用の電源をいう。

1 非常電源（予備電源）の機能

① 一般に、火災発生時では、屋内配線が火熱により短絡して、過電流遮断器が作動し停電になるため、電気で作動する消防用設備などは使うことができなくなり、消火活動や避難が大変困難になります。
② そのため、常用電源（一般電源）が停電になっても、直ちに非常電源が働くことで、消防用設備などに電気を供給できるようにします。
③ 非常電源は、常用電源とは独立した回路のものです。

2 非常電源の種類

① 非常電源には、図6-21に示すように4種類があります。

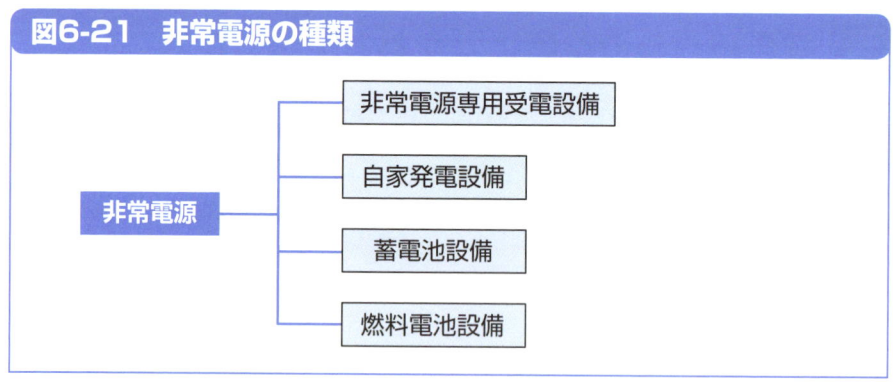

図6-21 非常電源の種類

非常電源
- 非常電源専用受電設備
- 自家発電設備
- 蓄電池設備
- 燃料電池設備

② 劇場、百貨店、旅館、病院などの特定防火対象物のうち、延べ面積1,000㎡以上のものは、自家発電設備、蓄電池設備、燃料電池設備でなければなりません。
③ 非常電源専用受電設備
　(a) 非常電源専用受電設備とは、電力会社からの常用電源の一部を消防用設備などの専用としたもので、他の電気回路の開閉器や遮断器を通さないため停電のおそれが少なく、常用電源が遮断された場合でも、継続して電力の供給を受けることができる方式の受電設備をいいます。
　(b) 非常電源専用受電設備は常用電源を供給する電力会社の影響を受けるため、独自の電源とはいえず、電力会社からの常用電源の供給が減った場合には、機能するこ

> **ミニ知識** 消防法では非常電源、建築基準法では予備電源というが、呼び方が異なるだけで同じことを示している。

とができなくなる欠点があります。
(c)この欠点があるため、大規模な特定防火対象物に使うことができず、小規模な防火対象物に限って、これを非常電源とすることが認められています。

④ **自家発電設備**
(a)自家発電設備とは、常用電源が遮断された場合に、ガソリンエンジン、ディーゼルエンジン、ガスタービンなどが自動的に起動し、発電機を回して電源を供給する方式のものをいいます。
(b)自家発電設備には、一般的な自家発電機、電力を常時供給する自家発電機、キュービクル式自家発電設備がありますが、電力を常時供給する自家発電機には、近年コジェネレーションシステムが普及してきました。
(c)自家発電設備は、停電時に直ちに発電が開始するのではなく、エンジンやタービンが立ち上がるまでにいくらかの時間（40秒以内）を必要とします。
(d)自家発電設備は、運転に伴う騒音、振動、排気や引火性のある燃料を使うため、不燃材料でつくられた壁、柱、床、天井（天井のない場合は屋根）で区画され、開口部に防火設備である防火戸を設けた**専用の室に設置**することと定められています。ただし、キュービクル式自家発電設備を不燃材料で区画された変電設備室、発電設備室、機械室などに設置する場合、あるいは屋上に設置する場合は、この規定を適用する必要はありません。

⑤ **蓄電池設備**
(a)蓄電池設備とは、鉛蓄電池やアルカリ蓄電池を使い、常用電源が遮断された場合に、これらの電源に自動的に切り替わる方式のものをいいます。
(b)蓄電池設備は、非常時の容量や電圧が確保されるように、平常時から常に自動的に充電されています。

⑥ **燃料電池設備**
(a)燃料電池設備とは、都市ガス、天然ガス、石油などを原材料として、それらを燃料改質装置に通すことで水素を取り出し、その水素と空気（酸素）とにより水の電気分解と逆の反応を発生させ、電力を得る方式のものをいいます。
(b)近年、このシステムを利用した燃料電池設備が普及し始めたこともあり、それを消防用設備などの非常電源として使うことが認められました。

3 非常電源の種類とその容量

消防用設備などに使うことのできる非常電源の種類とその容量を表6-13に示します。

用語 コジェネレーションシステム　発電の際の廃熱を給湯や冷暖房の熱源として利用するというように、ひとつのエネルギー源から電力と熱を同時に取り出して、エネルギーの効率的な利用をはかるものをいう。

図6-22　燃料電池のしくみ

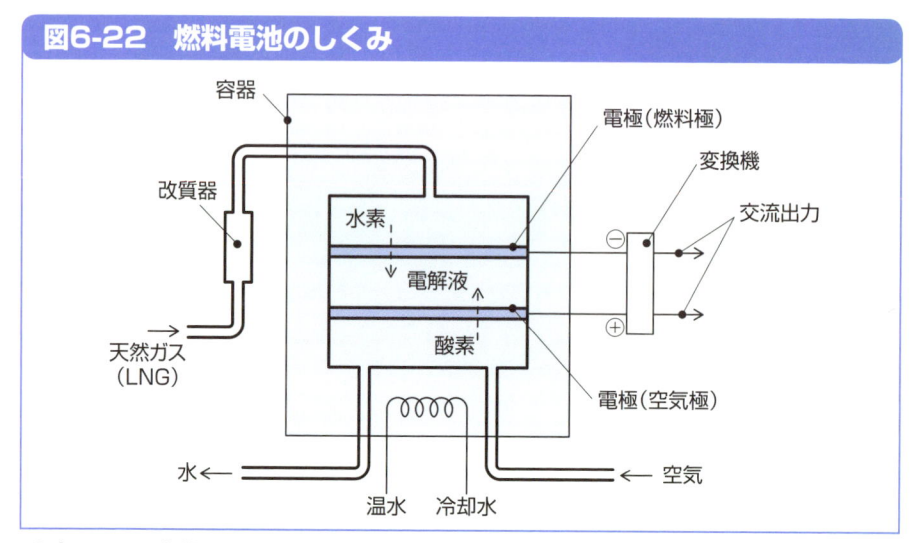

(図：容器、改質器、電極(燃料極)、変換機、交流出力、水素、電解液、酸素、電極(空気極)、天然ガス(LNG)、水、温水、冷却水、空気)

● 表6-13　非常電源の種類とその容量

消防用設備など	非常電源専用受電設備※1	自家発電設備	蓄電池設備	燃料電池設備	容量
屋内消火栓設備	○	○	○	○	30分
スプリンクラー設備	○	○	○	○	30分
水噴霧消火設備	○	○	○	○	30分
泡消火設備	○	○	○	○	30分
不活性ガス消火設備	×	○	○	○	60分
ハロゲン化物消火設備	×	○	○	○	60分
粉末消火設備	×	○	○	○	60分
屋外消火栓設備	○	○	○	○	30分
自動火災報知設備	○	×	○	×	10分
ガス漏れ火災警報設備	×	○※2	○	○※2	10分
非常警報設備	○	×	○	×	10分
誘導灯	×	×	○	○	20分※3
排煙設備	○	○	○	○	30分
連結送水管	○	○	○	○	120分
非常コンセント設備	○	○	○	○	30分
無線通信補助設備	○	×	○	×	30分
非常用の照明装置（建基法）	○	○	○	○	30分
非常用進入口の赤色灯（建基法）	○	×	○	○	30分

※1 非常電源専用受電設備は、特定防火対象物で延べ面積1,000㎡以上のものには認められない。
※2 予備電源や1分間蓄電池設備で補完できる場合に限る。
※3 高層建築物や大規模建築物の主要な避難経路に設置する場合は60分とする。

ミニ知識　表6-13の非常電源の容量とは、非常電源の供給時間のことである。

さくいん

◇◇数字・英字◇◇

1号消火栓 ……………………… 85
1時間準耐火 …………………… 23
2号消火栓 ……………………… 87
45分準耐火 …………………… 23
A火災 …………………………… 34
B火災 …………………………… 34
C火災 …………………………… 34
FO ……………………………… 38
LPG …………………………… 208

◇◇ア◇◇

アーケード ……………………… 54
油火災 …………………………… 34
泡消化剤 ……………………… 125
泡消火設備 ……………… 122,125
泡ヘッド ……………………… 127
泡放出口 ……………………… 128

◇◇イ◇◇

イオン化式スポット型感知器 ……… 189
異種用途区画 …………………… 29
イ準耐 ………………………… 23
易操作性1号消火栓 …………… 85
一階段対象物 ………………… 168
一斉鳴動方式 ………………… 178
移動式泡消火設備 …………… 129
イナートガス ………………… 135

◇◇エ◇◇

エマルジョン ………………… 115

エマルジョン効果 …………… 116
遠隔監視場所 ………………… 317
延焼のおそれのある部分 ……… 18

◇◇オ◇◇

屋外消火栓設備 ……………… 150
屋内消火設備 ………………… 82
屋内消火栓 …………………… 85
音響装置 ……………… 168,178,221
音声警報装置 ………………… 215
音声誘導機能（誘導灯） ……… 278

◇◇カ◇◇

外壁耐火構造 ………………… 23
開放型スプリンクラー設備 …… 101
火気使用室 …………………… 28
火災荷重（kg/㎡） …………… 19,85
火災最盛期 …………………… 39
火災初期 ……………………… 39
火災通報装置 ………………… 222
火災の種類 …………………… 34
火災放送 ……………………… 234
ガス漏れ火災警報設備 …… 207,211
ガス漏れ検知器 ……………… 211
ガス漏れ表示灯 ……………… 216
型式承認 ……………………… 70
型式適合検定 ………………… 70
学校グループ ………………… 46
可搬消防ポンプ ……………… 155
簡易消火用具 ………………… 74
緩降機 ………………………… 255

乾式連結送水管………………	302
監視空間…………………………	203
監視対象物………………………	317
監視場所…………………………	317
感知器…………………	167,182,193,197
感知器発報放送…………………	234
感知区域…………………………	181
感知面積…………………………	198
感度種別…………………………	104
緩和規定(スプリンクラー設備)……	94

◇◇ キ ◇◇

機械排煙設備……………………	295
危険物……………………………	16
技術基準(1号消火栓、2号消火栓)	87
技術基準(屋外消火栓設備)………	154
技術基準(動力消防ポンプ設備)…	158
客席誘導灯………………………	270
キャバレー・遊技場グループ……	43
給気口……………………………	293
救助袋……………………………	259

◇◇ ク ◇◇

区分鳴動方式……………………	179

◇◇ ケ ◇◇

警戒区域…………………	180,216
警戒電路の定格電流……………	221
警鐘………………………………	226
携帯用拡声器……………………	226
警報装置…………………………	215
劇場・集会場グループ…………	43
煙感知器…………………	182,194,196,201

煙の流れ…………………………	41
検査………………………………	68
検知区域警報装置………………	216
建築物などの工作物……………	11
検定制度…………………………	69
検定対象機械器具………………	69

◇◇ コ ◇◇

公衆浴場グループ………………	47
公称監視距離……………………	191
工場・スタジオグループ………	49
公設消防水利……………………	282
高層階区画………………………	29
構造体力上主要な部分…………	18
光電式スポット型感知器………	190
光電式分離型感知器……………	190
コジェネレーションシステム……	319
固定はしご………………………	248
誤報………………………………	205

◇◇ サ ◇◇

差動式スポット型感知器………	186,198
差動式分布型感知器……………	187,199
散水ヘッド………………………	300
酸素………………………………	34
山林………………………………	10,55

◇◇ シ ◇◇

自家発電設備……………………	319
軸組不燃構造……………………	23
湿式連結送水管…………………	302
失報………………………………	205
指定消防水利……………………	282

自動火災報知設備 … 166,171,176,178,205	消防設備士…………………… 17
自動式サイレン ………………… 226,229	消防排煙……………………… 288
視認性………………………………… 273	消防ポンプ自動車 …………… 155
事務所グループ ……………………… 51	消防用水……………………… 282
遮炎性………………………………… 21	消防用設備など ……………… 13
遮炎性能……………………………… 24	初期拡大抑制性能 …………… 62
視野角………………………………… 204	初期消火……………………… 40
斜降式救助袋 ……………………… 260	除去消火……………………… 36
車庫・特殊格納庫グループ ………… 50	触媒…………………………… 36
遮熱性………………………………… 21	神社グループ ………………… 49
車両停車場グループ ………………… 48	◇◇ ス ◇◇
舟車………………………………… 10,55	垂直式救助袋 ………………… 259
収容人員の算定方法 ……………… 56,59	スピーカー …………………… 236
主音響装置 ………………………… 178	スプリンクラー設備 ………… 90
受信機 ………………… 167,171,214,221	スプリンクラー代替区画 …… 96
手動式サイレン …………………… 226	スプリンクラーヘッド ……… 103,106
主ベル………………………………… 178	滑り台………………………… 253
主要構造部 ………………………… 18	滑り棒………………………… 245
準耐火建築物 ……………………… 22	◇◇ セ ◇◇
準耐火構造 ………………………… 22	性能規定……………………… 62
準地下街 ………………………… 14,53	設置基準(泡消火設備) ……… 122
準不燃材料 ………………………… 25	設置基準(屋外消火栓設備) … 151
消火活動拠点 ……………………… 288	設置基準(屋内消火設備) …… 83
消火器 ……………………………… 74,79	設置基準(ガス漏れ火災警報設備) … 209
消火器具……………………………… 74	設置基準(自動火災報知設備) … 168
消火器の種類 ……………………… 75	設置基準(消火器) …………… 77
消火剤(不活性ガス消火設備) …… 135	設置基準(消防機関へ通報する火災報知設備) … 224
消火設備……………………………… 72	設置基準(消防用水) ………… 282
消火方法……………………………… 36	設置基準(スプリンクラー設備) … 91
仕様規定……………………………… 62	設置基準(総合操作盤) ……… 315
抄紙………………………………… 153	設置基準(動力消防ポンプ設備) … 156
消防活動支援性能 ………………… 62	設置基準(排煙設備) ………… 289
消防機関へ通報する火災通報装置 … 222	
消防水利…………………………… 282	

設置基準（パッケージ型自動消火設備）…	163	設置免除（水噴霧消火設備）…………	115
設置基準（パッケージ型消火設備）…	160	設置免除（誘導標識）…………………	268
設置基準（ハロゲン化物消火設備）…	137	設置免除（連結散水設備）……………	299
設置基準（非常警報器具）……………	227	船きょもしくはふ頭に繋留された船舶…	11
設置基準（非常警報設備）……………	227		
設置基準（非常コンセント設備）……	309	◇◇ ソ ◇◇	
設置基準（避難器具）…………………	239	倉庫……………………………………	50
設置基準（不活性ガス消火設備）……	131	総合操作盤……………………………	315
設置基準（粉末消火設備）……………	145	操作方法（屋内消火栓）………………	88
設置基準（水噴霧消火設備）…………	115	送水口…………………………………	301
設置基準（無線通信補助設備）………	313	送水口（連結送水管）…………………	308
設置基準（誘導灯）……………………	263	遡及適用………………………………	12
設置基準（誘導標識）…………………	263		
設置基準（連結散水設備）……………	298	◇◇ タ ◇◇	
設置基準（連結送水管）………………	305	耐火建築物……………………………	20
設置基準（漏電火災警報器）…………	218	耐火構造………………………………	20
設置単位…………………………………	65	代替ハロン消化剤……………………	140
設置免除（泡消火設備）………………	123	多信号感知器…………………………	190
設置免除（屋外消火栓設備）…………	153	縦穴区画………………………………	29
設置免除（屋内消火設備）……………	84	立てかけはしご………………………	248
設置免除（ガス漏れ火災警報設備）…	209	ダムウェーター………………………	194
設置免除（自動火災報知設備）………	170	鍛造場…………………………………	112
設置免除（消火器）……………………	78		
設置免除（消防機関へ通報する火災報知設備）…	224	◇◇ チ ◇◇	
設置免除（通路誘導灯）………………	266	地階……………………………………	32
設置免除（動力消防ポンプ設備）……	156	地下街…………………………………	14,52
設置免除（排煙設備）…………………	289	地区音響装置…………………………	178
設置免除（パッケージ型消火設備）…	160	蓄積機能………………………………	206
設置免除（ハロゲン化物消火設備）…	137	蓄積時間………………………………	183
設置免除（非常警報器具）……………	227	蓄積式受信機…………………………	175
設置免除（非常警報設備）……………	227	蓄電池設備……………………………	319
設置免除（避難口誘導灯）……………	263	地区ベル………………………………	178
設置免除（不活性ガス消火設備）……	131	窒息消火………………………………	36
設置免除（粉末消火設備）……………	145	中央管理室……………………………	316

中継器……………………………………… 167
直通階段…………………………………… 241
地絡………………………………………… 37
地絡電流…………………………………… 217

◇◇ ツ ◇◇

通路誘導灯…………… 269,271,272,277
通路誘導標識……………………………… 279
吊り下げはしご…………………………… 249

◇◇ テ ◇◇

定温式感知線型感知器…………………… 185
定温式スポット型感知器 ……… 185,198
定期点検…………………………………… 68
デフレクター……………………………… 300
電気火災…………………………………… 34
点滅機能（誘導灯）……………………… 277

◇◇ ト ◇◇

同軸ケーブル……………………………… 312
動力消防ポンプ設備……………………… 155
特殊建築物………………………………… 19
特殊消防用設備など……………………… 64
特殊な消火設備……………………… 73,111
特定一階段等防火対象物………………… 180
特定防火設備……………………………… 25
特定防火対象物…………………………… 12
特別避難階段……………………………… 241
都市ガス…………………………………… 208
図書館グループ…………………………… 47
届出………………………………………… 68

◇◇ ナ ◇◇

内装制限…………………………………… 27

難燃合板…………………………………… 26
難燃材料…………………………………… 25

◇◇ ネ ◇◇

熱…………………………………………… 34
熱感知器……………………… 182,193,198
熱煙複合式スポット型感知器 ……… 196
燃焼の4要素……………………………… 34
燃焼反応の継続…………………………… 34
燃料………………………………………… 34
燃料電池設備……………………………… 319

◇◇ ノ ◇◇

能力単位…………………………………… 81

◇◇ ハ ◇◇

排煙口……………………………………… 292
排煙設備……………………………… 42,288
排煙対策（防火対象物）………………… 41
排水設備…………………………………… 120
パッケージ型自動消火設備……………… 162
パッケージ型消火設備…………………… 160
発信機………………………………… 167,176
発泡倍率…………………………………… 126
ハロゲン化物消化剤……………………… 140
ハロゲン化物消化設備……………… 137,141
ハロン1301……………………………… 140

◇◇ ヒ ◇◇

非火災報…………………………………… 206
非火災放送………………………………… 234
非火災報対策……………………………… 206
火盛り……………………………………… 39
非常警報器具……………………………… 226

非常警報設備………………………	226
非常コンセント設備 ………………	309
非常電源…………………………	318
非常電源(誘導灯)…………………	278
非常電源専用受電設備 ……………	318
非常ベル…………………………	178,229
非常放送…………………………	234
ピストンリレーザー ………………	132
非損傷性…………………………	20
非蓄積式受信機……………………	175
非特定防火対象物…………………	12
避難安全支援性能…………………	62
避難階段…………………………	241
避難器具…………………………	238,243
避難器具設置等場所 ………………	244
避難口誘導灯 …………	269,271,272,277
避難口誘導標識……………………	279
避難橋……………………………	257
避難はしご…………………………	247
避難用タラップ ……………………	251
避難ロープ…………………………	246
火の育ち…………………………	39
百貨店グループ……………………	44
ヒューズコック ……………………	207
病院・福祉施設・特殊学校グループ …	46
標示温度…………………………	106

◇◇ フ ◇◇

不活性ガス………………………	130
不活性ガス消火設備 ……………	130,134
複合式スポット型感知器 …………	190
複合用途防火対象物………………	12,51
副防災監視場所……………………	317
負触媒消火………………………	36

普通火災…………………………	34
不燃材料…………………………	25
フラッシュオーバー ………………	38
プロパンガス………………………	208
文化財……………………………	53
粉末消火器(加圧式)………………	76
粉末消火器(蓄圧式)………………	77
粉末消火剤………………………	147
粉末消火設備……………………	143,148

◇◇ ヘ ◇◇

平均輝度(誘導灯)…………………	273
閉鎖型スプリンクラー設備 ………	100
変流器……………………………	221

◇◇ ホ ◇◇

防炎規制…………………………	16
防煙区画…………………………	288,292
防火安全性能……………………	62
防火管理者………………………	17
防火区画…………………………	29
防火設備…………………………	23
防火対象物………………………	10,43
防火対象物の指定………………	60
防火ダンパー……………………	30
防護空間…………………………	113
防護区画…………………………	113
防護対象物………………………	113
防護面積…………………………	113
防災監視場所……………………	317
防災設備など……………………	317
防災センター ……………………	168,315
防災センターなど ………………	315
防災要員…………………………	317

放射区域………………………………	113
放水口（連結送水管）………………	307
放送設備……………………………	233,235
膨張比………………………………	126
補償式スポット型感知器 ………	187,198
炎感知器……………………	182,193,196,203

◇◇ ミ ◇◇

水による消火 ………………………	37
水噴霧消火設備…………………	114,120
水噴霧ヘッド ………………………	118

◇◇ ム ◇◇

無線通信補助設備…………………	312
無窓階………………………………	12
棟単位………………………………	65

◇◇ メ ◇◇

面積区画……………………………	29

◇◇ ユ ◇◇

有効水量（消防用水）……………	286
有効範囲（誘導灯）………………	273
有効防護空間………………………	113
誘導灯……………………	263,269,271
誘導標識…………………………	263,279
誘目性………………………………	274

◇◇ ヨ ◇◇

予備電源……………………………	318

◇◇ ラ ◇◇

ラスモルタル塗り…………………	217
ラック式倉庫……………………	50,99

◇◇ リ ◇◇

リネンシュート ……………………	95
流水検知装置………………………	91
料理店・飲食店グループ …………	44
旅館・共同住宅グループ …………	45

◇◇ レ ◇◇

冷却消火……………………………	36
令8区画……………………………	13
連結散水設備…………………	296,300
連結送水管……………………	302,307

◇◇ ロ ◇◇

漏洩同軸ケーブル…………………	313
漏電………………………………	217
漏電火災警報器……………………	217
ロ準耐………………………………	23

本文デザイン・DTP ◆ SUNNYSIDE
図版作成 ◆ ファクトリー・ウォーター
編集協力 ◆ パケット
編集担当 ◆ 伊藤 雄三（ナツメ出版企画）

●著者紹介
大脇 賢次（おおわき けんじ）
建築家。明治大学工学部建築学科卒業。1983年、イタリアの建築と都市の研究のためイタリア留学。1984年、一級建築士事務所大脇建築設計事務所を設立。住宅、集合住宅、オフィスビル、別荘などの設計を数多く手がける。日本建築学会会員。
●著書
『史上最強図解 よくわかる建築基準法』（ナツメ社）
『基本・建築製図と表現技法』（彰国社）
『よくわかるパースの基本と実践テクニック』（彰国社）
『定番建築製図入門』（彰国社）
『イラストでわかる建築模型のつくり方』（彰国社）

ナツメ社Webサイト
https://www.natsume.co.jp
書籍の最新情報（正誤情報を含む）はナツメ社Webサイトをご覧ください。

本書に関するお問い合わせは、書名・発行日・該当ページを明記の上、下記のいずれかの方法にてお送りください。電話でのお問い合わせはお受けしておりません。
・ナツメ社webサイトの問い合わせフォーム
https://www.natsume.co.jp/contact
・FAX（03-3291-1305）
・郵送（下記、ナツメ出版企画株式会社宛て）
なお、回答までに日にちをいただく場合があります。正誤のお問い合わせ以外の書籍内容に関する解説・個別の相談は行っておりません。あらかじめご了承ください。

史上最強図解（しじょうさいきょうずかい） よくわかる消防法（しょうぼうほう）

2013年3月28日　初版発行
2025年7月1日　第16刷発行

著　者　大脇賢次（おおわきけんじ）
発行者　田村正隆

©Owaki Kenji, 2013

発行所　**株式会社ナツメ社**
東京都千代田区神田神保町1-52　ナツメ社ビル1F（〒101-0051）
電話　03（3291）1257（代表）　FAX　03（3291）5761
振替　00130-1-58661
制　作　**ナツメ出版企画株式会社**
東京都千代田区神田神保町1-52　ナツメ社ビル3F（〒101-0051）
電話　03（3295）3921
印刷所　**ラン印刷社**

ISBN978-4-8163-5404-5　Printed in Japan
〈定価はカバーに表示しています〉〈落丁・乱丁本はお取り替えします〉

本書の一部または全部を著作権法で定められている範囲を超え、ナツメ出版企画株式会社に無断で複写、複製、転載、データファイル化することを禁じます。